JN295507

東アジア新時代の
日本の教育
──中国との対話

辻本雅史・袁振国 監修　南部広孝・高峡 編

序1
新たな教育研究の創造をめざして

京都大学大学院教育学研究科
研究科長 **辻本 雅史**

　2006年，京都大学大学院教育学研究科は，中国教育科学研究院（旧・中央教育科学研究所）と学術交流協定を調印した。本書は，それ以後，中国教育科学研究院と京都大学大学院教育学研究科との間で，深められ積み上げられてきた共同研究の成果の一部をまとめて刊行するものである。

　国際交流や国際共同研究が，ともすればイベント中心の儀礼的な活動で「能事畢れり」となりがちである。それに対してこの共同研究は，相互の教育研究情報をつねに共有しつつ，毎年必ず交互に場を変えて，直接顔を合わせ，研究上の対話と議論を積み重ねることに努めてきた。研究とは，目に見えない地道な活動を限りなく重ねる上に，豊かな実りをもたらすものであるが，私どもの共同研究の成果も，やはり地道な研究交流活動を積み重ねてきた不断の努力の結果である。その意味で，真に実質をともなう国際共同研究として深化／進化を続けてきたと確信している。

　なぜ，実質のともなう共同研究がこのように継続できたのか。

　それは第1に，互いの研究に対して敬意と信頼にもとづいていることを挙げなければならない。中国教育科学研究院は，中国の教育に関する諸問題を，学術研究をベースに深く探索し，教育発展のための理論と実践方法を研究し，さらには教育政策を立案する中心的機関である。グローバル化が進む今の歴史段階において，中国は，直面する教育問題について，いわば壮大な「実験」ともいえる改革を進めているように，私には見える。そうした中で，中国教育科学研究院の果たす役割と責任，及び切実感の大きさは，想像に難

i

くない。そうした切実な教育課題に立ち向かう緊張に満ちた研究者集団から学ぶべきことは，限りなく多い。私どもが同研究院に対して深い敬意と厚い信頼をもつ所以である。

　第2に，共同研究を通じて，相互に学びながらの研究の進化があるだろう。日本は明治維新以来，欧米モデルの教育政策を推進してきた。学ぶべき対象が欧米にあった分，アジアは主要な研究対象からは外れていった。21世紀の今，グローバル化の進展は，欧米モデルには収まりきらない教育的諸問題を噴出させている。日中は，むしろ長い歴史の多くの部分を共有してきた隣国同士である。かつては同じく漢字文化圏のなかで，儒教や仏教などの思想や文化を共有してきた。欧米モデルとは，実は歴史上の「近代」のモデルにほかならない。長い歴史と大きな文化の目でみれば，「近代」モデルだけに収まりきらない現代の教育の諸問題には，日中相互に参照するに足る要素も実は少なくない。むしろ今の歴史段階で，新たな教育モデルはアジアから発信され創造される可能性が高いと，私は期待している。

　私どもの共同研究の成果は，すでに中国語版の『21世紀的日本教育改革―中日学者的視点―』（教育科学出版社，2009年）の刊行がある。同書は，日本側研究者が提示した日本の教育改革についての諸論点（その日本語論集は『21世紀における日本の教育改革―日中学者の視点―』京都大学大学院教育学研究科　教育実践コラボレーション・センター，2010年）を，中国側の研究者が，中国の教育改革を踏まえ比較検討しながら論じた論集である。この教育改革をめぐる日中の研究者の相互「対話」を踏まえて，本書の企画が実現した。もとよりその間，毎年の共同の研究会やシンポジウムを通じて，実のある対話が「ライブ」で重ねられてきている。私どもの学術的対話は，このように，不断になされている。本書は，そのいわば中間報告としての出版といってよい。今後も，さらに重ねられる「研究対話」の深まりによって，その成果の公刊の継続をめざしている。

　教育が国家的課題とされる中，ともすれば教育研究が一国単位に閉じられがちである。しかし逆にそれ故にこそ，国際共同研究が必要となる。敬意と信頼をもつ関係性の中で，互いが「自己」を映す「鏡」となるからである。教育をめぐる「自己」認識が確かなものとなるために，国際共同研究は欠か

せないと考えている。

　確かな教育こそが確かな未来を創る。長い歴史の多くを共有する両国の共同研究こそ，新たな教育研究を創造する可能性に満ちていると私は確信している。

　この共同研究の種を蒔かれその後の共同研究を主導してこられた田中耕治教授，高峡先生，それに本書の編集と翻訳に惜しみなく尽力された南部広孝准教授に，敬意と感謝をささげたい。

序2

深く対話し，手を携えてともに前へ進もう

中国教育科学研究院
院長 袁 振国

　21世紀に入って以降，科学技術の絶えざる進歩やインターネットのめざましい発展，グローバル化の急速な進展に伴って，教育の情勢もそれに応じた大きな変化が生じており，一国の総合的な国力と国際競争力の向上に対する教育の役割の重要性はますますはっきりするようになっている。そのため，新たな情勢のもとでいかにして教育の水準を高めるかは世界各国が重点的に追求する課題とならざるを得ない。

　中国は，改革開放政策を導入してからの30年間で，先進国が100年以上をかけて歩んできた道のりを進み，世界が注目する成果をあげているが，これは中国が一貫して「科教興国」戦略という方針を堅持してきたことと大きく関係している。中国教育は，閉鎖から開放へ，画一から多様な発展へ，そして試験対応の傾向から素質教育へという大規模な変化を経験しており，そうした変化はみな，中国の特色を持った教育発展の道をひたすら模索し，何とか作り上げようとするものであった。

　「教育立国」で名を馳せる日本は，急速に発展する道のりの中でとどまることなく教育改革に対する模索を続け，日本の国情に合致した教育発展の歩みを進めている。中国と日本は一衣帯水の隣国で，どちらも悠久の歴史と文化，そして師を尊び教育を重んじる伝統を有するとともに，西洋の工業革命後の科学技術の進歩の大きなうねりの中で巨大な衝撃と産みの痛みを経験してきた。まさにこのようであるからこそ，日本の教育改革におけるさまざまなやり方は中国が参考や手本とするに値するものであり，日本の教育が発展

する中での経験や教訓もまた私たちの前にある貴重な財産であって，私たちが深く検討するに値するものなのである。

　本書はまさにこのような背景から誕生し，日本の京都大学大学院教育学研究科と中国の中国教育科学研究院が協力してできた著作である。周知のように，京都大学は日本の著名な学問の府であり，教育学研究科は非常に高い教育研究水準と確固とした文化的な厚みを備え，日本の教育界で高い知名度と影響力を有している。中国教育科学研究院は中国で教育部に直属する唯一の全国的教育科学研究機関であり，国の重要な教育発展戦略のために政策的な意見を提供し，教育発展のために理論を創造し，教育改革の実践のために指導を行う，国の教育発展のシンクタンクとしての役割を果たしている。私たちの協力は2004年に個別の課題での協力から始まって，両機関で長期的な研究協力の協定を締結し，教育分野の全方位的な共同研究を展開するに至っており，交流と協力はたえず深まり，拡大してきている。2010年，私たちは5年間の長期的協力協定を引き続き締結し，すでに形成された研究基盤をふまえてさらに協力を深めようとしている。一歩ずつ歩んできたこの6年で多くの教育的知見が蓄積されており，本書はまたこうした知見の結晶でもあり，私たちの共同研究の重要な成果なのである。

　2010年7月，中国は21世紀に入って初めての教育計画「国家中長期教育改革・発展計画要綱」を公表し，同年10月，私は幸いにも招聘を受けて京都大学を訪問して，この計画要綱について解説し，中国教育の今後10年間の発展動向について講演を行った。情報を共有し学術的な観点の交流を図る，これが私たちの一貫した協力の基本的な態度と方法である。したがって，まさに『東アジア新時代の日本の教育―中国との対話―』という書名が示すように，本書では，日中両国の研究者が異なる視点から，中国の教育改革の現実とも結びつけつつ，日本の教育改革を分析して論述しており，いっそう客観的で全面的な改革の全体図を展開し，日中両国の改革に関する知見が示されている。

　「人を鏡とすることによって特質を明らかにすることができ，歴史を鏡とすることによって興亡を知ることができる」のであって，相互に学びあって海外の貴重な経験をたえず汲み取ることは，私たちが教育事業をさらに展開

するための優れたやり方である。本書が，日本の教育改革をいっそう広い視野で考える窓を日本の教育関係者や広範な読者に提供することや，それによってより多くの人びとに日中両国の教育発展に関心を持って知恵を出し合うようになってもらえることを期待している。本書の出版が同時にまた，中国の教育学者にも貴重な資料を提供すると信じている。

　最後に，中国教育科学研究院を代表して，京都大学大学院教育学研究科が長年にわたって中国教育に関心を持ち，日中教育交流・協力に対して貢献して来られたことに感謝申し上げる。本書の作成にあたって，日本側の執筆者から中国側の研究者に数多くの最新研究資料が提供され草稿段階での意見や提案が寄せられたこと，南部広孝先生がしっかりとした翻訳作業を進められたこと，そして双方の研究者が真剣でよりいっそうの高みをめざそうとする態度で臨んだことによって，この日中共同の著作が正確で質の高いものとして出版されるに至ったのである。ここに深い敬意と感謝を表すと同時に，双方の協力が多くの大きな成果をあげることを期待する。

（南部広孝　訳）

目　次

序1
新たな教育研究の創造をめざして
　　　　　　　　　京都大学大学院教育学研究科　研究科長　辻本　雅史………… i

序2
深く対話し，手を携えてともに前へ進もう
　　　　　　　　　　　　　　　中国教育科学研究院　院長　袁　振国………… iv

総　論

第1章　日本教育を見る中国の視点　　　　　　　南部　広孝………… 2
　　　1．本書の目的と構成　2
　　　2．視点の背景としての中国教育　5
　　　3．中国の教育制度　11

第2章　中国の教育改革構想 ── これからの十年　　袁　振国………… 18
　　　1．改革は「教育計画要綱」の主旋律　18
　　　2．現在わが国が教育体制の改革を深化させる切迫性　22
　　　3．教育体制改革の内容と目標　27
　　　4．教育体制改革を推進するルートと方法　31

Ⅰ．政策・法規

第3章　方針・政策とその推進施策　　　　　　　田　輝………… 36
　　　1．改革の方針　36
　　　2．改革の促進措置　41

3.「教育基本法」の改正　43
       4.今後10年の教育改革　47
       5.改革の示唆　51

第4章　教育政策とその基本理念　　　　　杉本　均・高見　茂………… 57
       1. 21世紀教育新生プラン　57
       2.「教育基本法」の改正　65
       3.まとめ　72

Ⅱ．基礎教育

第5章　生きる力の育成を目標とする課程改革
　　　　　　　　　　　　　　　　　　　　　高　峡・項　純………… 76
       1. 21世紀の基礎教育改革の背景と出発点　76
       2. 21世紀における基礎教育課程改革の模索過程　80
       3.比較，示唆と考察　89
       4.おわりに　98

第6章　日本における教育課程をめぐる課題と展望
　　　　　　　　　　　　赤沢　真世・西岡加名恵・田中　耕治…………101
       1.教育課程改革における「振り子」現象の回避　101
       2.学校における教育課程改善の可能性　107
       3.道徳教育への提案　111
       4.まとめ　115

III．高等教育

第7章　制度保障と国際化の進展　　方　勇・張　偉・李　尚波…………120
　　　1．21世紀日本における高等教育改革の背景　120
　　　2．国立大学法人化 ── 制度創造の試み　121
　　　3．第三者評価制度の確立 ── 質の監督の模索　127
　　　4．「21世紀 COE プログラム」
　　　　── 高水準の研究拠点を作り上げる新たな措置　130
　　　5．高等教育の国際化に向けた歩み　136

第8章　質向上をめざす高等教育改革の展開　　　南部　広孝…………141
　　　1．国立大学法人化の枠組みと展開　141
　　　2．大学評価活動の進展　147
　　　3．国際化促進に向けた施策　150
　　　4．まとめ ── 中国からの視点に対する応答　154

IV．生涯学習

第9章　日本における生涯学習社会構築の経験と示唆
　　　　　　　　　　　　　　　　　　　　　　　孫　誠…………160
　　　1．日本における生涯学習社会構築の時代背景　160
　　　2．社会教育の生涯学習への転換　162
　　　3．生涯学習社会を構築するための措置　164
　　　4．21世紀日本の生涯学習社会構築推進の成果　166
　　　5．経験と示唆　171

第10章　戦後社会教育をめぐる論点と生涯学習の現代的課題

　　　　　　　　　　　　　　　渡邊　洋子・吉田　正純…………179

　　1. 戦後社会教育・生涯学習の全体構図をめぐる
　　　日中研究者の論点　179
　　2. 生涯学習社会の構築と「公共性」の行方　182
　　3. 生涯学習の現代的課題
　　　──震災・復興をめぐる実践的課題とネットワークの可能性　185
　　4. 日中生涯学習の比較研究に向けて　190

Ⅴ．教師教育

第11章　制度改革を通じた教員の専門性発展の促進

　　　　　　　　　　　　　　　　　　　　　　王　暁燕…………196

　　1. 21世紀日本の教師教育が直面する課題と挑戦　196
　　2. 21世紀の日本の教師教育が現在進めている改革　201
　　3. 日本の教師教育改革が今後長期にわたって注目する
　　　政策課題　208
　　4. 考察と検討，中国への示唆と参考　209

第12章　21世紀の日本における教師教育改革について

　　　　　　　　　　　　　　　　　　　　　　八田　幸恵…………216

　　1. 専門職としての教師の力量形成という課題と
　　　改革の方向性　216
　　2. 21世紀の日本において推進されている教師教育改革　219
　　3. 中国の視点を踏まえて　224
　　4. おわりに　226

VI. 情報技術教育

第13章　IT 立国戦略における教育情報化　　　　張　傑夫………230
　　　1．教育情報化の背景と目標　230
　　　2．教育情報化の方策と措置　233
　　　3．教育情報化の現状　234
　　　4．示唆　237
　　　5．困惑と課題　239

第14章　情報教育・ICT 活用・IT 人材育成
　　　　　　　　　　　　　　　　中池　竜一・楠見　孝………249
　　　1．政府から民間への主役移行，新たな展開へ　249
　　　2．小学校・中学校における情報教育　250
　　　3．高校における情報教育　257
　　　4．高等教育機関における IT 人材育成　261
　　　5．中国側の意見を受けて　265

VII. 体育・保健体育・食育

第15章　体育を中心とした現状と動向の分析　　尚　大鵬………270
　　　1．日本の児童生徒の体力・健康の現状とその増進措置　270
　　　2．日本の学校の「食育」制度　275
　　　3．体育科における想定外傷害事故の処理方法　282
　　　4．日本の学校の保健体育学習指導要領の改訂　285

第16章　子どもたちの健康と安全を守る──学校保健を中心に
　　　　　　　　　　　　　　　　　　森（柴本）枝美………290
　　　1．学校保健について　291

2. 学校保健の歴史　292
3. 現代日本における学校保健　298
4. おわりに　303

Ⅷ. 国際理解教育

第17章　コミュニケーション能力と国際理解教育を中心に
　　　　　　　　　　　　　　　　　　　　　李　協京…………310
1. 日本における国際理解教育の概要　310
2. 学習指導要領からみる日本の小・中・高等学校における
　 国際理解教育　316
3. 学校を主体とした日本における国際理解教育の実践　321
4. 日本の小・中・高等学校における国際理解教育の
　 経験と示唆　323

第18章　日本における国際理解教育と英語教育の関係
　　　── 小学校外国語活動を手がかりに
　　　　　　　　　　　　　楠山　研・ベー　シュウキー…………330
1. 日本の外国語教育と国際理解教育　330
2. 日中の小学校の英語教育における国際理解の対象　331
3. 日本における小学校外国語活動の導入経緯　334
4. 日本の小学校外国語活動が抱える課題　335
5. まとめ ── 中国側原稿と合わせて　339

年　　表　343
あとがき　359
索　　引　363

総　論

第1章

日本教育を見る中国の視点

南部　広孝

1．本書の目的と構成

　現代日本においては，教育が社会全体に関わっている。制度的に見れば，まず量的に充実した学校教育が構築されている。就学率がほぼ100％の義務教育制度が整えられ（学齢児童及び学齢生徒の就学率は2010年度にはそれぞれ99.96％，99.97％），後期中等教育段階も進学率が98.0％と，ほぼ全員が進学する状況になっている。これらの教育段階では，学ぶべき内容が学習指導要領の形で示され，設置基準の制定や教員養成制度の整備によって，水準の維持向上が図られている。高等教育段階には多様な機関が含まれるが，そうした高等教育機関への進学率もあわせて79.7％に達している[1]。つまり，ほとんどの日本人が人生の比較的早い時期に後期中等教育段階まで，そしてかなりの人数が高等教育段階まで学習を続けることになっている。また，生涯学習社会とも言われるように，社会教育を含むさまざまな学習の機会が官民双方によって用意されており，成人になって以降も少なからぬ人びとが個人の興味関心や必要に応じて教育を受けている。

　それから，人びとの意識として，学校教育のどの段階まで進んだか，そして各段階でどのような学校で学んだかがその後のキャリアに影響を与えるとか，ある社会問題が生じる背景として学校教育のあり方に問題があるなどと考えられることも，現代の日本ではごく普通に見られる。学校に対して大きな期待もしくは厳しい視線が向けられることもあって，新聞やテレビでは毎日と言ってよいほど教育に関するニュースが報じられ，識者と呼ばれる人た

ちが「望ましい」教育のあり方について持論を展開している。

　一方で，社会全体が大きく変化する中で，教育のあり方が改めて問い直され，さまざまな領域での改革が進められている。その詳細については本書の第3章以降で取り上げられ，分析されているので，ここでは近年実施された主要な改革を列挙するにとどめておきたいが，思いつくままに並べても次のようにいくつも挙げることができる。第1に，日本における教育の基本原則を示す教育基本法が2006年に改正され，教育の目標が明示されるとともに，生涯学習の理念や大学，私立学校，家庭教育，幼児期の教育，そして学校，家庭及び地域住民等の相互の連携協力などに関する条文が新たに盛り込まれた。またこの法にもとづいて教育振興基本計画が策定されるようになり，2008年に第1期計画が公表された。第2に，初等中等教育段階についてみると，義務教育のあり方が改めて検討され，義務教育費国庫負担制度における国庫負担割合が2分の1から3分の1に削減された。一方で，学力低下をめぐる議論や経済協力開発機構（OECD）による生徒の学習到達度調査（PISA）の結果などもふまえながら学習指導要領の改訂が行われている。また2007年に全国学力・学習状況調査が始まったことも大きな変化である。第3に，教員養成制度では，教員として必要な資質能力が議論され，教職大学院制度の創設（2008年）や教員免許更新制の導入（2009年）などが行われている。第4に，高等教育段階に目を向けると，2004年に国立大学が法人化されるとともに，競争的資金の額が増やされ，各大学がいっそう競争的な環境に置かれるようになった。同時に，大学評価の制度化が進められ，2004年からは認証評価制度が導入されている。

　このように，制度的にも意識的にも，教育は人びとの生活に深く結びついており，それを抜きにして現代社会を論じることはできないと言ってもよいほどになっているし，社会の変化に伴って教育のあり方も変容を迫られてきている。しかし，その教育をどのように捉えるか，どんな教育を「望ましい」と考えるかは人によってずいぶん異なっており，それぞれの視点によって大きく異なったイメージが描かれている。しかも，それは自らの経験を含むこれまでの日本の教育のありようをふまえてはいるが，別の側面からみると，日本の文脈にとらわれて，それぞれの評価が一面的になってしまっているこ

ともないとは言えない。そうした一面的な見方を乗り越えて日本の教育の全体像を多角的に，そしてより正確にとらえるには，独りよがりにならないように複数の視点を設定することが有効である。

本書は，以上をふまえて，日中両国の研究者が教育の各領域に注目してそれぞれの立場から分析し「対話」することを通じて，日本の教育についての多様な視点を提供し，日本教育の現状や改革動向を再検討しようとするものである。

本書は，これまで中国の中国教育科学研究院と京都大学大学院教育学研究科とで進められてきた共同研究の中で生まれたものである。2008年度から本格的に進められた共同研究は，お互いの国の教育の現状や改革動向を学ぶことを目的とし，まずは日本の教育に焦点を当て，8つのテーマを設定して両国それぞれの立場から分析が行われてきた。その日本側の成果は報告書『21世紀における日本の教育改革—日中学者の視点—』としてまとめられ[2]，同時に，同報告書所収論文の翻訳に中国側の研究成果をあわせた形で，『21世紀的日本教育改革—中日学者的視点—』が中国で出版された[3]。この中国語版著作では，21世紀における日本の教育改革が，日中両国の研究者が双方の「対話」と「鋒を交える」ことを通じて読み解かれている点が大きな特色になっている[4]。本書は，これらの成果に続くものであり，共同研究の流れをふまえると，継続的な「対話」として次の段階に位置づけられるものとなっている。具体的に言えば，まず日本側研究者が，中国側研究者との議論や意見交換を基礎として自らの視点で分析した論文を執筆し，続いて中国側研究者がその論文も参照しながら中国語版著作の中で中国の立場から見た日本の教育を描いてきた。そして本書では，そうした中国の文脈から日本の教育がどのように見えているのかを確認した上で，今度は日本側からそうした中国側の見え方を受け止め，それに応答しようとしている。つまり本書の各章は，これまで日中の研究者によって繰り返しなされてきた，比喩ではない「対話」となっているのである。

日中両国の研究者が協力して執筆した日本語著作はこれまでにもあったが[5]，多くの場合には日本の研究者が日本の状況を描き，中国の研究者が中国の状況を説明する形式がとられており，本書のように両国の研究者ががっ

ぷり四つに組んで一国の教育を議論するスタイルはほとんど見られなかった。この点で本書は非常に独創的である。また，すでに述べたように，日本の教育をめぐって日中の研究者が繰り返し「対話」した結果が提示されている点も従来の著作にはない大きな特徴として挙げることができるだろう。

　本書の構成は次のようになっている。まず本章で日本教育の現状や改革動向を見る視点の背景となる中国教育の状況と，中国教育を理解する基礎となる教育制度の概説を行う。それから第2章では，2010年に公表された「国家中長期教育改革・発展計画要綱(2010-2020年)」を手がかりとして，中国教育の現状と今後10年間の方向性が整理されている。この2つの章が総論的な位置づけになっている。第3章以降は，8つのテーマ ── 政策・法規，基礎教育，高等教育，生涯学習，教師教育，情報技術教育，体育・保健体育・食育，国際理解教育 ── それぞれについて，中国側研究者による論稿と日本側研究者による論稿が組み合わされている。

2．視点の背景としての中国教育

　それではまず，日本の教育を眺める視点としての中国教育の状況について整理することから始めよう[6]。

　中国では文化大革命が終結した1970年代後半以降，改革開放政策がとられ，社会の各方面で改革が行われてきた。教育は，工業，農業，国防，科学技術の「4つの現代化」を実現するための基礎と位置づけられ，量的拡大が進められると同時に質の向上をめざすさまざまな改革が実施された。1990年代に入ると，教育を優先的に発展させ，全民族の思想道徳と科学文化水準を高めることが「現代化」の根本であると考えられるようになった。

　そうした流れをふまえて，1990年代半ばには，「科教興国」（科学技術と教育によって国の振興をはかる）戦略が打ち出された。これは，科学技術と教育が経済や社会の発展にとって重要なものであるとし，それらの振興を通じて国の科学技術力とそれにもとづく生産力，国民全体の科学的・文化的素質を高めて，国をいち早く発展させようという考え方であり，このような戦略がとられた背景には，21世紀がハイテク技術を中核とする知識経済の時代で

あり，国の総合的な力量と国際競争力がますます教育の発展の度合いと科学技術及び知識創造の水準によって決まるようになるという見通しがあった。

この「科教興国」戦略が具体化されたのが，1998年に制定された「21世紀をめざす教育振興行動計画」である。この計画では，量的側面，質的側面それぞれについて，2010年までに達成すべき目標が示された。また，2004年にはそれをふまえて「2003-2007年教育振興行動計画」が改めて策定されている。そして2010年には「国家中長期教育改革・発展計画要綱（2010-2020年）」が公表され，2020年までの10年間に達成すべき目標や改革の方向性が示された（この要綱の内容については第2章で詳しく紹介されている）。

一方で，教育に関する法規の整備も大きな流れとなっている。教育に関する法規は従来，日本の「政令」や「省令」にあたる形式で公布されてきており[7]，現在でも多くの法規はそのような形式で出されているが，文化大革命終結後は一部の重要法規が「法律」として制定されるようになっている。その嚆矢は1980年の「中華人民共和国学位条例」であり，その後「中華人民共和国義務教育法」（1986年，2006年改正），「中華人民共和国教師法」（1993年），「中華人民共和国教育法」（1995年），「中華人民共和国職業教育法」（1996年），「中華人民共和国高等教育法」（1998年），「中華人民共和国民営教育促進法」（2002年）などが次々と制定されてきている。なお，国家建設全体や思想道徳に関わる内容を含む文書が中国共産党から公表されることがあり，それは教育のあり方に対して依然として効力を持っている。

このように，1970年代後半以降現在まで，教育は経済的・社会的発展の基礎として一貫して重視されており，法規の整備をはじめとしてさまざまな施策がとられている。

それではこのような教育重視の状況の中で，中国の教育はどのように変化してきているのだろうか。最もはっきりとした変化の1つは，学生数が大きく増加したことである。1980年から2008年までのほぼ約30年間で，初等教育（小学）段階は減少しているものの，それ以外の学校段階はいずれも学生数が増加している。特に顕著な増加が見られるのは高等教育段階で，この間に18.6倍になっている。初等教育段階の学生数減少には2つの原因がある。1つは1970年代末以降の一人っ子政策実施により該当年齢人口が縮小

第 1 章　日本教育を見る中国の視点

表 1-1　学生数の変化（単位：万人）

	1980 年	1990 年	2000 年	2008 年	2020 年（計画）
就学前教育	1150	1972	2244	2475	4000
初 等 教 育	16273	14523	13029	10567	23500
中 等 教 育	6482	5486	8794	10204	
高 等 教 育	166	382	940	3093	4780
特 殊 教 育	3	7	38	42	—

出所：『中国教育成就　統計資料　1980-1985』（人民教育出版社，1986 年），『中国教育統計年鑑』1990 年版，2000 年版及び 2008 年版（人民教育出版社，各年）より作成。2020 年の計画は「国家中長期教育改革・発展計画要綱（2010-2020 年）」による。

していることであり，もう 1 つは，義務教育の普及に伴って，この段階に設けられた成人教育の規模が小さくなってきていることである。2008 年時点で各段階あわせて学生数は 2 億 6 千万に達しているが，今後 10 年間でどの教育段階もさらに拡大することが計画されている。

　このような量的拡大とともに，さまざまな側面で改革が進められ，教育のあり方は変容してきている。ここでは 2 つの側面に絞って整理しておこう。その 1 つは経済体制の転換に伴う市場原理の導入である。中国では従来計画経済体制がとられ，資源の分配や人材の養成はあらかじめ作成された計画にのっとって行われていた。しかし 1970 年代末以降市場経済の導入が模索されて試験的な取り組みが進められ，1992 年に「社会主義市場経済」体制の確立が提起された。こうした経済体制の転換に伴って，教育を含む社会の各方面で市場の需給にもとづいた競争，市場原理が取り入れられてきたのである。

　市場を基礎とした考え方はまず，学校設置形態の多元化を促した。経済のあり方が多様化する中で，多様な主体が学校を運営することが認められ，奨励されるようになってきたのである。政府の教育行政部門以外の組織や個人が設置・運営する機関は，民営学校と呼ばれる。そうした民営学校が積極的に作られるようになったのはまず高等教育段階においてであった。1980 年代に入って高等教育独学試験制度（後述）の受験準備クラスや各種の職業技術学校が民間で相次いで作られ，それが規模を大きくしつつ質の向上も進め

た結果，国から正規の高等教育機関として認められる機関も出現するようになった。一方，初等教育段階，中等教育段階の民営学校は，1990年代に入って本格的な増加が始まった。2002年には「中華人民共和国民営教育促進法」が制定され，社会組織や個人による学校の設置・運営が積極的に促進される法的基盤が整備された。

　民営学校が設立される以外に，従来の公立学校に民営学校の管理運営方式を導入して運営の効率化を図るとともに財源を多様化するという改革も進められている。この方式は「民営公助」と呼ばれる。「民営公助」方式の学校では，地方教育行政部門からの財政支出が減少する代わりに，学生から学費を徴収できるようになる。また，民営学校と同様に優遇政策の対象となり，運営の自主権を持つことができる。このような方式の導入は，社会からの投資と市場メカニズムの導入によって学校改善につながる，民間の管理手法を用いることによって資源の使用効率が高まる，教育に対する需要を満足させられるといった利点があると考えられている。

　さらに，教育の受益者負担という考え方が正当化されるようになった。高等教育では従来，養成する学生は国の将来を担う人材だということもあって，学生は学費を納める必要がないうえ，キャンパス内に宿舎も与えられていた。しかし，1980年代半ばに学費を納めて自宅から通いながら高等教育機関で学習する学生の存在が認められるようになり，1980年代末には学費の徴収が試験的に始められた。そして1997年からは原則としてすべての高等教育機関で学費が徴収されることになった。ただし，2007年から6校の重点師範大学における教員養成系専攻の学生については学費を免除する措置がとられている[8]。初等中等教育でも，義務教育ではない後期中等教育段階の高級中学では学費が徴収されているし，すでに述べたように，民営学校や「民営公助」方式の学校では義務教育段階であっても学費の徴収が行われている。

　一方，教育費を負担する側の家庭に注目すれば，社会全体が経済的に発展し所得水準が上昇する中で，教育に支出できる平均的な経費は増加している。また1979年からの一人っ子政策の実施によって，一人しかいない子どもに対する家庭の期待も高まっている。つまり，経済的に余力のある家庭で

は，子どもに対する高い期待をもとに，子どもがより上級の学校へ進学できるよう努力を惜しまないという状況になっている。

　高等教育段階ではさらに，資源の重点配分や運営自主権の拡大が進められている。まず，資源の効率的な使用をめざして，資源の重点的な配分が行われるようになっている。中国では1950年代から一部の高等教育機関が重点大学として優先的に支援されてきたが，近年ではそうした取り組みの流れとして，1993年に始まった「２１１プロジェクト」（「２１１工程」）や1999年にスタートした「９８５プロジェクト」（「９８５計画」）が進められている。前者は100校程度の機関を選び重点的な支援を行うものである。後者は，世界トップレベルの一流大学を作り上げることを目的としており，最初は北京大学と清華大学の２校からスタートしてその後徐々に対象機関を増やし，現在39大学まで増加している。

　また，各高等教育機関の運営自主権の拡大が図られている。従来は，主要な事項は政府の主管部門が決定し，高等教育機関はそれを遂行するという状況であったが，1980年代から徐々に自主権の拡大が行われ，各機関が自ら決定できる事項が増やされてきた。「中華人民共和国高等教育法」（1998年）では，学生募集計画の策定や設置する学問分野・専攻の調整，カリキュラムの策定と教材の選択・編集，科学研究や技術開発，社会サービスの実施，国外の高等教育機関との科学技術文化交流，内部組織機構の設置と人員の配置，財産の管理と使用等の活動は高等教育機関が自ら主体的に決定することが規定されている。現在これらすべての事項が機関ごとに自由に決められるという状況には至ってはいないが，このような自主権の拡大を通じて，各機関は自らのおかれた環境の中で発展の方向性やそのための戦略を自ら決めることが可能になりつつある。そして実際，すでに述べたような社会や教育の変化の中で，機関ごとに多様な取り組みが進められている。同時に，こうした自主権の拡大とともに，評価活動も積極的に行われるようになっている。

　もう１つの側面は「素質教育」の実施である。1980年代に学校教育が整備されたとき，より上級の学校やよりよい学校へ進むための激しい競争が起こり，中等教育以下の段階では学校も教員も生徒も，そうした競争に巻き込まれかねない状況が生じた。そうした状況に対処するため，1980年代後半

には，「応試教育」(受験教育)から「素質教育」への転換がいわれるようになった。1990年代半ばになるとこの「素質教育」は，このような単なる「応試教育」への批判としてだけではなく，新しい教育の枠組みとして提案されるようになっている。そしてこの「素質教育」は，今や中国教育の方向性を決定する最も基本的な軸の1つとなっている。

　それでは，この「素質教育」とはどのような教育のことを言うのだろうか。「素質教育」はまず，国民の資質を向上させ，学生の創造的精神と実践能力の育成に重点をおいて，徳・知・体・美等の面で全面的に発達した人間を育てる教育であるとされている。そして，学校教育だけでなく，家庭教育や社会教育でも行われ，学校教育においては就学前教育から高等教育，成人教育まで各教育段階のすべての教育種別で行われることになっている。「素質教育」の実施にあたっては，徳育，知育，体育，美育等を教育活動の中で有機的に統一することが求められる。特に学校教育では，知育をしっかりとやるだけでなく徳育をそれ以上に重視し，さらに体育，美育や労働技術教育，社会実践活動を加えることによって，生徒の全面的な発達と健全な成長を促すことになっている。従来の，「応試教育」に対する批判としての「素質教育」は主として初等・中等教育段階の教育内容や教育方法，評価基準，そして入試方法等に関連していたが，「素質教育」を上記のようにとらえることによって，国としての教育目標や教育体系，人材の選抜，教員集団といった教育の枠内だけではなく，社会的な通念や雇用制度，社会環境等より広範な改革が求められることになったのである。

　実際には，上述したようなより上級の学校やよりよい学校をめざす競争は依然として激しく，受験を念頭においた教育はそう簡単にはなくならないだろうが，それでも「素質教育」を教育の枠組みとして設定したことは，教育内容や入試方法を手はじめに，教育の各側面，さらには社会の関連分野へ徐々に影響を与えると思われる。

　もちろん，国にとって有用な人材を育成するという観点は揺らいでいない。例えば1978年，鄧小平は全国教育工作会議での演説で「私たちの学校は社会主義建設のために人材を養成するところである」と述べ[9]，文化大革命終結後の教育の基本原則を示したが，「中華人民共和国教育法」(1995年)

でも「教育は必ず社会主義現代化建設に奉仕しなければならず，必ず生産労働と結びついて，徳，知，体等の面で全面的に発達した社会主義事業の建設者と継承者を育成しなければならない」（第5条）と規定されている[10]。そして，2010年の「国家中長期教育改革・発展計画要綱（2010-2020年）」においても，指導思想として「教育が社会主義現代化建設に奉仕し，人民に奉仕して，生産労働，社会実践と結びついて，徳・知・体・美の全面的に発達した社会主義の建設者と継承者を育成することを堅持する」ことが謳われている[11]。どのような人材をどのように育成するかについては「素質教育」の展開によって変わりつつある点も見受けられはするが，同時に教育の目的として社会主義現代化建設に奉仕することや，社会主義の建設者や継承者を育成することが掲げられる点は現在でも変わっていないのである。

このように，中国の教育は従来の計画経済体制下に形成されていた状況からかなり隔たったものになっており，必ずしも社会主義的ではない制度やしくみも導入されてきている。その結果，日中両国で共通の課題や改革の方向性が生じてきている側面も見られるようになっている。こうした状況にある中国から日本教育の現状と改革動向がどのように見えるのか，繰り返しになるが，その見え方を明らかにすることも本書の課題の1つである。

3．中国の教育制度

続いて，次章以降の中国教育に関連する記述を理解するための助けとして，中国における現行の学校教育体系をまとめておくことにしよう（図1-1）。

子どもたちが最初に入学するのは，就学前教育段階の幼稚園である。対象は3歳から小学に入学するまでの子どもである。全日制のほか，半日制や定時制，寄宿制，決まった時期だけ通う季節制などさまざまな方式がとられている。通学が義務ではないので，すべての子どもが通うわけではない。2009年の「粗就園率」は，就学前3年の時点では50.9％，就学前1年の時点でも74.0％となっている[12]。

幼稚園を終えて入学する小学が初等教育段階にあたる。中国の小学は多く

総論

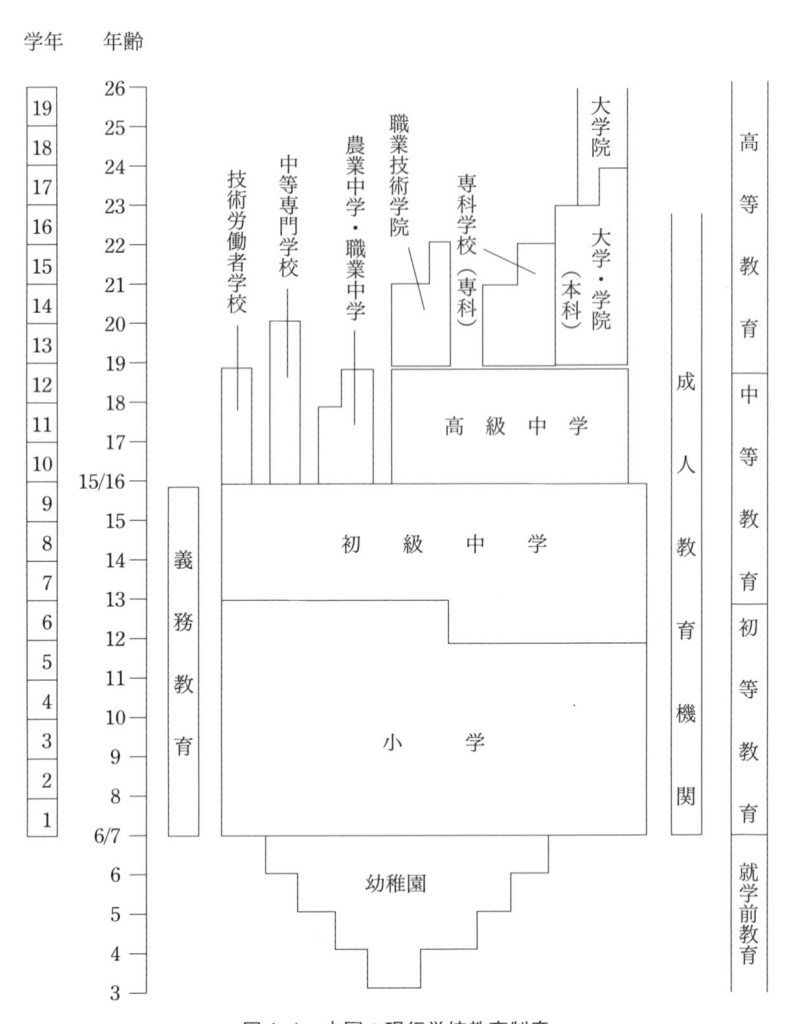

図 1-1　中国の現行学校教育制度
出所：文部省編『諸外国の学校教育　アジア・オセアニア・アフリカ編』大蔵省印刷局，1996年，17頁にある図を参照して作成。

図1-2　中国の幼稚園（黒龍江省）（南部広孝撮影）

が6年制だが，5年制の学校もある。クラス数を単位として見ると2008年時点で，6年制をとっているところが全体の97.6％となっている[13]。5年制がとられる背景としては，資源不足という消極的な理由のみならず，小学の教育課程が5年で履修しうるかどうかの検証という積極的な理由もあるとされる[14]。また，法規上は6歳入学が基本であるが，7歳入学を実施しているところも多い。2008年の小学1年生の年齢分布を見ると，6歳児は64.6％にすぎず，7歳児が30.4％を占めている。一方，2.7％は5歳以下である。

　次の中等教育段階にはまず，日本の中学校に相当する学校として初級中学があり，同じく日本の高等学校に相当する学校として高級中学がある。これらの中学にはそれぞれ，普通教育だけを行う学校（「普通中学」）と，主として職業教育を行う学校（「職業中学」）とがある。後に述べるように初級中学は3年制か4年制で，高級中学は3年制である。このほか高級中学と同じレベルで，職業教育を主とする中等専門学校や技術労働者学校が設置されている。

　中国では，小学と初級中学をあわせた期間が義務教育とされている。「中華人民共和国義務教育法」では，義務教育は9年間と規定されていて，小学が6年制のときには初級中学は3年制，小学が5年制のときには初級中学は4年制となる。

総論

図1-3 中国での授業の様子（東北師範大学附属小学）（南部広孝撮影）

　初等中等教育段階の教育内容は，「課程標準」によって規定されている。以前の「教学大綱」に比べると，2001年以降採用されている「課程標準」では地方や各学校での課程編成の柔軟性が高まっている。また，教員に関しては養成過程が全体として高学歴化しつつあり，また従来の教員養成系機関のみで養成するしくみから，より多様な機関が教員養成に関わるしくみへと転換してきている[15]。

　最も上級に位置づけられる高等教育段階には，4～5年制の本科課程（学士課程）をおく総合大学や単科大学（名称は「学院」）と，2～3年制の専科課程だけをおく高等専科学校や職業技術学院がある。前者の総合大学や単科大学の中には，専科課程を併設するところもある。これらの高等教育機関に入学するためには，原則として全国統一で実施される入学試験に参加して合格しなければならない。また碩士課程（日本の修士課程に相当）や博士課程の大学院教育は，総合大学や単科大学が主として担っているが，中国科学院をはじめとするさまざまな研究機関でも行われている。

　前節で述べたように，私立セクターとしての民営学校が積極的に設置されるようになってきたことは中国教育の大きな変容の1つである。各教育段階で民営の占める比率を確認すると（2008年），就学前教育段階では幼稚園の

図1-4　南京大学（南部広孝撮影）

62.2％が民営で，そこに園児全体の39.7％が通っている。小学では学校数で見れば1.9％が民営で，4.6％の生徒がそうした学校に在学している。中等教育段階ではそれぞれ，初級中学では学校数の7.6％，生徒数の7.7％，高級中学では学校数の19.2％，生徒数の9.7％が民営セクターに属している。そして高等教育段階では，民営の機関が全体の28.2％を占め，学生数では全体の19.4％がそうした高等教育機関で学んでいる。就学前教育段階や高等教育段階はともかく，義務教育にあたる小学や初級中学では日本よりも高い比率になっている。

　ここまでは全日制教育機関の説明であるが，こうした一連の教育体系と並行して，勤労成人向けの教育機関が数多く設置され，成人教育体系を形成していることは，中国の学校教育体系の特色である。在職者が学べるように夜間開講制や通信教育制をとっている教育機関がそれぞれの教育段階に設置されている。例えば初等教育段階では成人小学が4万8千校余り設置されており，そこで235万人が学んでいるし，高等教育段階では日本の放送大学に相当する広播電視大学を含む400校の成人高等教育機関が60万人の学生を抱えている（2008年）。このほか高等教育段階では，高等教育独学試験制度が導入されている。これは，国が公表したカリキュラムと教材にしたがって学

習を進め，すべての科目で試験に合格すれば高等教育修了の学歴が得られる制度である。名称からも推測される通り，特定の学校に通わずに独学するだけでもかまわない[16]。

中国ではこのように，全日制の教育機関を中心としつつ，多様な学習形態が提供されているのである。

注
1) 以上の統計はいずれも文部科学省『文部科学統計要覧（平成23年版）』日経印刷，2011年。
2) 京都大学大学院教育学研究科教育実践コラボレーション・センター編『21世紀における日本の教育改革―日中学者の視点―（日本語論文集）』教育実践コラボレーション・センター，2010年。
3) 田慧生・田中耕治主編，高峡執行主編『21世紀的日本教育改革―中日学者的視点―』教育科学出版社，2009年。
4) 田慧生「序二　他山之石　可以攻玉」同上書，2頁。
5) こうした著作としては例えば，中島直忠編『日本・中国高等教育と入試―二一世紀への課題と展望―』玉川大学出版部，2000年，広島大学高等教育研究開発センター・日本高等教育学会編『日中高等教育新時代―第2回日中高等教育フォーラム／第33回（2005年度）研究員集会の記録―』（高等教育研究叢書88）広島大学高等教育研究開発センター，2006年，また労凱声と山﨑髙哉による「日中教育学対話」シリーズ全3巻（春秋社，2008-2010年）がある。
6) 以下の記述は，南部広孝「現代中国の教育改革」原清治・山内乾史・杉本均編『増補版　教育の比較社会学』学文社，2008年，193-211頁の一部を加筆修正したものである。
7) 大塚豊『中国高等教育関係法規（解説と正文）』（高等教育研究叢書8）広島大学大学教育研究センター，1991年，2頁。
8) 「教育部直属師範大学師範生免費教育実施辦法（試行）」何東昌主編『中華人民共和国重要教育文献　2003〜2008』新世界出版社，2010年，1364頁。
9) 「鄧小平同志在全国教育工作会議上的講話」何東昌主編『中華人民共和国重要教育文献（1949年〜1997年）』海南出版社，1998年，1606-1607頁。
10) 「中華人民共和国教育法」同上書，3790-3794頁。
11) 「国家中長期教育改革和発展計画綱要（2010-2020年）」《教育規劃綱要》工作小組辦公室『教育規劃綱要学習輔導百問』教育科学出版社，2010年，1-68頁。
12) 同上書，15頁。
13) 以下の2008年時点の統計はいずれも教育部発展規劃司編『中国教育統計年鑑　2008』

人民教育出版社，2009年。
14）大塚豊『中国大学入試研究　変貌する国家の人材選抜』東信堂，2007年，19頁。
15）南部広孝「中国の教員養成」日本教育大学協会編『世界の教員養成Ⅰ―アジア編―』学文社，2005年，11-33頁。
16）この制度については，南部広孝『中国高等教育独学試験制度の展開』東信堂，2009年を参照されたい。

第 2 章

中国の教育改革構想
―― これからの十年

袁　振国

　中国の「国家中長期教育改革・発展計画要綱 (2010-2020)」（以下，「教育計画要綱」と略）は，2010 年 7 月に公布され，国際的に広く注目を集めた。これは，21 世紀に入って以降わが国政府の最も重要な教育文書であり，わが国の教育史上里程標としての意義を有する一大事であって，わが国の将来 10 年ないし 21 世紀における教育の改革と発展の新たな 1 章を開いた。2010 年 7 月 13～14 日，1978 年の改革開放以降の第 4 回全国教育工作会議が北京で開かれ，胡錦濤国家主席，温家宝国務院総理が重要な講話を発表し，「教育計画要綱」を貫徹させるために全面的な配置を行った。

1．改革は「教育計画要綱」の主旋律

(1) 改革開放は 30 年にわたって中国が目覚しい成果をあげた基本的経験

　この「教育計画要綱」は改革の要綱であり，改革の精神と改革の要求に満ちている。

　1978 年以来，改革開放のおかげで中国の経済は急速に発展し，教育の成果も現れた。改革開放の堅持は中国の急速な発展の最も重要な経験であり，わが国は各方面の体制改革を鋭意推し進め，高度に集中した計画経済体制から活力に満ちた社会主義市場経済体制への歴史的転換を実現することに成功した。経済体制改革を絶えず深化させると同時に，政治体制，文化体制，科学技術体制及び教育体制の改革を絶えず深化させて，現代中国の国情に合致し，生き生きとした活力に満ちた新たな体制・メカニズムを不断に形成しそ

れを発展させてきたことは，わが国の経済の繁栄・発展や，社会の調和・安定にとって有力な制度上の保障を提供した。

　改革開放以降，わが国はそれぞれ1985年，1994年，1999年に，あわせて3回の全国教育工作会議を開催し，この3つの鍵となる時期に3つの綱領的な性格を持つ文書を公布して，改革開放以降の30年間わが国の教育事業が絶えず新しい段階に飛躍するのを推し進めた。1985年に公布された中国共産党中央「教育体制の改革に関する決定」は，教育体制改革の根本的な目的が民族の素質の向上，より多くのより優秀な人材の育成であり，体系的に改革を行う必要があることを示した。そして，基礎教育を発展させる責任の地方への委譲，9年制義務教育の順序立てた実施，中等教育の構造の調整と職業技術教育の大幅な発展，高等教育機関の学生募集計画及び卒業生就職分配制度の改革と高等教育機関の運営自主権の拡大が掲げられた。

　1993年に公布された「中国教育改革・発展要綱」は，1985年の中国共産党中央「教育体制の改革に関する決定」をふまえて，教育事業に対して「社会主義市場経済体制と政治，科学技術体制の改革の必要に応じた教育体制を建設し，社会主義現代化の建設にいっそううまく貢献する」という新たな要求を提示し，わが国の教育体制改革の方向，目標，考え方及び改革の内容について，さらに深く詳細な記述がなされ，社会主義市場経済体制に適応する教育の新しい体制をどのように建設するかの全面的な青写真が描かれた。

　1999年に公布された「教育改革の深化と素質教育の全面的な推進に関する決定」は，「素質教育を全面的に推進して，活力に満ち，中国の特色を持った社会主義教育体系を構築し，「科教興国」（科学技術と教育を通じて国の振興を図る）戦略を実施するため人材と知識のしっかりとした基礎を定める」という努力目標を打ち出し，教育体系の構造，教育制度及び運営体制を改革して，素質教育の実施のために条件を整備することを求めた。

　それから11年を経て，国内外の環境には深い変化が起き，世界経済や国際的な任務におけるわが国の影響はますます強くなり，「小康社会」の全面的な建設という目標の実現が鍵となる最近の10年間，教育は大国から強国に向かって歩み始めた。このような鍵となる時期に第4回全国教育工作会議を開催し，「教育計画要綱」を公布して，今一度教育体制の改革のラッパを

吹きならし，以前の教育の改革と発展の成果を継承したうえで，これから10年間のわが国の教育体制・メカニズムの改革における新たな戦略配置を整えた。

(2)「教育計画要綱」はその題目において改革というテーマを表現

　この計画とは，長期的な発展計画であり，明確な発展の目標と任務の明確化及びその目標や任務を達成する行動計画の制定を含んでいる。わが国の教育部は本次政府の最初の任期が始まったとき，すなわち2004年の初めにすぐに「2020年中国教育発展要綱」について研究し策定する作業にとりかかったが，当時の題目にはまだ「改革」の二文字は含まれていなかった。2008年3月，中国共産党中央の指示にもとづいて，大規模な学習，大規模な調査・研究，大規模な討論を深く体系的に展開し，「教育計画要綱」の策定について新たな作業案と調査研究案を制定しようとした。同年8月，温家宝総理が主宰して国家科学教育指導グループ第1次会議を召集し，要綱の策定作業案を基本的に採択した。このとき，要綱の題目はすでに「国家中長期教育改革・発展計画要綱」に改められた。会議で温総理は，計画要綱の策定にあたっては「改革や創造の精神を体現しなければならない。教育計画は改革的で創造的な計画にしなければならず，必ず思想を解放し，大胆に突破し，勇気を持って創造しなければならない。先進的な教育理念を打ち立て，伝統的な観念と体制の束縛を打ち壊さなければならない」ことを特に要求した。この思想的な方針に導かれて，「教育計画要綱」の研究起草グループは一貫して，改革と創造の精神によって教育事業の科学的な発展を図ることを「教育計画要綱」策定の基本原則とするとともに，改革の思想を要綱全文の始めから終わりまで一貫させるようにした。

(3)「教育計画要綱」全文の3分の1以上が改革内容

　「教育計画要綱」には，序言と実施の部分を除いて，全体戦略，発展任務，体制改革，保障措置の4つの部分が含まれている。

　第3部分「体制改革」は6つの章を設けて改革を論じており，人材育成体制，試験・学生募集制度，現代学校制度，学校運営体制，管理体制，対外開

放の 6 つの重点領域から改革について体系的な設計を行っている。第 2 部分は「発展任務」であり，ここには就学前教育，義務教育，後期中等教育段階の教育，職業教育，高等教育，継続教育，民族教育及び特別教育の 8 章が含まれている。この部分は主として国民教育システムにおける各段階各種別の教育の発展目標と任務を明確にしているが，どの章も改革をもって発展を促す戦略思想を示している。例えば，就学前教育の章には 3 つの内容，すなわち①就学前教育の基本的普及，②政府の役割の明確化，③農村における就学前教育の重点的発展が含まれている。このうち①では，「2020 年までに，就学前 1 年間の教育の普及，就学前 2 年間の教育の基本的な普及，条件の整った地域での就学前 3 年間の教育の普及」という発展目標が示された。この発展目標を実現するため，後の 2 項目において重要な措置が提案された。それは例えば，「政府が主導し，社会が参画する，公立の機関と民営の機関が並存する幼稚園運営体制を確立する。公立幼稚園を大いに発展させ，民営幼稚園を積極的に支援する。政府支出を増加させ，コストの合理的な分担メカニズムを改善させて，経済的に困難な家庭の幼児の幼稚園入園に対して補助を与える」ことや，「さまざまな方式を採用して農村における就学前教育の資源を拡大して，幼稚園を増改築したり新築したりし，中学・小学の配置調整によって余った校舎と教員を用いて幼稚園（クラス）を設置する」ことであった。これらの措置が実質的に，学校運営体制の改革を通じて就学前教育の資源を拡大し，普及目標の実現を保障するものであることは明らかである。

　第 4 部分は「保障措置」であり，それには，教員集団の形成の強化，経費支出の保障，教育の情報化の進展の加速，法律にもとづく教育の推進，重大なプロジェクトと改革実験モデル，組織的指導の強化という 6 つの章が含まれている。これら 6 つの章の内容は，第 2 部分の各段階各種別の教育の発展目標と任務を実現するために支えとなるものであり，改革の内容も非常に多く含まれている。例えば「教員集団の形成の強化」という章では，まず教員倫理や業務水準などの面から各段階各種別の学校が質の高い教員集団を作り上げることに対して目標が示されている。これらの目標を達成するために，教員管理制度の改革に対してかなり多くの紙幅を用いて手はずが整えられて

いる。それは例えば,「学校のポスト管理を強化し,採用方式を刷新し,採用活動を規範化し,奨励メカニズムを改善し,教員の積極性と創造性を引き出す。義務教育学校における教員と校長の健全な人事異動体制を確立する。都市部の中学・小学教員がより高い職務(職称)に任用されるときには,原則として1年以上農村の学校もしくは力量の弱い学校で勤務した経験がなければならない。教員管理を強化し,教員の離職メカニズムを改善する。校長の職級制を推進する」ことである。これらの改革措置は,教員集団の形成を強化する有力な保障である。

このほか,改革を確実に推進し,できるだけ早く成果をあげるために,今次の政府が実施し始める十大改革実験モデル事業が特に提起されている。これは改革の積極的な推進を保証するものであるし,また点から面へと広がる実験モデルを通じて,改革の着実な実施を保障するものでもある。

2. 現在わが国が教育体制の改革を深化させる切迫性

胡錦濤主席は全国教育工作会議の講話の中で,「改革は教育事業を発展させる強大な原動力である。教育の改革を深化させ,教育改革の系統的な設計や全体的な配置を重視し,重要な領域と鍵となる部分での改革の歩みを速め,改革をもって発展を促進させ,改革をもって質を向上させ,改革をもって活力を増すようにしなければならない」と指摘した。30年余りにわたって,教育体制改革を不断に深化させてきたことに伴い,現在教育改革はいっそう深さのあるところに入って,教育がいっそううまく発展するのを制約する深いレベルでの矛盾がはっきりと現れており,これらの矛盾には概念上の衝突もあれば利益上の衝突もあるし,伝統的な体制との衝突もあれば新たに生じた矛盾もある。これらの矛盾に影響を与える要因はいっそう複雑で,改革もいっそう困難であるし,またいっそう切迫している。

(1) 改革を通じた人間の全面的発達の促進

人的資源は経済・社会の発展の第一資源であり,教育は人的資源を開発する主要なルートである。個々の生徒が主体的に,生き生きと発達するのを促

し，個々の生徒に適した教育を提供することは，教育事業をうまく行う出発点と着地点である。しかし現在，知育第一の偏った発達観によって教室での授業における知識伝達の重視，能力育成の軽視が生じ，考査や評価の基準と方法は画一的であり，不完全なカリキュラム編成や遅れた教育方法などによって我々の生徒の実践能力や創造力の不足がもたらされていることなどがみられる。この状況を変えるためにまず，人材育成モデルの改革を速く推進しなければならない。そのために，「学」（学ぶこと）と「思」（考えること）の結合と「知行合一」（知識と行動の統一）を促進させ，教育・指導の方法を改革して，啓発型，探究型，討論型，参加型の授業を展開し，生徒の好奇心をかき立て，自分で考える能力を育成することに努力する。教育と生産・労働，社会実践との結合を堅持し，生徒に知識を身につけさせるだけでなく，手を動かすことや何かをやり遂げること，生きていくこと，他人と共同で生活することも身につけさせる。カリキュラムと教材の改革を速く推し進め，異なる教育段階の生徒が必ず習得すべき中核的な内容を科学的に選択する。次に，評価・選抜，試験・学生募集制度を改革しなければならない。単純に試験を手段とし，点数を基準とする評価方法を改め，生徒の徳・知・体・美の各方面の発達状況に対して全面的な評価を行い，科学的で総合的な素質評価制度を確立する。人材選抜に当たって用いられる実践能力に対する考査を強化し，社会の雇用部門が単純に学歴を追い求める傾向を克服する。試験・学生募集制度を改革し，「一度だけの試験が人生を決める」やり方を変えて，受験生が自主的に選択する機会を拡大し，受験生の複数回の選択を認めるようにする。学生募集・採用方法を改善し，専門型人材，創造型人材の選抜に有利な，健全で多元的な採用メカニズムを作り上げる。

(2) 改革を通じた教育の優先的な発展の推進

　教育の優先的な発展，すなわち経済・社会発展計画において教育の発展を優先的に位置づけることや財政予算において教育支出を優先的に保障すること，公共資源において教育と人的資源開発のニーズを優先的に満たすことをしっかりと保障することは，わが国が長期にわたって堅持する重要方針であり，社会主義現代化建設の全体局面に目を向けた重大な戦略的選択である。

現代世界では、経済のグローバル化が深く進展し、科学技術が日進月歩で進歩し、国際競争が日増しに激化して、知識はますます総合的な国力と国際競争力を高める決定的な要素となり、人的資源はますます経済社会の発展を推進する戦略的資源となっており、教育の基礎的、先導的、全体的な位置づけと役割がますます際だってきている。「十年樹木、百年樹人」（木を育てるには10年かかり、人を育てるには100年かかる）というように、教育で人を育成するには一定の周期があり、その周期があるために人の育成には時間がかかってしまうことから、教育が資源配分のときに優先的に保障されなければならないだけでなく、時間的にも必ず真っ先に発展させ、経済社会の発展に必要な人材をそれに先だって蓄える必要があるということになる。

教育の優先的な発展を保障するには、必ず教育財政体制の改革をいっそう深化させ、各レベルの政府の教育支出に対する職責を明確にし、政府の教育の発展と管理に対する責任を確実なものとし、都市と農村をカバーする基本的な公共教育サービス体系の整備を積極的に推進して、基本的な公共教育サービスの均等化を徐々に実現するようにしなければならない。教育支出は国家の長期的発展を支える基礎的、戦略的な投資であり、政府支出を主とし、多様なルートで教育経費を調達する体制を健全なものにして教育支出を大幅に増加させ、2012年に国家財政の教育支出を国内総生産（GDP）の4％にするとともにその比率をそれ以降安定的に引き上げなければならない。

(3) 改革を通じた教育の公平の促進

わが国の「教育法」は、公民が民族、性別、階層、職業、経済状況、宗教信仰などに関わりなく法に従って平等に教育を受ける権利を享受することを保障すると規定している。党と政府は、教育の公平の促進、貧困家庭の教育を受ける権利と機会の保障を一貫した基本的教育政策として堅持している。9年制無償義務教育の全面実施や貧困家庭の義務教育を受ける権利と機会の確実な保障において顕著な成果をあげており、教育の公平は重要で大きな歩みを始めている。

しかし、依然として明らかな格差が存在しており、それは次のような点で突出して示されている。1つ目は都市と農村で教育の質の格差が比較的大き

いことである。わが国の義務教育段階の生徒は1億6千万人余りに達し，地方政府の支出を主とする教育費体制のもとで，生徒一人あたりの教育経費，生徒一人あたりの予算内教育経費，生徒一人あたりの予算内共通経費には明らかな格差が存在しており，教員の水準の都市と農村での格差も明白である。使用するのに危険な校舎は主として農村にあり，中途退学は主として農村で起き，臨時代理教員は主として農村にいることから，都市と農村の間の教育格差は最も大きな教育上の不公平となっている。2つ目は東部，中部，西部の間での教育発展の格差が比較的大きいことである。教育発展の地域間格差は教育支出の顕著な違いや少数民族地域での教育の相対的遅れに突出して現れている。中・西部地域は義務教育の臨時代理教員が集中し，大規模クラス編成が際だち，高学歴教員の比率が全国の平均水準を下回っていて，情報化の程度は東部地域と比べて大きな格差がある。優れた高等教育資源が相対的に少なく，教育部直属高等教育機関の配置は合理的でなく，重点大学が受け入れる人数の割合は低すぎる。3つ目は職業学校が依然として相対的に不利な地位に置かれていることである。わが国の職業教育への支出は長期にわたって普通教育より低くとどめられており，職業学校の学費は一般的にやや高い。職業学校の生徒は普通学校の生徒と同等の学習条件や進学機会を享受しておらず，異なる類型の学校の教育資源はまだ横断的に結びついたり相互に開かれたりしていないし，職業学校卒業生の進学ルートは比較的狭い。4つ目は都市部の義務教育において学校選択の問題が際だっていることである。一部の力量の弱い学校が存在していることは，義務教育のバランスのとれた発展を促すうえでの主な障害であり，都市部の義務教育段階における学校選択現象の主要な原因である。5つ目は社会的弱者層が公平に教育を受ける機会が全面的に保障されるには至っていないことである。全国の「流動人口（農村から都市に一家全員で出てきた人びと）」の学齢児童のうち6％前後の子どもは完全な義務教育を受けていない。障害を持つ生徒の教育水準は依然として普通の生徒の教育水準より低い。

　これらの格差を縮小させ，公平を促進するためには，経済発展の過程において，体制・メカニズムの刷新を通じて教育の不公平を作り出す制度的要因を取り除き，教育の政策と規則を調整し，教育資源の配置の合理化，均衡化

を促進させなければならない。

(4) 改革を通じた教育の質の向上
　新中国が成立して60年余り，とりわけ改革開放が実施されて以降の30年余りにおいて，13億の人口を持つ発展途上国であるわが国は，中国の特色を持った社会主義教育の発展の道を切り拓き，世界最大規模の教育システムを作り上げ，人口大国から人的資源強国への転換を実現した。同時に我々は，わが国の教育がまだ経済社会の発展と人民大衆のよい教育を受けたいというニーズに十分には適応しておらず，その主要な課題が，教育の発展が十分に科学的であるとはいえず，規模は大きいが強くはなく，質が高くないことだということをはっきり認識している。人民大衆が学ぶことができるかどうかという点に主として現れる問題は基本的に解決されたが，しっかりとした教育を受けるという問題は依然として顕著である。生徒の社会適応力や就職・起業能力は弱く，創造型，実用型，複合型の人材が不足している。
　今後，質の向上はわが国の教育の改革と発展の中心的な任務であるだろう。質の向上を中核とする教育発展観を打ち立て，教育の内包的発展を重視し，学校が特色ある運営を行い，高い水準で運営を行い，優れた教員を輩出し，エリートを育てることを奨励しなければならない。一方では，教育支出を保障するメカニズムの整備を強化して，教育支出を絶えず増加させ，各段階各種別の学校の運営条件を改善しなければならない。他方で，必ず改革を深化させ，教育の質の向上をめざす管理制度と活動メカニズムを徐々に構築し，教育資源の配置と学校の活動の重点を質の向上に集中させなければならない。教育の質に関する国家基準を策定し，教育の質保証システムを構築する。同時に，教育の構造と配置をスピードを持って調整し，それによって人材育成構造と産業構造をマッチングさせ，各地の経済社会発展に不足している人材をいち早く育成しなければならない。

(5) 改革を通じた教育の活力の増強
　改革開放の実施以来，政府の管理機能の転換と簡素化・権限移譲を重点とする教育管理体制の改革が絶えず推進され，法に従って学校の自主裁量権を

着実に拡大し，学校の自主運営能力を強化した。しかし，運営自主権の具体的な実行においては権限と責任の所在が不明であるという問題が依然として存在しており，政府，学校，地域社会の関係がうまく整理されておらず，政府は依然として，管理すべきでないことやうまく管理できないこと，管理しきれないことを管理し，学校の教育活動に過度に関与していて，行政的な許可事項が多すぎる。例えば学校の組織機構の数や幹部職の数は地方組織人事部門の編制による制限を受け，高等教育機関の専攻設置は教育行政部門の審査・認可を経なければならず，学校の人事異動や雇用は地方政策の規定に制限され，極端なところでは政府主管部門の審査・認可を経なければならない。これらの要因によって，学校が教育の規律に照らして運営する積極性や主体性が削がれ，学校運営の活力が制約されている。

　このような状況を改めようとすれば，教育体制の改革を推進し，現代的な学校制度を構築する必要がある。とりわけ，大学の運営自主権を確かなものにし，現代的な大学制度を構築しなければならない。国の法律・法規とマクロ政策に照らして，大学が教育活動，科学研究，技術開発及び社会サービスを主体的に展開すること，学問分野や専攻を主体的に設置・調整すること，大学の計画を主体的に制定するとともに組織的に実施すること，教育・科学研究・行政管理組織を主体的に設置すること，大学内部での収入配分を主体的に確定すること，人材を主体的に管理・雇用すること，大学の財産と経費を主体的に管理し使用することを保障しなければならない。大学のガバナンス構造を改善し，教育・科学研究及び大学管理における教員集団の役割を十分に発揮させなければならない。大学規則制度の整備を強化し，学術の自由を尊重し，ゆとりのある学術的環境を作り出すべきである。招聘任用制度，ポスト管理制度，審査評価制度の改革・刷新を通じて，大学教育の質と科学研究水準の向上を図る必要がある。

3. 教育体制改革の内容と目標

　「教育計画要綱」は今後10年のわが国教育体制の改革目標・任務について明確な配置を定めた。改革目標は，教育の公平の促進，教育の質の向上をめ

ぐり，教育の発展と刷新を制約する体制上の障害をいっそう取り除くことによって，社会主義市場経済体制と「小康社会」の全面的な建設という目標に適応する，活気にあふれ，効率的で，いっそう開放され，科学的発展に役立つ教育体制を全面的に形成することである。人間の発達を中核とし，人材育成体制，試験・学生募集制度，学校運営体制，管理体制などの鍵となる領域について体系的に設計し，次の6つの重点的な改革任務を明確にした。

　1つ目は人材育成体制の改革である。「教育計画要綱」は，道徳と才能を兼ね備え，文理ともに通じ，自分で考えるという要求から出発して，教育理念の更新，人材育成体制の改革，人材育成モデルの刷新を打ち出し，「学」（学ぶこと）と「思」（考えること）の結合，「知行合一」（知識と行動の統一），「因材施教」（学習者の個性に応じた教育）を強調し，大学から小学までの有機的な接続，教育と科学研究，実践の緊密な結びつきを推進し，社会の人材評価・選抜任用制度を改革することを提示している。「教育計画要綱」は，素質教育の推進を全面的に配置したうえで，学校における傑出した創造型人材育成改革実験モデルを特に設けて，創造的な人材を発見し育成するルートを模索し，数年で新しい成果をあげようとしている。

　2つ目は試験・学生募集制度の改革である。政府のマクロ管理，学校の自主学生募集，生徒の複数回選択という考え方に照らして，類型別試験，総合的評価，多元的採用という試験・学生募集制度を徐々に形成し，情報公開と社会による監督を強化する。わが国では，大学入学試験改革の問題は社会から大きな注目を浴びており，それが示された問題として，「一度だけの試験が人生を決める」ことや，各省（日本の都道府県に相当）の間で入学機会が不公平であること，政策が多すぎて度を越していること，大学の学生募集自主権が不十分であること，試験の内容と形式が素質教育にとって不利であることなどがある。「教育計画要綱」は，大学入試制度は必ず堅持し，大学入試改革は実行しないわけにいかないという原則に照らして次の点を提示した。すなわち，第1に，異なる類型の人材の育成要求条件に照らして，普通大学の本科課程と高等職業教育の入学試験を分けること，第2に高級中学学力検定試験と総合的な素質の評価を改善し，生徒が各教科をしっかりと学ぶように導き，文系と理系のどちらかに偏る現象を克服すること，第3に一部の科

目で年複数回の試験実施を模索し，大学入試のプレッシャーを軽くすること，第4に大学の学生募集定員の配分方法を改善し，進学時の加点政策を整理して規範的にし，試験や学生募集の公平性，公正性を保つこと，第5に多様なルートで進学・学習する「立体交差」をいち早く作り上げ，学生が成長して有用な人材になるために多くの選択の機会を提供することである。大学入試が多くの面に関係し，敏感で，政策的であることを考慮に入れ，「教育計画要綱」は，国家教育試験指導委員会を創設して，改革の全体案を研究して策定し，改革が積極的かつ安定的に，順序に従って進められるよう指導することを提示した。

　3つ目は，中国の特色を持った現代的な学校制度の構築である。政務と校務の分離，管理と運営の分離を推進し，学校の運営自主権を保障し，法に従って学校運営を行い，自主的に管理し，民主的な監督を受け，社会の参画を得る現代的な学校制度を作り上げる。高等教育分野において，大学行政化の問題については，社会で多く議論され，見方も一致しておらず，主として，政府の関連部門が学校を管理し，学校が内部事務を管理するとき過度に行政管理の手段や方法をとることに対して異議が唱えられている。「教育計画要綱」は，現実から出発して，次の点を提示している。それは第1に，大学において党委員会の指導のもとでの学長責任制を堅持し，改善することである。これは，大学の指導に対する党の根本制度であり，わが国の国情に合致し，中国の特色を持っているので，必ず長期的に堅持するとともに絶えず改善する必要がある。第2に，政府関連部門は機能を転換して，大学管理方式を改め，さらに教育の運営から教育の管理に転換し，ミクロな管理からマクロな管理に転換し，単一的で直接的な管理から総合的な手段をうまく用いた管理に転換しなければならないことである。第3に，大学は社会に目を向け，国の法律・法規とマクロ政策に照らして自主的に運営をすべきであることである。内部のガバナンス構造を改善し，規則の整備を強化し，民主的な運営を行い，各方面の積極性を十分に引き出し，活力に満ちた中国の特色を持った現代的な大学制度を作り上げなければならない。第4に，国の事業組織の分類・改革の推進に伴い，学校の特色に合致した管理制度とそれに関連した政策の策定を模索し，実際に存在する行政的な類別と行政化された管理

モデルをとり除いて，行政化の傾向を克服しなければならない。

　4つ目は，学校運営体制の改革である。教育の公益性という原則を堅持し，政府による学校運営を主とし，社会全体が積極的に参画し，公的な教育と民営教育が共同で発展する構造を形成する。民営教育はわが国の教育の重要な構成部分なので，民営教育を強力に支持し，人民大衆の多様化した教育ニーズをよりうまく満足させて，教育発展の活力を強めなければならない。政策的には，民営学校とその生徒，教員の，公立学校とその生徒，教員との平等な法的地位を確定し，さまざまな差別的政策を整理・是正すべきであり，各種の優遇政策を制定しそれを改善して，社会の諸勢力が多様な方法で出資や寄付をして教育を行うことを誘導し奨励しなければならず，民営教育に対する公的財政の支援政策を健全なものにして，とりわけ民営の非営利学校に対して強力な支持を与えなければならない。管理上では，民営教育に対する統一的な計画と管理をしっかりと強化し，民営学校が法人ガバナンス運営構造を改善することを支持し，リスク予防メカニズムと情報公開制度を作り上げ，営利的な民営学校と非営利的民営学校を分けて管理する方法を積極的に模索しなければならない。目標としては，民営学校が体制やメカニズム，人材育成モデルを刷新し，質を向上させ，特色を出して一流をめざすのを奨励して，公的な教育と民営教育がともに発展する構造を形成しなければならない。

　5つ目は，管理体制の改革である。教育運営体制の改革を継続的に深化させるには，政府の機能の転換と簡素化・権限委譲を重点とし，公教育サービスの水準を向上させ，各レベルの政府の責任を明らかにし，学校運営活動を規範化し，管理，運営，評価の分離を促進して，政務と事務を分離し，権限と責任を明確にし，統一的な計画で，協調的で規範が順序だった管理体制を作り上げなければならない。管理体制改革の基本原則は，政府は教育の規律に照らして教育を管理しなければならず，学校は教育の規律に照らして教育を運営しなければならないということである。その重点は，1つは，政府が学校を管理する方法を改善し，管理すべきことはうまく管理し，手放すべきことは手放して，学校に対する行政審査・認可と直接的な関与を減少させたり規範化したりし，法規，政策，基準，公財政などの手段をより多く用いて

教育の発展を誘導して支持しなければならないということである。もう1つは，各レベルの政府の間での職務権限と責任をいっそう明確にすべきであるということであり，その重点は，省レベルの政府が教育の統一的計画を定める権限を拡大し，教育の発展に対する省レベルの政府の責任を強化し，省内における教育の合理的配置と資源の最適配分を促進し，基礎教育と職業教育の保障能力を高めて，教育の発展に対する地方政府の積極性を十分に発揮させることである。

　6つ目は，教育開放の拡大である。開放によって改革を促し，発展を促すことを堅持する。多元的で広い分野での教育交流・協力を展開して，わが国の教育の国際化水準を向上させる。国の経済社会の対外開放についてのニーズに適応して，国際的な視野を持ち，国際的な規則に精通し，国の事務と国際競争に関与することができる国際的人材を育成する。優れた教育資源を導入し，わが国の高い水準を持つ教育機関が海外で学校を運営することを推し進めて，わが国における教育の国際交流・協力の水準を向上させる。

4. 教育体制改革を推進するルートと方法

　教育の改革・発展に対する指導を強めるために，「教育計画要綱」の要求にもとづき，国務院は中央政府と国家機関の20の部門からなる教育体制改革指導グループを設置し，このグループは教育の改革・発展の重大な方針・政策と措置を審議し，教育体制改革に関する活動を研究して配置し，実施を指導して，教育の改革・発展における重大な問題を統一的に計画したうえで調整しようとするものである。改革の基本的な考え方は次のようである。

(1) 全体的な推進

　教育は体系的なプロジェクトであり，生徒，教員，学校，政府など多数の主体が互いに関わっていて，カリキュラム編成，指導，評価など多くの部分を含んでおり，教育，財政，人事，労働などの多数の部門が共同で協力しなければならず，社会全体が共同で参画することが必要である。したがって，教育改革は必ず体系的に設計し，全体的に推進しなければならない。試験・

総 論

評価制度が変わらなければ，カリキュラムや指導の改革は実質的に推し進めるのが難しく，生徒と教員が真に解放されることは困難である。組織，人事，労働部門の協力がなければ，単に教育部門の力だけを頼りにしても，教員管理制度が実質的に成果をあげることは難しく，優秀な人材が教育現場に入ることは難しく，不適格な教員を離職させることは難しく，教員集団の業務水準を全面的に高めることは実現が難しい。支出を増加させ，保障メカニズムを作り上げてそれを改善するには発展・改革部門と財政部門の支持が必要であり，経験を総括したり宣伝したりするには報道・宣伝部門の支持なくしては不可能である。今回の「教育計画要綱」は，各段階各種別の教育及び教育の体制・メカニズムの鍵となる部分の改革に対して全体的な設計と全面的な配置を行い，体系的な改革の目標を実現しようとしている。同時に，「教育計画要綱」の起草・策定を始めたときから，すぐに発展改革，財政，人事など10余りの関連部・委員会からなる指導グループと活動グループを組織し，それらの機関が共同して起草・策定活動に参画してきたし，要綱の公布・実施後にはまた20の関連部・委員会，科学研究機関などからなる国家教育体制改革指導グループが設置され，それは教育改革に対する統一的な計画や強調の度合いを強めることを旨としている。要綱の任務を貫徹して着実に行うにあたって，60余りの部門と団体の協力にまでわたっている。教育改革は，体系的な協力と全体的な推進があってこそ抵抗を弱めて力を合わせることができるのである。

(2) 重点的な突破

長期的発展と短期的目標の両方を考慮するため，「教育計画要綱」は，教育改革・発展の戦略目標をめぐって，教育の公平の促進と教育の質の向上，持続的に成長できる能力の強化に着目し，手薄な部分と鍵になる領域の強化を重点として，今次の政府が実施を開始する10の発展プロジェクトと10の改革実験モデルを特に設計した。10の改革実験モデルとは，素質教育の推進に関する改革の実験モデル，義務教育の均衡発展に関する改革の実験モデル，職業教育運営モデルの改革の実験モデル，生涯教育体制構築の実験モデル，傑出した創造型人材の養成に関する改革の実験モデル，試験・学生募集

制度に関する改革の実験モデル，現代的大学制度に関する改革の実験モデル，学校運営体制に関する改革の実験モデル，地方教育支出保障制度に関する改革の実験モデル，省レベル政府の総合的な教育計画に関する改革の実験モデルである。

(3) 改革実験モデルでの先行

　教育は人びとの生活に関わるプロジェクトであり，すべての家庭に影響を及ぼす。教育改革は広範囲に関わり，問題が複雑で，その任務はきわめて困難である。改革を積極的かつ安定的に推し進めるために，利益関係の調整に影響を与える重大な体制・メカニズムの刷新にあたっては，一部の地方と学校で先行して実験しなければならず，まずある点で経験を得てこそ面での推進を行い，改革のコストを減少させて改革の収益を最大化させることができる。「教育計画要綱」は明確に，「統一的な計画，段階的な実施，実験モデルでの先行，動向の調整という原則にもとづき，一部の地域や学校を選んで重要な改革実験モデルを展開する」ことを求めている。

　改革実験モデルの活動を展開するにあたっては，第1に，教育現場を尊重し，各地域や各学校の積極性を大事にし，積極的に大胆な実験を行い，勇気を持って創造できる良好な雰囲気を作り出さなければならない。第2に，隠れていた問題点を正しく探し出して，それに対する正確な考え方と有効な措置を模索し，体制・メカニズム上の障害を解決することに重点を置いて，改革の全面的な推進のために経験を積み重ねなければならない。第3に，実際の効果を重視し，民衆が関心を持つ重大な現実的問題の解決に努力しなければならない。第4に，全体的な構造を考慮しなければならない。その1つ目は地域的な分布であり，わが国の各地では経済社会の発展が均衡的でなく，遭遇する問題が異なり，問題を解決する考え方や方法も同様ではないため，経済社会の発展水準が異なる地域それぞれに実験モデルを置く必要がある。2つ目はレベル上の分布であり，各段階各種別の教育，各レベルの政府の管理権限の区分には違いがあるため，省，市，県及び学校のそれぞれのレベルにおいて実験モデルを展開しなければならない。3つ目は時間面での分布である。教育改革は周期が長く，短期間で効果をあげるのは難しい。したがっ

て，実験モデルは時間的な効果を考慮に入れ，長期的目標を重視するとともに短期的な効果にも注意して，人びとができるだけ早く改革の成果を感じられるようにしなければならない。

（鄭谷心　訳）

〔付記〕
　本章は，2010 年 10 月 19 日に京都大学で行われた講演のために用意された原稿である。

Ⅰ．政策・法規

　2010年7月に公布された，中国の「国家中長期教育改革・発展計画要綱（2010–2020年）」の戦略目標は，これまでの中国の教育観や教育体制を大きく転換するものであり，都市と農村の子どもの教育格差を縮め，全国的に公正・公平な教育を推進していこうとする意欲に溢れたものである。しかし，予算の面で実現可能かどうか疑わしいところもある。
　中国に比べると，日本の教育制度は政治的影響力を遮断した教育に内在する自律性とそれを担保するしくみ（=「21世紀教育新生プラン」，「(新)学習指導要領」，「(改正)教育基本法」，「教育振興基本計画」）がある点で，「社会民主的な力」に根差した教育が可能であると田氏は主張する。法を根拠とする政策を推進することで確実性・安定性が保障されているのである。しかし，教育思想の浸透と教育観の転換は政策と行政手段によって実現できるものではないのではないか。つまり，教育現場やそれを取り巻く地域社会による，内から外へのアクションこそが，本当の「社会民主的な力」による教育のあり方なのだろう。
　第3・4章は，このような「国家の教育計画」についての，日中の応答を示している。

第 3 章

方針・政策とその推進施策

田　輝

　21世紀のグローバル化と情報化の飛躍的な展開は，科学技術の進歩を促しただけでなく，社会経済の構造を変化させた。長く困難な歴史過程を経て発展してきた産業経済社会は徐々に，知識経済が主導する社会の形態にとって代わられつつあり，また知識経済と情報技術の融合によって，知識と知力の競争が急激に世界全体を席巻して，伝統的な教育体制，教育観と衝突し，新たな段階の世界的な教育改革を引き起こした。日本は1990年代半ばに21世紀に向けた教育改革の基本的目標を提示し，「21世紀教育新生プラン」など一連の改革の方針を示す政策を制定するとともに，「学習指導要領」の改訂などの具体的な措置を通じてそれを全面的に推進している。2006年12月，日本は「教育基本法」を改正し，21世紀の日本の教育改革のために新たな1ページを開いた。

1．改革の方針

　21世紀初頭の教育の現状把握を基礎として，日本は学力の向上を中心とし，生きる力を養成するという改革方針を確立したが，その突出した特徴は，日本が21世紀においてトップレベルの人材を重点的に育成し，それによって知力，知識，科学で世界をリードするというグローバルな発展戦略を示したことである。

　中央教育審議会は，2002年11月14日に発表した中間報告「新しい時代にふさわしい教育基本法と教育振興基本計画の在り方について」の中で，21

第3章　方針・政策とその推進施策

世紀日本の教育改革の全体的な目標が，学校の教育能力の向上と学校管理能力の強化，教員の指導力の向上と児童生徒の生きる力の養成，国民の総合的資質の向上と科学技術教育立国という戦略方針の実施，教育強国の形成，日本人としての意識を有し国際社会で活躍する日本人の養成であることを指摘した[1]。しかし，多くの党が代わる代わる執政を行う政治体制の影響を受けたことにより，日本の教育改革には政策の連続性や深いレベルでの理論の導きが欠け，教育改革（とりわけ義務教育課程改革）における振り子現象が引き起こされ，それが日本の教育改革の一大特徴を形成している。

(1)「確かな学力」の養成と人材発展戦略

　知識経済の時代，世界各国は共通の教育課題，すなわち学校教育は詰まるところ児童生徒のどのような能力を養成しようとするのかについて検討を進めている。そのため，日本は2000年から経済協力開発機構（OECD）が3年に1度実施する生徒の学習到達度調査（PISA）[2]に続けて参加し，調査結果にもとづき，基礎教育が，めまぐるしく変化する未来社会の複雑な環境に直面して，児童生徒の生涯設計能力と自立して生活していくのに必要な「生きる力」を養成しなければならないことをいっそう明確にした。また学校の教育的使命は児童生徒が自立した社会人として継続的に成長できるための中核となる能力を養成することであるとし，それを教育改革の基本的方向とした。同時に，PISA調査が，日本の生徒が比較的弱い思考力，判断力，表現力などの問題を反映していることにもとづき，各教科の教育において基礎知識と基本技能をしっかりと身につけさせ，観察，実験，報告，論述などの知識技能を柔軟に活用する学習活動を展開しなければならないことを提示した。また，一部の子どもが自信をなくし理想を失い，価値の創造にかかわる意欲に欠け，社会的活動や人づきあいに加わることに大きな心配と不安を持っているという現状に対して，各教育段階において，社会人としての責任感，職業観，価値観の教育を強化しなければならないとされた。PISA調査への参加は日本社会と一般国民の教育に対する危機感と切迫感をある程度高め，21世紀の日本の教育改革に対してそれを積極的に促す役割を果たした。PISAは各国の義務教育の質を測る唯一の基準では決してないが，間違いなく日本

I．政策・法規

の教育改革の風向計となっている。しかし，教育の最終目標は人の全面的な発達でなければならず，ましてや日本はPISAの順位で一貫してトップグループに位置していたので，順位の多少の変化で身構えすぎる必要はなかった。

　21世紀に入って以降，PISA調査の結果を参照し，グローバル化と国内外の社会発展の趨勢に対応するために，日本は一連の教育改革の方針・政策を相次いで公布し，教育立国とトップ人材の育成という発展戦略の目標を提示するとともに，最終的に，教育改革国民会議の提言にもとづいて，「教育振興基本計画」を制定し，「教育基本法」を改正した。

　「21世紀教育新生プラン」では，わかる授業によって基礎学力を向上させ，多様な奉仕・体験によって心豊かな日本人を育成すること，楽しく安心できる学習環境を整備すること，保護者と社会から信頼される学校を作り上げること，教員が教育の専門家となるよう養成すること，世界一流レベルの大学の構築を推し進め，21世紀の社会発展のために教育の基盤を固めることが主張された。新しい時代にふさわしい日本の教育を創造し，多様化，個性化，国際化と生涯教育という理念を導入し，教育の情報化を促進し，青少年の道徳心理教育を強化することを21世紀日本の教育改革の最重要任務とした。そして，生涯学習の体制を構築してそれを完全なものにし，学校教育の多様化と弾力化を実現し，生きる力と成人としての基本的素養を養成し，高等教育の質を高め，トップレベルのハイテク人材を育成し，科学研究を振興して世界一流の研究拠点を作り上げることが，21世紀初頭の教育改革の主要目標とされた。

　2002年8月30日，文部科学省は新たな教育の主張を提示し，「人間力戦略ビジョン　新しい時代を切り拓くたくましい日本人の育成〜画一から自立と創造へ〜」において教育改革の4つの目標を発表した。それは，第1に自ら考え行動するたくましい日本人の育成，第2に「知」の世紀をリードするトップレベルの人材の育成，第3に心豊かな文化と社会を継承・創造する日本人の育成，第4に国際社会を生きる教養ある日本人の育成であった。

　この改革案は，日本の国家を創造し動かすという人材戦略としての特徴を表しており，日本が21世紀に「国際社会で活躍する日本人を育成」し，そ

第 3 章　方針・政策とその推進施策

れによって知識，知力と科学技術で国際社会をリードして人材強国を実現させるという戦略目標を明確に表現している。

2006年1月17日，文部科学省が主導して「教育改革のための重点行動計画」を制定した。そこには，「新しい時代の義務教育を創造する」義務教育改革，教育の充実と活力ある人材の育成，充実した教育を支える環境と施設整備の強化及び教育費負担のあり方の検討など一連の比較的穏やかな改革の主張が含まれており，教育改革の安定的な進展に対してそれを積極的に促す役割を発揮した。

(2)「小さな政府，大きな社会」と公教育改革

21世紀に入って以降，自民党の小泉内閣が大なたをふるって「行政機構改革」を行い，「政府の責任の最小化と社会の責任の最大化」を強調し，義務教育経費に関する議論を引き起こした。その主要な考え方は，教育活動は社会と密接に関連しており，日本の教育荒廃を生み出した根本的原因が社会自身にあるので，国民の教育観を改めなければならないだけでなく，より重要なのは教育の責任をはっきりさせることであるというものだった。21世紀の教育改革は依然として教育の社会的役割を重視しなければならず，それによって21世紀の優秀な日本国民を育成することを主要な目標とすることが強調された。

この主張は，1983年に臨時教育審議会が提示した，国が所管する公教育を徐々に市場に向けて転換させる教育体制の改革ときわめて類似していた。当時のこうした教育体制改革の思潮は，1980年代以降の日本の教育改革の主流となった。1995年以降の日本社会と政界では「学校統合」及び「公教育のスリム化」のかけ声が起き，小渕内閣の「21世紀懇談会」による「授業週3日制」の発表をもたらした。学校の機能を「国のための教育」と「個人のための教育」に分け，公教育は前者に限定し，後者は教育の私営化，民営化を強調して，学校を教育市場の中に置き，教育サービスの消費者を中心にすることを主張し，「自由」，「個性」，「選択」，「競争」を強調して，公教育に危機を招いた。

上述した考え方の影響を受けたことにより，日本のいくつかの大都市は学

Ⅰ. 政策・法規

校の自由選択メカニズムの導入を計画し，国の投資と民間型管理という運営メカニズムを「地域の学校」へ導入することを検討した。また政府は，「小さな政府」という目標を実現するために，「官から民へ」という機能転換を積極的に推し進め，「国立大学法人化」など一連の改革を通じて公務員を削減し，政府負担を減らそうとした。同時に，政府の教育財政予算が極限にまで圧縮されたことによって，公教育はますます絶体絶命の状況に陥った。2004年から，「小さな政府，大きな社会」という改革の考え方を貫徹させるため，小泉政府は，公立小・中・高等学校教員の給与の2分の1を国庫負担とする義務教育費国庫負担制度を廃止し，都道府県の地方財政が責任をもって財源を調達するように改めることを主張した。2004年11月4日，文部科学省は「がんばれ！　日本」という教育改革の包括的な計画を発表したが，その主要内容には，教育基本法改正案，学力向上計画，教員の質向上，教育分権制の強化，義務教育国庫負担制度の改革など，政府の教育負担の軽減を主たる着眼点とする改革の方針が含まれていた。この改革案は提出されるとすぐに，日本社会の広範な関心と激烈な議論を引き起こした。文部科学省は，義務教育を国庫が負担する制度を廃止する改革案が実現されれば，公教育の経費の地域間格差は拡大し，財源が不足した地方や地域は公教育制度を維持する力がなくなり，公立学校を民間の「教育企業」に委託するという重大な事態を不可避的に生み出すだろうと指摘した。

　この改革によって実質的に，日本の「義務教育分権制」は中央集権のもとでの「義務教育経費分担制（財源区分）」に変わった。過度の「政府の責任の最小化」は必然的に教育体制そのものの不安定さをもたらして，教育が過度に経済的要因の影響を受けることになった。それによって公立学校教員の将来に対する憂慮を引き起こし，教員の労働意欲を引き出すのに不利になっただけでなく，直接教育の公共性原則に影響を与え，公立義務教育学校の継続的に発展できる力を弱め，人為的に学校間の格差を拡大させ，それによって教育の公平性が効果的に保障されなくなるという状況をもたらした。

2. 改革の促進措置

(1)「21世紀教育新生プラン」の全体的措置

　日本の教育改革を促進させる措置は，2001年に発表された「21世紀教育新生プラン」が最も具体的である。21世紀に入って「新生日本」という国家戦略を実現する重点措置として，教育改革のために総合的な計画を制定し，「学校が良くなる，教育が変わる」計画を実施するために，具体的なタイムスケジュールと主要な措置を定めた。この計画は，「教育基本法」の改正と「教育振興基本計画」の制定が必要であることを正式に提示するとともに，2001年を「教育新生元年」と定め，教育改革を実施する7項目の措置──「レインボープラン」を提出した。それは，基礎教育課程改革から世界一流大学の形成という高等教育改革までの具体的な施策をカバーしていた。

　「レインボープラン」が提示した7項目の措置では，21世紀における教育理念をまず確定し，教科教育，人格形成，教育環境，教員の質，高等教育の人材育成など全方面で教育改革を推進する具体的措置を制定しており，現場における実施可能性という原則を表し，社会各界と国民全体を最大限動員して教育改革を速やかに，また全面的に全国で推し進めようとした。

(2) 基礎教育改革の推進措置

　中央教育審議会は2005年，文部科学大臣に提出した義務教育体制改革に関する答申の中で，「変革の時代であり，混迷の時代であり，国際競争の時代である。このような時代だからこそ，一人ひとりの国民の人格形成と国家・社会の形成者の育成を担う義務教育の役割は重い。国は，その責務として，義務教育の根幹（機会均等，水準確保，無償制）を保障し，国家・社会の存立基盤がいささかも揺らぐことのないようにしなければならない」[3]と指摘した。この答申はまた，義務教育の質の向上を旨とする義務教育改革の4つの基本措置を提示したが，そこには主として，義務教育体制を改革し，義務教育の成果を検証して，教育の質の安定的な向上を保障すること，教員免許制度を改革し，教員集団の整備を強化して，その指導力を向上させるこ

Ⅰ．政策・法規

と，教育行政体制を改革し，権限と責任を分担する教育管理メカニズムを構築して，教育の質を向上させること，教育財政の改革を行い，義務教育経費を保障して，教育施設設備が世界トップ水準に達するようにすることが含まれていた。この答申は，21世紀の義務教育改革がまず時代の変革と国際競争に対応しなければならないことをとりわけ強調しており，その改革措置も，整備された体制，質の高い教員，高い水準での条件保障によって，世界一流水準の義務教育体系を作り上げ，義務教育の質を高め，国際的な視野と創造力を持った将来の社会の建設者を育成しなければならないという義務教育の目標を十分具体的に表していた。

(3) 高等教育改革を促進させる措置

　知識経済が牽引する21世紀には，競争と変化がいたるところで刻々と生じ，新たな知識の創造と継承，活用が，転換期社会の発展の基盤を形成している。この時期高等教育は，個人の人格を養成すると同時に，社会，経済，文化などの面での発展と振興及び国の国際競争力の確保などの国家戦略において，他に代替させることのできない重要な役割を有している。特に，人びとの知的活動と創造力を最大の資本とする日本では，優秀な人材の育成と科学技術の振興が，国の持続的発展を保障するのに欠くことのできない2つの推進力である。日本政府は，国際競争がますます激烈になる現代社会において，国の高等教育体制及びそれ自身の総合的な実力が厳しい試練に直面しており，したがって国が未来の発展に対して相応の責任を担わなければならないと考えている。高等教育機関は，自らの激しい変革を迎えると同時に社会に貢献しなければならず，また社会の各方面の積極的な支持も高等教育の互恵関係を構築するのに欠くことのできない要素である。2005年1月28日，中央教育審議会は「我が国の高等教育の将来像」答申の中で，大学改革の具体的な措置を提示した。そこでは，特色ある大学教育を展開し，日本の教育強国のイメージを作り上げること，世界一流水準の教育研究拠点を構築し，創造的で世界最高水準の科学研究を促すこと，専門職学位を授与する大学院を設置し，高いレベルの応用人材を育成すること，国立大学の法人化改革を行い，研究型国立大学の発展に適した法人制度を作り上げること，そして高

等教育評価を改革し，大学院教育を振興させて国際競争力を増し，世界一流の大学院を形成する計画を推し進めることが主張され，科学技術立国という戦略方針を強く打ち出していた。

3.「教育基本法」の改正

　日本は2006年，第二次大戦後に制定した「教育基本法」を改正したが，これは，日本の教育改革が新たな歴史段階に入ったことを示している。教育立法は，現代国家の教育管理の基本的拠りどころであり，基本的保障である。法律の手順に照らして制定された「教育基本法」は，教育の基本方針と教育の性質を確定し，国の教育目標を明確にし，国の教育制度を創設しており，教育事業が長期的，安定的で継続的に発展する基本的な法的保障である。日本の「教育基本法」は，「日本国憲法」の規定にもとづき，日本の教育の基本理念と原則を確定しており，教育の法律・法規で最も上位の法である。今回の「教育基本法」の全面改正では，新たな時代の教育理念についていっそうはっきりとした定義づけが行われた。「教育基本法」の全面改正は，第二次大戦後の日本の教育改革が踏み出した重要な一歩であり，21世紀の日本の教育改革において最も注目を集めた重大な施策である。改正後の「教育基本法」はいっそう全面にわたって21世紀の日本の教育改革の方向と目標を示すとともに，法律の形式でそれらを規定しており，それによっていっそう有力な保障を得ている。

(1) 改正の主要内容

　改正後の「教育基本法」は以下の教育目標を定めている。すなわち，①幅広い知識と教養を身につけ，真理を求める態度を養い，豊かな情操と道徳心を培うとともに，健やかな身体を養うこと，②個人の価値を尊重して，その能力を伸ばし，創造性を培い，自主及び自律の精神を養うとともに，職業及び生活との関連を重視し，勤労を重んずる態度を養うこと，③正義と責任，男女の平等，自他の敬愛と協力を重んずるとともに，公共の精神にもとづき，主体的に社会の形成に参画し，その発展に寄与する態度を養うこと，④

Ⅰ．政策・法規

生命を尊び，自然を大切にし，環境の保全に寄与する態度を養うこと，⑤伝統と文化を尊重し，それらをはぐくんできた我が国と郷土を愛するとともに，他国を尊重し，国際社会の平和と発展に寄与する態度を養うこと，である。

改正後の「教育基本法」は内容面で，旧法の義務教育，教育の機会均等，学校教育，社会教育，政治教育，宗教教育，教育行政等の条文を残し，同時に「大学」，「私立学校」，「教員」，「家庭教育」，「幼児期の教育」，「学校，家庭，地域住民の相互関係と協力」の6つの条文を新たに追加した。この大幅な改革の動きは，日本が生涯学習を背景にまさに全面的，総合的な角度から教育課題をとらえていることを説明している。したがって，改正後の「教育基本法」では義務教育，普通教育とともに幼児教育や高等教育にも規定が及んでおり，公立学校とともに私立学校にも言及し，正規の学校を含むだけでなく，家庭と社会及び学校とその両者との協力関係なども盛り込まれている。こうした全面的，総合的な視点は，異なる段階，社会の異なる場所での教育の各側面を細かに参照し，生涯学習の理念を具体的に表している。

2006年末，日本政府は改正「教育基本法」を通過させ，公布した。1947年に公布された「教育基本法」と同様に，新法が規定した教育の理念は依然として，「日本国民は，……民主的で文化的な国家を更に発展させるとともに，世界の平和と人類の福祉の向上に貢献することを願うもの」であって，教育は「個人の尊厳を重んじ，真理と正義を希求」しなければならないということである。しかし新法は，旧法の「普遍的な文化」という表現を削除し，「公共の精神を尊び，豊かな人間性と創造性を備えた人間の育成を期するとともに，伝統を継承し，新しい文化の創造を目指す教育を推進」しなければならないことを提示した。この中の「公共の精神の尊重」と「伝統の継承」などの新たな表現は，近年の日本の教育改革でかなり強調されている，教育が国民を育成するという公共の機能を反映している。

改正後の「教育基本法」の規定にもとづいて，2008年には「学校教育法」が改正され，「知，徳，体の調和的な発達を基礎とし，個人の自立，他人や社会との関係，自然，環境との関係，日本の伝統文化の修養等多方面から，国際社会で活躍する日本人を養成する」ことを教育の基本方針に定め，人の

全面的な発達を教育の最も重要な目的としており，このことは，日本の学校教育の目的が，保守主義が提唱する「国家のための教育」という国家主義的教育理念の中に「人の発達のために」という表現をとけ込ませて，日本の教育が徐々に「人をもとにする」という人間性発達の理念に向かうことを表し，あわせて社会発展の趨勢と持続可能な発展という価値観を考慮していることを示しているのである。

(2) 新「教育基本法」の特徴
　(1) 豊かな人格，道徳・情操，自律精神，公共の精神，生命の尊重，自然の尊重，伝統文化の尊重，国際社会の平和と安定的な発展に貢献する力などの教育目標が「教育基本法」にはっきりと書き込まれたが，これは日本の教育史上初めてのことだった。法律は，国の強制力をもって執行を保障する行為規則で，社会全体に対して普遍的な拘束力を有しているのであり，教育立法を通じて国の教育方針・政策を法律の形式で固定し，それによって教育活動は国の指導に従い，教育の発展を国の発展戦略に組み入れ，国民経済全体の中で教育事業の優先発展の地位を保障し，それを促進させることができるのである。教育目標を「教育基本法」に書き込んだことは，教育目標の実現に対する国のコントロールと関与の度合いをさらに強化することを明確に示している。別の面では，教育基本法の形式で教育目標を固定することで，政権交代等政治的要因の教育に対する干渉や影響を排除することが可能であり，それによって教育政策の連続性と教育の長期的，安定的で持続的な発展を保障し，教育の相対的独立を保障することに対して積極的な役割を果たしている。
　(2) 改正後の「教育基本法」は，生涯学習と教育の公平性の理念を重点的に強調し，一人ひとりの日本人が自身の人格を鍛え，充実した人生を送れるようにするため，生涯にわたって学ぶ社会の体系を構築しなければならないこと，同時に，個人の能力にもとづいて平等に教育を受ける機会をすべての国民に保障するために，人種，信条，性別，社会的地位，経済的地位及び門地等がもたらす教育の格差をなくすことを指摘した。また，教育の公平を実現するために，「教育基本法」の中では特に，国と地方教育行政部門が必要

Ⅰ．政策・法規

な教育支援の体系を作り上げて有効な措置を講じ，障害者がその障害の程度に応じて十分な教育を受けられるようにしなければならないこと，国と地方教育行政部門が関連の制度を制定して学習能力はあるが経済的に困難な児童生徒に対して奨学金を提供しなければならないことを規定している。これらの規定は，行政手段と国の責任という形式で質の高い教育の公平をさらに解決しようとする日本の姿を具体的に表している。

（3）日本が教育基本法を全面的に改正したことは，教育の分野で広くかつ深刻な変化が生じていることを意味している。まずは，教育の民族性である。以前の「教育基本法」は民主，平和，「普遍性を有する文化」などの理念を強調することに重きが置かれていたのに対し，改正後の「教育基本法」は「伝統と文化を尊重し，自らを育んだ祖国と郷土を愛する」態度と「豊かな情操と道徳心」を養成することを重視して提示している。この変化は，日本の当時の与党の政治的観念が教育改革にもたらした深刻な影響を反映しており，「教育基本法」の改正を通じて道徳教育の重要性をはっきりさせている。その目的は，青少年の道徳教育を強化し，民族的文化・伝統と精神的な団結力を回復し，青少年や児童生徒の愛国心と日本人としての誇りを養成することを強調し，これによって，国家主義と民族主義の思想の注入を通じて政治的統合力を強化しようとすることである。

（4）改正後の「教育基本法」は，教育目的と教育目標について述べる中で，時代性を備えた内容を加えており，例えば「幅広い知識と教養」，「創造性を培うこと」，「生命を尊び，自然を大切にし，環境を保護すること」などはすべて，グローバル化の趨勢が不断に強まり，人類の生態環境が厳しい挑戦に直面している今日必ず真剣に向き合わなければならない課題である。このほか，この法はまた，「生涯学習の理念」という条文を新たに加え，「国民一人ひとりが自己の人格を磨き，豊かな人生を送ることができるよう，その生涯のあらゆる機会に，あらゆる場所において学習することができ，その成果を適切に生かすことのできる社会の実現が図られなければならない」ことを提示した。日本では，1960年代から70年代にかけて生涯教育や生涯学習の理念が導入されるとともに広く宣伝され始め，1980年代半ばの臨時教育審議会は明確に生涯学習体系の構築を提示し，1990年にはさらにいわゆる「生

涯学習振興法」を公布して各地で生涯学習に関する教育行政体制を作り上げるとともに地方の生涯学習振興計画を制定することを求めた。現在再び生涯学習を「教育基本法」に盛り込んだことは，生涯学習社会の構築がすでに日本の教育の改革と発展の基本的な原則と方向性になっていることを十分に反映している。

　(5) 改正後の「教育基本法」は，旧基本法第4条「教育の機会均等」を保持するとともに，身体障害者に対して必要な支援を与えるという内容を加えている。ここ数年，日本では一部の者が教育経費体制の改革案を提示し，義務教育経費に対する国庫の負担額を削減して地方の負担割合を高めるよう主張している。この案は教育界の人びとの広い反対を受けたが，そうした人びとは，そのようにすれば異なる地域の間での格差を生じさせ，教育の発展の公平性原則を損なうと考えていた。改正後の「教育基本法」からは，日本政府は最終的に折衷案をとったことがみてとれる。すなわち，地方に一部の税源を移譲し，同時に義務教育経費の国庫負担額をもとの2分の1から3分の1へと削減するとともに，以後大きな変更を行わないことに同意しており，「教育の機会均等」は依然として必ず堅持し続けなければならない基本原則のままである。

　我々は，日本における第二次大戦から今日に至るまでの教育改革の最大の成功は，国がしっかりと義務教育の責任を引き受け，政府の行政手段と政策措置によって効果的に教育の機会均等を保障し，教育の公平と均衡のとれた発展を一定程度実現するとともに，義務教育の質の向上を保証したことにあって，これらはすべて，義務教育の無償提供という性質に対する「教育基本法」の明確な規定にもとづいていると考える。

4．今後10年の教育改革

(1) 教育振興の目標

　改正後の「教育基本法」が提示した新たな教育目標を実現し，将来の社会の国際競争に対応し，教育のあるべき使命を果たすため，日本政府は改めて「教育立国」という戦略的決定を確認し，2008年，中長期発展計画としての

Ⅰ．政策・法規

「教育振興基本計画」を制定して，教育を重視し，教育の振興に尽力するよう社会全体に呼びかけた。

　改正後の「教育基本法」第17条は，国の中長期教育発展計画を制定する重要な意義と必要性を明確にしており，「教育の振興に関する施策の総合的かつ計画的な推進を図るため，基本的な計画を定めなければならない」ことをふまえて，2008年7月に「教育振興基本計画」と題する中長期教育発展計画（以下，「計画」と略）を公布した。「教育基本法」の教育目的についての基本的な定義は，教育は人格の完成を目標とし，個性の発達を尊重し，人の能力を向上させて，自立した人を養成するというものである。個人について言えば，教育は個人が価値と生涯にわたる幸福を実現する上で欠くことのできない条件であり，国について言えば，教育は国民を育成するという重要な使命を担っており，民主的な社会の形成と存続の根本，社会発展の基盤である。教育の使命に対する共通認識は国の教育発展の目標と方向を定め，教育の中長期発展計画を制定することは，国の発展戦略の重要な構成部分なのである。

　今後10年間の発展目標として，「計画」はまず，児童生徒が自立し社会的に生きていく能力を育成しなければならないという初等中等教育段階の基本目標を示し，義務教育段階ですべての児童生徒が社会で自立して生きていくことができるようになる基本的な能力を育成し，公教育の質を高めて社会の信頼を確立し，社会全体で次世代を育成し教育することがめざされている。高等教育段階では，傑出した人材を育成するという目標を実現して，社会的な活動に主体的に取り組み，社会の発展を促進させ，国際的な潮流をリードする指導的人材を育成しなければならず，そのために高等学校と大学の教育の質を保証し，「知」の創造に貢献できる人材を育成し，世界的に高い水準の研究拠点を重点的に形成して，大学の国際化を推進しなければならないとされた。

(2) 今後10年間の教育投資の基本的方向

　日本政府の今後10年間の教育財政政策の全体的目標は必要な財源の調達であり，教育財政支出がGDPの5%を占めるというOECD諸国の平均的な

水準に近づくかそれに到達することである。目下のところ，日本の教育財政予算は GDP のわずか3.5％程度を占めるにすぎず，教育財政支出の投入の度合いは他の先進諸国よりも明らかに小さく，特に就学前教育と高等学校後の教育費用は主として家庭の支出に頼っており，家庭の費用負担を非常に重いものにしている。そこで，今後10年間日本における教育財政支出を増加させる際の重点は以下の点に集中するだろう。すなわち，まず無償就学前教育の提供，小・中・高等学校教員と教育環境の改善による多様で個性的な教育の展開，高等学校段階以上では，家庭の経済状況にかかわらずすべての生徒・学生に同等の修学の機会を確保することの実現，高等教育段階における教育研究水準の維持・向上と国際競争力の強化である。その他の関連教育支出には，学校環境の改善，教育施設の耐震性の向上，児童生徒一人ひとりへの安全で安心できる学習環境の提供など基礎施設の改善が含まれる。資源の乏しい日本は，教育投資を人材資源に対する支出として政府が最優先で発展させる重要政策課題の1つに挙げるとともに，政府の教育財政支出が欧米主要国の教育発展に追いつき追い越すことを実現するのに必要な額を確保でき，世界最高水準の教育研究環境を作り上げることを期待している。

(3) 今後5年間に推進する教育改革の重要施策

かつての日本の教育政策と比べると，この「計画」は教育政策の横断的連携と全体的な推進をいっそう重視し，政策の実施過程において PDCA（Plan-Do-Check-Action，計画―実施―検査―行動（改善））の方針をさらに遵守し，評価方法を改革し，それによって教育の効率と実効性を高めるという目標を実現しようとしている。5年計画の基本構想は横の連携を強め，社会全体の教育意識を強化して共同で教育を行うこと，持続的な発展を堅持し，生涯学習の教育理念を貫徹すること，国と地方の教育分権を明確にして役割を十分に発揮させることである。基本的な政策の方向性は，社会全体の力を引き出して教育の発展を促すこと，個性を尊重し能力を高めて，個人と社会の構成員としての生きる力の基盤を固めること，教養と豊富な専門知識を兼ね備えた，社会を形成していく人材を育成すること，質の高い学習環境を整備して児童生徒が安全に，安心して学業を修められるようにすることである。

Ⅰ．政策・法規

　この「計画」は，基本構想と基本的な政策の方向性に対応して77の措置と具体的な目標を制定している。その中には，教員定数と施設条件の改善と確定，多様な課外活動の展開，スクールカウンセラーと社会サービスの展開，奨励的な教員給与メカニズムの推進，個別指導の提供による特別なニーズを持つ子どもの教育の推進，家庭と地域社会の教育力の向上，キャリア教育の強化，産学の協力，世界最高水準の教育研究卓越拠点の構築，留学生30万人受入計画の推進といった主要関連措置が含まれる。

　同時に，この「計画」は執行の過程で注意しなければならない重点と主要事項を明確にしており，その中には，中長期発展計画の実施過程における国と地方行政機関との機能の区分，教育財政予算の重点及び効果的な使用方法，教育行政に対する国民の参加，新たな課題への対策，効果の検証の実施，計画のさらなる整備等に関する問題が含まれていた。

　第二次大戦後60年余りの努力を経て，日本はすでにバランスのとれた教育発展を実現しているので，今回の中長期教育発展計画では普通の意味での「教育の機会均等」の実現を未来の教育の発展目標とはしておらず，さらに質の高い教育の公平性に傾注している。日本政府は，現段階の日本はすでに義務教育の機会均等を実現していると考えている。「計画」は日本の教育の現状と今後の課題の部分において，「我が国の教育は，明治以来，国民の高い熱意と関係者の努力に支えられながら，国民の知的水準を高め，我が国社会の発展の基盤として大きな役割を果たしてきた。特に，初等中等教育については，教育の機会均等を実現しながら高い教育水準を確保する稀有な成功例として，国際的にも高い評価を得てきている」と指摘している。ここからみてとれるのは，教育機会の均等と教育の公平性の問題は，総合的な国力の向上に伴い，社会的，経済的発展と物的条件の改善を基礎とし，教育法規の整備と政府の政策的コントロールを通じて，かなりの程度解決しているということである。この「計画」は全体として，人を基本とし，未来社会の優れた人的資源を育成することを前提とする教育理念を表しており，個人の発達に対する教育の役割，国と民族の事業に対する教育の重要な貢献を強調して，人の育成と人格の完成を主要な目標としているのである。

　2008年7月1日に公布された「教育振興基本計画」は中長期の教育改革・

発展計画として教育の社会的責任など新たな発展理念を強調し，学習社会の構築など期待に値する改革目標を提示したが，実施手順や保障措置などの記述はあまりに簡単であり，とりわけ国の教育発展目標と具体的な措置として明確な資金と経費の保障がないことで，「計画」全体の実施可能性は疑問が持たれている。これに比べると，2001年1月25日に公布された「21世紀教育新生プラン」は明らかに，いっそう具体的に実施可能なものだった。

　2009年，文部科学省は「新しい日本の教育　今こそ実行のとき！」という改革措置を出し，それによって「教育基本法」と「教育振興基本計画」の全面的な実施と呼応させようとした。その中には，指導体制をよりよいものにして，各段階の各種の教育の基本的能力を向上させること，学校管理体制を改革して，高大接続テストという新しい方法を検討し，中長期の高等教育発展計画を制定することなど関連の措置が含まれていた。

5．改革の示唆

　日本は1980年代末から改革を通じて，社会の転換が教育に示した挑戦に対応し始めた。教育改革が成功するかどうかは，改革の政策や措置が社会発展のニーズ及び当該国の具体的な国情とどれほどマッチしているかと大きく関係している。日本の教育改革は，島国としての文化伝統の影響を受けて，時流に流されるとか「風に任せる」現象もしばしば起きており，欧米を追いかける目標にする現象もかなり普遍的にみられる。しかし，欧米諸国で成功経験を得た改革措置であっても，具体的な国情や特殊な発展条件が存在するという問題もある。他国の経験を導入する際に自国に適応するよう処理することは，グローバルな背景のもとでの教育改革に欠くことのできないプロセスである。このほか，教育改革の結果は明らかな遅れをはっきりと示しており，しかも4年に1度総選挙を行う日本の政治体制によって執政者はしばしば教育の短期的な効果を追い求め，教育改革に対する辛抱強さに欠け，実証的研究と深い理論的検討を行う十分な時間を持たなかった。そのため，いくつかの措置は結果が完全にはっきりとする前にその主導者がそそくさと立ち去って棚上げにされたり否定されたりしてしまい，教育改革は中途半端で取

Ⅰ．政策・法規

りやめになるか，成果をあげることなく元に戻されてしまうということがしばしば起きた。2000年以降，日本はOECDのPISA調査に4度参加し，このうち2006年の調査結果は日本の生徒の科学，数学，読解の成績のランキングがやや下降していることを明確に示した。日本の生徒の学業成績は一貫してトップグループに位置しているものの，世論の圧力に迫られ，日本の基礎教育はこれにより足並みが乱れ，何度も続けて学習指導要領を改訂して，「総合的な学習の時間」を繰り返し調整し，前の改訂の効果が実践で検証される前にまた新たな調整と改訂が行われており，振り子現象はかなりはっきりしていて，深い研究としっかりとした理論体系の支えに欠けていた。

　1980年代半ばからの日本の教育改革を振り返ると，一貫して政治的要因の影響を受けている。多党制の政治体制によって，歴代の政府の教育に関する主張はいずれも短期的な効果・利益を追求し，明らかに目前の成功と利益を急いで求めるような色彩を帯びることになった。しかし，教育改革の成果は往々にしてたちどころに現れるというわけではないので，教育政策は与党の我慢強さに対する厳しい試練である。同時に，政治的観点の違いにより，歴代政府の教育改革の主張と理念はいずれもそれぞれ異なり，長期的な計画と政策の連続性に欠けているし，教育の発展は社会の進歩と非常に複雑で入り組んだ関係があるだけでなく，さらにそれ自身の内在的な規律性と周期性も備えている。「教育基本法」改正の最大の特徴は法律の形式で具体的な教育目標を規定していることであり，このようにすることで政治的要因の関与を排除することができ，日本の教育の改革と発展のために相対的に安定した時間と空間をもたらすことができる。

　日本の教育改革はあまりに政府の行政手段に頼って改革の政策を推し進めているが，教育思想の浸透と教育観の転換は政策と行政手段によって実現できるものではない。まさにある学者が指摘するように，効果的に改革を進めようとすれば，いっそう社会民主的な力に頼らなければならないのである。学校教育改革は内から外への「静かな革命」であり，その主体は教員，児童生徒，保護者，そして生涯学習体制における地域住民であり，そうした民主的な力に頼って改革を推し進めなければならない。したがって，日本の教育改革は「新保守主義と新自由主義の主張を批判的に吸収し，『民主主義』と

『公共性』原理を基礎として『学習共同体』を構築するという学校改革の理念を提唱するとともに，学校間の連携と教員間の協力関係を作り上げることを通じて改革を効果的に組織し支持しなければならない」のである[4]。2000年以来，日本政府は，学校教育の地方分権による管理を推進しようとしているが，学校と教員の自律性の面では異なる改革のスローガンを持っている。自民党政権は一貫して，国が管理し統治する部分の公教育を市場運営メカニズムへと委譲することを主張している。民主党内閣の学校教育改革政策は，皆が共同で教育の責任を担う共同体の中で公教育体系を再建することを主張している。しかし今日に至るまで，日本の教育改革に真に欠けている民主主義理念が本当に表現されることはなく，とりわけ教育分権制は事実上，「政府の機能の最小化」の具体的な表現でしかなく，本当の意味での教育の民主とは依然としてかなりの距離がある。

　今日の中国はまさに，計画経済から市場経済へと転換する過程にあり，経済発展と教育が直面している問題は日本とはまだ大きく異なっているが，グローバル化の背景のもとでの主体的で創造的なシステムを構築するという基本的な国策の確立によって，中国の教育改革は必ず歩みを速め，過程を短縮することが迫られている。2010年7月，中国は「国家中長期教育改革・発展計画要綱」を制定し，今後10年間の中国教育の改革・発展の政策措置を定めた。そしてその中で，2020年までに「教育の現代化を基本的に実現し，学習型社会を基本的に作り上げ，人的資源強国の列に加わる」[5]という教育改革・発展の戦略目標を提示した。また，教育の優先的な地位を明確にし，改革・創造を教育発展の原動力とし，教育の公平性の促進を国の基本的な教育政策とし，教育の質の向上を教育改革の中核的任務とする改革方針を定めた。

　「国家中長期教育改革・発展計画要綱」の制定は，中国教育体制改革の新たな出発点となっており，中国が教育大国から教育強国へと邁進する重要な施策である。「国家中長期教育改革・発展計画要綱」の際だった特徴は，中国の具体的な国情にもとづき，教育の公平性を今後10年間の中国教育改革の最も重要な目標としていることである。そして，いっそう高い水準での教育の普及を実現し，全国民が恩恵を受ける公平な教育を作り上げ，いっそう

I．政策・法規

豊かで優れた教育を提供し，体系の整った生涯教育を構築し，活力に満ちた教育体制を健全なものにしようとしている。また，農村から都市に来て働く労働者が出身地に残してきた子ども ——「留守児童」の心身の健康と，そうした親に伴って都市に移った子弟（農民工子弟）の教育を受ける権利の保障という問題を重点的に解決し，中国の教育発展の不均衡という現実問題を着実に解決して，教育発展の（東部，中部，西部の）地域間格差と都市間格差を縮小し，教育の公共サービスの範囲を拡大して，現政府の「和諧社会」を構築し，人びとが満足できる教育をしっかりと行い，人的資源強国を作り上げるという戦略目標を実現するとされている。

世界の多極化，経済のグローバル化が深く進展するにつれて，科学技術の進歩は日進月歩で，人材の競争はますます激しくなっている。しかし，21世紀の挑戦とチャンスに直面して，中国教育の発展はまだ完全に国の経済的，社会的発展と人びとのよい教育を受けるニーズに適応できてはいない。教育の考え方はかなり遅れていて素質教育の推進は困難であるし，生徒の社会適応能力，就業・起業に必要な力は強くなく，創造的で価値を生み出す複合型人材は非常に不足している。また教育体制は十分整備されておらず，教育の構造と分布は合理的でなく，都市と農村，地域間での教育の発展は不均衡であって，とりわけ貧困地区と少数民族地区の教育発展が相対的に遅れている。さらに教育への投資が GDP の 4% を占めるという目標は一貫して実現が困難である。そのため，「国家中長期教育改革・発展計画要綱」はまず教育の優先的な発展の地位を確定し，教育の公共サービス機能を強調し，人の育成を基本とすることを堅持し，改革と創造を原動力とし，公平性の促進を重点にし，質の向上を中核として，全面的に素質教育を実施し，教育事業の科学的な発展を推し進め，教育大国から教育強国へ，人的資源大国から人的資源強国への邁進を実現しようとしている。

日本で 2008 年に公布された「教育振興基本計画」が焦点を合わせた先見性のある改革目標と比べると，中国の「国家中長期教育改革・発展計画要綱」の戦略目標はいっそう巨視的で包括性を備えており，教育観の転換と体制の改革が占める比率がかなり大きく，このことは中国政府が教育改革を全面的に推進するという決心と「人びとが満足する教育」をしっかりと行うと

いう強烈な意志を十分に反映している。しかし「計画要綱」は，教育改革を推進する条件の保障，とりわけ教育経費の保障メカニズムなどの面で依然として現実的に実施可能である有力な措置を欠いている。

　教育発展は社会発展と密接な関連性があり，教育は時代の挑戦に対応して，個性と創造性，社会的責任感を有する新しい世代の公民を育成する任務を引き受けなければならない。したがって，中国の「国家中長期教育改革・発展計画要綱」であれ日本の「教育振興基本計画」であれ，教育がいかにして人自身の成長と社会発展のニーズを満足させるのかという根本的な問題に不可避的に直面せざるを得ない。日本など先進諸国が先行して得た教育改革の経験と教訓を研究することは，中国の特色ある社会主義の現代化された教育体系を構築してそれをよりよいものにし，すでに直面しているかあるいはまさに直面しつつある教育発展における課題を解決するのに重要な参考となるのである。

（南部広孝　訳）

注
1) 特に第1章「教育の課題と今後の教育の基本的方向について」。
2) 「核となる能力」を目標体系とし，知識技能の習得の程度を検査すると同時に，技能，態度，それから特定の言語環境において複雑な問題を解決する活用力を調査することを重視している。
3) 中央教育審議会答申「新時代の義務教育を創造する」(2005年10月26日)。
4) 佐藤学（田輝訳）「全球化時代的日本学校教育改革―危機与改革的構想―」『教育研究』2006年第1期，2006年，51頁。
5) 《教育規劃綱要》工作小組辦公室『教育規劃綱要学習輔導百問』教育科学出版社，2010年，8頁。

参考文献
『平成13年度　文部科学白書』ウェブサイト，http://www.mext.go.jp/b_menu/hakusho/html/hpab200101/hpab200101_2_003.html。
『平成14年度　文部科学白書』ウェブサイト，http://www.mext.go.jp/b_menu/hakusho/html/hpab200201/index.html。
『平成18年度　文部科学白書』ウェブサイト，http://www.mext.go.jp/b_menu/hakusho/html/

Ⅰ．政策・法規

　　hpab200601/index.htm。
『平成19年度　文部科学白書』ウェブサイト，http://www.mext.go.jp/b_menu/hakusho/html/
　　hpab200701/index.htm。
中央教育審議会答申「教育振興基本計画について―「教育立国」の実現に向けて―」
　　（2008年4月18日），http://www.mext.go.jp/b_menu/shingi/chukyo/chukyo0/
　　toushin/08042205.htm。
「教育振興基本計画」（2008年7月1日閣議決定），http://www.mext.go.jp/a_menu/keikaku/
　　pamphlet/08100704.htm。
中央教育審議会「新しい時代にふさわしい教育基本法と教育振興基本計画の在り方について（答申の概要）」（2003年3月20日），http://www.mext.go.jp/b_menu/shingi/chukyo/
　　chukyo0/toushin/03061601.htm。

第 4 章

教育政策とその基本理念

杉本　均
高見　茂

　第3章「方針・施策とその推進施策」において，田輝氏は1990年代から21世紀にかけての日本の教育改革の基本原理を示す文書として，「21世紀教育新生プラン」「(新)学習指導要領」「(改正)教育基本法」の3つを挙げた。「(新)学習指導要領」については別項において応答が用意されるので，本章では第1節において「21世紀教育新生プラン」について，第2節において「(改正)教育基本法」について，それぞれ応答したい。

1．21世紀教育新生プラン

　21世紀教育新生プランは，首相の私的諮問機関である「教育改革国民会議」によって2000(平成12)年にまとめられた報告「教育を変える17の提言」にもとづいて，文部科学省が策定した日本の教育政策に関する基本方針文書である。その内容は田輝氏によっても引用されているとおり，7つの重点戦略からなる「レインボープラン」として公表されている。それらは，
　1．わかる授業で基礎学力の向上
　2．多様な奉仕・体験活動で心豊かな日本人の育成
　3．楽しく安心できる学習環境の整備
　4．父母や地域に信頼される地域づくり
　5．教える「プロ」としての教師の育成
　6．世界水準の大学づくり

Ⅰ．政策・法規

　　7．新世紀にふさわしい教育理念の確立（教育基本法）
である[1]。
　　1については，具体的には基礎的教科における20人授業・習熟度別授業の実現，多様な個性や能力を伸ばす教育システムの整備（科学技術・理科大好きプラン），IT授業・20人授業が可能となる教室の整備（新世代学習空間の整備），2については奉仕・体験活動の促進，読書活動の推進，道徳授業の充実（心のノート），家庭・地域の教育力の再生のための取組と説明されている。3については，具体的には社会人の学校教育への参加の促進（学校いきいきプラン），文化・スポーツ活動の充実，学校の安全管理の徹底，心のケアの充実，問題を起こす子どもに対する適切な措置，有害情報から子どもを守る取組，4については学校の自己評価システムの確立，学校評議員の導入などによる開かれた学校づくり，保護者の参加，情報公開による教育委員会の活性化，地域の主体性を生かした新しいタイプの学校の設置促進，スクールカウンセラーの配置の促進など教員相談体制の拡充と説明されている。
　　5については，具体的には，教員免許制度の改善，新たな教員研修制度の創設，教員の社会体験研修の拡充，優秀な教員の表彰と特別昇給の実施，指導力不足教員への厳格な対応，6については，次代のリーダー育成のための教育・研究機能の強化（大学への17歳入学の拡大，大学3年修了からの大学院入学の一般化，プロフェッショナルスクールの整備），大学の競争的環境の整備（国立大学の再編，法人化，第三者評価の導入，大学教員の任期制による流動化，競争的資金の拡充），大学における厳格な成績評価，教員の教育能力の重視などと説明されている[2]。7については第2節での分析に譲る。
　　これらの改革は教育のインプットとアウトカムを国の責任においてコントロールするかわりに，その中間のプロセスのレベルを自由化，多様化，分権化，規制緩和する動きとまとめられる。国の責任によるインプットの明示（学習指導要領・教員養成・財源保障）を前提として，教育のプロセスにおいて，市区町村や学校が分権改革においてより大きな責任を負い（学級編成・教職員人事など），最終的に教育のアウトカムを国の責任において検証する（全国的な学力調査・学校評価システム）というものである（中央教育審議会答申「新しい時代の義務教育を創造する」2005（平成17）年10月26日）。田輝氏はこの

ような教育理念を確定し,「社会各界と国民全体を最大限動員して教育改革を速やかに, また全面的に全国で推し進めようとした」と論評しているが, 10年程度の時間を経た最近の日本における実現の程度はどうであろうか。

ここではレインボープランに示されたプロジェクトのうち,（1）「少人数学級編成の実現」,（2）「学校選択制」,（3）「学校評議員・学校運営協議会」,（4）「スーパー・ハイスクール」,（5）「中高一貫校の推進」,（6）「大学への17歳入学の促進」について検討したい。「学習指導要領の改訂」「全国学力調査の実施」「教育基本法の改正」「教育職員免許法の改正」「国立大学の法人化」「大学への第三者評価の導入」などについては, 第5〜8章においてより詳しく検討されるので, そちらでの分析に譲りたい。

(1) 少人数学級編成の実現

少人数の学級編成を実現しようという試みでは, 1958（昭和33）年度から数次にわたる「公立義務教育諸学校の学級編成及び教職員定数の標準に関する法律」の改正によって, 小学校1年の学級編成の上限を50人から40人に, そして35人に引き下げる努力がなされてきた。レインボープランで示された目的は, 教員1人当たりの児童生徒数を欧米並みの水準に改善するというもので, 2000（平成12）年度の第7次公立義務教育諸学校教職員定数改善計画などにより, 国の基準を下回る学級編成基準の認定が可能となった。その結果すべての都道府県において何らかの学級編成の弾力化が実施された。

「教育指標の国際比較」2011（平成23）年度版によれば, 日本の学校の教員1人当たりの児童生徒数（2008（平成22）年）は初等教育で18.8, 前期中等教育で14.7, 後期中等教育で12.3となっている。また1学級当たりの児童生徒数（2008（平成22）年）は, 初等教育で28.1, 前期中等教育で33.2, 2001（平成13）年度当時の教員1人当たりの児童生徒数は初等学校で19.1, 中等学校で15.3であることから見ると, 学級編成のサイズは一定の改善を見ているが, OECD諸国平均の初等教育16.4, 中等教育13.7（2008（平成22）年度）に比べるとまだ欧米並みに改善されたとは言い難い[3]。

Ⅰ. 政策・法規

(2) 学校選択制

　学校選択制については，小中学校の通学区域制度の弾力的運用の促進という観点から試みられてきた。2003（平成15）年に学校教育法施行規則の一部改正を行い，①市町村教育委員会が就学すべき小学校または中学校を指定するに当たって，あらかじめ保護者の意見を聴取することができることを明確化し，その場合，意見の聴取の手続きに関し必要な事項を市町村教育委員会が定め，公表するものとし，また，②市町村教育委員会が指定した就学校に対する保護者の申立にもとづき，市町村教育委員会が就学校指定校を変更する際の要件及び手続に関し，必要な事項を定め，公表するものとした。学校選択制には以下のような形態がある。

　A) 自由選択制：当該市町村内のすべての学校のうち，希望する学校に就学を認めるもの
　B) ブロック選択制：当該市町村内をブロックに分け，そのブロック内の希望する学校に就学を認めるもの
　C) 隣接区域選択制：従来の通学区域は残したままで，隣接する区域内の希望する学校に就学を認めるもの
　D) 特認校制：従来の通学区域は残したままで，特定の学校について，通学区域に関係なく，当該市町村内のどこからでも就学を認めるもの
　E) 特定地域選択制：従来の通学区域は残したままで，特定の地域に居住する者について，学校選択を認めるもの
　F) その他

　2006（平成18）年度調査における学校選択制の実施状況については以下のとおりである。小学校で学校選択制を導入しているのは240自治体（14.2％）であり，選択制の形態については，従来の通学区域は残したままで，特定の地域に居住する者について，学校選択を認める「特定地域選択制」が最も多く，108自治体であり，該市町村内のすべての小学校から選択が可能な「自由選択制」を導入している自治体は24自治体，実施を検討しているのは214自治体（12.6％）であった。また，今後検討を予定しているのは，355自治体（20.9％）であった。

　中学校で学校選択制を導入しているのは2006（平成18）年度で185自治体

(13.9％) であり，選択制の形態については，従来の通学区域は残したままで，特定の地域に居住する者について，学校選択を認める「特定地域選択制」が最も多く 66 自治体,当該市町村内のすべての中学校から選択が可能な「自由選択制」を導入している自治体は 55 自治体，実施を検討しているのは 193 自治体 (14.5％) であり，また，今後検討を予定しているのは，289 自治体 (21.7％) であった。すなわち，学校間の自由競争にもとづく，利用者の自由な学校選択というよりは，多くは通学距離の縮小を目的とした弾力化や隣接する区域での限定的な選択にとどまっている。

学校選択制を支持する保護者層からは「個性の育成や可能性が広がる」「学校，教師，子供の意欲と質が向上する」「いじめや交友関係で苦しむ子どもにとって朗報」などのメリットが挙げられる一方，「学校間の人気格差が広がる」「通学距離の増大」「人気校への集中による設備面・受け入れ体制面の不安」「選ばれなかった子どもへの心理的負担」といったデメリットも指摘されている[4]。

(3) 学校運営協議会・学校評議員

学校運営協議会と学校評議員は，その目的や性質が異なり，学校運営協議会は，地域社会の意思にもとづく学校運営のために一定の権限を有し，学校評議員は，校長の職務（校務）を的確に実施させるために意見を述べる権限のみを有している。各学校には，学校運営協議会と学校評議員を同時におくことも可能である。学校評議員の制度は，2000 (平成 12) 年度から成立しており，公立学校については，2004 (平成 16) 年度から，地域住民や保護者などを委員（構成者）とする学校運営協議会を，個別の学校ごとに教育委員会の判断にもとづいて設置することが可能となっている。

2005 (平成 17) 年度の文部科学省の調査によれば，学校評議員を設置している公立学校は小学校で 83.7％，中学校で 84.5％，高等学校で 91.0％であった。一方，公立学校における学校運営協議会制度（コミュニティ・スクール）の指定は同じく 2005 (平成 17) 年で 25 件であったが，2007 (平成 19) 年度までには 235 校が設置もしくは導入を検討していた。これらにより保護者の参加や校長の裁量権は拡大する傾向にあるが，日本の学校運営協議会はドイツ

Ⅰ．政策・法規

の学校会議のような議決権を持たず，生徒の代表権もない。またこの動向は米国の一部地域において行われている公立学校の管理運営の委託や，チャーター・スクール制度のような「公設民営学校」とは異なるものである[5]。

(4) スーパー・ハイスクール

　中等教育の多様化・個性化政策という点では，総合学科（2008（平成20）年度334学科）や単位制高校（2008（平成20）年度857校）などいくつかのプロジェクトが進行している。そのなかでも2002（平成14）年度から，若者の科学技術離れ，理科離れを食い止めるために平成14（2002）年度に打ち出された，「科学技術・理科大好きプラン」[6]の一環として特色ある学校としてスーパー・ハイスクールが指定され，拡大されてきている。スーパー・サイエンス・ハイスクール（SSH）は科学技術・理科・数学教育を重点的に行う学校で，理科・数学に重点を置いたカリキュラム開発や大学や研究機関との効果的な連携をめざし，スーパー・イングリッシュ・ランゲージ・ハイスクール（SELHi）は英語教育を重点的に行う学校で，一部の教科を英語によって提供したり，海外姉妹校との効果的な連携についての実践的研究を行っている。

　スーパー・サイエンス・ハイスクール（SSH）は将来の国際的な科学技術関係人材を育成するために先進的な理数教育を実施する学校であり，理科・数学に重点を置いたカリキュラムの開発や大学や研究機関との効果的な連携を行うための補助金が支給される。各年度10校から35校程度が実施希望書にもとづき3年間指定され，2011（平成23）年度指定校として38校を決定した（指定期間5年：23年度～27年度）。設置者別の内訳は国立1校，公立31校，私立6校である。うち18校は過去にも指定を受けている。これまでの既存校を含め，2011（平成23）年度のSSHの学校数は計145校となる。さらに2011（平成23）年度にはSSH指定校の理数系教育における中核としての機能の強化を図るため20校程度の「コアSSH」を設け，SSH指定校に対して追加の支援を行う予定である[7]。

　スーパー・イングリッシュ・ランゲージ・ハイスクール（SELHi）は，英語教育の先進事例となるような学校づくりを推進するため，英語教育を重点的に行う高等学校等を指定し，英語教育を重視したカリキュラムの開発，大学

や中学校等との効果的な連携方策等についての実践研究を実施する。2002（平成14）年度から指定を開始し，2007（平成19）年度は16校を新たに指定し，延べ166件169校で実施した[8]。

　これまでに指定されたスーパー・サイエンス・ハイスクールとスーパー・イングリッシュ・ランゲージ・ハイスクールの総数（重複カウントを認める）は，日本の全高等学校数に対して，6.5％にすぎない。

(5) 中高一貫校の推進

　日本の戦後の教育システムは，小学校から大学教育まで，その一般的就業年限を略して，6-3-3-4制と呼ばれてきた。すなわち小学校6年，中学校3年，高等学校（通学課程）3年，そして大学の一般的課程が4年ということを意味している。少なくとも最初の6-3-3については，公立学校では戦後一貫して例外なく維持され，日本の同年齢層のほぼ全員にあたる97％の人口が12年間の教育を修了する単線型に近い教育構造を貫いてきた。

　しかし，中等教育の6年間が3年と3年に分断され，そのつど試験があるのは，生徒たちの教育内容が試験準備に偏り，継続的で，個性的な人間性の発達を妨げているという指摘が，中央教育審議会より提言された。私立学校においてはすでに6年制の一貫校は多数存在したが，公立学校においても，親や本人への選択肢として，1999（平成11）年から3-3制以外に6年制のいわゆる「中等教育学校」を設置することが試験的に認められた。

　しかし中学生と高校生が同じ校舎で学ぶ新設の「中等教育学校」は2007（平成19）年までに36校作られたにすぎない。それ以外の中高一貫制学校とは，中高どちらか既存の学校に3年間の中高いずれかの課程を追加する「併設型」，中高どちらも既存の近接校を無試験進学や教員交流などの提携により，事実上の6年制を達成する「連携型」が多く，2007（平成19）年で併設型が219組，連携型が79組という現状である。日本の一貫制学校の課題は，少子化により減少する生徒をいかに確保するか，また高校入試の撤廃による生徒の学力の低下をいかに阻止するかということに向けられている。2010（平成22）年4月現在402校が生まれており，2009（平成21）年度の370校と比較して32校の増加となっている。内訳は，中等教育学校48校，併設型

I．政策・法規

273校，連携型81校である。なお，2011（平成23）年度以降に設置が予定されている中高一貫教育校は31校であるという。現在の中高一貫校の数は，日本の全中学校数に比べて3.9％，高等学校数に比べて8.4％にすぎない[9]。

(6) 大学への17歳入学の促進

　日本では2002（平成14）年の学校教育法施行規則（省令）の改正により，大学入学資格の時点で規制が緩和され，1年限りの早期入学（17歳入学）が認められるようになった。飛び入学制度は，一人ひとりの能力・適性に応じた教育を進める観点から特定の分野で特に優れた資質を有する者に早期に大学入学の機会を与え，その才能のいっそうの伸長を図ろうとするものであった。当初は数学または物理学の分野において，特に優れた資質を有する者に限定されていたが後に分野の限定は撤廃された。

　2010（平成22）年度の時点で飛び入学を実施している大学は，千葉大学（文・理・工），名城大学（理工），昭和女子大学（人間文化学部・人間社会学部・生活科学部），成城大学（文芸学部），エリザベト音楽大学（音楽学部），会津大学（コンピュータ理工学部）の6大学（国立1，私立5）であり，2007（平成19）年度までに累計で108名の早期入学者が入学しているが，受け入れ大学側の負担が大きく，またこれを選択すると高校卒業資格が得られないこともあり，あまり他大学に拡大する動向は見られない[10]。

　以上のように，2000（平成12）年に策定された「21世紀教育新生プラン」は，21世紀の日本の教育改革の方向性を示したものとして，重要な教育政策文書であり，その多くの項目やプロジェクトはその後の10年間において実現しており，今日の日本の教育の状況に一定の影響を与えている。しかしそのうちの6つのプロジェクトに関して，10年間の進展を検証してきたが，後半の3プロジェクト，(4)「スーパー・ハイスクール」，(5)「中高一貫校の推進」，(6)「大学への17歳入学の促進」については，政策は実施されたが，その規模において日本の全体の教育状況を変えるまでのインパクトを持つには至っていない。前半の3プロジェクト，(1)「少人数学級編成の実現」，(2)「学校選択制」，(3)「学校評議員・学校運営協議会」については全国的な展開が見られたが，その変革が欧米諸国において達成されているレベルにおけ

る改善とは言い難く，形式的に導入はされているが，その内容はある意味骨抜きにされた性格も指摘されている。したがって，この政策文書の持つ重要性についてまったく異議をとなえるものではないが，その効果（インパクト）について，全国的あるいは欧米的な意味での影響力を想定することには慎重であるべきであろう。

(杉本　均)

2.「教育基本法」の改正

　上記の教育新生・再生の基本構想を実現するため，関連法規の改正がなされた。とりわけ教育基本法の改正は，その後のわが国の教育改革の方向性に大きな影響を及ぼす可能性が高いことから，その改正の方向性については特に注目すべきであろう。田輝氏もこのことに強い関心を示され，本節を設定されたものと理解している。筆者は，近年のわが国の教育改革の流れは，教育新生・再生に加えて地方分権・地域主権改革という中央・地方関係の改編とセットで捉えないと改革の全体構造が把握できないと考えている。

(1) 改正の経緯

　教育基本法は，2003 (平成15) 年にまとめられた中央教育審議会答申「新しい時代にふさわしい教育基本法と教育振興基本計画の在り方について」によって改正への方向づけがなされた。そして改正された新しい教育基本法が2006 (平成18) 年12月制定・施行された。旧法は，1947 (昭和22) 年に制定・施行されて以降，60年近くにわたって一度も改正されなかった。また，それは日本国憲法と密接な関わりを持ち，また教育基本法の立法精神ともいうべき趣旨が謳われた前文を備えている。このことは，田輝氏も指摘しておられるように，準憲法的性格を内包することによって他の法規とは一線を画し，一段高い上位にあるということを示している。また新しい教育基本法は，まったく別の新しい法規として制定されたものではなく，旧教育基本法の理念を引き継ぐものであることに留意すべきである。

(2) 改正の主要内容と特徴

　新教育基本法は，前文と以下4章18条の条文で構成されている。旧法が前文に加えて11条からなっていたことに照らせば，大幅な追加・見直しが行われたといえよう。ここでは追加・見直し事項を中心に，田輝氏の言及を踏まえてその概要・特徴を検討してみよう。

　まず前文の存在であるが，このことは教育基本法のステイタスの高さを示すものであろう。前文については，個人の尊厳等の普遍的理念に加えて，「公共の精神」と「伝統の継承」が新たに盛り込まれた。この部分について田輝氏は，「公共の精神」と「伝統の継承」が盛り込まれた理由を「教育が国民を育成するという公共の機能を反映している」と理解しておられる。しかし，今回の「公共の精神」の盛り込みは，近年の若年者の利己的な公共心を欠いた問題行動に対する教育上の措置として捉えられるもので，田輝氏の視点とはややズレがあると思われる。また，第2条で「個人の価値の尊重」が謳われており，民主主義国家の下，国民一人ひとりは，個人の利益を原点としてそれを守り拡大することを行動原理にしている。しかし国民が国家という生活共同体の下で生活をする以上，国民一人ひとりに「公共の精神」をもって話し合う姿勢がなければ，健全な国家，社会を建設することができない[11]，との考え方にもとづく。他方「伝統の継承」については，前文にも，第2条にも見られる重要なキーワードである。公教育は，国民の生活共同体である国家の制度として営まれるものである。国家の成り立ちは多様であるが，それは長い歴史過程を通じて伝統や文化を共有する生活共同体として成立したものであるとされる。それゆえ公教育において，教えるべき重要な価値の一部として伝統や文化を位置づけ，その継承を図ることは国際的に見ても国家体制・教育制度の違いを越えて普遍的なものである。

　総括として田輝氏は，学校教育法の改正と絡めて，改正された教育基本法には人間性発達の理念の背後に「国家主義的教育理念」が隠されていると読める趣旨の主張をしておられる。ここで使われている「国家主義的教育理念」が，「個人の自由を抑圧し権力を中心とした国家の外形のみを重視する主義に適合する教育理念」であるとするならば，いずれの条文にもそうした規定は見られないし，そうした解釈の可能な条文も見当たらない。

さらに第2条では，教育目標として，自然環境の保全の態度，伝統と文化の尊重・愛国心が新たに追加された。旧法では「教育の方針」と表現されていたが，新法では「教育目標」とされ，より具体的なものの実現をめざす方向が示されたことも特徴の1つに数えられる。この点について田輝氏は「教育目標が教育基本法にはっきりと書き込まれた」と指摘されたが，氏の慧眼に驚嘆するばかりである。第2条では教育目標実現の前提として「学問の自由の尊重」が掲げられているが，これは「教育基本法」全体の位置づけ，解釈を規定する重要なキーワードである。憲法第23条を受けて規定されたもので，旧法以来すべての国民が享受すべき「基本的人権」の1つとして，国家にその保障を義務づけたものである。そして学問の自由は，真理探究の自由の裏づけであることにも留意しなければならない。真理探究を求めて研究すれば，真理とされていたものが真理でなくなり，新たな真理が生まれ，旧来の価値が否定される可能性も生ずることになる。ゆえに，教育内容，教育のあり方は固定したものではなく，また教育を推進する場合，国家も国民も教育内容・教育のあり方を独占し，固定させてはならないのである。教育は「学問の自由」に開かれた状態で執り行われなければならない[12]のであり，上記の意味での「国家主義的教育理念」が貫徹される可能性はきわめて低いと指摘できる。田輝氏から「学問の自由」と「基本的人権」について言及がなかったことは誠に残念であり，氏のご見解を賜りたいと思う。

さて第2条の2つの大きな教育目標のうち，1つは生命，自然，環境という命の大切さや自然・環境の保全に寄与する態度の醸成をねらうものである。この点について田輝氏は，グローバル化時代，地球環境の問題といった人類の直面する課題を踏まえて言及されているが，その視点の大きさと深さに敬意を表したいと思う。

またもう一方は今回の改正で最も大きな論点になった「伝統と文化を尊重し，それらをはぐくんできた我が国と郷土を愛する」という部分である。この点について，田輝氏は，旧教育基本法に盛り込まれていた民主，平和，普遍性を有する文化等の理念が消えたことに照らして，国家主義と民族主義の思想注入を通じて政治的統合力を強化しようとしていると指摘しておられる。またこのことについて，日本の与党の政治的観念が教育改革にもたらし

Ⅰ. 政策・法規

た深刻な影響の反映とまで断じておられる。しかし旧教育基本法の改正の必要性は，当時の与党自民党，公明党のみが唱道していたのではなく，当時最大野党の民主党も改正法案を国会に提出していた事実に注目しなければならない。その内容には「公共の精神」「日本を愛する心の涵養」「伝統，文化芸術の尊重」「他国や他文化の理解」等が盛り込まれ，現行の教育基本法とも通ずる部分が多く見られたのである。また地方自治体にあっては，改正を求める決議が33都県，336市区町村で議決された。与野党を問わず旧法の問題点は広く認識されており，また「日本の『教育改革』有識者懇談会」「教育基本法改正促進委員会」等の民間団体からも改正を求める熱心な働きかけも見られた点も見逃せない。したがって教育基本法の改正をめぐっては，全体構造を正しく理解するためには，教育界，特に教育学研究者からの改正反対論に加えて，政治過程における与野党を越えた改正の必要性の合意の存在，地方議会，民間の運動等についても検証することが肝要である。

　さて論点の中心である「我が国と郷土を愛する」という意味での「愛国心」は，あくまでも「他国を尊重し国際社会の平和と発展に寄与する態度」を養成することとセットになっていることに留意すべきであろう。特定国への敵意を抱かせるような愛国主義教育や，自国の国益だけに固執する偏狭なナショナリズムを煽るような発想ではない。第2条全体は，国際主義の立場も含めて「心の豊かさ」の醸成をねらいとするものである。

　第3条は「生涯学習の理念」に関する新たな追加条文である。旧法第2条で規定されていた「あらゆる機会に」「あらゆる場所において」教育・学習実践すること，「その成果を適切に生かす」ことの重要性が示されている点に留意すべきである[13]。この点について田輝氏は，わが国における生涯学習の歴史的展開過程を正確に捉え丁寧に記述され，その論理展開は説得力がある。また第4条2項として「特別支援教育」，すなわち障害のある児童・生徒・学生への支援の法的根拠も新たに追加された。このことは児童・生徒の学力向上の保障であり，安心できる学習環境の保障でもある。教育支援システムのさらなる充実の保障としても指摘できよう。そして第5条4項で従来規定されていた義務教育無償の原則は維持されたが，義務教育年限の規定がなくなった。それは，新たに学校教育法のレベルで9年と規定されることと

なった。このことは義務教育改革・義務教育年限の延長の布石として捉えられる。将来の教育内容の充実に備えた措置であるといえよう。

　田輝氏は，第4条に盛り込まれた i) 能力に応じた教育権保障と教育上の差別の禁止，ii) 新しく制度化された「特別支援教育」，iii) 奨学措置について詳しく記述され，ここに「質の高い教育の提供」と「教育の機会均等の保障」の淵源を見出しておられる。また第5条4項関連で，義務教育経費の国庫負担率の変更の問題についても検討されている。義務教育費国庫負担金の国の負担率の削減については，一般財源化推進派と国庫負担金維持派の折衷案として最終的に負担率が3分の1に落ち着いたと評価される点は妥当である。しかし，そのことが改正された教育基本法から看取されると記述されているが，負担率変更のことを指すのか，それとも負担率は下がったが義務教育無償性は維持されたということを指すのか，定かではない。前者であるならば，それは義務教育費国庫負担法の改正に関わることで，教育基本法の改正とは直接関係しない。田輝氏は，第4条，第5条を総括する形で，教育基本法の存在等法治主義の原則と合理的な行政制度の存在が日本の戦後の教育改革の成功因であると結論づけておられる。しかし「義務教育無償性」や「教育の機会均等」確保のための努力は，明治の近代化以降，長い歴史の中で延々と続けられてきたものであり，戦後になって教育基本法が制定されて達成されたというものではない。歴史的経緯・連続性についても留意していただきたい。「義務教育無償性」は法制度的には1900（明治33）年に成立していたが，実態としては無償化は完全に実施できず，その後長く授業料の徴収がなされていた。法は存在しても財政的条件が整わないと実効性のあるものにはなり難い。義務教育無償制度は，1940（昭和15）年に完全実施され，現在の義務教育費国庫負担制度と連続性のある制度が戦前に完成していたのである。この事実にも留意することが肝要であろう。

(3) 教育振興基本計画の策定

　これ以降，田輝氏が特にご関心をお持ちの条文は第17条である。そこでは国に教育振興基本計画の策定が義務づけられ，地方にはその策定が努力義務化されている。氏は，資料をもとに i) 10年を通じてめざすべき教育の姿，

I. 政策・法規

ii) 5年間に総合的かつ計画的に取り組むべき施策について詳述しておられ，計画策定による教育の量・質の飛躍を図る政策意図を見出しておられる。また計画実施手順の曖昧さや計画達成を裏づける財源保障のないことを鋭く衝かれ，計画全体の実施可能性に疑問を呈しておられる。いずれも誠に鋭い指摘である。ただ教育振興基本計画の策定の義務づけ（あるいは努力義務化）は，計画策定による教育の質・量の充実に加えて，i) それを裏づける予算の安定確保，ii) 2000（平成12）年以降に始まる地方分権との絡みを無視できないが，この点についてまったく言及がないのはきわめて残念である。

　教育の質・量の充実を図るためには十分な教育予算の確保は不可欠であるが，厳しい財政状況の中でそれは難しくなりつつある。「教育は大事だ，教育は特別だ，だから十分な予算を付与せよ」といった教育神聖論は神通力を失い，国のレベルでの予算折衝では選択と集中を軸とした確かなエビデンスにもとづく資源配分が求められている。そのため文部科学省は，ある程度の見通しを伴った具体的な教育振興基本計画を策定し，その達成水準を事前に提示することによって予算の裏づけとし，そしてそれを計画終了時点の達成度の評価基準・尺度とするしくみの構築が求められるのである。

　また地方分権の推進によって，国の権限が都道府県へ，都道府県の権限が都道府県立学校及び市町村へ，市町村の権限が市町村立学校へ，それぞれ分権され，地方でできることは地方で，学校でできることは学校で，それぞれ責任を負うというしくみが組み込まれた。すなわち従来よりも大きな自由裁量権が地方，学校に与えられるのであるが，それは与えられた自由裁量権を活用し，何をどこまで達成するかを自らが計画・立案・提示する義務，すなわち教育振興基本計画の策定とセットになっているのである。さらに従来より，国が一定の政策意図を貫徹する場合，政策誘導手段としてはi) ルール（法律，規則，基準）の策定か，ii) 補助金・負担金の配分，iii) 民営化・外部委託のいずれかが採用されてきた。近年の財政危機は，最も適用しやすく効果も期待できるii) 補助金・負担金の配分の採用を難しくさせ，i) ルール（法律，規則，基準）の策定，iii) 民営化・外部委託のウエートが相対的に大きくなりつつある。教育基本法への教育振興基本計画策定義務の盛り込みは，正に政策誘導手段としてのi) ルール（法律，規則，基準）の策定の採用であり，

財政危機，地方分権推進の所産の一部であると指摘できる。こうした一連の流れは，1998（平成10）年の第16期中央教育審議会答申「今後の地方教育行政のあり方」によって示された方向である。再度関連答申類等の政策文書に目を通されて，もう少し掘り下げた観点からご検討いただければ幸いである。

(4) 改革の示唆

　田輝氏は，まとめとして「5．改革の示唆」で，わが国の教育改革の歴史を振り返られ，教育に短期的な効果を求める原因は日本の選挙制度にあり，それが長期的な実証研究と深い理論的研究を阻害し教育を歪めているとの見解を披歴される。なるほど普通選挙制度，議会主義を採用するわが国の場合，政策は世論（すなわち民意）の影響を受ける傾向は否定できない。しかし選挙で教育政策をメインに訴えても票にはつながりにくく，他の経済，財政，社会保障等の政策ほどには選挙への影響力はないのが実情である。PISA問題を契機とする「ゆとり教育」をめぐる政策変更も，政治過程による政治的テーマとしてのイニシアティブというよりも，世論に押された文部科学省主導によるものと思われる。

　また田輝氏は，複数政党制による政策競争こそが，成果が出るまでに時間のかかる教育改革の阻害要因との信念をお持ちで，政治的影響力を遮断した教育に内在する自律性とそれを担保するしくみ（＝教育基本法）に大きな期待を寄せられている。さらに法を根拠とする政策を推進することによる確実性・安定性にも言及されている。そして日本の教育改革が政府の行政手段に頼って改革政策を推進していることを批判的に評価され，教育思想の浸透と教育観の転換は政策と行政手段によって実現できるものではないとされる。それゆえ効果的な改革のカギは「社会民主的な力」に頼ることの必要性を主張されている。しかしこの論脈は，義務教育の普及・拡大については国の責任を重視され，政府の行政手段と政策措置を高く評価しておられることと矛盾するのではないだろうか。

　また学校教育改革の推進は，教員，児童生徒，保護者，地域住民といった「民主的な力」が主体となって進められるべきであるとされる。すなわち，学校を基盤とした管理（school-based management）方式を導入し，学校に権限

I. 政策・法規

を分権することを是とする姿勢を示しておられる。このことは，学校に関わる多様なステイクホルダーが直接的な発言権を保有し，学校統治権限を行使することによって直接民主主義を実現できるとの発想に立つ。だが，こうした分権化を導入した欧米各国の事例に照らせば，学校の最終的な統制や責任にかかわる権限の所在が不明確になったり，個別学校の運営の監督が曖昧になる等の問題点も指摘できる[14]。

地方分権に関わる自民党政権の政策について，その内実を国が管理し統治すべき公教育を市場メカニズムに委譲する方向性があると整理されている。他方民主党政権の学校教育改革は，共同体の中での公教育体系の再建であるとされる。いずれにしても「教育分権」は，事実上「政府機能の最小化」であり，「本当の意味での教育の民主」とは懸け離れていると断じておられる。この「本当の意味での教育の民主」の内実は何なのか。特に「本当の意味」について詳しくご教示いただきたい。

(高見　茂)

3．まとめ

第4章，日本の基本的教育政策の評価において日中の教育学者の見解は大きなコントラストを見せた。特に注目すべきは日本の教育政策評価に見られる両義性であろう。中国側は日本の教育政策の不安定さ，短期的成果への固執，教育政策を支える理論体系の不在を指摘している。しかし一方で，日本の基礎教育の質の高さ，格差の少ない均等な教育発展，学校環境や教育施設の整備については高い評価を与えている。この矛盾するともとれる日本の教育への分裂的な評価は何を意味しているであろうか。これは私見では，両国の教育政策・行政の持つ，教育的実態（現場）への影響力の差を背景にしているのではないかと考えられる。中国の教育部の策定する教育政策は，まさに国家戦略目標であり，そこに転換が行われた場合，中国の教育のあらゆる側面における激変をもたらすような大きな影響が及ぼされる可能性が強い。田輝氏のいうところの「強烈な意志」の存在である。中国においての問題は，その巨大な人口・国土ゆえに，その「強烈な意志」の全国浸透に時間と

配慮が必要なため，その影響力が過小に観測される傾向がある。しかしその改革は，ひとたび現場に及んだ場合には，1日にして世界が変わるほどのインパクトを与える可能性がある。

　一方，日本の教育実態，あるいは現場は，一定の基礎教育の水準，全国均等なインフラの整備，生涯学習機会の普及など，国際的に見れば高い水準をすでに達成しており，これに根本的な変化を求めようと思う勢力や政党は存在しない。したがって教育改革とそれを策定する政策は，政権与党のいかんにかかわらず，結果として外国からは表面的，一時的，対処的な改革努力にしか映らない傾向がある。これはレインボープランの検証において見たところである。まさに選挙目的に美しいネーミングや華々しいスローガンが唱えられることはあるが，その実態の持つ影響力やインパクトは中国やその他アジア諸国に比べると明らかに見劣りがする。本当はあまり変わってほしくない，とでも期待しているかのようにも映る。それもすべて，多党制の不安定さを補完する，文部科学省を中心とする官僚・行政機構の安定性がその背後にあるといえる。しかし理論と政策を中心に考える中国の思考体系においては，そのような存在は見え難いし，また見ることを許さないかもしれない。このことが結果として，日本の教育政策の不安定さ，理論的弱さを指摘しながら，同時にその水準の高さや均質さを認め，なおかつその矛盾を説明できる解釈を見出すことができないというジレンマに陥っているのではないかと推察される。

　　　　　　　　　　　　　　　　　　　　　　　　　　（杉本　均）

注
1)　「レインボープラン〈7つの重点戦略〉」，http://www.mext.go.jp/a_menu/shougai/21plan/p5.htm。
2)　同上。
3)　「学級編制及び教職員定数に関する資料」，http://www.mext.go.jp/b_menu/shingi/chousa/shotou/029/shiryo/05061001/sankou002.pdf。「教育指標の国際比較（平成22年版）」，http://www.mext.go.jp/b_menu/toukei/data/kokusai/__icsFiles/afieldfile/2010/03/30/1292096_01.pdf。
4)　「学校選択制について（入学時）」，http://www.mext.go.jp/a_menu/shotou/gakko-

Ⅰ．政策・法規

  sentaku/08062504/001.htm。
5) 「学校評議員制度等及び学校運営協議会設置状況調査結果の概要（平成17年8月1日現在調査結果）」, http://manabi.pref.hokkaido.jp/gyoseijoho/kuni_do/hyougi.pdf。
6) 「文部科学省の新しいプロジェクト『科学技術・理科大好きプラン』とは？」http://edu.csj.jp/rika-new3.pdf。
7) 「平成22年度スーパーサイエンスハイスクール（SSH）について」, http://www.mext.go.jp/b_menu/houdou/22/04/1292596.htm。
8) 「スーパー・イングリッシュ・ランゲージ・ハイスクール（SELHi）について」, http://www.mext.go.jp/a_menu/kokusai/gaikokugo/1293088.htm.htm。
9) 「高等学校教育の改革に関する推進状況（平成22年度版）」, http://www.mext.go.jp/b_menu/houdou/22/11/1298797.htm。
10) 「平成22年度入試における飛び入学実施大学」, http://www.mext.go.jp/a_menu/koutou/shikaku/07111318/001/002.htmm。
11) 杉原誠四郎『新教育基本法の意義と本質』自由社，2011年，196頁。
12) 同上書，185-186頁。
13) 髙見茂・開沼太郎『教育法規スタートアップ』昭和堂，2008年，25頁。
14) 小松茂久「アメリカの教育統治における市長直轄管理の要因に関する考察」『早稲田大学大学院教育学研究科紀要』第21号，2011年，31頁。

Ⅱ．基礎教育

　現代の日本の教育におけるキーワードは，誰もが知っているとおり，「生きる力」である。「生きる力」は各教科及び道徳，特別活動，総合的な学習の時間などすべての教育活動を貫く概念であるとみなされた。「生きる力」という言葉は曖昧でもあるが，とにかく「生きる力」の合言葉の下に，具体的な教育改革（例えばキャリア教育）が行われた。

　中国では，まず試行しそれから普及させるというモデルが義務教育改革にあたってとられる。現代の中国の教育課程では，従来の詰め込み式授業モデルを改めて，過程を重視し，自主的に学ぶ態度や探究的な学習方法，多元的な評価基準を提唱し，児童・生徒の個性の形成と能力の育成を重視している。

　日中はこのように異なる教育課程改革の道を歩みながら，共通の課題も有している。第1は，教育改革における「振り子」現象（教育課程において子ども中心主義と学問中心主義のバランスをどう図るか）の回避である。第2は，公平性と多様性，均衡と特色の問題の解決である。第3は，どのように道徳教育を実践するかという，品格の教育の展開である。

　第5・6章は，このような教育課程の方針についての，日中の応答を示している。

第 5 章

生きる力の育成を
目標とする課程改革

高　峡
項　純

1．21世紀の基礎教育改革の背景と出発点

(1) 時代の変化に応じることを目的とした改革方針

　周知のように，日本は「教育立国」をもって世に知られている。近現代における日本の教育発展の歴史を振り返れば，国の発展と変革という重要な時期において，日本は常にいくつかの重要な改革の措置をとり，教育を推進して発展させてきたことがわかる。そのうち最近のものは1990年代に始まって現在まで続くものであり，個性を重視し，新しい学力観と自己教育能力を唱導し，生涯学習体系の構築に対応して，21世紀のグローバル化発展のニーズに適応できる人を育成することを主眼とする教育改革である。今回の改革の目的は3つの「満足」をもとにしている。それはすなわち，人の発達と個性の発展のニーズを満足させること，創造力を有する社会と国を作り上げるというニーズを満足させること，国際化，情報化など時代の変化のニーズを満足させることである。「生きる力」の育成を目標とする改革方針を全面的に貫徹するために，文部科学省は人びとの注目を集める基礎教育改革案を数多く公表するとともに，分権的な管理，教員資格，義務教育経費の負担等を含む一連の制度内の改革措置を実施した。

　20世紀から21世紀への変わり目における今回の基礎教育改革は1つの総体的な過程であるが，その具体的な特徴と重点について見れば，20世紀の最後の10年間の改革と21世紀の最初の10年間の改革にはやはり明らかな

第5章　生きる力の育成を目標とする課程改革

違いがある。1990年代以降の改革がいっそう強調したのは，詰め込み教育から主体的学習への転換，知識を記憶する学習から探究活動の学習への転換，統一的な要求から多様で個性的な発達への転換などである。つまり，いわゆる「新しい学力」の提唱であった。「ゆとり教育」，「個性の育成」，「弾力的なカリキュラム」が，基礎教育改革で使用頻度の最も多いキーワードになった。これに対し21世紀に入って以降，日本の基礎教育の調整と変革は一貫して課程改革案の実施をめぐって展開し，その核心は質の高い教育の提供であり，「生きる力」，「基礎的・基本的な知識・技能」，「活用する力」，「学力低下」，「確かな学力」などが使用頻度の最も多い新たなキーワードになった。「新しい学力」から「確かな学力」へ，「ゆとり教育」から「質の向上」へ，「興味，態度の重視」から「基礎・基本の育成」へと，世紀をまたいだ基礎教育改革はあたかも完全に異なった路線を歩んでいるかのようであり，明らかな「回復」の特徴を備えている。しかし我々は，21世紀に入って以降の改革が，1990年代の改革の延長でもあり，不断の反省の中での新たな定義づけと構築でもあると考える。

(2)「生きる力」の育成を指向するという中核的目標

　21世紀の発展に適応する日本の基礎教育改革は，課程改革を中核にして展開している。これは政府が主導するトップダウンの改革であり，その中には，課程目標の改訂，課程構造の変更，学力評価の強化，保障的措置の組み合わせ，そして新たな育成目標に沿った一連の改革の試みが含まれる。

　世紀をまたいだ教育の改革・発展の過程において，終始一貫していた1つの概念があった。それが「生きる力」である。生きる力の育成は時期によって異なる解釈が与えられ，今日ではすでに基礎教育の最も中核的な養成目標になっている。異なる時期における生きる力の内実と意義の変化の過程を検討することは，21世紀の基礎教育課程改革の実質的な変化と発展の趨勢の過程を明らかにすることだといえる。

　1996年7月，中央教育審議会は「21世紀を展望した我が国の教育の在り方について」(第1次答申)において「生きる力」という概念を初めて提示するとともに，知，徳，体の3つのレベルから説明を加えた。すなわち，①

Ⅱ．基礎教育

「自ら学び，自ら考え，主体的に判断し，行動し，よりよく問題を解決する資質や能力」，②「自らを律しつつ，他人と共に協調し，他人を思いやる心や感動する心などの豊かな人間性」，③「たくましく生きるための健康や体力」である[1]。ここからすぐにみてとれるように，いわゆる「生きる力」は，我々が通常理解する，人が自然あるいは野外の状況において生存を求める能力とは異なっており，ここで描き出されているのは，変化の予測がつかない未来と変化のスピードが速い社会において，自分で問題を発見してそれを解決する能力，自然や他人と共同して生存し発展していく能力を備え，学習社会のニーズに適応できる理想的な人のイメージである。

1998年に公表された学習指導要領総則の中で，このキーワードは初めて現れ，学校のすべての教育活動を総括する目標であり，個性を育成する教育，基礎知識と基本技能を習得する教育を内に含み込む上位概念であり，各教科及び道徳，課外活動，総合的な学習の時間などすべての教育活動を貫く概念であるとみなされた。しかし，「生きる力」は固有の学術用語や教育の専門用語とは違い，皆が日常よく知っている言葉で，理解しやすく，人の心に深く入りやすいという長所があり，同時に，それが多義的で，基準を統一するのに不利であるという欠点もあることから，その内実は改革が深まるにつれてはっきりさせ，また広範に理解し続けなければならないのである。

(3)「ゆとり教育」の実施を特徴とする課程改革

「生きる力」を育成する教育改革の方向性の提唱と直接関係しているのは，「ゆとり教育」と「新学力観」という理念の登場である。詰め込み教育，画一主義教育，徳育の軽視などがもたらした，児童生徒の創造性と個性の欠如や，権利意識と責任意識のバランスの欠如などの問題を解決するために，日本政府は相次いで数度にわたる改革を行った。1977年に改訂された学習指導要領は「ゆとり」という学校教育の理念を提示し，児童生徒にゆとりある学習環境を与えることを提唱した。1989年に改訂された学習指導要領はそれを基礎として，さらに「興味，態度，意欲」と「思考，判断，表現」を中心とする「新学力観」を提示した。知識，技能の習得度合いという観点から学力を把握する以前の学力観と比べて，新学力観は，知識，技能を習得する

ときの態度とそれに必要な諸能力（学ぶ意欲，思考力，想像力など）の育成という視点から学力を把握するものだった[2]。学校教育は急速に変化する社会に絶えず適応しなければならず，以前の教育が知識の伝授に偏重していて，社会の急速な発展が教授内容をすぐに時代遅れなものにしてしまうかもしれないとき，どのように効果的に，知識更新の問題を解決し，社会の急速な発展に適応する人材を育成するのか。こうした人材育成に対する「危機感」が，「新学力観」が提唱された根本的な理由だったのである。ここからわかるのは，「生きる力」の育成の提示は新学力観と相通じるものであり，新学力観の継承と発展であるということである。「生きる力」の育成を方向性とする1998年の基礎教育改革はまさに，ゆとり教育と新学力観の継承を基礎として大なたをふるった改革でもあった。21世紀に向かう今回の改革は，1970年代以降の人を基本とし個性の育成と能力の育成を重視するという理念を極限にまで発揮させたものだと言うことができる。

　この点は1998年の課程改革案からかいま見ることができる。同案はもとの課程に対して大きな改訂を行ったが，その中には，①課程内容の精選と教科課程の学習時間の減少，②「総合的な学習の時間」の新設，③学校の特色を作り出すことの提唱などが含まれていた。それまで行われてきた「微調整型」の課程改革案と比べると，この改革案の改訂の程度はかなり大きいものだった。このことは，日本が新たな社会変化に適応し，21世紀型人材の育成に努めるために積極的な努力と大胆な試みを行っていることを示している。この課程改革案の特徴は主として，次の点に現れている。すなわち，子どもの発達に全面的に関心を持ち，子どもの発達のニーズに照らして課程を設計していること，能力の育成を中核とすることを強調していること，科目の分類を整合させ，課程の全体性を表したこと，課程の画一性を改め，課程を柔軟にする余地を与えたことなどである。

　その進展を肯定的に評価すると同時に，我々は次のようなことも目にした。すなわち，改革案の中で「生きる力」が実践において結局のところどのように具体的に育成されるのかは特に明示されているわけではなく，またどの教科・科目がこの目標を実現するという任務を引き受けなければならないのも明確ではない。それにもかかわらず，重点として設置された「総合的

II. 基礎教育

な学習の時間」が明らかに新しい教育目標を実現するためにとられた重要な措置であることから，人びとは容易に両者を直接的に結びつけ，教科課程と総合的な学習の科目の教育機能は相互に切り離されるか，ひどいときには「対立」を作ってしまうことになる。同時に，科目内容の減少と一部の内容の上級学年への移行によって，実際にはもともとの課程で定められた基本的な水準よりも内容が低下している。また，総合的な学習の時間を設置したり，課程を設計して実施するより多くの自由度を学校に与えたりしたことは，課程を実施する能力，関連制度と条件の保障を学校に与え，教員が授業を展開することに新たな挑戦を提示した。しかし，新たなニーズと比べて，教員の意識，能力，実行力は依然としてまだ大きな隔たりがあり，客観的に見て，学校であれ，地域社会や社会教育機関などであれ，総合的な学習の時間のために相応の条件や保障を提供する点でさまざまな困難が存在している。このほか，授業時間数は減らすものの依然として質の高い教育を求めることはまた，日本人が長期にわたって信奉してきた学習時間と質は正比例するという考え方と衝突する。したがって，新しい課程をどのように効果的に推し進めるかということが，教育界と社会の各方面が大きな関心を持つ問題となったのである。

2．21世紀における基礎教育課程改革の模索過程

(1) 生きる力を育てる教育という理念の転換
　　　　——「新学力」から「確かな学力」に向けて

　1998年に改訂された学習指導要領の公布に伴って，課程内容の30％削減と小・中・高等学校での週5日制の実施が提示され，基礎教育は再び日本社会の世論の焦点となった。「分数のわからない大学生」と題する文章が火種となって，大学生の学力低下から基礎教育の「学力低下」，「学力崩壊」，「学力危機」にまで広がる議論が大規模に展開された。そこで，2002年1月，当該学習指導要領がまもなく実施される際に，文部科学大臣（当時）の遠山敦子は「学びのすすめ」を発表し，「確かな学力」という概念を提示した。これは実質的にはすでに態度と能力を中心とする「新学力観」のゆとり教育

第5章　生きる力の育成を目標とする課程改革

を，基礎学力を重視する「確かな学力観」に向けて密やかに方向転換するものであった。

　2005年以降，中央教育審議会答申「新時代の義務教育を創造する」（2005年10月）の公布及び学力評価の展開に伴って，日本の基礎教育改革にははっきりとした新しい転換が見られた。この答申のキーワードは「質保証」であった。特に注意を引いたのは，この答申が，基礎知識・技能の育成と自ら学び自立して考える能力の育成とは対立するものではないし，二者択一でもないことを指摘したことである。今後の社会において，自立して思考することができ，問題を総合的に判断し，表現し，実践する能力を備えるとともに，社会生活で自立できる人を育成することがますます重要になる。したがって，児童生徒に，しっかりとした基礎知識・技能を身につけさせるとともに，知識技能を活用する過程で自立して思考する能力を形成できるようにすることを重視しなければならないのであって，それがすなわち「確かな学力」なのである。

　この中で重要な観点は，「質」を「確かな学力」と密接に結びつけ，基礎をしっかりと固めることが学力向上の鍵であると考え，「学力」の内実に対してまったく新しい認識を持っていることであり，これによって我々は，学力がたんにある種の具体的な能力の獲得を指すのではなく，教育の質に対する1つの考え方であって，教育の養成目標についての新たな定義づけと到達点を反映していることをみてとることができる。

　日本における近年の教育改革文献を概観してわかるのは，いわゆる「確かな学力」は実際には「生きる力」の定義を絶えず明確にしようとする過程で徐々に確立されてきた概念でもあることである。しかし，それはまだ模索中の概念であり，「生きる力」と「確かな学力」の両者の概念の関係については，①包含関係（全面発達と知育の関係），②並列関係（教科課程と総合的学習の併存），③相対関係（重点の相違，基礎への回帰か創造性か，重点はどこにあるのかという問題）といった，いくつかの異なる考え方が存在している。さまざまな声がある中で，中央教育審議会は①の関係の解説により傾斜している。明らかに，同じように「生きる力」を育成する理念であって，「新学力観」の延長と発展として，1990年代の「生きる力」で重点が置かれたのが

II. 基礎教育

学習への関心や態度，自主的に学習する能力であったのに対し，新世紀の初めには，「確かな学力」の提示とその明確化に伴って，それが生きる力の核心部分となったのであり，このときの「生きる力」がより重点を置いたのが基礎知識と基本技能なのである。

　基礎知識と基本技能とは何か。これについて中央教育審議会の解釈は，それが第1に実生活の中で不可欠なものであり，第2に以後のさまざまな専門分野の学習の基盤となりうるものである，というものである[3]。このような理解は基礎知識の学習を強調し，また生活との結びつきを際だたせている。このほか，児童生徒の教科を越えた能力を育成することもかなり重視されている。その中には，表現力（感性，想像力の高まり），情報能力（獲得，思考，表現），実際の生活で知識技能を応用する能力，構想し実践し評価し改善する能力（探究能力）が含まれる。これらは，各教科にわたる能力でもあり，また各教科を通じてしっかりと定着させる必要のある能力でもある。このため，小学校低学年から中学年にかけては，体験の中で理解することや，具体的なものなどについて考えたり理解したりすること，反復学習を通じて読み書き算の能力を高めることを重視しなければならず，中学年から高学年にかけては，体験と書物での知識の学習を交互に行うことによって，児童が概念や方法を身につけるのを助けるとともに，討論，実験，観察などの方法を通じて思考と理解を深めるようにしなければならないとされた。

　ここからみてとれるのは，「確かな学力」によって豊かになり充実した「生きる力」は明らかに基礎・基本へと回帰しており，基礎学力を重視するという特徴を有しているということである。

(2) 生きる力を育てる教育の実践面での転換
　　——「ゆとり教育」から「質の確保」へ

　2008年2月，文部科学省は新たに改訂した学習指導要領を公布した。このときには「現行学習指導要領の理念は『生きる力』を育むことである」と明確に指摘されているが，これは，新たに改正された法律の要求であり，知識社会というこの時代の必要でもある。しかしこの理念を実現するには，次の5つの問題を解決しなければならない。それは，①「生きる力」の意義と

必要性，②児童生徒の主体性と教員の主導性との関係，③教科学習と総合的学習との関係，④授業時数の不足，⑤家庭と地域社会の教育力の低下である。

　この5つの問題に対応して，学習指導要領では相応の調整がなされ，特に問題③と問題④を解決するために，教科と教科外の授業時数の配分及び教育内容において大幅な変更が行われた。授業時数が調整された結果，総時間数は1998年のものに比べてかなり大きく増加し，基本的にそれ以前の，1989年に制定された課程案の水準にまで回復した。

　2008年課程案において，改訂の幅がかなり大きかったのは算数・数学と理科だった。このような改訂で最も主要なものは基礎学力に回帰するという主張の提唱と合致して，ゆとり教育がもたらした質の低下を抑えるものであり，学力調査の結果にもとづいてとられた「反省的措置」でもあった[4]。

　授業時間と学習内容の大幅な増加は今回の改訂の最もはっきりとした特徴であり，授業時数及び各教科の学習内容の大部分は1989年の学習指導要領まで回復しているが，これはたんなる「回復」なのだろうか。文部科学省が新学習指導要領について用いた新しい表現は注目に値する。それは，「知識・技能の習得と思考力，判断力，表現力等の育成とのバランスを重視する」というものであり，すなわち知識の詰め込み，基礎の軽視という唯能力論，唯態度論の極端なやり方に反対しているのである。別の面では，こうしたバランスはまた，「習得」式の基礎知識と基本技能の学習と，「探究」式の「総合的な学習の時間」における学習とのある種のバランスも表している。例えば小学校の「総合的な学習の時間」は毎週1時間減少し，この時間を各教科で知識や技能を活用する学習活動に用いることとされた。すなわち，「習得」と「探究」の間に「活用」を加え，これによって両者の対立を避けて，「活用」的な学習を利用して教科と総合的な学習のバランスを探っているのである。基礎知識と基本技能の習得と活用は，思考力，判断力，表現力を形成する基礎であり，これらの能力の形成はまた基礎の習得を促す。2008年の学習指導要領は，基礎知識，基本技能の習得と諸能力の育成を調和的に統一させ，児童生徒に確かな学力を獲得させて最終的に「生きる力」を形成させることを旨としている。

　しかし，このようであるにしても，大量の学習内容の復活や下級学年への

Ⅱ. 基礎教育

移行によって教員と児童生徒がうまく対処することに疲れ，それによって「応用」的な学習の展開に影響を与えてそれを阻害することがあり得るのかどうかは未知数である。改革をたんなる「回復」に変えてしまわないようにするには，教員の教育方法の指導と改善について，教員と児童生徒に自主的にコントロールできる空間をいっそう多く与えるなど，それと組み合わせてとられる措置の推進が非常に必要である。一貫して「児童中心」と「教科中心」の間で揺れ動いてきた基礎教育改革が今回，極端な考え方を乗り越えて真に新たな道に歩み出せるかどうかという点こそが，本当に我々が関心を持ち，その中から参考になる点を得られるよう期待するに値することなのである。

(3) 生きる力を育てる教育の新たな模索
　　――「キャリア教育」の基礎教育の全過程での貫徹
　「キャリア教育」(career education) の展開は日本では 2004 年から始まり，社会の発展に適応し，青少年の現状に対応するために小・中・高等学校で実施されている重要な試行的改革施策である。英語の「career」(職業) の語を用いているものの，それが指す意味は，私たちが通常理解するような，専門職業・技術人材を育成する「職業教育」だけに限られない。「キャリア教育」は，各個人の一生を貫かなければならず，キャリア教育を通じて一人ひとりがふさわしい職業的発展を得なければならず，そのためにすべての児童生徒に職業に対する態度，意欲と能力の教育を行わなければならないとされている[5]。簡単に言えばキャリア教育は，「児童一人一人の勤労観，職業観を育てる教育」なのである[6]。

　キャリア教育は，中学校や高等学校の学生に対して行われていた「進路指導」や「職業教育」とは大きく異なっている。従来中学校，高等学校で行われていた進学就職指導は，進学試験で合格するかどうかのみに関心があり，個人の発達に対する見通しという視点に欠けていた。高等学校段階で行う職業教育は職業技能に重点が置かれ，生徒の職業的価値観をほとんど養成してこなかった。しかしキャリア教育は，一面では進学就職指導と職業教育を体系的に計画して結びつけ，別の面では各教科の教育を統合してキャリア教育

を普通教育の中にとけ込ませて1つの全体となるようにしようとしている。この教育を推進するために，文部科学省は2005年にまず「キャリア教育実践プロジェクト」を推し進め，中学生が連続5日間の職場体験に参加することを求めた。

文部科学省が2006年11月に公布した「小学校・中学校・高等学校　キャリア教育推進の手引―児童生徒一人一人の勤労観，職業観を育てるために―」では，その意義，価値に対する全体説明のほか，各学習段階におけるキャリア教育の目標，内容，方法，教科との関係などについて詳細な説明がなされている。

小学校を例にすると，次のようになっている。全体目標は，自己及び他者への積極的関心の形成・発展，身のまわりの仕事や環境への関心・意欲の向上，夢や希望，憧れる自己イメージの獲得，勤労を重んじ目標に向かって努力する態度の形成である。小学校の各段階におけるキャリア教育活動はいずれも4つの能力，すなわちコミュニケーション能力，情報運用能力，人生設計能力，自己決定能力の育成に重点を置いている。

日本の「キャリア教育」は明らかに，職業技能教育を指向するのではなく，また単純に学力の形成を指向するのでもなくて，そこでいっそう重要なのは人格形成の教育であり，このことはかなりの程度社会のニーズを反映しているのである。

厚生労働省が2007年1～2月に行った調査によれば，小学校からキャリア教育を始めるという，一人ひとりの子どもの発達と関係するこの問題はすでに社会，特に多くの保護者の広範な関心を集めている。学校は子どものどのような能力を育成する必要があるかという問いに対して，保護者が選択した上位の項目は，コミュニケーション能力（33.4％），人を思いやる力（33.0％），読み書きなどの基礎的な学力（27.3％），責任感（26.5％）であった。このような結果になったのは，現在の若者がマナーや時間の遵守，他者への配慮や思いやり，あいさつや受け答え，コミュニケーション，道徳心や公共心などの面で明らかに問題があると社会で広く考えられているからであり，この各項目に同意する比率はいずれも30％以上であった。したがって保護者は，具体的な職業技能よりはむしろ，キャリア教育で子どもの協調性，忍耐力，向

Ⅱ．基礎教育

上心・探究心，計算などの能力，他人とうまくやっていく力などの育成が重視されることをいっそう希望している[7]。「キャリア教育」は始まったばかりで，その認識や着実な実施，学校，地域，家庭の協力による活動展開の強化などの問題の解決が待たれる。とはいえ，これはとても有意義な教育の創造であり，それはたんに普通教育と職業教育を有機的に結びつけるだけでなく，教科教育と課外教育，学校活動及び徳育を結びつけ，さらに学校―家庭―地域の教育ネットワークの構築に基盤を提供していると考えられる。

(4) 生きる力を育てる教育の保障
　　　── 学力評価[8]

　最近の10年間日本の基礎教育改革の中で国民の意識に最も影響を及ぼし得たのは何かと言えば，その答えは学力低下である。そして基礎教育において国民の関心を最も集めたのは何かと言えば，その回答はおそらく学力調査であろう。学力評価の展開と実施は，日本政府が近年特に重視して力を入れている活動である。そのようになっているのは，それが社会の疑義に答える必要から出たものであり，また課程改革を実施した成果をしっかりと考察する必要から出たものでもあるからである。

　結局のところ，日本の義務教育の水準はどうなのか，どのような学力を追求すべきなのか，児童生徒の学力をどのように見て評価するのか，義務教育の質の不断の向上をどのようにして確実に保証するのだろうか。「ゆとり教育」がもたらした学力低下，日本の児童生徒の国際学力調査における継続的なランキングの低下など社会世論の圧力に直面して，政府はこれらの問題に対して人びとを満足させる回答を出さなければならなかった。まさにこのような背景のもとで，中央教育審議会はその答申「新時代の義務教育を創造する」(2005年)の中で，児童生徒の学習水準と理解の水準を把握するために全国的な範囲で学力調査を実施しなければならないことを提示した。それは，日本で41年ぶりに行われた，全小・中学校の児童生徒を対象とした測定試験であった。その範囲の広さ，使用経費の巨大さ，実施の慎重さはまさしくここ数十年ほとんど見られなかったものであり，日本政府が義務教育の質の問題を非常に重視していることを反映している。

第5章　生きる力の育成を目標とする課程改革

　このように多くの人を動員した全国規模の学力調査には，少なくとも4つの意図が明確にある。第1は，2002年以降の課程改革状況を考察し，社会大衆が示した疑問に答え，次の課程の改訂のために準備すること，第2は，国内に目を向けて経年比較を行い，発展の視点で児童生徒の学力水準を考査し，関連データを蓄積すること，第3は，国外に目を向けて国際比較を行い，自国と他国との間の距離を探り出すこと，第4は，質の高い教育を追求し，学力水準を向上させる新たなルートを求めることである。日本で調査が実施された前後の状況を考察することを通じて，私たちは，学力調査の扱いや調査結果の運用において，日本の各界は積極的で，真摯であり，落ち着いていたと感じられる。

　まさに2007年の学力調査によって，文部科学省が児童生徒の学習水準をしっかり把握するのにかなり整った，信頼に足る根拠が提供されたので，調査結果の公表後，文部科学省はすぐ，2008年2月に新しい学習指導要領を公布した。別の面では，質の向上をめざす課程改訂の過程の中で，日本政府は学力評価が教育の指導と改善において積極的な役割を果たすことを十分に重視した[9]。指導を強化するために，文部科学省は調査報告の中でそれぞれの測定試験結果について具体的な分析を行うとともに，教育の強化すべき面と注意すべき問題について提案を行った。これは，各地区，各学校が評価結果を見直し教育を改善することについて積極的な指導的意義を有していた。

　質の高い教育とは何か。日本の教育の質をどのようにみるのか。これらの問題に回答するためには，「学力」の内実と学力評価の方式を改めて考えなければならない。すでに述べたように近年，学力評価問題は一貫して日本の教育界が議論する1つのホットなテーマである。そして，学力調査は研究者にさらに豊富な素材と議論のテーマを提供した。学力調査の実施過程及びその報告書の公表後，学力及びその評価に関するさまざまな研究の論点が次々と出された。その中には，学力の内実や，どのような学力評価が科学的なのかといった議論が含まれているし，課程の内容や，課程の発展の分析及び人材養成目標についての議論も含まれている。多くの論者が提示しているのは，児童生徒の学力に対する評価は，評価基準を把握した上で，非選抜的であることを堅持しなければならず，基本的な達成度を基準とすべきであると

II. 基礎教育

いうことである。学力評価の目的は児童生徒の達成水準を検証することであって，分類するためではないし，ある種の評価方式の合理性を検証することでもない。ここに「学力評価」の基本的意義がある。学力評価の根拠は課程の基準によらなければならないが，このことは課程の基準が明確で測定可能で，具体的でなければならず，あいまいでいいかげんで測定しようのないものであってはならないということを要求する。課程の目標のうち，発展性や情緒性に属する目標は，もし具体的で明確な，測定・評価の可能な目標に転換させたり転化させたりすることができないのであれば，「学力評価」の内容とすべきではない。学力とは包括性の強い概念であり，基本的な資質として，基礎学力とともに応用的な学力も含むべきであって，しかもその両者は不可分であり，どちらか一方だけを重視すればその評価は合理性を失うだろうと指摘する論者もいる[10]。このほかにも学力に関する問題についてさまざまな議論がある。それは例えば，学んだ知識を生活に応用することが学力水準の高さを示すのか，資質や創造的資質の向上という概念は必要なのか，北欧と東アジアには異なる学力向上モデルがあるのかどうかなどである。いくつかの問題については人によって異なる観点を持つこともあるかもしれないが，まさにそのようであるからこそ，新しい学力発達観に合致する研究が徐々に深められているのである。「確かな学力」観の提示，及び全国学力調査の継続的な実施に伴って，学力及びその評価に関する研究はさらにいっそう豊富な成果をあげると考えられる。

　総じて言えば，2000 年以降，OECD の PISA 調査，IEA の TIMSS 調査及び文部科学省の学力調査はいずれも，日本社会の学力水準に対する関心を反映しており，これらの評価の実施は客観的にも学力問題に対する人びとの関心を強めた。2005 年以降，質の高い義務教育の追求が提唱されたことと，2008 年の新課程案と学習指導要領において授業時数と課程内容が再改訂されたことはどちらもこの点を示しており，同時にそれによって人びとは，これらの改革措置が「ゆとり」教育の課程改革に対する反省であり，また平等の実現を基礎として質の高い基礎教育をさらに追求することも反映していることをみてとっている。

3. 比較，示唆と考察

　上述したように，日本は，21世紀において引き続き教育大国となり，世界経済と国際関係における役割をよりいっそう発揮するために，発展の中で基礎教育を改革することを一貫して持続し，それを絶えず堅持してきた。日本と同様，中国は1990年代から「素質教育」を全面的に実施する改革を始めて，生徒の徳・知・体など諸方面の資質を全面的に発達させ，創造的精神と実践能力の育成を重視してきた。この教育改革をより深めるために，21世紀初頭に課程改革を行い，次のような点を主張した。すなわち，課程の考え方においては知識伝授を偏重する傾向を改め，生徒が自ら学ぶ態度と正しい価値観の育成を重視すること，課程の構造においては総合科目を設置し，課程構造のバランスと総合性，選択性を強調すること，課程の内容においては実際の生活や現代社会と密接に結びついた学習内容と生徒が主体的に関わり積極的に探究する学習方法を提唱していること，課程の管理においてはさらに分権化を進め，国・地方・学校の3つのレベルで管理を行うこと，教育，評価，教材編纂を指導する各科目の課程標準を発表することなどである。

　比較を通じて感じるのは，同じく東方文化にあり，同様に教育を重視する日中両国は，世紀をまたいで行ってきた教育改革の中で多くの類似した目標と特徴を有しているが，その過程でとられた改革措置は異なっており，そのことは教育問題に対する両国の異なった考え方を表しているということである。次のいくつかの点は，私たちが総括して，相互に学んで参考とし，それによって共同で前進しようとする価値があるものである。

　第1に，教育を優先的に発展させるという原則を堅持し，基礎教育の公共性と政府が果たすべき役割を明確にしていることである。

　日本における最近10年余りの各種改革の理念，方針，措置はいずれも，日本が一貫して教育立国の方針を堅持し，教育を優先的に発展させる戦略を堅持し，教育の公平という原則を堅持していることを表している。「教育基本法」と「学校教育法」の改正を通じて，教育法制の整備をより完全なものにし，政府は基本条件（経費，施設，教員を含む）の提供，目標の制定，成果

II. 基礎教育

の検証という責任を負い，特に基礎教育の公平性を保障するために，経費投入の不均衡によってもたらされる地域格差を防がなければならないとはっきりと範囲を定め，中央政府と地方自治体の経費分担の責任を明確にした。これらは，戦後数十年にわたる日本教育の改革と発展の最も主要な成果であり，民主主義思想が日本で普及したことを具体的に示すものである。公平を基礎とする改革路線の堅持は，日本政府と国民の教育に対する信頼と教育に対する依存，教育に対する期待を表している。

中国は，経済発展の鍵となる時期にタイムリーに教育改革を行い，一貫して「教育を優先的に発展させる」原則を堅持しており，これは国が教育を重視し，人材育成を重視していることを表している。そのうち，1985年，1993年，1999年，2010年にはそれぞれ教育改革を牽引する政策文書を制定・公布するとともに，基礎教育における政府の責任の担当を徐々に明確にし，それを不断に推し進めている。例えば，2009年の教科書無償政策の実施完成は真の無償義務教育を実現したし，2010年の「国家中長期教育改革・発展計画要綱」の中では「各レベル政府が公教育サービスを提供する責任をいっそう明確にし，各レベルの教育経費投入メカニズムをより完全なものにして，学校の運営経費の安定的な財源とその増加を保障する」ことが示されている。

第2に，基本条件の公平性を保障するという前提のもとで教育過程の公平性を追求していることである。

教育の公平の保障は基礎教育発展の重要な目標であるが，教育の公平は，教育を受ける機会の平等だけでなく，教育の過程及び教育の結果の公平としても表される。過程の公平を追求することは日中両国の改革に共通する特徴である。国際化した今日，外国語教育の重要性はいうまでもない。これについて日本政府は積極的に提唱しているが，小学校で開設する外国語科目の具体的な方法や時間数では終始慎重なやり方をとっており，現在でも外国語科目は小学校の正式な課程には挙がっていない。2008年課程案においては，小学校5, 6年で毎週1時間の外国語活動が設けられているにすぎない。このようになっている最も大きな原因は外国語教員の不足である。日本の教育界では，予備の教員がまだ十分ではなく，現職教員の能力が不足している状

第5章　生きる力の育成を目標とする課程改革

況のもとでは，外国語科目を拙速に開設すれば，必ず教育過程の不公平によって児童生徒の学業水準の格差が生じ得るし，それは教育の公平の原則に悖ると考えられている。

中国では，各地域の教育発展水準がかなり大きく異なっており，課程改革の推進では各地の異なる状況を考慮し，焦点をあわせた措置をとっている。例えば，最新の課程案は科学科を小学1年生から始めるよう決めているが，同時に，条件の整わない地域では3年生から開設してもよいことを指摘しており，この弾力的な規定は主として教員の力量，教育能力の現実的な状況から出発して，すでに開設されている科目の教育の質を保証するものである。これと同時に，在職教員の訓練にいっそう力を入れて教育・指導能力を向上させること，教育の具体的な区切りで特に「因材施教」（能力や適性に応じて適切な教育を与える）を強調して生徒の個性的な成長に配慮することなども，生徒一人ひとりの成長のための具体的な措置であり，教育過程の公平を追求する具体的な表現である。

第3に，科学的な政策決定を堅持し，それを合理的に推進していることである。科学的な政策決定を堅持し，教育改革を合理的に推進することは，改革の成功を確かなものにする基本的な経験であり，この面で日中両国は国情によって異なるモデルを生み出している。

日本では，政府が教育改革のさまざまな政策や措置を公表するにあたって支持を与えているのは有力な専門家集団である。そのうち，そうした役割を最もはっきりと果たしているのは中央教育審議会である。文部科学省の諮問機関として，この組織は1年を通して不断に国民が関心のある問題に対してさまざまな調査研究を行い，各種の政策提言を研究，公表し，政府の政策の公表のために世論を作り出し，またその解釈を行い，同時に，人びとの教育に対する認識と社会の世論を方向づける点においても重要な役割を果たしている。この諮問機関の厳格な活動によって，政府の政策決定はかなりしっかりとした科学的合理性の上で行われ，社会各界の理解と支持をかなり容易に得ることができる。このほか，文部科学省は課程改革を進める過程において，課程案の公表から実際の実施までかなりゆったりとした時間的余地を残しており，この間の3～4年の「緩衝期間」が教科書の改訂や教員の在職研修の

II. 基礎教育

ために比較的十分な時間を提供し，さらに課程改革がいっそう十分で目標に達するようにするためにも保障を与えている。

　中国では，基礎教育改革にあたってとられたのは，まず試行しそれから普及させる，改革の効果を追跡し調整しながら推進する，歩調をあわせて普及させていくというモデルである。このモデルの長所は，点と面を結び合わせ，政策決定の周期が短く，推進のスピードが速く，フィードバックが速やかで，政策の調整に有利であることである。欠点は，政策決定の周期が短いことで政策決定の論証時間の不足をもたらしがちになってしまうこと，教科書の編纂や教員の訓練などがかなり慌ただしいこと，学校，教員，生徒の準備不足により，性急な推進が容易に形式主義をもたらすことである。実際，今回の改革の過程でも類似の問題がいくらか生じており，これらの問題に焦点をあわせて，最近教育部は，改革実施状況の追跡調査を強化し，政策決定の科学的根拠を増やし，政策決定の民主的な参加を重点的に強めて，政策決定の科学性を確保したり，教員訓練計画を増やし，改革の実施条件をより整備したりする措置をとっている。例えば，教育部は，基礎教育課程教材の決定手順をより完全なものとし，課程教材の作成水準を向上させるために，2010年に国家基礎教育課程教材専門家諮問委員会と課程専門家活動委員会を創設した。この2つの委員会は，中国科学院と中国工程院の院士と，大学の各専門分野，教育学，心理学等の領域の専門家，教育現場の第一線から来た特級教員，指導主事の100人あまりで構成されている。新たに改訂された義務教育課程標準(2011年)は，意見を広範に聴取した上で，厳格に専門家委員会の審査，修正，再審査，投票といった手順に照らして修正が行われた。したがって，今回の標準の改訂は慎重で落ち着いたものだったといえる。

　第4に，国際的な視点を堅持し，自国での動きをふまえていることである。

　日本ではこれまで，他から学ぶことを十分に重視し，さまざまなものをすべて受け入れることを重視しており，特に現在のグローバル化という背景のもとではいっそうそのようになっている。1980年代半ばから欧米各国の基礎教育改革の中で生涯学習する能力の育成や個性の発達などが強調されてきたが，それはかなりの程度まで日本の改革の方向性を導き，それに影響を与

第5章 生きる力の育成を目標とする課程改革

えている。21世紀に入って以降，日本は一方では絶えず先進国の改革動向に注目し，特にPISAやTIMSSなどの国際教育評価調査への参加を通じて，動向を把握し，問題を発見し，自らを調整してきた。しかし，この前提のもとで，不断の比較と研究を通じて自らをしっかりと定め，自らを堅持するということも日本が終始堅持していることである。例えば，質の高い基礎教育を模索する過程において，異なる類型の課程，学習過程と学習方法，学習条件と学習活動，そしてこれらと児童生徒のさまざまな学力との間の関係をはっきりさせることを重視している。つまり，改革の力点は一貫して，学力の向上と指導力の向上に置かれている。学力調査結果に対する分析を通じて，基礎知識，基本技能が応用力を形成する基本条件であることがわかり，学習時間と学習の効果に関する比較研究を通じて，授業時数の保障が学習の効果を保障する重要な条件であることから，簡単に授業時数を削減することはできないと主張されている。これらの認識は伝統的なもののように見えるが，多くの人が主張するように，改革は伝統を否定するものではなく，改革の過程において，もとからあって効果に富んだやり方は必ず堅持しなければならないのである。

　中国の教育改革は，構成主義とポストモダン主義及び世界の主流となっている教育理論の影響をより大きく受け，伝統的な教育観はより大きく揺さぶられている。このことは上で述べた課程改革の目標と内容から知ることができる。例えば，従来の詰め込み式教育モデルを改めて，過程を重視し，自主的に学ぶ態度や探究的な学習方法，多元的な評価基準を提唱し，生徒の個性の形成と能力の育成を重視している。これらの新しい課程理念はいずれも，国外の優れた理論と実践経験に対する全体的な理解と結びついている。これと同時に，いかに伝統を保持し発揚するのか，いかにして国外の理論の単純な移植や機械的な適用を避け，自国の国情に適合する部分を合理的にくみ取り，自国にあったものへと修正するのかなどは終始，中国の課程改革が絶えず模索している問題である。

　経験を総括すると同時に日中の基礎教育の改革と発展の軌跡の分析を通じて感じるのは，両国が改革の中でいくつか共通の課題に直面しており，さらなる模索と解決が待たれているということである。

II．基礎教育

　1つ目は，教育改革における振り子現象をいかに回避するのかということである。

　日本における課程案の改訂から，いくつかの案が示している課程教育観にはかなり大きな方向転換が起きていることがみてとれる。それは，活動学習主導論から認知学習主導論へ，経験重視課程から教科重視課程へ，興味関心と情緒から「基礎・基本」と応用力へ，などである。具体的な措置でも，総合的な学習の時間の授業時数を突然大幅に増やして教科の授業時数と課程内容を減らすやり方がみられた。これを中国の課程改革前後の1994年と2001年の課程標準[11]と比べてみると，改革後の課程標準における最大の変化が，もともとの知識と技能の目標を基礎として，過程と方法，情感・態度・価値観の目標を加え，三位一体の目標枠組みを形成したことであるのがわかる。学習内容はいっそう生徒の生活の実際と社会と科学技術の発展に近づき，全体として，義務教育が基礎的ですべての国民が対象であることをより重視するという特質を反映している。数年の研究と実践を経て，2011年に公布された課程標準では広範な意見の聴取が行われ，社会各方面からの課程標準に対するフィードバックを吸収しており，例えば，数学科では数学者の提案を一定程度反映させ，幾何などでより深い内容を増加し，基本知識，基本技能の基礎の上に基本思想と基本経験を加えた。新たに改訂された課程標準は全体的な構造枠組みにおいて安定を保持し，内容面では調整される部分やより深まったり広がったりする部分があった。

　以上の日中両国の課程案の改訂を通じてみてとれるのは，改革がまっすぐに進むことは通常困難で，多くの場合には紆余曲折を経るのだが，極端へと向かうのをいかに避け，振り子式の改革をいかに減らすかは，改革者が必ず考えなければならない問題だということである。人が生涯にわたって発達するのに必ず備えなければならない知識と技能とは何か，それらをどのように選択してより分けるのか，それぞれの学校段階の課程はどのような機能を担わなければならないのかといった基本的な問題についてはまだ，深く立ち入って説得力のある研究が欠けており，部分的な実験から大規模な普及に向けても実施可能な方策に欠けているといわねばならない。課程の設計と実施の過程において生じる振り子現象もまた確かに，政府から学界まで改革の理

念をいっそう明確にし，課程理論と教育実践の研究の基盤を強化しなければならないことを反映している。

　2つ目は，公平性と多様性，均衡と特色の問題をいかに解決するのかということである。

　日本は「大衆社会」であり，大多数の日本人の考えでは，教育の公平は終始堅持される理念である。前に述べたように，数十年にわたって日本政府は教育の民主化を推し進める過程において，教育の公平性と均衡のとれた発展を堅持する点で非常に際だっており，教育支出や学校の施設・条件であれ，教員の配置であれ，地域間，学校間でほとんど差がみられないのであって，このことも日本の基礎教育の質を効果的に保証している。しかし角度を変えてみれば，極限にまで発揮された教育の公平性はある程度画一性へと変化してしまい，そこには教育の過程と方法の画一性も含まれる。そして，こうした画一性はまた，教育が硬直化へ向かう原因ともなる。社会が激烈に変化する過程において，もともとの公平性や均一性を強調する平均主義的方向性とは異なり，日本も，どのようにすれば教育が統一から多様へと向かい，学校が特色を持って運営するようになり，それによって個性と創造性に富んだ児童生徒を養成できるのかを模索している。このため，文部科学省は特色ある学校を発展させることを提唱している。具体的には，「個性のある学校の形成」を提示するとともに，実験校制を採用して，政府が経費の支援を与えている。はじめは，学校が創造的に教育を行う自主権を拡大し，教育の活力を増やすために，保護者に学校選択権を与えたが，これがもたらした結果は当初想像していなかったものだった。学校間の格差が増大したことが学校選択の問題をもたらした。すなわち，規模の大きな学校はクラブ活動を行う条件が整っているので「人気」を集め，規模の小さな学校はそうした活動を行う条件がないために「人気」を失ってしまい，はっきりとした入学率の違いを生んでしまったのである[12]。政府は結局のところ，どのようなやり方で学校が特色を持って運営するよう奨励すべきなのか，人びとの教育を受ける権利の尊重をふまえて，どのようにして教育の公平性と教育資源の十分な利用を保証するのか，条件が相対的によくない学校をどのようにして積極的に助けるのかといった問題は依然として，慎重な政策調整と制度の整備を通じて解

II. 基礎教育

決されなければならないのである。

　日本と比べると，中国では東部・中部・西部の地域間格差，都市と農村の格差，学校間の格差がいずれもかなりはっきりしており，教育発展が不均衡であることは際だった問題である。したがって，「教育の均衡的な発展」は近年の改革と発展の中心課題の1つになっている。中国の改革開放初期の，人的，物的，財的資源が限られていた特殊な時期には，「重点学校」を設置して力を集中させ，人材を選抜して育成するという政策措置をとり，こうした政策の方向性と資源の重点配分ははっきりと運営の特色を持った「ブランド学校」，「モデル学校」，「有名校」を生み出したが，国の経済力と教育状況の変化に伴って，同時にまた重点学校のさまざまな弊害もはっきりと見えてきた。そのことにより，1990年代になって義務教育段階では「重点学校」を取り消し，基盤の弱い学校の発展を強化して助け，教育の均衡的発展を実現することが改革目標となった。「効率を優先し，公平も考慮する」から「バランスのとれた発展を進め，質を向上させる」へと，中国教育改革のよって立つ考え方には変化が生じている。教育の均衡的な発展は，最も重要で差し迫って解決しなければならない課題となった。しかし，地方と学校の積極性を引き出し，学校が特色を出すことを奨励することも改革が強調する重要な内容であり，いかにして公平と多様性，均衡と特色をあわせて考慮するのか，公平と均衡は特色を弱めてしまうのかどうか，いかにして質の高い均衡を実現して単純化された平均主義を回避するのか，これらはどれも研究の待たれる課題である。

　3つ目は，品格の教育をいかに展開するのかという問題である。

　日本の各時期の教育改革においては，「生きる力」の提唱であれ，「心の教育」の宣伝であれ，青少年の道徳教育と品格の教育は一貫して注目を受ける重要な問題である。しかし残念なことに，ずいぶん前に議論の俎上に上っていた青少年の暴力犯罪，いじめ，性行為，薬物乱用，青少年の心の健康などの問題は一貫して，減少することがないどころか，依然として増加傾向にある。小・中・高等学校で一貫して道徳科を開設しているとはいえ，事実はその効果が確かに限定的であることを示している。道徳と品格の水準が下がり続けていることは最も頭の痛い問題となっており，この点で教育の無力さは

第5章　生きる力の育成を目標とする課程改革

各方面からの批判を絶えず受けてもいる。確かに，ここ10年，20年の日本の基礎教育改革は課程改革をよりどころにして展開されていて，重点は学力の向上に置かれており，道徳教育，価値観の育成は知らず知らずのうちに「副次的指標」となっている。長年にわたる青少年の道徳水準の低下という悪い結果はすでに新しい世代に深刻な影響を与え始めており，このことについて社会各界の広範な関心を引き起こしている。日本政府は何度も政策を発表し，学校―家庭―地域社会の協力を大いに提唱し，特に「キャリア教育」という措置を推進したり，総合的な実践学習の展開を提唱したりしている。これと同時に政府は，青少年のニーズにあった道徳教育教材のさらなる開発に財政支援を行っており，これも文部科学省によって議事日程にのせられた[13]。

　中国で実施されている品格教育は日本と大きく異なっており，教科教育としては，課程改革後，小学校の異なる段階でそれぞれ「品徳と生活」，「品徳と社会」となり，初級中学と高級中学ではそれぞれ「思想品徳」，「思想政治」となった。今回の課程改革は，もともとの「思想品徳」科を，小学校ではそれぞれ「生活」，「社会」と結びつけて，総合科目の特徴を表し，生徒の生活を基礎とすることを強調し，徳行が良好で探究を楽しみ生活を心から愛する品格を育成しようとしている。こうした変化によって，品徳教育はいっそう生徒の生活に近づき，イデオロギーの詰め込みを避けることができるようになった。すなわち，中国の品徳教育は徐々に「聖人」教育から「平民」教育へと転換し，「イデオロギー」の教育から「基本行為規範」の教育へと転換しているといえる。しかし，次のようなことも直視しないといけない。すなわち，中国の公共社会の成熟度が相対的にかなり低く，経済が閉鎖から開放へと向かい，飛躍的な発展を進め，特にIT革命とインターネットが普及するのに従い，同時に，それと歩調をあわせた生徒の品格教育の発展をいかにして確保するのかについてはまだ多くの課題が存在している。例えば，中国の「一人っ子」という特殊な政策を背景として，徳育の面で特に注意しなければならない課題は，生徒がいかに人と交わり協力するのか，いかに平等に人と向き合うのか，いかに他人の気持ちになって考えるかなどを教えることである。

II. 基礎教育

　当然，学校教育の役割は限定的であり，青少年の品格の育成や道徳意識，行為習慣の形成は，たんに学校に任せておけばそれで完成するということではない。いかにして，課程内外の学習の融合を促進し，それによって学校と家庭，地域社会が力を合わせ，基本的な生活習慣の確立と最も基本的な規範意識の形成を基礎として生徒が社会生活に関わる自信を身につけることを助けるのか，さらに，生徒の心を豊かにし，高尚な情操を養成し，公民が社会生活に関わる基本的な能力を身につけさせるためにいかにして確かな基礎を固めるのか，これはまだ長期にわたって常に継続する模索を必要としている。

4．おわりに

　2008年と2010年，日本と中国はそれぞれ，将来10年にわたる教育改革・発展計画を公布して，以後10年の教育のあるべき姿を描き，教育改革の各種実施政策を計画した。基礎教育に焦点を当てると，日本の「教育振興基本計画」は，義務教育を終えるすべての子どもの社会的に自立する基本的能力の育成を実現し，児童生徒の個性を尊重し，能力の向上を重視することを提示している。中国の「国家中長期教育改革・発展計画要綱」は，基礎教育において，教育観念が相対的に遅れている，内容と方法がかなり古くさい，生徒の学習負担が大きすぎる，素質教育の推進が困難であるといった問題の解決に力を入れることを指摘し，徳育を優先し能力に重点をおいて全面的に発達させなければならないことを提示した。ここからわかるように，教育の質を高め，生徒が社会の発展に適応するのに必要な基本能力を全面的に育成することが，基礎教育改革の主要目標である。同時に，確かな学力を中核とする「生きる力」は相変わらず日本の基礎教育の重点であり，素質教育の深化が依然として中国の基礎教育改革のテーマである。両国の改革は新世紀に入って以降の改革方針を持続しており，改革の措置は安定を保持するとともに，合理的な推進を継続している。

　別の面では，将来の展望について日中両国はきわめて似ていて，「教育立国」，「教育を基本」として教育を優先的に発展させ，人的資源強国を作り上

げるという戦略的思想を強調するとともに,「生徒一人ひとりの発達に関心を持つ」とか,「すべての人に公平な学習機会を提供することができ,生涯学習を通じて一人ひとりが自己を高められる社会を創造する」という考え方と,国の振興と国際社会,人類文明のためのいっそう大きな貢献に力を尽くすという目標を提示している。これは「教育立国」に対する両国の考え方であるが,この理想を実現しようとすれば相当大きな困難がある。「教育立国」をいかに保障するのか,経済の発展や国際的地位の向上,社会の進歩などに対して教育がいっそう大きな役割を発揮することをいかにして実現するのか,私たちはまだとても長い道のりを歩んでいかねばならない。しかし,どうであるにしても,すでにみたように日本と中国は共通の教育の夢を持ち,未来には協力して発展することのできるさらに大きな空間が広がっているので,私たちは手を携え肩を並べて,教育発展の新たな長い困難な道をともに歩んでいくのである。

（南部広孝　訳）

注
1) 中央教育審議会・初等中等教育分科会教育課程部会「審議経過報告」『日本教育新聞』2006年2月20日。
2) 丸山恭司「新学力観」山﨑英則・片上宗二（編集委員代表）『教育用語辞典』ミネルヴァ書房,2003年,297頁。
3) 中央教育審議会・初等中等教育分科会教育課程部会,前掲資料。
4) 2007年の学力調査では,「総合的な学習の時間」に対する小・中学生の反応は次のようなものであった。すなわち,69.3％の小学生と49.2％の中学生は「総合的な学習の時間」の授業で新しい発見があったと考えており,30.4％の小学生と50.6％の中学生は反対の態度を有していた。また,51.4％の小学生と19.9％の中学生は「総合的な学習の時間」で学んだ内容が他の教科の学習を促すと考えていたが,同時に48.2％の小学生と79.6％の中学生はこの点について反対の態度を持っていた。
5) キャリア教育の推進に関する総合的調査研究協力者会議『報告書 ── 児童生徒一人一人の勤労観,職業観を育てるために ── 』(2004年1月)。
6) 同上。
7) 「コミュニケーション能力にも期待　●労働政策研が『キャリア教育』で保護者を調査」『内外教育』No.5788,2007年12月18日。
8) 本節の内容は,高峡「試析日本学力調査的目的和導向」『全球教育展望』2008年第5

II. 基礎教育

期 2008 年，43-56 頁を参照した。
9) 学力調査結果が地域と学校の活動に負の影響をもたらさないようにするため，文部科学省は社会に向けて全体的な結果のみを公表し，それぞれの地域と学校に関するデータは厳格に秘密とされ，関連部門に向けてのみ通知された。
10) 田中耕治「基礎と活用力は不可分」『日本教育新聞』2007 年 10 月 8 日。
11) 中国では 2001 年に基礎教育課程改革が行われたが，その際，教育，評価，教材編纂のよりどころとしての「教学大綱」は「課程標準」に改められ，その内容，構造は改革の要求に従ってかなり大きく変化した。
12) 2008 年，東京都の各校入学率（実際に入学した児童生徒の人数が学校所在地で住民登録されている児童生徒に占める比率）は 8.1％から 326.7％まで開きがあった。各区の小・中学校のうち，7 校では新入生数が 10 人に満たず，23 校では新入生数が 10 人台であり，新入生が 1 人もいない学校さえあった。しかしこれとは対照的に，入学率が 326.7％に達した小学校もあった（『参考消息』2008 年 10 月 23 日）。
13)「教育振興基本計画」（2008 年 7 月 1 日）を参照。

第6章

日本における教育課程をめぐる課題と展望

赤沢　真世
西岡加名恵
田中　耕治

　義務教育における教育課程は，社会を担う市民をいかに育てるかという問題に関わるものであり，さまざまな論点を含んでいる。第5章の末尾においては，日中両国が直面する共通の課題として次の3点が指摘されている。第1は，教育改革における「振り子」現象の回避である。これは，教育課程において経験主義（子ども中心主義）と系統主義（学問中心主義）のバランスをどう図るかという問題と言えよう。第2は，公平性と多様性，均衡と特色の問題の解決である。これは，教育において，一定の水準をすべての子どもたちに保障する平等と，各学校がより良い教育を実現できるような創意工夫を図る自由とを，いかにして同時に確保していくかという問題であろう。第3は，品格の教育の展開である。これは，どのように道徳教育を実践するかの問題である。

　そこで本章では，日本の研究者の視点から，これら3点の課題について検討してみよう。

1．教育課程改革における「振り子」現象の回避

　まず，日本の教育課程改革における「振り子」現象をいかに回避すべきかについて，考えてみたい。そこで，まずは近年の中国における教育課程改革についても概観することで，日本及び中国での共通点や両国に通じる重要な

II. 基礎教育

論点について浮き彫りにできると考える。その上で，日本の教育課程改革において，「振り子」現象の実態やそれの回避に向けた議論がどのように展開されてきているのかについて，検討してみたい。

　中国では，世界的に見て歴史的な試験制度として位置づく「科挙制度（606～1905）」に見られるように，加熱する受験偏重教育がその大きな論点となっていた。1966年から10年間続いた文化大革命の時期には，それまでの受験偏重教育が批判され，大学入試撤廃や推薦入試の導入などが試みられたものの，そうした無試験状態が学生の質の低下を招いたとして批判され，その後は受験偏重教育がさらに強化されていった。

　このような受験偏重教育は，「応試教育」と呼ばれ，再び強く批判されるようになる。1990年代以降，徳・知・体の全面発達をめざした「素質教育」へと課程改革が転換されることとなった。2001年には，「基礎教育課程改革要綱（試行）」が示され，教育課程の管理は国家が集中的に行っていたこれまでの体制から，地方や学校単位の管理へと移行し，地域や学校の実情に応じた教育課程改革が推進されることとなる。教育課程の内実においても，これまで「教学大綱」として国家一律に決定されていた教育課程は，「課程標準」へと名が変更される。そして，それまでの「知識」と「技能」に関わる目標記述のみだったものが，「知識」「技能」に加え，「過程（プロセス）」，「感情・態度と価値観」という新たな2つの観点を加えた4つの観点から「課程目標」の記述が行われるようになったのである。もちろん，こうした目標記述についての転換は，実践のあり方そのものや評価の基準・方法においても大きな転換をもたらしている。

　このように，中国においても，当時の日本と同様に，知識や技能をとりわけ重視した受験偏重教育から，個々の子どもの生活経験や発達に即した教育へと大幅な転換が試みられていたのである。さらに注目すべきは，中国国内においても人びとの「応試教育」への意識は依然として根強く，課程についての考え方や評価観の転換を阻んでいる実態があったこと，また教育専門家において「応試教育か，それとも素質教育か」といった議論が現在も引き続き行われているということである。この点についても，日本の教育課程改革において，「詰め込み教育か，ゆとり教育か」と二者択一的に議論が進めら

れてきた実態と重なる特徴を持っている。

　項（2010）によれば，中国の「応試教育か，素質教育か」という議論から引き取れる論点として，第1に，「素質教育」と「応試教育」がはたして矛盾するものであるのかという点を挙げ，これまでの教育を全面的に否定する「転換」でよいのかという論点があるとする。第2に，教育課程と知識の本質についての立場の差を挙げ，教育課程の本質は客観的な知識であり，それを提供するのが教育課程の設計の第一義的目的だとする立場と，教育課程は教師と子どもによる教育内容の形成と転化であるとする立場の違いがある点を挙げている。そして第3に，課程改革を進める上での実際の教育現場での混乱をどう回避するかが重要な論点となっていることを指摘している[1]。

　実は，こうした3つの論点は，日本の教育改革をめぐる歴史の中においても共通性を持つ非常に重要な論点となっている。そこで，中国での教育課程をめぐるこうした重要な議論を意識しながら，次に日本の教育課程における「振り子」現象の実態やそれをめぐる議論の展開について，考えていきたい。その際には，第1に2008年の学習指導要領改訂以前の時期における教育課程の変遷を概観することによって，「振り子」現象の実態について検討し，第2に，2008年改訂学習指導要領で示されている方向性と課題を見ていくことによって，「振り子」現象を回避しようと試みる議論の展開を追っていきたい。

　第1の点に関連して，まず戦後の学習指導要領改訂の大まかな流れを振り返りたい。1947（昭和22）年，わが国で初めての学習指導要領（試案）が示され，新設「社会科」を中心に児童の要求，社会の要求を軸とする，経験主義にもとづく「新教育」の教育課程が形作られた（さらに1951（昭和26）年に改訂）。しかし，こうした経験主義に即した教育課程の実施は，学力低下論や欧米からの影響によって，批判の的となる。1958（昭和33）年には学習指導要領が改訂され，「系統学習」，「教育の現代化」の時代を迎えるのであった。授業時間数の増加，教育内容の高度化を特徴とする学問中心主義の教育課程へと転換したのである。けれども多くの落ちこぼれ，子どもの荒れが生まれたことへの反省から，再び，子どもの生活経験や発達に即した教育課程の実施が叫ばれることとなる。1979年改訂版学習指導要領では，子どもの個性

II. 基礎教育

や主体性を尊重する「ゆとり教育」が推進され，1989年，1998年と続く2度の改訂でも，教育内容の精選・厳選，生活科・「総合的な学習の時間」の導入が進められた。また，同様に指導要録においても，1989年改訂版では「新しい学力」観を土台とした「関心・意欲・態度」重視の方針へと転換された。

このように各時期の学習指導要領の特徴を追ってみると，経験主義（「新教育」期，「ゆとり教育」期）と系統主義（「系統学習」期，「教育の現代化」期）の2者間で，たしかに教育課程改革の軸は「振り子」のように揺れ，展開してきているように見えるのである。

しかしながら，学習指導要領の記述には表れない教育現場の実態は，はたして本当に極端な「振り子」状態であったのだろうか。実は，それぞれの時期では，国家の教育改革とは別に，教育の実践現場においては，それまでの教育方法の知見を踏まえた実践や自主的な改革，そして国家による改革への批判があったことを忘れてはならない。例えば，「新教育」が批判され，学問中心教育課程を軸とする1958年改訂学習指導要領が登場した一方では，それまで「新教育」期の教育実践を牽引してきたコア・カリキュラム連盟内部からの自己批判[2]があった。また，結果的に「詰め込み教育」であると批判された「系統学習」期，「教育の現代化」期には，「もう1つの現代化」と呼ばれたように，教師や研究者を主体とするさまざまな民間教育研究団体による研究が存在した。算数・数学における数学教育協議会に代表されるように，各教科の学問の系統性のみでなく，子どもの認識の過程を重視し，つまずきや落ちこぼれを極力減らすための具体的な指導方法等について研究が大いに盛んとなったのである。

したがって，教育課程の「設計」面として学習指導要領の内容のみを検討すれば，その変遷は大幅な「振り子」現象として捉えられる一方で，教育現場では子どもの生活経験や認識の過程を踏まえつつも，かつ，学問の系統性を踏まえた教育実践を模索してきた姿があったことは特筆すべきことである。中国での議論の論点の1つ目に挙げられたように，従前の教育課程を全否定し，新たな「転換」をめざすのではなく，利点・問題点を十分に吟味することの必要性がここにあるのである。

第2に，2008年改訂学習指導要領の方向性及び課題について見ていくことで，「振り子」現象を回避しようとする議論の展開を追っていきたい。周知のように，学力低下論争，PISAショック等を経て，「ゆとり教育」政策についての問題点が明らかにされることとなった。2008年改訂学習指導要領に関する中央教育審議会答申「幼稚園，小学校，中学校，高等学校及び特別支援学校の学習指導要領等の改善について」(2008年1月17日)では，この間に議論された「ゆとり教育」政策の問題点が，次のようにまとめられている。①「ゆとり」か「詰め込み」かの「二項対立」があったこと，②「子どもの自主性を尊重する余り，教師が指導を躊躇する状況」があったこと，③基礎的・基本的な知識・技能の習得やそれを活用する教科学習と探究活動を行う総合的な学習との「適切な役割分担と連携が必ずしも十分に図れていないこと」，④基礎的・基本的な知識・技能の習得や観察・実験やレポートの作成，論述といった知識・技能を活用する学習活動を行うためには，現在の授業時数は十分ではないということ，⑤家庭や地域の教育力の低下を踏まえた対応が十分ではなかったこと，の5点である。とりわけ①にあるように，2008年改訂学習指導要領で最も意識されているのは，これまでの「振り子」現象を回避し，いかに両者の相互のバランスを取った教育課程改革を実行するかという点であることがわかる。

　さらに，今回の改訂を支える「確かな学力」観では，「基礎的な知識・技能の育成（いわゆる習得型の教育）と，自ら学び自ら考える力の育成（いわゆる探究型の教育）とは，対立的あるいは二者択一的にとらえられるべきものではなく，この両方を総合的に育成することが必要である」[3]とされ，「習得」と「探究」とを媒介する「活用型」の学習がキーワードとして登場する[4]。

　また，「習得」「活用」「探究」と対応して，学力の要素[5]としてそれぞれ①基礎的・基本的な知識・技能の習得，②知識・技能を活用して課題を解決するために必要な思考力・判断力・表現力等，③学習意欲（学習指導要領では「態度」）が挙げられ，とりわけ「活用」に対応する「思考力・判断力・表現力」が重視されることとなった[6]。そして，思考力・判断力・表現力等を育成するために不可欠な学習活動の具体例として，①「感じ取ったことを表現する」，②「事実を正確に理解し伝達する」，③「概念・法則・意図などを解

II. 基礎教育

図 6-1　活用する力を育てる授業（三藤あさみ氏提供）

釈し，説明したり活用したりする」，④「情報を分析・評価し，論述する」，⑤「課題について，構想を立て実践し，評価・改善する」，⑥「互いの考えを伝え合い，自らの考えや集団の考えを発展させる」という6点が具体的に明示されたのである[7]（図6-1参照）。

このように，2008年改訂学習指導要領では，「習得」「活用」「探究」，とりわけ「活用」の位置づけとその内容の明示によって，これまでの経験主義と系統主義との2軸間で揺れ動いた教育改革の「振り子」からの脱却が強く意識されていると言えよう。

ただし，こうした「設計」としての教育改革には，いくつかの検討すべき課題が残されている。特に「習得」「活用」「探究」の位置づけの曖昧さをめぐっては次のような指摘がある。田中（2010）によれば，「活用」を支えるはずの「習得」が単なる「反復練習」に矮小化され，「手続き的知識」が「概念的知識」と結合する（できることとわかることが結合する）ことという本来の「習得」が見失われているということ，あるいは上記の活用型の活動事例のうち，①，②は「習得」，⑤，⑥はむしろ「探究」に位置づく活動が「活用」として挙げられているように，本来の「習得」した知識・技能を「わかり直す（知の洗練化）」，「まとめなおす（知の総合化）」という質的には高度なレベ

ルの学習まで到達していないという点,「活用」と「探究」も不明確であることを指摘する。特に「探究」は,課題（テーマ）学習を基本にして,その課題の追究のために「習得」や「活用」で身につけたさまざまな知識・概念や技能を統合するとともに,いわゆる「方法知」という探究の方法それ自体も育成しようとする固有の価値を持つ学習であるはずだが,「探究」を看過するこうした現状では,「確かな学力」形成そのものも危ういと述べている[8]。

したがって,今後の課題としては,こうした「設計」における不明確さを自覚し,「習得」「活用」「探究」の各側面における本質,あるいは相互の関係性について,具体的な教育実践と結びつけながら明らかにしていくことが必要となろう。「知識」とは何か,教育課程とは何かという中国での議論における2つ目の論点とも重なる,重要な議論がここに展開されるはずである。

以上のように,従来の教育課程を全面否定し,「転換」を求める新たな教育課程の実施ではなく,従来の教育課程における「知識」観（「基礎・基本」とは何かという議論とも重なる）を始め,利点や問題点を十分に検討することが不可欠である。そして,日本の文脈においてとりわけ大きな意義を持っているのは,「振り子」現象という表面的なとらえ方では見過ごされがちな,実際の教育実践現場における具体的な研究成果である。こうした具体的な研究成果を踏まえた新たな教育課程づくり,授業づくりが求められているのである。

(赤沢真世)

2. 学校における教育課程改善の可能性

次に,第2の課題として指摘されている教育における平等と自由の問題について,教育課程に対する国家の統制と学校による創意工夫という視点から考えてみよう。

1947年,及び1951年改訂の学習指導要領は「試案」と明示されており,学校の教育課程編成の参考資料とされていた。戦前・戦中の教育の反省に根差し,「教育の実際の場での創意や工夫」が重視されたのである。実際,戦

II. 基礎教育

後直後の日本においては，地域や学校，民間教育研究団体などで，各種の教育課程開発の試みが活発に行われた。

しかし，1958年改訂（社会科については先行して1955年に改訂）以降，学習指導要領は「告示」されることとなり，その後はその法的拘束力が強調されることとなった。検定教科書に則って教育を行うことが強く求められるようになった結果，学校が目標の内容と配列そのものを問い直し，教科書にとらわれず独自の教材を開発するといった機運は，国立大学附属学校や私立学校といった一部の例外を除き，長らく下火になった。

そうした中でも，多くの学校の校内研修においては，研究授業を実施し，教師たちが相互に批評しあうという授業研究が行われ続けた。授業研究は，日本の教育の質の改善に大きな役割を果たしているとして，国際的にも高く評価されているものである[9]。しかし，学習指導要領の法的拘束力が強調される中，学校での取り組みの多くは，授業レベルでの改善にとどまるものにならざるをえなかった。

ところが1990年代後半以降，教育課程に対する国家の統制のあり方は，大きく変化している。1998年改訂学習指導要領においては，「各学校において，児童に生きる力をはぐくむことを目指し，創意工夫を生かし特色ある教育活動を展開する」という「特色ある学校づくり」が求められるようになった。学習指導要領の大綱化・弾力化の流れはすでに1977年改訂のころから見られたが，その方針が学校の自主性・自律性とセットになったのが1998年改訂の特徴である[10]。なかでも，教科書のない「総合的な学習の時間」の導入は，教育課程開発の機運を盛り上げるなど，学校現場に大きなインパクトを与えた。

その後，「学力低下」をもたらしているという批判を背景に，「ゆとり教育」政策は転換を余儀なくされ，2003年には学習指導要領の一部改正が行われた。しかしながら，学校の創意工夫を強調する政策は，その後も一貫している。中央教育審議会答申「新しい時代の義務教育を創造する」（2005年）では，「①目標設定とその実現のための基盤整備を国の責任で行った上で，②市区町村・学校の権限と責任を拡大する分権改革を進めるとともに，③教育の結果の検証を国の責任で行い，義務教育の質を保証する」形をめざす「義務教

第 6 章　日本における教育課程をめぐる課題と展望

育の構造改革」が打ち出された。この方針は，2008 年改訂学習指導要領においても踏襲されている。一方で，2007 年度以降，全国学力・学習状況調査の実施という形で，学校の教育成果を点検する制度の構築がめざされることとなった。

さらに，中央教育審議会答申「教育振興基本計画について―『教育立国』の実現に向けて―」(2008 年) においては，コミュニティ・スクール（学校運営協議会制度）や公立学校の学校選択制の導入による「学校・地域と一体になった学校の活性化」，学級編制基準の弾力化，習熟度別指導・少人数指導の教員の配置，地域の実情に応じた学校選択制の推進などによる「学校現場の創意工夫による取組への支援」などがうたわれている。

2009 年に民主党に政権が変わって以降は，高校授業料の無償化がめざされるなど，新自由主義的な改革には一定の軌道修正が行われている。しかし，「学校現場での柔軟な学級編制」がマニフェストでうたわれるなど，学校現場の創意工夫を強調する方針に大きな変更は見られない。

以上のような各学校の創意工夫を促進するという方針には，一定の意義も認められる。学校は一つひとつ個性的な存在であるため，すべての学校に適用可能な教育課程改善のマニュアルを作ることなどはできない。それぞれの学校が，自身の状況を踏まえて最も効果的な教育課程改善の方策を考える自由を確保しておくことは，教育を改善していくために必要不可欠である。

しかし一方で，新自由主義的な方針では学力格差の拡大がもたらされるという危険性を指摘しておかなくてはならない。世界的な不況を背景とした経済格差の拡大や，各種の学力調査の実施と学校選択による学校間競争の激化に伴い，学校内での学力格差や学校間格差がこれまで以上に問題視されるようになっている。家庭で育成される学習意欲が強調されることにより，学力不振の責任を家庭に転化する風潮が生じる危険性もある。

そこで，これらの問題を克服し，すべての子どもに質の高い学力を保障するような「特色ある学校づくり」を進めるためには，特に次の 3 点が重要であろう。

第 1 に，「質の高い学力」とは何かという学力観について，広く共通理解を図ることである。「義務教育の構造改革」では，教育の結果の検証を全国

図 6-2　ルーブリック作りの教員研修（京都大学大学院教育学研究科 E. FORUM 提供）

学力・学習状況調査の実施によって行うことが提唱された。全国学力・学習状況調査の調査内容は，国語と算数・数学のみであり，しかも筆記テストによって測ることができる学力に限られている。限定的な範囲での学力にのみ注目して結果の検証を行うことは，結果的妥当性を損なう（つまり，結果的に教育を悪化させる）危険性がある。したがって，2008年改訂学習指導要領でめざされている「確かな学力」が「習得」・「活用」・「探究」に対応する3要素を含むものであることについては，すべての学校において共通に確認しておく必要がある。

　第2に，学校における教育課程評価と，そこから授業と教育課程の改善へとつなげていくための方策を開発していくことが，学力向上を実現する上で重要である。その際に鍵となるのは，2001年改訂指導要録において全面的に導入された「目標に準拠した評価」のさらなる充実であろう。特に「活用」・「探究」の学力を育成・評価するためには，子どもたちが実際に知識や技能を活用し，探究することを求めるようなパフォーマンス評価[11]を取り入れなければならない。さまざまな学力評価の方法を組み合わせて用いることを明示するような学力評価計画の策定が求められているのである[12]。

それと同時に、どうすれば評価を踏まえて授業と教育課程を改善することができるのかについても明らかにしていく必要がある。近年では、KJ法[13]やケースメソッド[14]を活用する、ルーブリック作り[15]（図6-2参照）に共同で取り組むといったワークショップ形式の研修が提案されている。授業研究の伝統は引き続き大切に継承していくべきものであるが、同時に、新しい校内研修の手法も積極的に活用されるべきであろう。

第3に、学校間ネットワークの活性化である。学校の教育課程改善は新しい課題であり、その方策の開発には、それぞれの学校で得られる知見を総合することが求められる。また、学校間格差の問題は、本来、学校が単独で解決できるべきものではなく、子どもたちの通学圏の全体を見渡した改革が必要となる。したがって、国家と学校の中間にある公共性を担うような教育研究会や校長会、教育委員会や大学等の研究機関などが果たすべき役割も大きいと言えよう。

（西岡加名恵）

3. 道徳教育への提案

最後に、第3の課題である道徳教育について検討してみよう。

教育課程を編成するにあたって、学力の形成と同時にモラル（人格）の育成をはかることは、日本のみならず学校の近代化をはたした国ぐにとって共通の課題である。しかしながら、学力の問題とともに、それ以上に危機的様相が顕在化しやすいモラルの問題が、各国の教育政策にとって深刻な課題として自覚されつつある。

時の文部科学行政のトップであった塩谷立文部科学大臣は、「『心を育む』ための5つの提案〜日本の良さを見直そう！〜」（2009年2月3日）の中で、次のように述べている。「携帯電話に代表される情報化の急速な進展等に伴い、人と人の絆の弱体化や、家庭や地域の教育力の低下など、日本に昔からあった良さが次第に失われつつあると感じています。今、社会生活を営んでいくための基本的倫理観や自制心・自立心を育てるなど、『心を育む』取組を重視していく必要があると考えます」と。この提言は、2008年改訂学習

II. 基礎教育

指導要領に示された道徳教育の具体的な取組内容に反映されている。

塩谷文部科学大臣が提案した「5つの提案」とは、「1 『読み書きそろばん・外遊び』を推進する」、「2 校訓を見つめ直し、実践する」、「3 先人の生き方や本物の文化・芸術から学ぶ」、「4 家庭で、生活の基本的ルールをつくる」、「5 地域の力で、教育を支える」であり、「心を育む」取組においては学校と家庭・地域との連携・協力を推し進めて、まさしく「社会総がかり」の活動が必要であると強調されている。

わけても学校で行う道徳教育については、道徳的な価値をたんなる知識として学ばせるのではなく、自らの生き方とのつながりにおいて自覚化させることが求められている。その具体的な施策としては、道徳教育について「道徳の時間を要として学校の教育活動全体を通じて行うもの」とされ、道徳の内容について学年段階ごとに指導すべき内容が示されるとともに、「道徳教育推進教師」を中心とする指導体制を構築することが提案されている。

以上のような教育課程行政における道徳教育の重視策には、「道徳」を従来よりもはるかに必要とする青少年をめぐる深刻な状況・事態に直面しつつも、現行の道徳教育が形式化して必ずしも有効に機能していないという反省や批判が明確に読み取れるであろう。それを克服するためには、「道徳」の基盤を形成している家庭や地域における教育力を活性化するとともに、それと連携しつつ学校における道徳教育の系統的な指導を徹底しようと意図されていると考えてよい。

もとより、昨今の青少年が引き起こす凶悪犯罪の報道に触れるにつけ、また日々の学校での子どもたちの「いじめ」や「荒れ」の実態に接するに及んで、教育課程行政による道徳教育の重視策には、とりわけ保護者を中心として多くの共感と期待が寄せられている。このような共感や期待が実り豊かな成果に結びつくことを願わずにはいられない。しかしながら、このような重視策が打ち出されるときであるからこそ、道徳教育が公教育としての学校で行われる場合には、おのずからなる制約や留保が伴うものであることも認識しておくべきであろう。その制約や留保とは、第二次世界大戦後に限っても、特設「道徳」の是非を問う論争に始まる道徳教育をめぐるさまざまな論議や言説から析出されてきたものである。

ちなみに，1958年学習指導要領で登場した特設「道徳」の時間をめぐる状況は次のようであった。第二次世界大戦後，戦前の超国家主義，軍国主義を最も顕現していた「修身，日本歴史（国史），地理」が廃止され，それに代わって「社会科」が創設された。モラルの教育は，修身科のように「道徳」の時間を特設するのではなく，学校教育の全面において取り組まれなくてはならないこと，とりわけ「社会科」には社会認識の形成を通して民主的な人格の形成を行うことが強く期待されたのである。

　しかしながら，1955年前後から文部省を中心として，社会科における道徳教育は人間関係の理解を中心に置くために，基本的な生活習慣や道徳的な心情を養成するのには困難があるとして，「道徳」の時間の特設が提起されることになる。この特設「道徳」の提起をめぐっては，激しい論争が展開された[16]。このように論争が激化した背景には，朝鮮戦争を契機としてアメリカの対日政策が転換し，「愛国心」の教育が再び強調され始め，このことが戦前の修身科の復活につながるのではないかという危機感を強く生んだことにある。

　この論争を教育課程編成という立場から読み解くと，そこには学力が生きて働くように形成されることこそが何よりもモラルの形成につながると考える「社会科」の立場と，学力とモラルは源泉を異にすることから，それぞれに他に解消されない独自の方法が必要であるとする特設「道徳」の立場との対立が，浮かび上がってくる。その後，周知のように特設「道徳」の時間が学習指導要領における「領域」として設定され，今日に至っている。

　このように道徳やモラルの教育には，人間の形成をめぐる原理的な論点のみならず，当該の歴史・社会的な背景が大きく影響を与えることになる。したがって，道徳教育を語るためには，次に述べる3つの留保や制約を意識すべきだろう[17]。

　その1つは，道徳の内容は時の為政者によって独占されてはならず，あくまでも憲法や教育基本法にもとづいて，必要とされるモラルが追求されなくてはならない。その場合に，道徳の内容は行政や教師からの一方的な提示にとどまらず，今を生きる子どもたちにも内容編成への「参加」が発達段階に応じてさまざまな形態で保障されていなくてはならないだろう。

Ⅱ．基礎教育

　次に，ある道徳の命題を子どもたちの実態を無視して押しつける徳目主義に陥ってはならないということである。実際のところ，このような徳目主義では子どもたちの中に「本音と建前」といった道徳観を醸成しかねない。ある道徳的な課題に対して，子どもたちがコミュニケーションやディスカッションを行うことで，道徳の意味を知るとともに，新たな道徳のあり方を追求するといった場面が必要なのである。

　3つ目は，形成されるモラルが民主主義的な性格を持つためには，学力形成との関係を常に意識することである。断るまでもないことであるが，道徳の教育を学校の全教育活動を通じて行うとは，各教科を「道徳化」することではなく，各教科で形成される科学的な認識に支えられた道徳のあり方を推進することである。学力研究において，繰り返し「態度主義」が批判されたのも，このことと連関している。

　さて，それでは，現在の学校において追求される道徳教育は，どのような内容をめざすべきなのだろうか。ここでは，今を生きる子どもたちの状況・事態を念頭において，「所属意識」「自尊意識」「人権意識」という3つの意識内容の育成を提案しておきたい[18]。

　まず「所属意識」とは，自分が安心して過ごせる居場所を持っていると意識することである。冒頭にあげた文言にある「人と人の絆の弱体化」によって，子どもたちは孤立感情から敵対感情を持つに至っている。また，それゆえに過剰な「気配り」を要求されて，子どもたちにとって学校は気苦労を強いる場所以外ではなくなろうとしている。学校における道徳教育では，例えば「校訓」なども見直しつつ，他者の意識や存在に「共感」することを促すことによって，「仲間」に守られた居場所として学校を再発見する取組が必要とされている。

　次に「自尊意識」とは自己肯定感や自尊感情として語られている内容を統合した言葉である。それは，ありのままの自分を受容しつつ，それを基にして有能感や自律心を育むことである。「所属意識」が集団に埋没しないためにも，学校における道徳教育では，「先人の生き方や本物の文化・芸術」などを介して「自尊意識」の育成がめざされなくてはならない。

　最後に「所属意識」と「自尊意識」に支えられて，「人権意識」が涵養さ

れることになる。それは正義や公正を求める心性であって、学校における道徳教育の究極の目標は、自然や社会に関する認識を支えとして、「人権意識」を育むことであるといっても過言ではない。それは「いじめ」や「不正」に対して昂然と立ち向かう心性でもある。

　先に指摘したように、学校における道徳教育の制約や留保に配慮しつつ、「所属意識」と「自尊意識」に支えられた「人権意識」を育成する道徳教育の必要性を提案しておきたい。

（田中耕治）

4．まとめ

　ここで改めて、第5章と本章の内容を振り返り、まとめとしたい。

　まず、教育課程の内容に注目すると、第5章ならびに本章第1節で述べられている状況認識には、ほとんど違いがない。すなわち、中国と日本においては、教育課程をめぐる「振り子」現象が見られる。日本においては、2003年に学習指導要領が一部改正されたのを機に、「新しい学力」を強調する「ゆとり教育」政策から、「確かな学力」の向上をめざし「質の保証」を重視する政策へと舵が切られた。一方、中国においては、2001年の教育改革を機に、「応試教育」から「素質教育」への転換が図られた。つまり、この時は両国において、ほぼ同時期に「振り子」が逆の方向に振れたのである。

　しかし、2010年代に入り、両国がめざす方向性は、徐々に一致し始めているように思われる。日本においては、2008年改訂学習指導要領において、学力の要素が①基礎的・基本的な知識・技能、②思考力・判断力・表現力、③態度という3つに整理されることとなった。一方、中国においては、2011年の課程標準において、義務教育の基礎性と全体性を同時に重視する方向性が打ち出されている。つまり、現在では両国において、「振り子」の両極を止揚しようとする模索がなされていると言えるだろう。

　次に、教育課程を支える制度に関する叙述に注目すると、第5章において、日本の教育が、「義務教育の公共性と政府の職責を明確」にし、「教育の公平性を追求」しているものとして述べられている点は、ひときわ印象的で

II. 基礎教育

ある。本章の第2節で紹介した通り，確かに日本においては学習指導要領の法的拘束力が強調される政策が長らく採られてきた。このことが，一定の公平性を保障する役割を担う側面を持っていたことは事実であろう。しかし，近年の日本においては，「市区町村・学校の権限と責任を拡大する分権改革」が進められている。広大な国土を抱える中国が直面しているほどの甚大な教育格差は存在していないにせよ，日本においても経済的な格差とそれを反映する教育格差が深刻化している。義務教育費の国庫負担すら議論の遡上にあがる現状は，「教育を優先的に発展させる原則」が堅持されているものとは言い難いと言わざるをえない。

　新しい教育課程を開発・普及するシステムとして，両国で異なるモデルが採られている点への言及も，興味深い。第5章では，中国においては実験校で試行し調整された教育課程を一般に普及するというモデルが採られるのに対し，日本においては中央教育審議会での研究・議論を経た学習指導要領が，「移行期間」を経て実施される点が有意義だとされている。しかし，日本側執筆者の視点から見ると，日本の教育課程改革を支えてきたのは，中央教育審議会以上に，学校現場における校内研修や研究開発，あるいは民間教育研究団体に見られるような教師たちの自主的な研修・研究ネットワークであるように思われる。

　最後に，道徳教育をどう進めるか，すなわち教育課程を通して人格をどう育てるのか，という問題も，両国は共通して抱えている。この論点は，1つには，国家と個人との関係をどのように構想するかというイデオロギーに関わっている。中国においては，中国共産主義を支える人民を育成することをめざした「品格教育」が行われてきた。一方，戦後の日本においては，特設「道徳」の是非をめぐって論争が行われてきた。戦前の日本において行われたような，超国家主義・軍国主義にもとづく「修身」教育の復活を危惧する潮流が存在してきたからこそ，特設「道徳」が論争となったのである。

　しかし，両国における「道徳」教育は，近年，脱「イデオロギー」の様相を見せている。第5章においては，中国の「品格教育」について，「『イデオロギー』の教育から『基本行為規範』の教育へと転換している」と述べられている。経済の開放や一人っ子政策を背景に，他者と協力する力や他者への

第6章 日本における教育課程をめぐる課題と展望

共感の育成という課題が浮上しているのである。一方、日本においても、「キャリア教育」を通して、「コミュニケーション能力、情報運用能力、人生設計能力、自己決定能力」の育成がめざされている。本章の第3節で述べているように、日本においては、「所属意識」「自尊意識」「人権意識」の希薄さが問題になっている。経済のグローバル化が進む中で、雇用は流動化し、人びとは過酷な競争社会に投げ出されている。中国と日本において、共通してコミュニケーション力重視の「道徳」教育推進の動きが見られるのは、改めて人びとの間の絆を結び直す必要性が高まっているからだと言えるだろう。

(西岡加名恵)

注

1) 項純「中国における素質教育をめざす基礎教育改革をめぐる論争」『京都大学大学院教育学研究科紀要』第56号、2010年、359-372頁。
2) コア・カリキュラム連盟の筆頭となっていた広岡亮蔵も、牧歌的であると指摘されたことについて自己批判を行っている(広岡亮蔵「牧歌的なカリキュラムの自己批判」『カリキュラム』第15号、1950年、12-17頁)。
3) 中央教育審議会「新しい時代の義務教育を創造する(答申)」(2005年10月26日)。
4) 中央教育審議会初等中等教育分科会教育課程部会「審議経過報告」(2006年2月13日)。
5) 中央教育審議会初等中等教育分科会教育課程部会「教育課程部会におけるこれまでの審議のまとめ」(2007年9月28日)。なお、この学力の要素は、改正学校教育法第30条(2項)に法的に規定されることとなった。
6) なお2010年改訂指導要録において、「観点別学習状況」欄の4観点もこの要素と対応した「知識・理解」「技能」、「思考・判断・表現」、「関心・意欲・態度」の4つに改訂された。
7) 中央教育審議会「幼稚園、小学校、中学校、高等学校及び特別支援学校の学習指導要領等の改善について(答申)」(2008年1月17日)。
8) 田中耕治「2008年改訂学習指導要領の特徴と課題―学力問題を中心にして―」京都大学大学院教育学研究科教育実践コラボレーションセンター編『21世紀における日本の教育改革―日中学者の視点―(日本語論文集)』2010年、33-41頁。
9) J・W・スティグラー、J・ヒーバート(湊三郎訳)『日本の算数・数学教育に学べ―米国が注目する jugyou kenkyuu―』教育出版、2002年 (James W. Stigler and James Hiebert, *The Teaching Gap: Best Ideas from the World's Teachers for Improving Education in the Classroom*, Free Press, 1999)。

II．基礎教育

10) 中留武昭「カリキュラム・マネジメントによる学校改善」田中統治編著『確かな学力を育てるカリキュラム・マネジメント』教育開発研究所，2005年，52頁。
11) パフォーマンス評価とは，レポートや口頭発表等，子どもたちの作品（表現物や表現活動）によって評価する方法を指している。詳しくは，田中耕治編著『パフォーマンス評価―思考力・判断力・表現力を育む授業づくり―』（ぎょうせい，2011年）を参照。
12) 西岡加名恵・田中耕治編著『「活用する力」を育てる授業と評価　中学校―パフォーマンス課題とルーブリックの提案―』（学事出版，2009年）を参照されたい。
13) 村川雅弘編著『授業にいかす教師がいきるワークショップ型研修のすすめ』ぎょうせい，2005年。
14) 安藤輝次編著『学校ケースメソッドで参加・体験型の教員研修』図書文化，2009年。
15) 西岡加名恵『教科と総合に活かすポートフォリオ評価法』図書文化，2003年，149-152頁。
16) 船山謙次『戦後道徳教育論史』(上・下)，青木書店，1981年。
17) 藤田昌士『道徳教育―その歴史・現状・課題―』エイデル研究所，1985年。
18) 中内敏夫『生活訓練論第一歩』日本標準，2008年。

III. 高等教育

　1990年代，すなわちバブル経済崩壊後から日本は，以前の生産・経済モデルを改革する必要に迫られた。産業構造のレベルアップを実現するには基礎研究と技術開発の力を大きく向上させることが必須であるとして，高等教育体制を根本的に改革し，大学の活性化と大学の創造的能力を高めることが求められたのである。そして国公立大学は大学法人となり，市場メカニズムの中に高等教育が組み込まれることになった。その結果，大学は競争力やコスト，第三者評価などを意識するようになり，サービスの向上が図られる反面，基礎研究の衰退も懸念されている。また，国内で進む少子高齢化による日本人の大学進学者の減少と，国際競争に打ち勝つための人材の確保という点から，留学生の受入数を2020年までに30万人にしようという計画もある。

　一方中国でも，高等教育機関評価は政府の主導により，1980年代中期に始まっている。日中の大学におけるこのような改革は，いずれも高等教育の質の向上をめざしているが，日本では包括的，多元的な評価がめざされているのに対し，中国では政府主導の一面的，単一の評価がなされる傾向にある。

　第7・8章は，このようにとりわけ日本の高等教育機関の制度改革について，日中の応答を示している。

第 7 章

制度保障と国際化の進展

方　勇
張　偉
李　尚波

1. 21世紀日本における高等教育改革の背景

(1) 産業構造の転換による，高等教育の発展に対する新たな要求

　1990年代から日本は，経済と産業が一貫して活気なく不振を続け，また新興国の勃興に直面して，以前の生産・経済モデルを改革する必要に迫られた。工業経済からポスト工業経済への転換に伴い，人びとは高等教育に目を向けるようになった。工業主導から知識経済に向かい，産業構造のレベルアップを実現するには基礎研究と技術開発の力を大きく向上させることが必須であり，したがって，高等教育体制に対して根本的な改革を行い，大学を活性化させ，大学の創造的能力を高めることが日本政府の唯一の選択となった。

(2) 政府の財政状況の悪化と公務員定員の削減

　1990年代半ばから始まった，行政効率の向上を旨とする公務員定員の削減は，国立大学法人化改革の最も直接的な原因だった。毎年続く高額な財政赤字に直面して，改革は民意の主流となった。なかでも，公務員数の削減は一貫して行政改革において各種の政治勢力が大きく取り上げて議論した手法であり，政府が提示した削減比率は年をおって上昇した。こうした流れの中で，12.5万人という膨大な公務員定員を抱えていた文部省は，公務員の身分

を有する国立大学教員と職員の総数が政府機関の第2位に位置していたため[1]，真っ先に攻撃を受けて改革派の視野に入ったのである。

(3) 高等教育の速すぎる普及による構造調整の必要

1950年代，日本の4年制大学への進学率は10％足らずであったが，90年代半ば以降，短期大学，専門学校を含めると，高等教育学齢人口の70％近くが高等教育を受けている。日本の高等教育は，非常に短期間に大衆化を実現し，またとても速くユニバーサル段階に入っている。1980年代まで，日本の経済発展は良好で，大学進学希望者数は十分であり，卒業生の就職率は高くて，高等教育システムが実質的な挑戦を受けたことはなかった。しかし，経済成長の停滞，学齢人口の減少，学生就職率の低下，教育経費の縮減に伴って，この速いスピードで膨れあがった高等教育システムが覆い隠していた多くの問題が次々と現れてきた。このため，日本政府はこれらの問題を細かに詳しく検討するとともに，重大な改革の実行に着手し，社会の発展にふさわしい高等教育体制の構築を図ってきたのである。

上述した背景のもとで，21世紀に入って以降，日本政府は多くの重大な決定を行うとともに，国立大学の再編・統合，国立大学法人化，第三者評価の導入，「21世紀COEプログラム」の実施といった一連の措置をとり，高等教育の改革と発展を積極的に進めてきた。以下では，これらいくつかの改革及び日本の高等教育の国際化という問題について議論を行う。

2. 国立大学法人化 —— 制度創造の試み

日本の国立大学は，数のうえで占める割合はとても小さいが，日本の高等教育システムの最も優れた部分を擁している。しかも，国立大学として，日本各地の高等教育資源のバランスをとるという点でも重要な役割を果たしている。したがって，新世紀に入って以降の国立大学法人化改革は必然的に巨大で深い影響をもたらすものであり，これが日本の国立大学システムにおける明治以来の大改革だと言う学者もいる[2]。

III. 高等教育

(1) 運営効率の向上が大学法人化改革の目的

　今回のトップダウンによる国立大学法人化改革において，その主要な目的は大学の運営「効率」を高めることである。大学の「効率」は企業の効率とは異なる。「効率」の基本概念は，より少ない投入でより大きな生産を得ることであるが，企業の生産が強調するのは経済的効果・利益であり，大学の「生産」が強調するのは人材や科学研究成果等の社会的効果・利益である。

　独立行政法人と同様，政府は国立大学法人に対しても効率化係数を設定し，大学の経営能力の向上を図っている。2004年度の決算にもとづけば，文部科学省からの運営費交付金は国立大学総収入の47.7%を占めているが[3]，以後毎年1%の支出（専任教員の給与を除く）を削減すると同時に，「特別教育研究経費」などの競争的資金を増やしている[4]。したがって，各大学は自らの経費状況を改善しなければならず，不断に経営管理能力を高め，積極的に「外部資金」を獲得すると同時に，支出の節減に努めるほかないのである。

(2) 立法は大学法人化改革の礎石

　第二次世界大戦後，法に拠って国を治め，法に拠って教育を治めることは日本が堅持してきた方針であり，社会の進歩をもたらした重要な経験でもある。大学法人化改革においても，日本は変わることなく立法を第一の要務とした。「独立行政法人法」から「国立大学法人法」の制定まで，「国立大学法人法」とあわせるために，国会は6つの関連法案を通過させるとともに，55の関連法規がそれによって修正された。ここからみてとれるのは，国立大学法人化改革の作業段階は，まず関連法律の制定と修正をめぐって展開し，法律の修正がまず第一歩となっているということである。

　「国立大学法人法」は国立大学の性質を根本的に改め，以前の政府に従属する国立大学を個々に独立した民事主体へと転換した。独立の法人格を有して以降，大学は運営効率を高めるのに有利な市場メカニズムを大学管理の中に導入することができるようになった。そうした市場メカニズムには，契約による管理，人事制度の弾力化，予算競争，法人代表権の強化，経費調達先の多様化などが含まれる。

(3) 自治と自由の保障は大学法人化改革でも堅持

　国立大学法人化を議論する過程で，国立大学協会は「独立行政法人通則法」を援用することに一貫して反対を表明した。大学の特殊性を考慮して，国立大学の独立行政法人化は特別の法律によって守られ，もっぱら国立大学法人に適用される特例法 ── 「国立大学法人法」を成立させ，各国立大学が共通に有し，その他の独立行政法人とは区別される特徴を具体的に示し，大学の自治と学問の自由を保障することが図られた。

　国立大学法人制度は，大学の自主と自律性の問題を十分に考慮したものである。通常の独立行政法人制度では，法人代表の任命と中期目標の確定は，主管大臣が自由に決定することができる。しかし国立大学法人制度では，学長の任命及び中期目標の制定はいずれも大学の意見を十分に反映し，尊重しなければならないとされている。その他，教育と研究の評価は専門の大学評価・学位授与機構に委託され，その他の独立行政法人の政策評価・独立行政法人評価委員会とは区別されている。法律の運用が大学の教育研究という特性に影響を与えないことは国の義務だと考えられている。したがって，国立大学法人制度は独立行政法人制度に依拠すると同時に，それ自身も自らに適合する独特な制度を付与されているのである。

(4) 内部組織機構の改組はまったく新しい管理モデルを実行する必要条件

　法人化後，国立大学は内部に「役員会」，「経営協議会」，「教育研究評議会」などの組織を新たに設置した。独立した法人地位の獲得に伴い，NPM (New Public Management) などの管理モデルが導入され，大学の権力の中心は法人化前の「評議会」から学長を中心とする「役員会」に移り，学長の権限は大きく強化されて，学長を中核とするトップダウンの管理システムが形成された。

　新たな体制のもとで，大学の権力は役員会に集中し，学長が役員会の長となった。この他，経営協議会，教育研究評議会も学長が主宰する。法人化の重要な目的の1つは大学発展戦略の一体化及び効率的な決定の実現であり，大学の意思決定権は評議会から学長に移り，大学に対する学長のリーダーシップは大きく強化された。役員会は法的に重要事項を決議する機関だと定

III. 高等教育

められており，国立大学法人運営の中心となっている。経営協議会は大学の経営に関する事務を処理することに責任を負い，教育研究評議会はもっぱら大学の教育研究に関する事務を処理する。大学の主要な活動は教育研究であるが，経営活動においても教育研究に関する事項が大量に存在しているので，役員会が最終的にこれらの事務を調整し処理する役割もとりわけ重要である。役員会，経営協議会における学外委員の存在は，法人化制度の一大特色であり，大学が主体的に社会と連携する重要なメカニズムである。

(5) 中期目標と中期計画を通じて政府の意志を体現

「国立大学法人法」が改革の拠りどころであるとすれば，中期目標と中期計画は新たなシステムの実施枠組みである。国立大学に対する評価，財政支出はともに中期目標と中期計画をめぐって行われており，政府の国立大学に対する管理と意志も主としてこれによって示される。まさにこのようであるため，中期目標と中期計画も一貫して非常に多く議論された。

「国立大学法人法案」が国会に提出されて議論が始まったとき，中期目標と中期計画をめぐる議論は非常に激しかった。焦点は，国立大学の中期目標，中期計画が国の意志をいっそう体現すべきなのかどうか，大学の学問の自由と自治に影響を与えうるのかどうかにあった。最終的に「国立大学法人法」は，文部科学大臣は国立大学法人に6年を期間とする大学発展の中期目標を制定し，なおかつ必ず公表しなければならず，各大学は中期目標にもとづいて中期計画を制定するとともに，文部科学大臣に提出して認可を受けると規定された。

はっきりとみてとれるのは，「国立大学法人法」の関連規定が妥協の産物であるということである。2004年5月，文部科学省は国立大学中期目標と中期計画の決定版を公表したが，その前に各大学の原案もあわせて公表した。そのうちいくつかの大学の中期目標と中期計画の原案と最終版を比べてみると，基本的に文字の修正さえ行われていないことがわかる。このことは，大学と政府の間での協議ややりとりが十分であることを示しており，また政府が大学の自治を尊重していることを一定程度反映してもいる。大学によって中期目標は大きく違っており，政府は中期目標を通じて大学に自らの

個性を形成させ，大学の多様な発展を促進させようともしているのである。

(6) 国立大学法人化の影響
　①新たな体制における大学の運営と管理には長期のすり合わせが必要
　法人化後，全学的な視点に立って効率的な意思決定を行うため，大学内部管理の中心が学長と役員会に移り，財務，人事，運営に対する学長と役員会の決定権は非常に大きく強化された。しかし，このようなトップダウン型の執行組織体制は，従来のボトムアップ型の組織体制とかなり大きな対立があり，伝統と現実の関係をどのようにうまく処理し，新たな体制を構築するのか，大学は依然として模索段階にある[5]。また，中期目標の制定と中期計画の認可は，新たな体制のもとで政府が国立大学とコミュニケーションをとる最も主要なルートである。大学の発展の方向性など重大な問題を決定するうえで，双方はやはり十分に対話と協議を行い，お互いに妥協しなければならない。大学と政府の関係も新しい情勢に改めて適応しなければならない。まとめて言えば，新たな執行体制と旧来の伝統の慣性との関係の調整が今後の重要な課題であろう。
　②競争圧力のもとでの大学合併
　政府が卓越した研究を支える「21世紀COEプログラム」の実施と国立大学法人化の推進に伴って，政府は一般的な財政支出を徐々に減らし，同時に競争的な財政支出を増やしつつある。2003年4月，参議院が「国立学校設置法」(一部改正案)を通過させた後，すぐに国立大学には統合と連合の波がわき上がった。外部競争の激化は大学合併の主要な原因であり，競争に直面して，実力の弱いいくつかの大学が合併を通じて競争力を高めることは一種の本能的な反応だった。
　大学の合併は国立大学の間で進んだだけでなく，新たな挑戦に直面して，公立大学でも積極的に進められている。国立大学が法人化してまもなく，公立大学も法人化改革を進めた。国立大学に比べて，公立大学は教育研究においても財政能力においても比較的弱く，そのため統合という道がその総合的な競争力を高めるための選択の1つになった。

Ⅲ．高等教育

③大学間格差は拡大傾向

2005年8月，日本政府は国立大学法人の2004年度決算を公表したが，これは法人化後最初のものであった。決算の結果にもとづけば，大学が産学連携を通じて企業から獲得した研究費などの「外部資金」において，東京大学など7つの旧帝国大学は圧倒的な優位を得ており，この7大学が獲得した額は全国立大学が獲得した総額の54％を占めた。そのなかで東京大学の額が最も大きく269億円に達したが，文系を主とする15の地方国立大学などは1億円に満たなかった[6]。国立大学では岐阜大学が赤字を出したのを除き，他はすべて「利益」を実現したが，国立大学の黒字額上位10大学の総黒字額は，全国立大学の総黒字額の45％を占めている[7]。いくつかの国立大学は「利益を上げる」能力が比較的弱いが，約3割の私立大学で赤字になっている状況とはあざやかな対比を形成している。日本の出生率低下問題が日増しに厳しくなるのに伴い，収入源として主に学費に頼っている私立大学の生存環境はますます厳しくなるだろう。

政府の一般的財政支出が減少しつつあるという現実を再度考慮すれば，大学間での収入格差は徐々に増大し，「強者はますます強くなり，弱者はますます弱くなる」というマタイ効果が現れ始めると考えることができる。

④大学の「コスト」意識の高まり

支出の節約では，日中や休憩時間に消灯したり，コピー紙は両面を使用したりしなければならず，ある大学では公用車を排気量の小さい車に換えるよう規定を作ったりしている。大学がさまざまな措置をとり，日常事務の多くの細かな面から支出を節約することには，大学の「コスト」意識の高まりをみることができる。法人化後最初の決算では，1大学を除くすべての国立大学が「利益」を実現し，純利益の合計は1103億円であった[8]。このことは大学が収入を増やし支出を節約する努力と不可分であり，大学法人化改革が運営効率の向上において初めて効果をあらわしたことも説明している。

法人化が実施されて後，いくつかの市場的手段が大学の管理に導入され，それは国立大学の増収と支出の節約，運営効率向上の積極性を引き出したが，市場的要素の負の影響を心配する人もいる。ノーベル賞受賞者で東京大学名誉教授の小柴氏は，商業化の手法が基礎科学研究の衰退をもたらさない

かと懸念しており[9]，政府が大学との間での「金銭契約」を通じて大学に対する「間接統治」を実現し，文部科学省と大学執行部が事実上の「主人」と「代理人」の関係を形成するなどと心配する研究者もいる[10]。

3. 第三者評価制度の確立 —— 質の監督の模索

(1) 大学評価の始まりとモデルの転換

　日本の高等教育の「評価の時代」は1990年代に始まったが[11]，それ以前の大学評価は主として大学設置審査に集中していた。1991年7月，文部省は「大学設置基準」を改正し，大学が自己点検・評価を実施しなければならず，自己評価制度を整えなければならないことを規定した。1998年10月，大学審議会答申「21世紀の大学像と今後の改革方策について」では，多元的な評価体系を確立することが提案された[12]。2000年には，大学評価・学位授与機構が創設され，多元的な評価体系が正式に始動した。

　2002年8月，中央教育審議会答申「大学の質の保証に係る新たなシステムの構築について」は，すべての大学が，文部科学省が認証した評価機関が行う第三者評価を受ける義務があることを求めた[13]。2003年3月，第三者評価制度は改正後の「学校教育法」の中に書き込まれ，2004年にこの制度が正式に始動して実施されるようになった。

　1990年代初めの自己評価を主とする単一の評価は，発展して現在の多機関による，多様なレベルの，多様な角度での，第三者評価を中心とする多元的な評価になり，日本の大学評価制度は不断に発展して改善され，高等教育の質の保証，大学管理改革の推進，大学における科学研究の発展の促進などの面で重要な役割を発揮しているのである。

(2) 日本の大学評価と中国の高等教育機関評価

　中国の高等教育機関評価は1980年代中期に始まった。1985年5月，中共中央「教育体制の改革に関する決定」では，「教育管理部門はまた，教育界，知識界，雇用部門を組織して高等教育機関の運営水準に対して定期的に評価を行わなければならない」[14]ことが示された。1990年10月，高等教育機関

III. 高等教育

評価に関する中国で最初の法規的文書である「普通高等教育機関教育評価暫定規定」が出され、高等教育機関評価の目的、任務、原則、評価機関、評価手順などについてかなり体系的に規定し、普通高等教育機関の教育評価には主として合格評価（検定）、運営水準評価、優秀選抜評価の3つの基本形式があることが確定された。

1994年から、普通高等教育機関教学活動のモデル評価活動が展開された。2002年、教育部は「普通高等教育機関本科課程教学活動水準評価プラン」を制定するとともに、普通高等教育機関本科課程教学活動水準評価の結論を優秀、良好、合格、不合格の4つとした。

2004年8月、教育部高等教育教学評価センターが正式に成立し、中国における高等教育教学評価活動は標準化、科学化、制度化、専門化の発展段階へと歩み始めた。

現在、ランキング形式の大学評価は民間で長年にわたって展開され、半官の、または民間の仲介評価機関も設立されるようになってきたが、全体的にみて、中国の高等教育機関の評価は政府主導型の評価に属しており、例えば教学評価は、政府が主導し、機関が自己評価を行い、専門家と教師・学生が共同で関わるという評価形式である。

日本の大学評価と中国の高等教育機関評価を比べると、以下のような共通点を見出すことができる。

第1に、両者の目的がどちらも自国の高等教育機関に対する評価を通じて、自国の高等教育の質を高め、高等教育の改革と発展を促進させることであるとともに、定期的な評価制度を作り上げ、また評価活動が一定の成果をあげていることがある。2003年から2007年にかけて中国で初めて行われた大学教学評価のサイクルの中で、本科課程を有する600校近い高等教育機関が評価を受け、「評価によって整備を促し、評価によって改革を促し、評価によって管理を促し、評価と整備を結びつけ、整備に重点をおく」方針に照らして、高等教育機関は積極的に自己評価を行い、専門家による実地評価を受け、評価活動は高等教育機関の運営能力と教学水準を高めた。

第2に、両者の発展過程における大きな改善は、いずれのときも関連の法律・法規または政府文書があり、それに支えられた。例えば、日本の第三者

第 7 章　制度保障と国際化の進展

評価は 1990 年代に改正された「学校教育法」の中で確定されたが，同時に「学校教育法」はまた，評価結果の通知，評価基準及び方法の変更，機関の認証手順などについても具体的に規定していた。

1993 年,「中国教育改革・発展要綱」は「各段階の各種教育の質の基準と評価指標の体系を確立」しなければならず,「各地の教育部門は，教育機関の教育の質を検査し評価することを日常的任務としなければならない」[15]ことを提起した。1995 年,「中華人民共和国教育法」第 24 条は,「国は教育督導制度と学校及びその他の教育機関の評価制度を実施する」[16]と明確に指摘した。2003 年の「2003-2007 年教育振興行動計画」は,「高等教育機関の教学の質を保証するシステムを健全なものにし，高等教育機関の教学の質を評価したりそれに関する問い合わせに応じたりする機関を設立して，5 年周期で全国高等教育機関の教学の質を評価する制度を実施する」[17]ことを明確に提起した。

日本の大学評価と中国の高等教育機関評価の相違点は主として以下の 2 点にある。

第 1 に，中国の高等教育評価は政府主導型の評価であるが，日本の大学評価は多元的な評価である。現在，中国の高等教育機関教学評価は教育部高等教育教学評価センターが組織して実施し，大学院教育の評価は教育部学位・大学院教育発展センターが組織して実施しているが，この 2 つの機関はどちらも教育部直属の組織であって，それらが組織して実施する評価ははっきりとしたトップダウン型で行政的色彩を帯びている。教育部が組織する評価活動にその他の中間的評価機関や民間の評価機関が参加する機会を得ることは難しく，政府が委託する評価プロジェクトを獲得できることもあまり多くない。

日本の多元的評価とは，大学評価の主体の多元化，すなわち政府，大学，第三者評価機関などの評価主体が多元的に並存する局面を指し，日本の大学評価の標準化，科学性と公平性を保証している。第三者評価機関は文部科学大臣が認証して権限を与えたもので，独立して活動を展開することができる。権限を与えられている大学評価機構には大学基準協会などがある。

第 2 に，中国の高等教育評価は比較的単一で，主として普通高等教育機関

III. 高等教育

の教学評価, 大学院教育の評価に集中している。そして, 普通高等教育機関の教学評価で現在実施されているのは主として, 普通高等教育機関本科課程の教学評価, 高等職業学院・高等専門学校の教学評価であり, 独立学院[18], 民営高等教育機関に対する評価はまだ実施されていない。中国の本科課程教学水準評価はひとまとまりの評価指標体系を使用しており, 高等教育機関の類型にもとづいて区分されておらず, 焦点が絞られているとはとても言えない。日本の大学評価はすべての大学をカバーしているだけでなく, 全方位での全体的な評価であり, 大学の理念から教学, 研究, 管理, 運営などまですべて評価で取り上げられている。

日本の私立高等教育機関は相対的に多い。文部科学省が公表したデータによれば, 2007年, 日本には全部で756大学あり, そのうち私立大学が76.7％を占めており, 短期大学は全部で434校あり, そのうち私立短期大学が91.7％を占めている。中国はそれとちょうど反対で, 2007年5月18日時点で, 中国には普通高等教育機関が1909校あり, そのうち民営普通高等教育機関は295校で, 総数の15.5％を占めるにすぎない。日中両国の状況は異なり, 中国の高等教育機関評価は中国の実際から出発しなければならず, 完全に他国の経験をそのまま適用することはできないし, 中国の国情に適合した高等教育評価制度を徐々に模索していかなければならない。その他, トップダウン型で行政命令の色彩を帯びた評価について, 評価の公平と公正を保証するため, 中国は日本の第三者評価制度を積極的に参考にしなければならない。

4.「21世紀COEプログラム」
—— 高水準の研究拠点を作り上げる新たな措置

21世紀日本政府は, 全力で高等教育改革を推進する過程において, 多くの資金を投じて,「21世紀COEプログラム」と「グローバルCOEプログラム」を次々と発表した。この2つのプログラムはどちらも第三者評価制度にもとづき, 国公私立大学の若干数の優れた学問領域に対して重点的に財政支援を行い, 世界最高水準の教育研究拠点を構築しようとする経費補助制度で

あり，その目的は，若干数の世界最高水準の教育研究拠点を整備することを通じて，関連する大学が国際競争力を有する世界最高水準の大学となるのを促すことである[19]。

全体的にみて，「21世紀COEプログラム」と「グローバルCOEプログラム」の実施は，日本の大学改革を推進し，優秀な若い研究者を養成し，日本の大学の研究水準を高めており，日本が世界最高水準の大学を形成することに対して重要な意義を有するとともに，積極的な役割を果たしている。

(1) 日本の「COEプログラム」と中国の「985計画」の比較
　①中国「985計画」の概要
「985計画」は，中国政府が若干数の世界一流大学といくらかの国際的に著名な高水準の研究型大学を作り上げるために実施する整備プロジェクトである。1998年5月，時の国家主席であった江沢民は，北京大学創立100周年祝賀大会の講話で，「現代化を実現するために，わが国には若干数の世界最高水準の一流大学がなければならない」[20]と指摘し，中国が世界一流大学を建設するという戦略構想を提示した。

1998年12月，教育部は「21世紀をめざす教育振興行動計画」を公布し，21世紀，中国は「若干数の世界最高水準を備えた一流大学と，いくつかの一流専門分野を創設し」なければならず，「国の限りある財源を相対的に集中させ，多方面の積極性を引き出し，重点専門分野の整備から始め，経費投入の度合いを強め，若干数の高等教育機関とすでに国際最高水準に近づいていてそれに到達する条件を有する専門分野について重点的に整備を行う。今後10～20年で，若干数の大学といくつかの重点専門分野が世界一流水準に達するように努める」ことを提示した[21]。

1999年，国務院は教育部の「21世紀をめざす教育振興行動計画」を承認して，北京大学，清華大学など一部の高等教育機関を重点的に支援して世界一流大学と高水準の大学を作り出すことを決定し，「985計画」が正式に始動した。「985計画」実施の全体的な考え方は，若干数の世界一流大学といくつかの国際的に著名な高水準の研究型大学を作り上げることを目標として，高等教育機関の新たな管理体制と運営メカニズムを模索して構築し，機

III. 高等教育

会をとらえ，資源を集中させ，重点を突出させ，特色を示し，長所を発揮して，高等教育機関の科学技術創造力と国際競争力を重点的に向上させ，中国の特色を持った，世界一流大学建設の道を進むというものである。「985計画」実施の任務には主として，メカニズムの創造，教員集団の整備，交流のプラットホームと拠点の整備，条件の保障，国際交流・協力の5つの部分が含まれる。現在まで，認可を受けて「985計画」に加わっている高等教育機関は，北京大学，清華大学，南京大学など39大学である。

②日本の「COEプログラム」と中国の「985計画」の比較

日本の「21世紀COEプログラム」，「グローバルCOEプログラム」（以下，「COEプログラム」と総称）と，中国の「985計画」は，ともに自国の若干数の大学を整備して世界最高水準の一流大学にすることを目的としており，両者を比較分析すれば，以下のいくつかの共通点を見出すことができる。

第1に，両者はどちらも政府の活動であり，国家戦略の高度な意義を有しており，政府財政からの大きな支援を得ている。2002年から2006年にかけて，日本の「21世紀COEプログラム」に対する援助経費予算額はあわせて1643億円に達した。「グローバルCOEプログラム」では，2007年から2009年までの3年度の経費予算はそれぞれ158億円，340億円，342億円だった。中国の「985計画」の第1期整備では，中央政府の特定費目資金142億元が配分され，「985計画」の第2期整備では，中央政府の特定費目資金191億元が配分されている。

第2に，両者はどちらも自国の大学の改革と発展を促している。2005年12月，文部科学省と「21世紀COEプログラム」委員会は，大学学長，卓越した研究拠点の責任者と審査評価委員に対して，「21世紀COEプログラム」の実施効果について調査を行った。その結果，卓越した研究拠点の責任者の99％，審査評価委員の92％，大学学長の76％がこのプログラムが大学の教育研究環境を改善し，大学をいっそう活力あるものにしていると考えるともに，大学組織の構造を優れたものにし，協力メカニズムを改善するというこのプログラムの役割を高く評価していることが明らかになった[22]。「985計画」は，中国高等教育機関の内部管理体制と運営メカニズムの改革を促進させ，いくつかの創造的基盤と創造的拠点が整備されてきており，教学・科

第7章　制度保障と国際化の進展

学研究の基礎的設備は改善され，公共資源と機器設備を共有する場が整備され て，中国の高等教育機関と世界一流大学や学術機関との交流・協力を強化した。

　第3に，両者はどちらも自国の大学の科学研究水準を高めた。上述した2005年12月の調査で明らかになったように，卓越した研究拠点では，申請時に比べて，教員の論文発表数は10％増加し，国内外の大学，研究機関，企業との共同研究は50％増加し，学術会議の開催数は2.3倍にまで増加し，国内の学術会議に参加する人数は2.9倍にまで増加し，国外の学術会議に参加する人数は70％増加した。「COEプログラム」の財政支援のもとで，いくつかの大学は顕著な科学研究成果を収め，世界最先端の水準に達しており，それには例えば大阪大学の生命科学研究，九州大学の分子情報科学，早稲田大学の演劇学研究，名古屋大学の分子医学研究などがある[23]。「985計画」の実施の中で，中国のいくつかの大学の若干数の専門分野の研究とその成果も国際的に最先端の水準に達している。例えば北京大学の「ナノ材料」研究は直径0.33ナノメートルの単壁カーボン・ナノ・チューブを研究開発し，国外の科学者が提示した0.4ナノメートルという理論的限界を覆した[24]。

　第4に，両者はともに，自国の大学の優秀な若い人材を養成する点でそれを促進させる役割を果たしている。2005年12月の調査は，卓越した研究拠点では，申請時に比べて，博士課程大学院生の人数が14％増加し，博士課程大学院生で企業の研究開発部門に就職した者の数が30％増加し，公立の研究機関に就職した者の数が20％増加し，大学の助手と講師を務める者の数は10％増加し，ポスドクは2.2倍にまで増加し，博士課程大学院生が発表した学術論文数は30％増加し，国外の学術刊行物に発表した論文数は50％増加した[25]。中国の「985計画」も，整備された高等教育機関の人材集団の整備を重点的に大きく進めた。例えば北京大学医学部は，世界水準を有する学術リーダーを引き入れたり養成したりして，長江学者[26]特任教授と国家傑出青年科学基金[27]獲得者の数が顕著に増加し，若干数の世界最先端の水準を備えた創造的集団が形成され，北京大学医学部の医学研究の創造能力と競争力を明らかに向上させた[28]。

III. 高等教育

日本の「COEプログラム」と中国の「985計画」の異なる点は主として以下の2つの面にある。

第1に，「COEプログラム」は専門分野を単位として財政支援を行い，各大学は専門分野を単位として組織的に申請し，評価審査に通過した卓越した研究拠点は大学内に設置される。例えば東京大学は2008年，医学，数学・物理学・地球科学，機械・土木・建築学・その他の工学，社会科学，周縁・学際・新興分野の5つの専門分野で認可を受け10の卓越した研究拠点を設置していた。中国の「985計画」は大学を単位として財政支援を行い，政府が大学の実力を総合的に検討して，最終的に18の省・直轄市の39の高等教育機関が選ばれて「985計画」を進めることが認められた。そのうち北京には8校，上海には4校あった。

第2に，「COEプログラム」が財政支援を行うことを決めた卓越した研究拠点は国公立大学に設置されるだけでなく，私立大学にも置かれた。例えば「21世紀COEプログラム」は3度の評価審査であわせて274の卓越した研究拠点を設置したが，それらは93大学に設置された。そのうち国立大学は51校で全体の55％を占め，公立大学は7校で7％を占め，私立大学は35校で38％を占めた。それに対して中国の「985計画」に参加している39の高等教育機関はいずれも中央政府の部・委員会が主として運営する大学であり，そのうち32校は教育部直属の高等教育機関，7校はその他の部・委員会に直属する高等教育機関であり，地方政府が主として運営する高等教育機関や民営高等教育機関は1校も含まれていない。

(2)「COEプログラム」と「985計画」の成果と考察

日本の「COEプログラム」と中国の「985計画」は政府の活動として，自国の高等教育の改革と発展を促進させる面で重要な役割を発揮しており，数年間の短期的な経費の投入によって，整備された大学の科学研究水準が急速に高まり，若く優秀な人材が養成され，整備された大学が世界最高水準の一流大学となることを推し進める面での役割も非常に顕著であった。2008年度のイギリス *Times Higher Education Supplement* が公表した世界の大学ランキングにおいて，日本では10大学が世界大学ランキング上位200位に入り，

そのうち4大学は世界大学ランキングの上位100位に入ったが，それは東京大学（19位），京都大学（25位），大阪大学（44位），東京工業大学（61位）だった。中国国内では6大学が世界大学ランキング上位200位に入り，そのうち北京大学（50位）と清華大学（56位）が世界大学ランキングの上位100位に入った[29]。中国人学者の研究によれば，「985計画」の初期整備を経て中国の大学の世界大学学術ランキングにおける位置は明らかに上昇しており，清華大学と北京大学は「985計画」による整備前の351〜400位から，それぞれ「985計画」整備後の201〜250位と251〜300位に上昇した[30]。

いかなるプロジェクトにも不足の点はあり，「COEプログラム」は日本国内での実施過程の中で批判を招いており，例えば一部の大学は，「COEプログラム」が大学間で「新たな格差を生じさせ」，「基礎研究と文科系の研究を軽視」するようにし，「目に見える効果を過度に強調することは，間違いなく大学の自殺行為である」などと考えている[31]。

ある日本人の学者は，「COEプログラム」によって政府と大学の関係が変化し，もともと管理の自治，研究の自由で知られている大学が政府の意志と配分に従い，それに迎合せざるを得なくなっており，こうした力関係の変化は研究者がかつての研究の自由を部分的に失い，特に研究者の個性的で定見を持った独立研究を抑制するおそれがあると考えている[32]。

短期的な経費の投入はいくらかの科学研究成果を生み出すことができるが，期間が長く効果がはっきりしない基礎研究に対しては不利である。中期的評価に対処するために，研究者は基礎研究を放棄するかもしれないし，成果がすぐに出る部分的な研究を選択したり，論文を発表するために研究活動を前倒しして終わらせたりするようなことさえあるかもしれない。しかし実践が証明しているように，科学技術や文化の発展に対して基礎研究は十分重要な役割を有している。国の長期的な発展のため，日中両国は戦略上そのことを考慮しなければならない。そして，「COEプログラム」と「985計画」は間違いなく大学間の格差を拡大させており，優れた大学は経費を獲得してますますよくなり，少し劣った大学は財政支援がないためますます悪くなってしまう。

専門分野は大学の基本要素であって，日本の「COEプログラム」は大学

と専門分野の関係を比較的うまく処理しており，その財政支援制度は大学間，大学と研究機関及び企業との間での協力メカニズムの構築に有利で，この点は参考に値する。

5. 高等教育の国際化に向けた歩み

　21世紀はグローバル化の時代である。水準の高い人材の国際流動は日増しに活発になり，高等教育市場のグローバル化は全世界の大学が直面する共通の課題になっている。日本の大学はグローバル化した高等教育市場に参入するために，大学教育国際化の実現においても力を入れている。

(1) 国際化の背景
　①社会のニーズと大学の国際化
　1980年代，経済発展の繁栄によって日本は国際市場を席巻し，経済大国として基盤を固めた。日本企業の国際的な舞台における商業・貿易活動が日増しに頻繁になるのに伴って，国際型人材に対する日本のニーズは徐々に高まった。日本企業は異なる文化的背景を有し，かつ日本文化を比較的理解している外国籍人材 ── 日本で学ぶ外国人留学生に目を向けるようになった。これは一定程度日本の大学の国際化傾向を導いた。高等教育国際化の発展及びどのようにして水準の高い人材を引きつけるかが日本政府の急務となった。こうした背景のもとで，日本政府は1983年に，2000年までに10万人の留学生の受け入れを実現するという発展目標を提示し，それによって自国の人材不足問題を解決しようとした。
　②出生率の低下と大学の国際化
　これと同時に，出生率の低下も日本の大学の国際化をいっそう促す役割を果たした。日本の18歳人口は1992年に205万人に達した後，毎年徐々に減少してきている。2020年には18歳人口が120万人程度にまで減少すると予測されている[33]。

　出生率の低下は，日本の大学の経営に深刻な影響をもたらしている。人口の危機は大学入学競争の激烈さを弱め，入学試験の内容はますます簡単に

なった。大学へ入るためのハードルはますます低くなると考えられ，高校卒業生の平均的な大学受験志願者数が不断に減少したので，一部の私立大学の経営がまず打撃を受けた。

十分な学生を獲得するため，多くの大学が海外に目を向けたのである。

(2) 国際化の現状と課題
　①大学改革と国際化

1990年代初め，日本で学生を定員まで受け入れられない大学はわずか20〜30校だった。1999年からこの数値は年をおって急速に高まり，2006年に200校を超えた。1991年，日本政府が新たな「大学設置基準」を公布した後，2002年から2006年にかけての5年間で，607校の大学（大学総数の85％）が何らかの方法でカリキュラム改革を行っており[34]，再度改革の波が押し寄せている。カリキュラム改革の目的は，相対的に緩やかな政策環境を利用して，大学が最大限自主的に発展することである。しかし，大学がもし学生不足で破産すれば，改革のこれまでの成果がすべて失われてしまうことは避けがたく，同時に学生の学業にも影響を与える。文部科学省が1991年に大学設置基準を緩和して以降，大学の数は1990年の507校から2007年の744校にまで増加し，大学間競争も日増しに激烈になった。入学者の確保と質の向上という二重の挑戦に直面して，政府は2005年に再び30万人の留学生を受け入れるという新たな計画を発表した。これは日本の大学の進学者供給源に対する要求に迎合し，また日本の大学の国際化に新たな道を切り開くものだった。

　②国際化が直面する課題

日本政府は不断に留学生政策を調整し，各大学も条件を整えて留学生を引きつけようと努力している。しかし，現在の日本の高等教育の全体的な状況にもとづけば，日本の大学は留学生の受け入れにおいて依然として多くの問題に直面している。

最初は，大学院学生募集定員の偏りという問題である。2008年1月，福田康夫首相（当時）は施政方針演説の中で「留学生30万人受入計画」を示し，2020年に留学生の人数が30万人に達することを希望した。この計画の実施

III. 高等教育

者と受け皿は日本の大学である。2009年4月の時点で，日本には745の大学がある。全体的に言えば，学部学生の比率が大きく，大学院教育の規模は比較的小さい。学部学生と大学院学生の比率はだいたい100：7である。日本では人口1000人あたりの大学院学生の比率も非常に低い。大学院教育の規模を拡大させるという問題は一貫して日本の高等教育の重要課題である。全体的にみて，修士課程に入学してさらに研究を進める学生が増加することが期待されるし，日本のいくつかの大学の学部卒業生は就職のプレッシャーに迫られて，大学院に入って学ぶことを選択するようになっており，それによって就職時の競争力を高めようとしている。したがって，日本の大学が，文部科学省の法規の要求を遵守するという前提のもとでどのように修士課程の募集定員を増加させて，大学自身の経営のニーズを満足させ，また留学生と自国学生の大学院教育に対する需要に適応するのかが，大学が直面する重要な課題となっている。

次は，私立大学の学費の調整という問題である。日本の大学システムの顕著な特徴は私立大学が林立していることである。745大学のうち70％以上は私立大学である。この点は，私立大学が比較的多いアメリカでも日本に及ばない。周知のように私立大学の学費は高い傾向がある。現在，1年間の学費とその他の諸費用をあわせた必要経費は国立大学では80万円余りであるが，私立大学ではそれがおよそ130万円余りとなっている。途上国からやって来る留学生について言えば，これは小さくない費用である。留学生を引き入れるとき，奨学金の提供や学費・雑費の一部減免，比較的安価な宿舎の提供などの形式を通じてどのように留学生の経済負担の減少を支援するのかは，日本の大学が考慮すべき問題である。

さらに，研究面では国立大学の資源調整という問題がある。「第二次大戦」後，日本の国立大学は研究水準において一貫して絶対的な優勢にあった。学部段階では私立大学の学生数が比較的多いが，研究能力を養成する修士課程，博士課程の段階では，国立大学の方が相当優勢となる。従来政府の研究費を申請するのはほとんどが国立大学であった。2004年に日本の国立大学が法人化して後，一貫して象牙の塔の中に閉ざされていた国立大学は高等教育市場に目を向けはじめ，純粋な教育と研究の殿堂から経営へと近づかざる

を得なくなった。国立大学は現在，その経費を依然として主として政府支出に頼っているが，国立大学がどのように資源を調整して研究資源の優勢を発揮するのかも，今後高等教育国際化の中で大きな役割を発揮できるかどうかについて必ず解決しなければならない問題である。

（南部広孝　訳）

注

1) 文部省に所属する公務員は日本の公務員全体の16％を占めていた。公務員数が最も多かった省庁は郵政省で，公務員全体の36％を占めていた（羽田貴史「国立大学法人制度論」『大学論集』第35集，2002年，130頁）。
2) 清水孝悦「国立大学法人制度の意義と今後の課題」『IDE現代の高等教育』2005年11月号 (No. 475)，IDE大学協会，2005年，62頁。
3) 「国立大学法人2004年度決算，外部資金獲得，旧帝大強み—私立大との体力差歴然—」『日本経済新聞』2005年8月20日。
4) 石弘光「国立大学法人のファンディングシステム」『IDE現代の高等教育』2004年11-12月号 (No. 465)，IDE大学協会，2004年，17頁。
5) 天野郁夫「格差是正へ個性生かせ」『日本経済新聞』2005年5月2日。
6) 「国立大学法人2004年度決算，外部資金獲得，旧帝大強み—私立大との体力差歴然—」『日本経済新聞』2005年8月20日。
7) 「国立大学，資産総額9兆円，法人化後初決算発表—純利益1103億円—」『日本経済新聞』2005年8月24日。
8) 同上。
9) 羽田，前掲論文，134頁。
10) 藤村正司「曖昧な基盤的経費と裁量的経費との区分」『IDE現代の高等教育』2005年11月号 (No. 475)，IDE大学協会，2005年，32-33頁。
11) 天野郁夫（陳武元訳）「日本的大学評価」『教育発展研究』2006年11A，2006年，60頁。
12) 大学審議会答申「21世紀の大学像と今後の改革方策について」(1998年10月26日)。
13) 中央審議会答申「大学の質の保証に係る新たなシステムの構築について」(2002年8月5日)。
14) 中共中央「関於教育体制改革的決定」(1985年5月27日)。
15) 教育部「中国教育改革和発展綱要」(1993年2月13日)。
16) 『中華人民共和国教育法』法律出版社，1995年，7頁。
17) 教育部「2003-2007教育振興行動計画」(2004年2月10日)。
18) 独立学院とは，本科課程段階以上の学歴教育を実施する普通高等教育機関と，国家機関以外の社会組織または個人が協力して，国の財政的経費ではない資金を利用して運営

III. 高等教育

される，本科課程段階の学歴教育を実施する高等教育機関を指す。
19) 文部科学省「平成14年度21世紀COEプログラム公募要領」(2002年6月)。
20) 江沢民「在慶祝北京大学建校一百周年大会上的講話」『中国教育報』1998年5月5日。
21) 教育部「面向21世紀教育振興行動計画」(1998年12月24日)。
22) 文部科学省「21世紀COEプログラムの成果」(2006年8月)，http://www.mext.co.jp。
23) 同上。
24) 教育部科学技術司『中国高校科技進展年度報告(2000)』清華大学出版社，2001年。
25) 文部科学省，前掲「21世紀COEプログラムの成果」。
26) 「長江学者奨励計劃」は，教育部と香港の実業家・李嘉誠氏が中国における高等教育機関の学術的発展を促進させるために共同で資金を調達して設立した特定プロジェクトである。このプロジェクトでは，高等教育機関にある，国が重点整備を行う専門分野に特任教授のポストを設置し，ポスト招聘任用制を実施し，国内外で公募して招聘している。
27) 国家傑出青年科学基金は1994年に設立され，中国国家自然科学基金委員会が組織的に実施し管理している。この基金は全国に開かれており，国内の，あるいはまもなく帰国する45歳以下の優秀な青年学者が国内で自然科学の基礎研究や応用をめざした基礎研究を進めるのに資金援助を行い，国内の科学技術事業の発展をよりどころとする青年学者を支援するとともに，海外で成果をあげた青年学者の帰国を積極的に惹きつけようとしている。
28) 「北京大学医学部"985工程"建設取得顕著成効」『北京大学学報（医学版）』40 (6)，2008年，648頁。
29) http://www.timeshighereducation.co.uk/hybrid.asp?typeCode=243&pubCode=1。
30) 劉念才等「"985工程"建設使我国名牌大学与世界一流的距離明顕縮小」『教育部科学技術委員会専家建議』，2003 (5)。
31) 楊棟梁「日本推行高等教育改革的新挙措」『日本学刊』2003年第5期，2003年，128頁より再引用。
32) 有本章「大学改革の論理」有本章・山本眞一編『大学改革の現在』東信堂，2003年，9頁（項純「"21世紀卓越科研基地計劃"述評」『大学・研究与評価』2008年第2期，2008年，89頁より再引用）。
33) 中央教育審議会答申「わが国の高等教育の将来像」(2004年9月6日)，http://www.mext.go.jp/b_menu/shingi/chukyo/chukyo0/toushin/04091601.htm。
34) 文部科学省「大学における教育内容・方法の改善等について」（平成18年度），http://www.mext.go.jp/b_menu/houdou/20/06/08061617.htm。

第 8 章

質向上をめざす
高等教育改革の展開

南部　広孝

　日本の高等教育は，知識基盤社会において優れた人材の養成と科学技術の振興を通じて「時代の牽引車として社会の負託に十分こたえるもの」[1]となるべく，矢継ぎ早に関連の施策が発表され，実施に移されている。本章では，第 7 章で取り上げられた内容をふまえつつ，国立大学法人化，大学評価の展開，国際化に向けた動きの 3 点に関して，最近の施策や状況にも言及しながら，より大きな流れの中に位置づけて整理してみたい。

1．国立大学法人化の枠組みと展開

　国立大学を行政組織から分離させようとする考えは最近の改革で初めて議論されるようになったわけではない。天野が指摘するように，そうした考えは戦前にすでに見られ，1960 年代以降も繰り返し提案されてきた[2]。そうした流れをふまえつつ，1990 年代後半以降，法人化の実現に向けた動きが進んできたのである。1997 年 12 月，行政改革会議が「最終報告」を発表し，そのなかで国立大学の独立行政法人化が大学改革の 1 つの選択肢となる可能性があるとともに，大学の自主性を尊重しながら，研究や教育の質的向上を図る長期的な視野に立った検討を行うべきであることが指摘された。そして 1999 年 4 月に，国立大学の独立行政法人化について 2003 年までに結論を得ることが閣議決定された。2000 年 5 月になると，自由民主党政務調査会による提言「これからの国立大学の在り方について」が公表された。そこでは，国立大学に国から独立した法人格を与える意義は大きいとしつつも，独

III. 高等教育

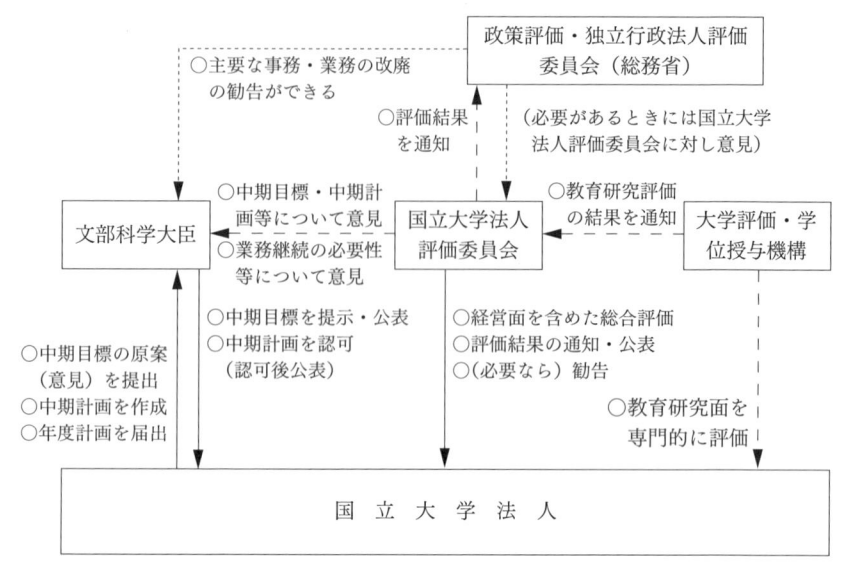

図 8-1　国立大学法人の枠組み

出所：『IDE 現代の高校教育』2003 年 8-9 月号，60 頁の図を参照して作成。

立行政法人通則法をそのまま適用するのは不適切であり，大学の特性をふまえて必要な措置を法的に明確にすべきであるとして，政府に対して 2001 年度中に具体的な法人像を整理することを求めた。同年 7 月には「国立大学等の独立行政法人化に関する調査検討会議」が発足し，この会議が 2002 年 3 月に「新しい『国立大学法人』像について（最終報告）」を公表した。そして同年 6 月には，文部科学省が 2004 年度を目途に国立大学の法人化と教員・事務職員等の非公務員化を開始することが閣議決定された。それを受けて翌 2003 年 2 月に「国立大学法人法」等 6 つの関連法案が国会に提出され，同年 7 月に成立した。そして 2004 年 4 月に国立大学法人が誕生したのである。

国立大学法人の枠組みを図示すれば図 8-1 のようになる。まず，文部科学大臣が各国立大学法人から提出された意見（原案）をふまえつつ 6 年を期間として達成すべき業務運営に関する目標である中期目標を当該国立大学法人に示し，当該国立大学法人はその中期目標にもとづいて期間中に達成するための計画を中期計画として作成し，文部科学大臣の認可を受ける。文部科学

第8章　質向上をめざす高等教育改革の展開

大臣が中期目標を示したり，中期計画を認可したりする際には，国立大学法人評価委員会の意見を聴くことが求められている。期間中は中期計画にもとづき，国立大学法人が毎年度年度計画を定める。つまり，文部科学省によって示された中期目標を達成するために国立大学法人は中期計画及びそれをふまえた年度計画を定めてさまざまな業務を進めていくことになっている。一方評価について見ると，国立大学法人は，大学評価・学位授与機構による教育研究面での評価を受けると同時に，国立大学法人評価委員会によって経営面も含めた業績の総合的な評価を受けることになっている。国立大学法人評価委員会は総務省に置かれている政策評価・独立行政法人評価委員会に評価結果を通知することになっており，また文部科学省に対して，各大学の中期目標・中期計画案についての意見や業務継続の必要性等についての意見を示すことができるとされている。

　またこの法人化に伴って，学内の管理運営体制も改められた。法人には学長のほか監事と理事が置かれ，学長と理事によって構成される役員会が法人の最高意思決定組織となった。理事と監事のうち少なくともそれぞれ1人は学外者でなければならない。また，国立大学法人の経営に関する重要事項を審議する経営協議会と，国立大学の教育研究に関する重要事項を審議する教育研究評議会が設置された。前者は半数以上が学外者で構成される。さらに，学長の選考にあたって経営協議会と教育研究評議会から同数の委員が出て構成される学長選考会議が設置されることになっている。全体として，これまでの学部や研究科を単位として意思決定を行うしくみから，それを基礎としつつも学長が学外からの意見も聴きながらリーダーシップを発揮しやすいしくみへと変化した。

　こうした国立大学法人化の動きは，一方では一部の公立大学の法人化を招き，他方では，国立大学法人が以前の国立大学よりも自由度を高めたことにより，私立大学とよりいっそうの競合関係になる可能性を高めた。もっとも後者については，法人化の際にそれまで国によって整備されてきた施設設備や資産が国立大学法人に与えられたため，競合関係において国立大学法人が有利な立場を占め，公平な競争にならないとの意見もあった。

　2004年度からの第1期中期目標期間は2010年度で終了した。ここで，こ

III. 高等教育

表 8-1　国立大学法人の主要収入（2004 年度，2009 年度）

	2004 年度 (a) (億円)	2009 年度 (b) (億円)	(b) / (a)
運営費交付金	12,422	10,768	0.867
自己収入			
授業料収入	2,621	2,917	1.113
入学金収入	458	453	0.989
検定料収入	110	106	0.964
附属病院収入	6,042	7,724	1.278
競争的資金			
受託研究等	1,092	1,841	1.686
寄附金	1,489	704	0.473
科学研究費補助金	1,134	1,290	1.138

出所：「国立大学法人の平成16年度財務諸表について」(http://warp.da.ndl.go.jp/info: ndljp/pid/286184/www.mext.go.jp/b_menu/houdou/17/08/05090601.htm)，「国立大学法人等の平成21事業年度決算等について」(http://www.mext.go.jp/b_menu/houdou/22/07/1295722.htm)，「科研費データ」(http://www.jsps.go.jp/j-grantsinaid/27_kdata/index.html) の「研究機関種別配分状況」より筆者作成。なお収入の分類は浦田広朗「国立大学法人の財源移行―運営費交付金・自己収入・競争的資金―」『国立大学法人化後の経営・財務の実態に関する研究』国立大学財務・経営センター，2010 年，77-84 頁を参照した。

の期間の状況について，①収入の構造と，②業務実績評価の結果の2点を取り上げて検討したい。まず国立大学法人の収入状況を確認しよう。表8-1は，1年目の2004年度と現時点で最新のデータが公表されている2009年度において国立大学法人全体で主要な収入の内訳を示したものである。この表から，次の3点を指摘することができる。

第1に，最も主要な収入源である運営費交付金は，効率化係数や経営改善係数により，この5年間で1654億円減少し，2009年度の規模は2004年度の86.7%となっている。

第2に，自己収入では，入学金収入や検定料収入は減少傾向にあるものの，授業料収入や附属病院収入は増加している。附属病院収入の増加分は運営費交付金の減少分よりも多いので，前者で後者を補っているとも言えるが，附属病院はどの大学にもあるわけではないことには注意しなければならない。個々の大学レベルで見れば，特に附属病院をもたない大学で厳しい収入状況にあることが推測される。

第8章　質向上をめざす高等教育改革の展開

　第3に，競争的資金に注目すると，寄附金は年によって安定的ではなく変動幅が大きいことが考えられるが，それ以外の受託研究等や科学研究費補助金の獲得額は増加している。多くの大学でこうした資金の獲得に向けた取り組みが進んでいる。
　総じて見れば，運営費交付金が減少する一方，附属病院収入を中心とする自己収入の増加や競争的資金の積極的な獲得がそれを補うように推移してきている。ただし，それぞれの大学がもつ条件によって，大学レベルでの違いは非常に大きい状況となっている。
　次に，第1期中期目標期間の評価結果を眺めてみよう[3]。図8-1にもあるように，国立大学法人評価委員会は，国立大学法人等の業務の実績に関する評価を行うことになっている。具体的には，各法人が行う自己点検・評価，大学評価・学位授与機構による教育研究の状況の評価をふまえつつ，同委員会によって全体評価及び項目別評価が行われた。全体評価は，中期目標期間における業務実績の全体について，各法人の特性や項目別評価の状況をふまえて記述式で行われ，項目別評価は，7つの項目について，最小限の共通の観点をふまえつつ各法人が設定した中期目標の達成状況が評価されている。これら7項目のうち，「その他業務運営に関する重要目標」を除く6つの項目における法人ごとの総合評価を整理したのが表8-2である。各項目には中項目が設けられており，例えば教育に関しては，①教育の成果，②教育内容等，③教育の実施体制等，④学生への支援に関する各法人の中期目標・中期計画の達成に向けた業務の進捗状況が5段階の評価として示されている。教育，研究，社会連携・国際交流等といった活動に関しては「おおむね良好」と評価された法人が多く，業務運営・財務内容等については多くの法人が「良好である」と評価されている。全体として高い評価になっている。
　なおこの評価では，学部・研究科等の教育研究の状況に対する評価も行われている。全体としては，教育についても研究についても，多くの学部・研究科等で「期待される水準」以上にあり，法人化以降質の維持・向上が見られるという結果になっている。
　それでは法人化後の状況について，学長や学部長はどのように評価しているのだろうか。国立大学財務・経営センターが2008年度に実施したアン

III. 高等教育

表 8-2　中期目標達成状況

	教育	研究	社会連携・国際交流等	業務運営の改善・効率化	財務内容の改善	自己点検・評価及び情報提供
非常に優れている	1	4	2	28	3	0
良好である	12	28	38	48	79	88
おおむね良好である	77	58	50	13	7	1
不十分である	0	0	0	1	1	1
重大な改善事項がある	0	0	0	0	0	0

出所：「国立大学法人・大学共同利用機関法人の第1期中期目標期間の業務の実績に関する評価の概要」(http://www.mext.go.jp/component/a_menu/education/detail/__icsFiles/afieldfile/2011/05/24/1306345_1.pdf)より筆者作成。

ケート調査は，次のような結果を示している[4]。学長は，自大学で権限と責任の集中が進み，学長や法人化後に設置された役員会等が意思決定に影響力をもっていると考えており，組織や人事に関する自由度や裁量が大きくなったと感じている。また，運営費交付金制度や授業料制度については肯定的に捉えられている。そして，教育活動の活性化，研究活動の活性化，社会貢献活動の拡充のいずれについても，半数を超える学長が法人化はプラスになっているという評価をしている。他方で，運営費交付金の削減や目標・計画の設定と評価の義務化，それに伴う事務負担の増大などは学内運営に影響を与えていると考えている。これに対して学部長は，学部に配分される教育研究経費が減少しているし，教育にかける時間は増加している一方で研究に割く時間は大きく減少していると感じている。そして法人化は，教育活動の活性化や社会貢献活動の活性化に対してはある程度意義があったと考えられているものの，研究活動の活性化にプラスになっていると評価している学部長は比較的少数にとどまり，マイナスになっていると評価する比率の方が多い結果になっている。

2. 大学評価活動の進展

　大学評価が制度化され，その実施も含めた質保証のあり方が議論されるようになったことも近年の大きな動きである。もちろん，大学の活動が評価の対象となること自体は必ずしも近年生じたわけではなく，以前から存在していた。それは，1つには政府が行う大学の設置や学部・学科の増設・改組の認可，概算要求の査定，補助金の審査・交付など，いわゆる「事前評価」である。また，1947年に設立された大学基準協会がその加盟にあたって適格認定を行ってきたし，企業も卒業生の受け入れや研究の委託という形である種の評価を行ってきたと言える。しかし大学の評価が声高に叫ばれるようになったのは1980年代後半に入ってからである。

　大学が自らの活動について点検や評価をしようとする試みは一部の大学で先行して進められていたが，それが正式に制度化されたのは1991年の「大学設置基準」大綱化の際であった。このとき，授業科目に関する規定が撤廃され，教育課程の編成が各大学に委ねられたことをはじめとして，各大学の自由度が高められた。それと同時に，「大学は，その教育研究水準の向上を図り，当該大学の目的及び社会的使命を達成するため，当該大学における教育研究活動等の状況について自ら点検及び評価を行うことに努めなければならない」（第2条，当時）との規定が盛り込まれ，大学自らによる自己点検・評価の努力義務が明記されたのである。しかし，1998年の大学審議会答申「21世紀の大学像と今後の改革方策について」では，自己点検・評価について，形式的な評価に陥り教育研究活動の改善に十分結びついていないとか，外部への情報発信が足りないといった状況があると指摘され，第三者評価システムの導入が提言された。これをふまえて，1999年には再び「大学設置基準」が改正されて自己点検・評価の実施と結果の公表が義務化されるとともに，2000年には第三者評価機関として，従来の学位授与機構を改組する形で大学評価・学位授与機構が発足した。大学評価・学位授与機構は，その業務の1つとして「大学等の教育研究水準の向上に資するため，大学等の教育研究活動等の状況について評価を行い，その結果について当該大学等及びその設置者に提供し，並びに公表すること」（「国立大学設置法」第9条の4，

III. 高等教育

当時。現在は「独立行政法人大学評価・学位授与機構法」第16条）になった。そして，全学テーマ別評価，分野別教育評価，分野別研究評価などが行われ，全学テーマ別評価については教育サービス面における社会貢献，教養教育，研究面での社会との連携及び協力，国際的な連携及び交流活動といったテーマが設定された。さらに2002年には「学校教育法」が改正され，大学が教育研究等の状況について自己点検・評価を行うことや，7年に一度，認証評価機関による評価を受けることが規定された。この認証評価は2004年度から始まっている。現在，大学評価・学位授与機構や大学基準協会を含む複数の機関が認証評価機関として認証され，それぞれの機関が固有の基準で評価を実施している。

2005年の中央教育審議会答申「我が国の高等教育の将来像」では，質の保証が取り上げられ，学習者の保護や国際的通用性の保持の観点からその重要性が謳われている。そして，質保証のしくみとして事前評価と事後評価の適切な役割分担や設置認可制度の位置づけのいっそうの明確化，第三者評価システムの充実が指摘されるとともに，個々の高等教育機関の自己点検・評価が強調され，大学に関する状況や評価の結果などを積極的に公表することが求められた。2008年に公表された「教育振興基本計画」でも同様に，大学教育の質の向上・保証の推進が挙げられている。また施策として，①事前評価の的確な運用，②共通に身につける学習成果の明確化と分野別教育の質の向上，③大学評価の推進の3点が示されている。このように現在，大学評価は高等教育の質を保証するシステムの一部として，国の教育政策全体の中に位置づけられ，その推進や拡充がめざされているのである。

これらに関連して，大学での学習成果に関する議論が進められている。一方では中央教育審議会によって学士課程で育成すべき能力の検討が行われ，2008年の答申「学士課程教育の構築に向けて」においていわゆる「学士力」が提案された。「学士力」はどの分野であっても，またどの大学，学部・学科においても達成していくものとされ，①知識・理解，②汎用的技能（コミュニケーション・スキル，数量的スキル，情報リテラシー，論理的思考力，問題解決力），③態度・志向性（自己管理力，チームワーク，リーダーシップ，倫理観，市民としての社会的責任，生涯学習力），④総合的な学習経験と創造的思考力

が挙げられている。他方，分野別の質保証については，2008年5月に文部科学省から依頼を受けた日本学術会議がそのあり方を検討し，2010年7月に「大学教育の分野別質保証の在り方について（回答）」を作成している。その中では，具体的な分野別の質保証の枠組みとして，①各学問分野に固有の特性があること，②すべての学生が身につけるべき基本的な素養があること，③学習方法及び学習成果の評価方法に関する基本的な考え方をふまえることが示された。

　個別分野のカリキュラムを対象にした評価もすでに行われている。1999年に設立された日本技術者教育認定機構（JABEE）[5]が実施している日本技術者教育認定制度はそうした例の1つである。この制度は，大学などが行う技術者の育成を目的とする専門教育プログラムが技術者として活動するために必要な最低限度の知識や能力（Minimum Requirement）の養成に成功していることを認定することを目的としており，2001年から認定作業が始まった。4年間の教育プログラムが達成する教育成果が評価の対象で，認定審査は，教育活動の成果，教育活動の有効性，教育活動の品質という観点から，①学習・教育目標，②学習・教育の量，③教育手段，④教育環境，⑤学習・教育目標達成度の評価と証明，⑥教育改善などの項目を含む自己点検書の評価と実地審査によってなされる。この制度では，一定のカリキュラムや達成度を押しつけたり，教育機関の教育レベルを調べて順位づけし公表したりするものではないことが強調されている[6]。

　このように，1991年の「大学設置基準」大綱化や国立大学法人化をはじめとして規制緩和が進む中で，大学教育の質の維持・向上を図ることが重要だと考えられ，自己点検・評価から第三者評価へと制度が整えられてきた。それに加えて近年では，学習者の保護や国際的通用性の保持をめざして学習成果をいかに評価するかが検討されるようになっている。大学での教育活動は，その成果が活動終了時点ですぐに明らかになるとは限らず一定の期間を経た後に現れるという側面もあるため，どのような評価をするのかを決めるのは必ずしも容易ではない。また適切な評価項目と評価方法を用いなければ，多様化した各大学のカリキュラムや教育活動，学生個人の多様な学びの成果をうまく評価できないだろう。画一的なやり方をすれば，むしろそうし

た多様性を阻害するおそれもあることには注意が必要である。さらに，評価にあたっては，評価する側，評価を受ける側ともに膨大な作業量が必要であり，特に評価を受ける側では本来行うべき業務に支障が出たり，いわゆる「評価疲れ」が生じたりすることもあるかもしれない。認証評価は7年間の最初のサイクルが2010年度で終了したし，前節で述べた国立大学法人制度も同年度に第1期が終了して評価が行われている。21世紀に入って導入されたこれらの機関評価は，そのあり方が改めて検討される時期にあるのではないだろうか。そして，分野別の質保証や学生の学習成果の評価といった新たな評価を含めて，高等教育の質を保証するための全体像を描くことが現在改めて必要になっているように思われる。

3. 国際化促進に向けた施策

　国際化に向けた動きも，近年の日本の高等教育における大きな潮流となっている。第7章ではその一側面として留学生の増加が取り上げられ，そうした動きが生じる背景に水準の高い人材に対するニーズと少子化に伴う進学希望者減少への対応があることが指摘されている。すでに1983年に「留学生10万人計画」が策定され，留学生の受け入れ態勢の整備などを通じてその増加が図られたこともあって，日本の大学等で学ぶ外国人学生の数は増えてきており，とりわけ2000年以降大きく増加した（図8-2）。またこれに伴って学生全体に占める外国人学生の比率も高まり，2010年時点で，大学生では2.8％，大学院段階では15.1％が外国人学生となっている。

　2008年7月に文部科学省をはじめ複数の省で策定された「留学生30万人計画」は，留学生の積極的な増加を図るための新たな政策である[7]。その趣旨は，「グローバル戦略」展開の一環として，優秀な留学生の戦略的獲得と諸外国に対する知的国際貢献等を図りつつ2020年を目途に日本で受け入れる留学生を30万人にまで増加させるというものである。また，それを実現するために，次の5つの方策がとられることになっている。1つ目は「日本留学への誘い」で，高等教育を含む日本関連情報の発信や日本語教育拠点の拡大を通じて日本留学の動機づけを高めるとともに，留学希望者の窓口の一

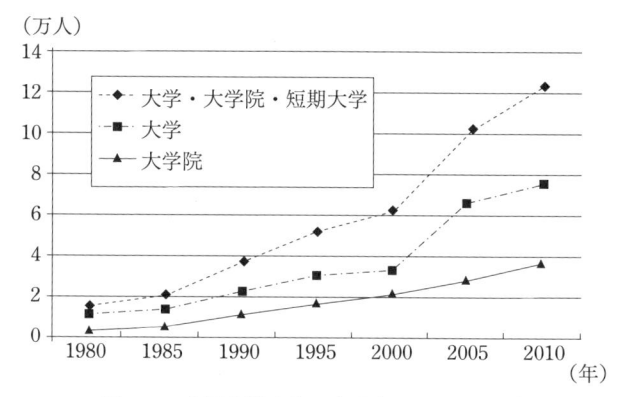

図 8-2　外国人学生数の変遷（1980-2010 年）
出所：『文部科学統計要覧　平成 23 年版』日経印刷，2011 年，94 頁より筆者作成。

元化を図ることがめざされている。2つ目は「入試・入学・入国の入り口の改善」であり，入学許可や宿舎などの決定までを母国で可能とする体制の整備や，入国審査などの見直しが含まれる。3つ目として挙げられているのは「大学等のグローバル化の推進」である。ここでは，留学生を引きつける魅力ある大学づくりとして，①拠点大学 30 校の選定と重点的育成，②英語のみで学位が取得できるコースの増加，③交換留学や単位互換，ダブルディグリーなどによる国際的な交流の促進及びカリキュラムの質保証などを通じた大学の魅力の向上，④外国人教員の増加による教育研究水準の向上，⑤ 9月入学の促進，⑥留学生受け入れのための組織体制の強化，⑦グローバル化を積極的に進める大学等への支援の重点化という 7 つの措置が示されている。4つ目の「受入れ環境づくり」では，来日した留学生に対する支援として，宿舎の提供，日本語教育の充実，カウンセリングなど生活支援の促進などを，地域や企業等とも協力しながら進めることが謳われている。そして 5 つ目は「卒業・修了後の社会の受入れの推進」で，大学等における就職支援の強化，企業側の受入れ体制の整備，在留期間の見直し，帰国留学生へのフォローアップの充実などが挙げられている。このように，留学インセンティブの向上から卒業・修了後の就職支援の強化まで一連の過程を複数の省が連携して

III. 高等教育

改善しようとすることがめざされているのである。こうした施策には，日本国内での学生募集がままならない大学等の留学生受け入れをいっそう促進させる側面もあるだろうが，政策の意図としてはあくまでも優秀な留学生の獲得に主眼が置かれている。

この計画を実現するためすでにさまざまな施策がとられている。その例として大学での留学生受け入れを促進させる措置を取り上げると，まず，国際化推進の拠点となる大学を選定する取り組みが2009年度から展開されている[8]。グローバル30（G30）と略称される「国際化拠点整備事業」は，すでに一定の実績を有する大学を対象に，海外の学生が留学しやすい環境を提供する拠点を形成するための重点的な支援を5年間にわたって行うものである。各拠点では，①英語による授業のみで学位を取得できるコースの設置，②留学生受け入れのための環境整備，③大学の戦略における国際化の位置づけの明確化と国際化に対応した組織・制度の充実，④海外における留学生受け入れのための海外大学共同利用事務所の整備，⑤運営体制の整備などを行うことが求められた。2009年度には，22件の申請の中から13件（国立大学7，私立大学6）が選ばれた。しかし，2010年秋に行われた行政刷新会議による事業仕分け（第3弾）でこの事業は「一旦廃止し，組み立て直す」と結論され，新規の募集は行われていない。

また，東アジアにおける国際交流のいっそうの促進を図ることを目的とした取り組みも進められている。2009年10月の第2回日中韓サミットで鳩山首相（当時）が日中韓の3カ国間での質の高い大学間交流の展開を提案したことを端緒として，日中韓の大学の間で単位の相互認定や交流プログラムなどの質の高い交流を行う，いわゆる「キャンパス・アジア」構想へと展開してきている。そして，2011年度には「大学の世界展開力強化事業」の一環として，「キャンパス・アジア」構想の牽引役となる拠点の形成を支援する「キャンパス・アジア中核拠点形成支援」事業の公募が行われた。これには，①日中韓の3カ国における大学間で1つのコンソーシアムを形成し，単位の相互認定や成績管理，学位授与等を統一的に行う交流プログラムを実施する事業（日中韓のトライアングル交流事業）と，②中国，韓国または東南アジア諸国連合（ASEAN）の国ぐにに における大学との単位の相互認定や成績管理，

学位授与等を統一的に行う交流プログラムを実施する事業の2種類が含まれる。どちらも「日中韓における質の保証を伴った大学間交流・連携ガイドライン」を遵守することが求められ，特に前者については日中韓の3カ国から財政支援が行われることになっており，3カ国共同審査によって選定されることになっている[9]。66の大学から2種類の事業で延べ103件の申請があり，13件が採択された。なお，この「大学の世界展開力強化事業」では「米国大学等との協働教育の創成支援」事業の公募も同時に行われた。これは，米国等（欧州，豪州等を含む）の大学等との間で，単位の相互認定や成績管理，学位授与を実施する質の高い協働教育プログラムが対象とされ，延べ80件の申請から12件が選ばれている。

このような学生レベルでの移動による国際化のみならず，近年は機関レベルでの移動を伴う国際化に向けた施策も生じている。これには大きく，日本の大学が海外に設置する組織の容認と，外国大学日本校に対する措置の両方向がある。前者については，2005年に「大学設置基準」等の改正によって，大学，大学院，短期大学が外国に学部や研究科，専攻といった組織の一部を設けて教育課程のすべてをその組織で実施すること，そして学生がその海外に設置された組織での学習のみで日本の大学の卒業と学位を取得することが可能となった。当該組織は「大学設置基準」を満たすことが必要で，認証評価の対象に含まれる一方，私立大学等経費補助金の対象外となっている。

後者の外国大学日本校に対する措置に関しては，2004年に「学校教育法施行規則」等が改正され，外国の学校教育制度における教育機関の一部と位置づけられている外国大学日本校が「外国の大学，大学院又は短期大学の課程を有するものとして当該外国の学校教育制度において位置づけられた教育施設」として指定されるようになった。そして，当該機関の学生には日本の大学院等への入学資格が付与され，修得した単位について日本の大学等との単位互換等が認められることになっている。2010年7月までに指定を受けた機関は，テンプル大学ジャパン（指定告示は2005年），レイクランド大学ジャパン・キャンパス（同2005年），専修学校ロシア極東大函館校（同2006年），天津中医薬大学中薬学院日本校（同2006年），コロンビア大学ティーチャーズカレッジ日本校（同2006年）である。

III. 高等教育

　日本の高等教育では，第7章でやや強調されているような一部の大学が在籍学生数を確保するために積極的に留学生を受け入れる状況も見られるが，それと同時に優れた留学生を引きつけるための施策がとられ，また国境を越える機関レベルの動きに対応するよう法的整備も進められている。このような動きは，高等教育の国際通用性の向上・確保を要請し，入学資格や教育内容，学習成果の相互認証など高等教育の各側面で他国との調整が求められるようになるものの，他方でそうした調整は依然として国が中心となって進められ，国の法的枠組みや高等教育発展戦略の中で行われているのである。

4．まとめ ── 中国からの視点に対する応答

　第7章では，産業構造の転換や行政改革の進展とともに，急速な拡大に伴って生じた歪みを改めることが高等教育改革実施の背景であると指摘され，国立大学法人化，第三者評価制度の確立，研究拠点形成のための重点支援措置の実施，国際化の推進という4点について検討されている。最初の3点は，第1章でも説明されているように，中国でも類似の改革動向が認められ，日中共通の問題関心があると推察される。また国際化に関しては，中国でも2002年のWTO加盟以降大きな関心がもたれている。最後に，第7章及び本章の内容を改めて振り返り，まとめとしたい。

　国立大学法人化の動向は，新たな制度の創造として，中国でも非常に注目されている。法人化をめぐる議論には政府と（国立）大学との関係をどのように見直すかという視点が含まれており，それは中国の文脈では，大学に対してどの程度の運営自主権を与えるのがよいかという問いになる。従来の政府が直接管理する体制から脱却を図る中で，日本の国立大学法人制度は1つの参照枠組みとなりうるのであろう。第7章においては，そのような視点から，法律にもとづいて制度改革が進められたことや，自治と自由の保障が堅持されていると同時に政治の意志が体現されるしくみになっていることが指摘されている。そのような指摘自体，中国の大学が現在おかれている状況を反映しているように思われる。しかし日本では，制度は立法の形式で定められるものの，実際の運用がそれとは異なることは当然のことだと考えられて

いる。例えば制度設計としては個々の大学の自由や自治が尊重されることになっているが，それが実際どうなっているのかについて当事者それぞれの意見は必ずしも一致していない。法人化に対する評価に関しても，第7章でいくつかの懸念が紹介されたり，大学間格差の拡大傾向について述べられたりしているし，本章でも学部長のレベルでより多くの者が特に研究活動の活性化について負の影響があると感じていることを取り上げた。もちろんコスト意識が高まっていることや大学としての迅速な意思決定が可能になったことなど法人化したことによるメリットも存在している。

　大学評価を含む質保証システムの構築に関しても，中国側の視線は政府と大学との関係に向けられているようである。第7章では，中国で行われている評価と比べると，自国の高等教育の質を高めることを目的として法規の整備と通じて制度の改善・整備が進められてきたという共通点がある一方，主として認証評価を念頭に置きながら，日本では政府から独立した複数の機関が評価にかかわっており，また評価の対象がより全面的であるという特徴があることが指摘されている。これらの指摘は確かに正しく，政府が主導して多様な評価主体が存在する大学評価システムを構築してきていることは間違いない。ただしこのように日中比較の視点から眺めることで，日本の大学評価のもう1つの側面がよりいっそう明瞭になるように思われる。すなわち，日本の大学評価の制度化が自己点検・評価の実施の努力義務から始まったことからもわかるように，大学評価には，国や社会に対する説明責任という役割とともに，各大学が主体的に自らの教育研究活動の質を改善させようとする目的が含まれている。中国の大学評価制度ではそれも国としての質向上につながるものとしてとらえられているようだが，日本では，それ自体が，あるいはそれこそが大学評価の目的だとする考え方もある。こうした考え方の違いは評価に対する意識や評価結果の利用のされ方にも現れる。例えば，ある大学にとって改善の必要な点があるとき，自己の活動の改善という視点からすればそれを適切に取り出して必要な対応を考えればよいことになるが，国あるいは社会に対する自らの説明責任として評価が行われる場合，ともすれば評価の結果をよくするためにそうした改善の必要な点が表だっては言及されないこともありうるだろう。このように輻輳した目的をもつ大学評価を

155

III. 高等教育

どのようにするのが適切なのか，不断に見直していくことが必要である。また現在，学習成果の評価や分野別評価の検討が進められたり，「キャンパス・アジア」構想の中で東アジア地域における国家横断的な質保証のしくみが議論されたりしているところでもあり，それらも含めた質保証の全体的なシステムの構築をめざすことが求められるだろう。

高等教育の国際化推進については，本章で政策の流れを整理しているのに対して，第7章では大学レベルでの動きに焦点が当てられている。国際化の一環としての留学生数の増加は中国でも重視され，奨学金の充実や留学生に対する予備教育の整備などが図られている。日本で現在取り組まれている「留学生30万人計画」は留学に対する動機づけを高めることから卒業・修了後の就職や帰国までより包括的なプロジェクトとして設計されている。そして大学に対して，グローバル30や「キャンパス・アジア中核拠点形成支援」事業などを通じて留学生の増加を促すことがめざされている。これに対して大学レベルでは，すでに多くの留学生を有する大学を中心に，英語のみで学位取得に至るコースの設置や，交流協定にもとづく交流活動の活発化，留学生受け入れ体制の整備・充実といった施策がとられ，他方学生募集に困難を抱える私立大学では私費外国人留学生を多く受け入れることで募集定員の不足を補おうとしている。ひと口に留学生を増加させると言っても，第7章で指摘されている，国公立と私立との条件の違い，学部段階と大学院段階の留学生受け入れ数の不均衡などの課題をどのように解決するのか，またそのために政府と大学がそれぞれどのような役割を果たすのかといった点を考えることは重要である。それに加えて，機関レベルで国境を越えて高等教育を提供するための法的整備が進んでいることも，日本における高等教育の国際化の趨勢を全体としてとらえるときには注意しなければならない。この点では特に，日本の大学が海外へ進出するための国内の条件整備はすでに行われていることから，各大学がどのような戦略をもつのかが大きなポイントになろう。

日本と中国はともに，グローバル化が進展する中で，自国の国際競争力を高めるために高等教育を重視し，その質の向上や活動の活性化に力を入れている。政府はその方策として，各大学の権限を大きくしたり，少数の大学や

第 8 章　質向上をめざす高等教育改革の展開

専門分野への重点支援をしたり，国際化を促す施策を講じたりすると同時に，評価のプロセスを整備してきている。政治・経済・社会体制が異なることから，両国を単純に比較したり，相手国のある制度をそのまま導入したりすることは適切ではないが，制度や改革施策の背後にある考え方にはお互いに参考になるところがあるように思われる。

注
1) 中央教育審議会「我が国の高等教育の将来像（答申）」(2005 年 1 月 28 日)。
2) 天野郁夫『国立大学・法人化の行方　自立と格差のはざまで』東信堂，2008 年，49-88 頁。
3) 「国立大学法人・大学共同利用機関法人の第 1 期中期目標期間の業務の実績に関する評価の概要」，http://www.mext.go.jp/component/a_menu/education/detail/__icsFiles/afieldfile/2011/05/24/1306345_1.pdf。
4) 丸山文裕「国立大学法人調査と大学類型」『国立大学法人化後の経営・財務の実態に関する研究』国立大学財務・経営センター，2010 年，1-5 頁。
5) 日本技術者教育認定機構は，2010 年に産業技術系専門職大学院認証評価機関としての認証を受け，同年から専門職大学院の認証評価を始めている。
6) 以上の記述は，日本技術者教育認定機構のホームページ（http://www.jabee.org/）による。
7) 文部科学省ほか「『留学生 30 万人計画』骨子」，http://www.kantei.go.jp/jp/tyoukanpress/rireki/2008/07/29kossi.pdf。
8) 日本学術振興会「国際化拠点整備事業―グローバル 30―」，http://www.jsps.go.jp/j-kokusaika/index.html。
9) 文部科学省「平成 23 年度大学の世界展開力強化事業公募要領」，http://www.jsps.go.jp/j-tenkairyoku/data/download/01_kouboyouryou.pdf。

Ⅳ. 生涯学習

　日本では，戦後の経済成長に伴い，学校という場における学習を終えてもなお学び続ける機会を確保するため，生涯学習を実施する制度を法的に整備してきた。つまり生涯学習政策が国家事業として推進されてきたのである。
　一方，中国での生涯学習政策は，まだ国家的な規模とはなっておらず，福建省や上海市など一部の自治体が制度を築き始めたばかりである。中央政府でも地方政府でも，生涯学習を専門的に管理する行政機関はなく，生涯学習の施策に関する諸権限はその他の行政機関に分散されていることから分担と責任が不明確で，教育機関と関連諸団体の連携もうまくいかず，生涯学習の成果も限定的である。
　しかし，日本の生涯学習政策には，一貫した理念が欠如しているという問題がある。それは，日本の生涯学習政策が，主に経済界の要請によって推進されたためであり，経済界の動向によって政策方針が振り回されているという問題を生み出している。この問題の解決の糸口として，特に2011年3月11日の東日本大震災後の被災地・非被災地の学習課題を取り上げ，被災・復興の各々における学習課題と，新たなネットワークの可能性について，具体的事例をもとに検討することで，「3.11以後」の生涯学習の新たな発展の方向性を示唆したい。
　第9・10章は，このような生涯学習政策についての，日中の応答を示している。

第9章

日本における生涯学習社会構築の経験と示唆[1]

孫　誠

　新たな技術革命の挑戦に対応し，将来の教育体系を構築するための日本政府の重要な措置として，生涯教育は現代日本の教育の創造における中心的なテーマの1つとなっている。40年余りの努力を経て，日本はすでに，日本の特色を豊かに備えた生涯学習社会を構築し始めている。生涯教育の理論と実践において有益な経験を有していること，また世界的にみて先進的な位置づけにあることに鑑みて，中国は日本の有益な経験に学び，それを手本とする必要がある。

1．日本における生涯学習社会構築の時代背景

　日本経済は1950年代から高度成長期に入るとともに，驚くべき発展を遂げた。この時期，日本の国民教育水準はとても高く，9年制義務教育の普及率はほぼ100％に達し，高等学校段階の教育も70％以上になっていた。1960年代に入って以降，日本の科学技術の発展は技術の導入への依存を基礎としつつ，消化・吸収と改良・創造を進め，競争力を備えた製品を作り出し，日本の工業の国際競争力は大幅に強化された。1980年代以降，日本は「技術立国」の国策を行いはじめ，独自の創造的な技術研究開発を強調した。1990年代以降，日本経済には何年にもわたって「ゼロ成長」（成長率1％未満）[2]が現れた。このような情勢のもと，日本政府は，先端科学技術が新興産業の発展を推し進める鍵であると考え，科学技術の自主開発・創造を強調した。1996年，内閣は「科学技術基本計画」を制定し，「科学技術創造立国」戦略

第9章　日本における生涯学習社会構築の経験と示唆

を明確に提示した。それとともに，経済が高度に発展した国として，精神的な豊かさを追求し，国民のますます多様になる文化・教育ニーズを満足させ，文化と科学技術のバランスによって 21 世紀に対応することが同時にとるべき戦略的選択であることもはっきりと見通した。続く 1997 年には「文化振興基本計画」が発表されて，文化の振興を国家の最重要課題の位置にまで高めるべきことを示し，文化に対して重点投資を行うことが強調された。

　上述した 2 つの大きな戦略の順調な実施を推し進めるため，日本政府は，教育改革がそれに先行しなければならないと考えた。1980 年代，日本政府は生涯教育理念の導入を契機として，人格の完成の促進を最終目標にするとし，日本の教育体系全体について総合的な調整を行った。教育行政担当者はすでに，学校がすべての教育を負担する機関ではないし，人の養成は必ず家庭，学校，社会等の環境のもとでそれらが共通に影響しあうことで実現しなければならないことをはっきりとさせていた。また社会教育関係者は，「生涯学習」は急激に変化する社会に適応して必ずとらなければならない改革措置であり，社会教育はその中で重要な任務を担っていると考え，さらに産業界も，生涯学習の理念に注意し，「新しい産業社会の人材を育成する」という角度から，国民の生涯学習のためにいかにして機会を作り出すかを考えはじめた。

　1984 年 9 月，日本では内閣総理大臣の私的諮問機関 ── 臨時教育審議会（以下，「臨教審」と略）が設置された。「臨教審」は 1985 年 6 月から 1987 年 8 月まであわせて 4 次の答申を提出し，「社会変化に主体的に適応し，活力ある社会を作り上げ，人びとのますます高まる学習ニーズを満足させるため，生涯教育体系に向けて移行し，教育体系を全面的に再構築しなければならない」ことを明確に示した[3]。

　ここからわかるように，日本の生涯学習政策の制定と実施は，たんなる教育改革であるのみならず，国の利益を至上とする「国家主義」を基礎として制定されたものであり，鮮明な政治主導の特徴を有している。

Ⅳ. 生涯学習

2. 社会教育の生涯学習への転換

(1) 第二次大戦後の社会教育の発展

　生涯学習社会構築の概念が提示されるまで，日本は学校教育以外の各種の組織的教育活動を社会教育と総称した。1949年に公布された「社会教育法」では，社会教育とは学校の教育課程として行われる教育活動を除き，主として青少年及び成人に対して行われる組織的な教育活動であると規定された。この法はまた，公民館等社会教育施設の性質，任務，運営方針，施設の規模等について具体的に規定するとともに，政府が，図書館，博物館，公民館等の公共施設を設置し，国民の資質を向上させるために環境を整え，広範な国民がさまざまな学習・文化活動を展開するよう機会を作り出して場所を提供し，それによって人びとが公民館，博物館等の資源を享有できるようにする責任を有することを提示している。この後，1950年と1951年にそれぞれ「図書館法」と「博物館法」が公布され，公民が豊富な社会教育資源を享有するために重要な基盤を固めた。

　「第二次大戦」後，日本の社会教育は全体として不断に発展する歴史であり，教育施設が徐々に増加し，専門担当者制度が整備されるなどしてきた。戦後すぐの設備がほとんどゼロだった状態と比べると，日本の社会教育施設の設置からみた発展は急速である。特に，社会教育の基本的施設としての公民館は，数が義務教育機関 ── 小・中学校とほぼ同じで，全国の91％の市町村に公民館が設置されている。もし公民館と類似した社会教育センターも含めれば，そのカバー率はさらに高くなる[4]。

(2) 社会教育政策の生涯教育政策への転換

　日本の「社会教育法」は1947年の「学校教育法」を基礎として制定され，学校教育が完成させることのできない，国民資質の向上に有利な学習活動を充実させることを旨としていた。このような，生涯教育の色彩を一定程度帯びた社会教育の実践は，当時の日本の社会状況において，間違いなく学校教育を効果的に補完し，広範な民衆の教育ニーズをある程度満足させた。社会教育の本質と生涯教育は相通じており，それはすなわち「あらゆる機会を利

用し，あらゆる場所で」教育の目的を達成する点である。ここには教育機会均等の理念が含まれているだけでなく，一生涯学び，一生涯教えるという観点も内包されている。

　社会経済の発展にしたがって，生涯学習理念はますます多くの国で認められるようになった。日本では，「社会教育法」の中には生涯学習とあわないところが多くあり，なかでも「社会教育法」は公民館，博物館，図書館といった場所の提供に注意を払って「人」のニーズを軽視していることが大きな問題だとますます感じられるようになった。実際，現実に日本の教育は多くの危機に直面している。それには例えば，教育の平等を過度に強調して，全体の画一性を極端に追い求める教育ニーズと硬直化した教育制度を生じさせ，生徒の個性の発達と個人のニーズを軽視したこと，企業の雇用制度や社会観念とあわせて，学歴や理論的知識を偏重する「学歴社会」を形成したこと，一流企業と一流学校をめざす競争が激烈で，学校，保護者，生徒がみな「試験競争」に巻き込まれ，生徒の全面発達を軽視し，最終的に家庭の教育能力の低下，地域の教育の弱体化と「教育荒廃」など一連の教育問題の発生をもたらしたことなどがある。

　日本政府と教育者は，日本の「社会教育法」の中では人びとが関心を持つ家庭教育，技術教育，国際理解教育，社会福祉，高齢者教育などの展開が制約されていると考え，そのために，1990年に「生涯学習の振興のための施策の推進体制等の整備に関する法律」(以下，「生涯学習振興法」と略)を公布したが，その目的は，「社会教育法」の不足部分を充実させることだった。しかし，生涯教育を促進する過程で，生涯教育の発展は社会教育の歩んできた道筋から離れられないし，生涯教育もまた社会教育の外に独立したもう1つの教育体系ではないと考えられるようになった。日本の研究者と政府はともに，社会教育と生涯教育は同一の範疇にある異なる発展段階と形式でなければならず，その究極目標は「学習社会」を実現することであると考えた[5]。

　日本の社会教育政策から生涯教育政策への転換は，理念的，観念的に，「小さな教育」観から「大きな教育」観への転換を実現しているといえる。上は政府から下は国民まで，かつての範囲が狭く規模が小さい学習活動はすでに社会の発展や民衆のニーズに適応できなくなっており，それをあわせて広範

IV. 生涯学習

で総合的な学習の総体とすることによってこそ，学習社会の形成が生涯教育の最高の追求であると普遍的に考えられるようになった。

3. 生涯学習社会を構築するための措置

日本では，1960年代末に生涯教育理論を導入して以降，生涯教育政策の進展は，政策の形成から政策の日本化，さらには法制化に至る道筋を経てきた。

(1) 制度の整備 ── 生涯教育政策諮問審議制度の創設

日本政府は，生涯学習政策の研究と立案を強化するために，1990年，生涯学習審議会を設置した。生涯学習審議会は設立以降，文部大臣に対して多くの生涯学習政策の答申を提出し，政策の連続性と全体性を反映して，日本の生涯学習の推進に対して有力な支持を提供した。そのうち，生涯学習審議会が1992年に提出した「今後の社会の動向に対応した生涯学習の振興策について」は，日本が21世紀の生涯学習戦略を制定する基盤を固めた。この答申は生涯学習社会を形成するという目標を描いて，国と地方自治体が生涯学習を振興する際に役割を発揮することを求め，さらに生涯学習に関する推進体制，地域の生涯学習を推進する機関，生涯学習活動の重点地域，民間教育事業の支援等の面について提案を行った。この答申は日本政府が生涯学習事業を推進する全体方針となった。

2001年から2004年3月末まで，中央教育審議会生涯学習分科会（生涯学習審議会から改組）はあわせて31回会議を開催した。会議の審議内容からみると，日本の生涯学習政策は社会が直面している現実的な問題にいっそう関心を払っている。例えば，経済の後退により日本国内の失業率は上昇して，2002年度には5.6％にまで達し，とりわけ若者で職がなかったり失業や離職をしたりする者が増加した。こうした人たちの自立を助けるため，2003年，文部科学省，厚生労働省，経済産業省と財務省は共同で解決策を制定して，若者の起業，経営，就業の能力を養成し，就業機会を増やし，起業のための情報と資金を提供することに727億円を投じた[6]。

（2）体系の整備 —— 生涯学習一体化の行政管理体系の構築

日本政府は生涯学習社会の形成を促進するために，生涯教育行政管理体系の整備を非常に重視している。

第1に，中央政府の生涯学習専門管理部署を設置した。1988年7月，文部省は旧来の社会教育局を生涯学習局に変更した。2001年，中央行政機構の改革が行われて1府12省庁制となり，もとの文部省と科学技術庁が合併して文部科学省になるとともに，生涯学習局を生涯学習政策局と改称して文部科学省の筆頭部局に位置づけ，生涯学習政策の研究と協調を全面的に企画する機能を与えた[7]。

第2に，地方の生涯学習推進体制の形成を強化している。まず，関連の法律によって地方自治体が生涯学習の推進を中長期発展計画に組み込むことが求められた。2005年6月までに，47都道府県のうち43の都道府県で生涯学習を振興させる中長期計画と構想を制定していた。また，市町村等の地方自治体がもっぱら生涯学習に責任を負う部署を設置し，各地の教育委員会がもとの社会教育課を生涯学習課に改めた。最後に，各地で「生涯学習推進センター」を設置し，人びとに生涯学習に関する情報，問い合わせ，課程開発等のサービスを提供している。

第3に，政府の部門間での生涯学習の政策協調を強化した。日本政府は，生涯学習体系は伝統的な学校教育体系とは異なり，生涯学習は広範囲に関わり総合性が強いので，どの部門や機関の力でも単独で実現することはできず，政府各部門が共同で推し進めてこそ実現することができると考えた。そのため，中央教育審議会は2008年4月18日に公表した答申「教育振興基本計画について—『教育立国』の実現に向けて—」において，生涯学習を推進する過程において政府の部門間及び各レベルの自治体の間での相互協力と協調を強化し，中央政府及び地方自治体における教育行政機関の企画調整の役割の発揮を重視し，横の協力と縦の接続の有効性を高めなければならないことを提示した。

（3）法制の整備 —— 法律，政令，省令に依拠した生涯学習社会の構築

日本は完全に，法律，政令，省令に依拠して生涯学習社会を構築しようと

IV. 生涯学習

しており，政府の意図にもとづき，政府が制定する生涯教育政策を推し進めている。

第1に，「生涯学習振興法」が公布された。政府は，生涯教育体系を完全なものにするために，「臨教審」が提示した答申の提案にもとづき，1990年7月1日に「生涯学習振興法」を正式に公布した。この法は12条からなり，立法の目的，関連する政策・措置を制定する政府の責任，都道府県教育委員会の責任，地域の生涯学習事業を振興する構想と基準，生涯学習審議会の設置と相応の財政措置などの事項について法的規定を行っている。

第2に，生涯学習の理念が新たな「教育基本法」に取り入れられた。2006年4月28日，内閣は「教育基本法」改正案を閣議決定した。その中で重要な変化の1つは「生涯学習の理念」という条項が新たに加わったことである。第3条は，「国民一人一人が，自己の人格を磨き，豊かな人生を送ることができるよう，その生涯にわたって，あらゆる機会に，あらゆる場所において学習することができ，その成果を適切に生かすことのできる社会の実現が図られなければならない」と規定している。同時にまた，「家庭教育」（第10条），「学校，家庭及び地域住民等の相互の連携協力」（第13条）といった条項も新たに加え，生涯学習社会における家庭，学校と社会の各方面の相互作用を強調している。新「教育基本法」はさらに，「社会教育」に対する規定を充実させ，改めて社会教育の内容を定義づけた。すなわち，「個人の要望や社会の要請にこたえ，社会において行われる教育は，国及び地方公共団体によって奨励されなければならない」し，「国及び地方公共団体は，図書館，博物館，公民館その他の社会教育施設の設置，学校の施設の利用，学習の機会及び情報の提供その他の適当な方法によって社会教育の振興に努めなければならない」（第12条）とされている[8]。

4. 21世紀日本の生涯学習社会構築推進の成果

21世紀に入って以降，日本政府の生涯教育に対する熱意はまったく衰えることなく，1990年代の生涯教育政策の経験や教訓をくみとったうえで，新たな考え方を展開し，家庭，学校，地域社会の間の連携や協力を通じて，

第9章　日本における生涯学習社会構築の経験と示唆

日本の生涯教育の新たな世紀へと通じる大きな扉を打ち開くとともに，すぐれた成果をあげている。

(1) 社会教育の重要な役割の発揮
　生涯学習社会の形成における社会教育の重要な役割を十分に発揮させるために，主として以下の措置がとられた。
　第1に，学習機会を拡大し，広範な学習サービスの体系を作り上げた。日本では各地で学校，公民館，図書館，博物館，文化センター等の施設を利用して各種の学習クラスや講座を展開し，さまざまなレベルの人びとが持つ，異なる内容の学習ニーズを満足させている。
　第2に，専門家集団の形成を強化し，担当者の能力を高めようとした。日本は早くに社会教育専門職員制度を設立し，徐々に生涯学習の専門家集団を形成してきており，それには公民館主事，司書，学芸員，社会教育主事，文化センター職員等が含まれる[9]。文部科学省は，社会教育の実践研究に従事する国立教育政策研究所社会教育実践研究センターと関連の大学に，生涯学習関連の専門家の訓練事業を委託している。
　第3に，公民館を十分に利用して生涯学習活動を行っている。公民館の業務の重点は地域住民のために学習クラス，講座，レクリエーション活動を実施することである。政府は，公民館を充実させるために，保育室，青年室を増設し，その建築面積を拡大した。また，生涯学習の観点から，公民館には以下のような発展傾向がみられる。1つは，身体障害者等の社会的弱者を集めるだけでなく，青年，成年，高齢者等各年齢段階の人も集めて学習活動に参加させるようにし始めた。2つ目は，学習内容が地域住民の要求と希望にもとづいて進められるようになった。3つ目は，生涯学習の各年齢段階の「定食」型学習モデルの実施を通じて，利用者が年々増加した。
　第4に，遠隔教育等を大きく発展させた。放送大学は各専門分野にわたるおよそ300の科目を開設し，また2002年4月には修士課程の学生を受け入れ始めた。15歳から90歳までの社会人は誰でも学習に参加することができる。学習方法では，1998年から衛星を利用して番組を全国に拡大し，同時に各地に再視聴施設や図書室，学習センター等を設置して，さまざまな段階

Ⅳ. 生涯学習

の学生を支援している。このほか文部科学省は，民間の通信教育や，民間の教育・非営利団体（NPO）等が生涯学習において積極的な役割を果たすことにも非常に関心を払うとともに，それらを大いに支持し認めている。

(2) 財政的支援の強化

21世紀に入って，日本政府は生涯学習事業を展開する過程において，特定費目の形式で，学校での公開講座の開設，社会教育指導員の訓練，生涯学習情報サービス体系の構築，地域的な国際交流の促進，女性の生涯学習事業の推進，青少年が参加する自然体験活動の実施，高齢者向け生涯学習事業の展開，家庭教育の振興奨励などを支援し，生涯学習社会構築のために経費面での保障を与えている。

2007年，文部科学省の経費予算は5兆2705億円で，政府総予算の6.4％を占めていた[10]。このうち，生涯学習，スポーツ，留学生等への投資は4525億円で，文部科学省経費予算の8.5％を占めた（表9-1）。

日本と比べると，中国の財政的教育支出は現在まで，世界の平均的水準（4％）に達していない。統計によれば，2009年の中国国内総生産（GDP）は34兆507億元で，国の教育経費支出がGDPに占める比率は3.59％だった[11]。この比率は教育支出がGDPに占める比率としてはこれまでで最高だが，「国家中長期教育改革・発展計画要綱（2010-2020）」が提示した，国の財政的教育支出が国内総生産値に占める比率を4％にするという目標からはまだ距離がある。また，国の財政的教育支出の配分において主要な経費は各段階各種の学校教育の整備に用いられており，生涯教育や社会教育の発展に使われる特定費目は設けられていない。

一方で，「社会教育法」にもとづいて，社会教育に対しては支出がある。2004年と2005年を例にすれば，表9-2からわかるように，両年の社会教育経費が文教経費総額に占める比率はそれぞれ9.3％，8.8％だった。社会教育経費は主として，「生涯学習振興の基盤の整備」，「学校の生涯教育機能の拡充」，「社会教育の振興」，「青少年社会教育施設の整備」等に用いられる。政府はさらに，地方自治体が生涯学習活動を展開し，生涯学習体系を整備するのを支援するために，「地方生涯学習振興費補助金」を設けた。この予算は，

第 9 章　日本における生涯学習社会構築の経験と示唆

表 9-1　文部科学省の予算構成（2007 年）

		金　額（億円）	比　率（%）
	総　　計	52705	100.0
1	生涯学習，スポーツ，留学生等	4525	8.5
2	教科書購入費	395	0.8
3	奨学金事業	1224	2.3
4	私立大学等経常費補助	4547	8.6
5	公立学校施設費	1042	2.0
6	義務教育費国庫負担金	16659	31.6
7	国立大学法人運営費交付金	12044	22.9
8	科学技術振興費（競争的資金他）	8526	16.2
9	エネルギー対策費	2218	4.2
10	国立大学法人等施設整備費補助金等	520	1.0
11	文化庁予算（科学技術振興を含む）	1017	1.9

出所：『平成 19 年度　文部科学白書』，398 頁の資料を整理して作成。

表 9-2　各費目が文教経費に占める比率（2004 年，2005 年）（%）

教育分野		2004 年	2005 年
学校教育費	幼稚園	2.2	2.1
	小学校	28.0	27.5
	特殊学校	3.7	3.8
	中学校	15.6	15.4
	高等学校	15.1	14.5
	大学	14.5	16.7
	専門学校及び各種学校	0.3	0.3
社会教育費		9.3	8.8
教育行政費		11.2	10.9

出所：『平成 19 年度　文部科学白書』，396 頁のデータにもとづき作成。

　地方が生涯学習事業を展開するのを支援し，学校が公開講座事業を実施するのを支援し，社会教育指導員を置き，生涯学習情報提供システムを構築し，地域的な国際交流を促進させ，学習事業の振興を奨励することについて重要な役割を発揮している。

　生涯学習に関する経費予算は，文部科学省生涯学習政策局が各年度の政策目標にもとづいて配分している。2008 年と 2009 年を例にすれば，生涯学習

Ⅳ. 生涯学習

表 9-3　生涯学習政策局の主要事項予算（2008 年，2009 年）（単位：億円）

内容	2008 年予算額	2009 年予算額
1. 社会全体の教育力の向上	150.09	187.03
2. いつでもどこでも学べる環境の整備	20.66	21.53
3. 教育改革に関する基本的な施策の推進	3.60	4.02
4. 情報通信技術を活用した教育・学習の振興	7.60	7.24
5. 生涯学習政策局所属所轄・所管機関	157.53	170.87
生涯学習政策局総計	339.48	390.69

出所：文部科学省生涯学習政策局「平成 21 年度予算（案）主要事項の説明」にもとづき整理。

の政府支出は主として以下の 4 点，すなわち社会全体の教育力の向上，生涯学習環境の整備，教育改革施策の推進，情報通信技術を用いた生涯学習の振興に用いられている（表 9-3）。各項目の内容にはいくつかの具体的な重点項目が含まれる。例えば，社会全体の教育力の向上には 3 つの重点が含まれており，それは，1 つは学校，家庭，地域が連携して学びの場を形成するのを促進すること，2 つ目は家庭教育相談体制の整備を強化すること，3 つ目は子どもの生活習慣の育成を支援することである。このほか，生涯学習政策局はさらに，一定の経費を支出して，所轄・所管機関が研究活動を展開・監督するのを支援している。

(3) 生涯学習の成果評価制度の構築と整備

　生涯学習の成果評価制度を構築して生涯学習の成果について適当な評価を行うことは，生涯学習を促進させる効果的な方法であるだけでなく，学歴偏重の評価観を改めることに対しても重要な役割を持っている。近年，学習成果評価制度は生涯学習体系構築の重要な内容として，政府によって多くの積極的な模索が行われている。それは例えば，高等教育分野では，大学評価・学位授与機構を設置し，一定の条件を満たす非学歴教育機関の学生に学位を授与する制度を創設したこと，大学と高等学校では，技能検定など一定の条件に合致する校外での学習成果について単位認定を行っていること，大学と高等学校の入学者選抜において，受験生のボランティア活動参加状況を参考にすることなどである。現在までに日本は，学位証書，技能検定，職業資格

証書，高等学校卒業程度認定試験，単位の認定と互換などを含む，多元的な生涯学習成果評価制度をすでに形成している。

5. 経験と示唆

　日本の生涯学習事業の発展は効果的で成果に富んでいるが，それは完全に，政府が生涯学習の展開を社会での人びとの自発的活動とするのではなく，それを国の発展事業の中に組み込み，立法を通じて，また政府の行財政の力を運用して進めてきたからである。日本の経験は，中国が生涯学習社会を整備するのに有益な経験と示唆を与えてくれる。

(1) 生涯教育法制化整備の重視

　日本は生涯教育の法制化整備を重視し，「教育基本法」，「生涯学習振興法」，「社会教育法」等が相互に補い合う生涯学習の法体系を形成している。これらの法律は，生涯学習社会の推進における政府の責任，行政管理体制，資源の保障等を明確に規定している。ここからみてとれるのは，日本の生涯教育体系の構築は自然な，あるいは自発的な過程ではなく，法律，法規の強制と規範に依拠しているということである。生涯教育の観念が完全に普及し広く受け入れられてはおらず，社会と個人もまだ主体的，自覚的に教育の機会を提供したり教育を受けたりする希望を持たない状況のもとでは，法律，法規の形式を通じた，社会と個人に対する生涯学習の面での規範と制限が十分必要である。

　これと比べると，中国ではまだ，日本の「生涯学習振興法」のような生涯学習全体を統率する法律はないが，一部の省ではすでに有意義な模索を行っている。例えば，福建省は全国に先駆けて「福建省生涯教育促進条例」を制定するとともに，2005年9月28日に施行した。上海市は2004年に全国に率先して「上海市生涯教育条例」を制定するとともに，2011年1月5日上海市第13期人民代表大会常務委員会第24回会議において「上海市生涯教育促進条例」を通過させ，生涯教育の法的地位を確立した。中国は地方によって社会，経済，文化などでかなり大きな格差が存在しているため，統一の基

IV. 生涯学習

準で全国揃って画一的に生涯学習体系を構築することを求めるのは非現実的である。したがって、まず各面で条件を備えた地域が当該地域の発展に適合する地域的な生涯学習法規を制定し、規範的に当該地域の生涯学習の整備と発展を促進させようとする方法が中国の国情にあっている。

(2) 政府の行政的な主体的役割の発揮

　生涯学習社会の構築は巨大な社会システムのプロジェクトであり、必ず統一的な計画・管理と協調的な職責を行使する、それにふさわしい専門の組織がなければならない。日本はこの面で中国にきわめて有益な手がかりを提供している。日本は、生涯教育政策管理組織の整備を重視し、中央と地方という2つのレベルでの生涯教育行政システムを形成している。中央レベルでは主として、生涯学習の角度から学校教育、社会教育そして文化の発展を推進するとともに、関連政策を企画・調整し、社会教育に関する計画、支援と提言等の業務に直接責任を負う。例えば、全国基準の制定、地方と民間の生涯学習への支援の提供、全国的な生涯学習機関の設立などである。地方では、生涯学習に責任を負う具体的な行政機関は教育委員会及び地方の首長であり、いくつかの地域ではさらに教育委員会に直属する生涯学習課を自ら設置している。この2つの段階での教育行政システムの大きな支持と推進のもと、日本の生涯教育政策は、学校教育、社会教育及び家庭教育の各分野で貫徹して実施されている。

　翻って中国の現況をみると、生涯学習は教育システムの中で統一的な調整と管理に欠け、中央政府でも地方政府でも、生涯学習を専門的に管理する行政機関はない。この職務を行使する権限はその他の行政機関に分散されていることから分担と責任が不明確で、教育以外の社会的組織・機関との間で効果的な意思疎通や交流が欠け、生涯学習の展開によって得られる成果も限定的である。この原因の1つは、中国には長期にわたって、完全に統一された生涯学習の範囲とはっきりとした生涯学習の目的がなかったことにある。生涯学習の目的において、日本は私たちにすばらしい手本を与えてくれている。それは、明確な発展の方向性がなければならないということである。中国の国情は日本と異なり、現在、知識経済時代の激烈な競争のプレッシャー

第9章　日本における生涯学習社会構築の経験と示唆

に直面し，大量の創造型人材を養成して，人口大国から人的資源強国へと邁進することが差し迫って求められると同時に，国民の精神的，文化的資質を早急に向上させるという問題にも直面している。また個人について言えば，中国の民衆は，実際の経済的見返りをもたらしてくれる知識や技能を学んで物質的生活水準を高めなければならないとともに，人格の不断の向上と精神的資質の向上も実現しなければならない。いかにうまく各段階の政府の方向づけの役割を発揮させ，国と地方の生涯教育に対する全体的な計画と条件保障を強化し，精神的素養の重視と人的資源開発の間で適切な均衡点を探し出し，短期目標と長期目標の結合を実現するかといった問題が，中国が生涯教育体系を作り上げるにあたって直面する大きな課題になるだろう。

(3) 生涯学習資源の効果的な組み合わせ

　日本では生涯学習体系を構築するとき，生涯学習の内容と方法の多様性，すなわち異なるグループ，異なるレベルの学習者によって異なる学習内容と方法をとることが強調される。日本政府は，人びとの多様な学習ニーズを満足させるために，各種の学習資源と社会各方面の積極性を動員し，学校，公民館，図書館，博物館，スポーツ施設，文化施設などすべての生涯学習機関が生涯学習事業に参加することを重視している。加えて，各都道府県はさらに，行政担当者，教育関係者の代表から構成される「生涯学習センター」を設置している。同時に文部科学省は，都道府県などの地方教育行政部門が縦横に結びつけた生涯学習情報ネットワークを創設することに財政支援を行っており，それによって国民の学習機会をさらに豊かにし，一般民衆の学習カウンセリングなど関連のニーズを満足させようとしている。

　現在，中国の生涯教育体系の構築はまだ模索と実験の段階にあるので，中国は日本の経験を参考にすることができる。それは，教育の構造を調整し，教育資源を組み合わせて，社会全体の正規教育と非正規教育，学歴教育と非学歴教育を相互に結びつけ，合理的な分布と明確な分担により，各段階各種教育の相互接続と相互依存を強化していること，各種教育の間での横断的移動，自由な方向転換を可能にすることで，相互に有機的に連携した社会全体の教育ネットワークシステムを形成し，家庭のネットワーク化，社会の中心

Ⅳ. 生涯学習

化，学校の連動化，社会の学習化という「大教育」の構造を実現していることである。学習の質の保証を前提としたうえで，地域や地方の特色を際だたせ，同時に学習の資源を確実に開かれたものとし，社会各階層の人がみな必要な学習支援を得る機会を持つことを保障することで，生涯学習を広範で多様な学習にするようにしなければならない。

(4) 措置を講じて，生涯学習のハード面の設備整備の資金を保障

　生涯学習社会の構築は体系的なプロジェクトであり，相当大きな人的，財政的，物的，技術的資源を投入しなければならず，政府が積極的に投資するほか，社会全体の力を動員し，民間資源を十分に利用しなければならない。相応の財政的支援は，日本の生涯学習事業を実施し振興する基本的な保障である。日本政府は生涯学習事業をさらに振興するために，文部科学省生涯学習政策局の予算を充実させただけでなく，生涯学習事業に対して税制上の優遇措置をとっている。日本は公法人の生涯教育団体及び関連施設に対して所得税免税政策を実施し，生涯教育団体及び施設が所有する土地に対して不動産税の免除を行うなどしている。

　上述した措置が日本で着実に行われたことで生涯学習の著しい成果があがったことに鑑みれば，これもまた中国が参考にできる点である。これと対応させて考えると，中国の生涯学習への財政措置には次のようなものがあり得る。第1に，教育部が生涯学習を展開する特定費目の資金を設けるとともに，それを充実させることがある。第2に，中国の教育と労働力の技能訓練に対するニーズが巨大であることを考えると，単に政府の資金に頼るのではまったく不十分で，民間部門をもっと多く参加させなければならない。いっそう開放的な体制を作り，民間部門が教育と訓練へ積極的に参加するよう促すとともに，相応の優遇政策をとらなければならない。第3に，関連部門の財政支出を増加させる。例えば，労働・社会保障部はより多くの資金を労働力の研修と技能訓練に用いることができるし，農業部はより多くの資金を農民の農業知識と技能の訓練などに用いることができる。第4に，中国の発展は地域によって不均衡なので，一部の地方では財政不足により当該地方の生涯学習展開のニーズを満足させることができないため，日本が生涯学習事業

に用いる国庫補助金を設立していることを参照しながら，これらの地方政府が生涯学習活動を展開するのを支持することができる。第5に，全国生涯教育発展基金会を設立して，民間の資金を吸収し，社会組織と個人及び海外の協賛者から寄付を受け付け，各地でもそれを模倣して類似の基金を設置することも考えられる。

(5) 生涯学習成果の評価制度の形成の重視

近年，日本は生涯学習成果評価制度を整備して，学歴偏重，正規教育偏重の評価観と評価方法を改めるよう努力し，学習成果の評価の多元化を大きく推進し，学習成果の評価において能力と技能をいっそう重視しており，こうした改革の模索は顕著な成果をあげている。日本は，生涯学習社会を構築する過程で，学習者の学習成果に対して正確な評価を与えるために，大学の「名声」にしたがって評価を行う現行制度に代えて，各種学習活動の成果を評価する新しい制度を作っている。文部科学省には各種の非正規学習活動を評価する2つの具体的な方法があり，それは直接評価法と間接評価法である。直接評価法とは労働力市場によって人びとの各種の能力水準を直接測定する制度であり，間接評価法とは正規の教育制度を通じて非正規の教育活動の成果を間接的に評価する方法である。

中国は，学習成果の評価の面で依然として学歴を重視し知識を重んじて，能力と技能を軽視しており，また評価の手段が画一的であるといった傾向がある。中国は，日本の経験を参考にして，生涯学習の成果の審査，評価，認証を行う健全な制度を作り，学校外での学習の成果を認可する制度を推し進め，それによって現在民衆が非正規教育と非学歴教育に対して普遍的に感じている憂慮を改めることができる。もし民衆が学校外の非正規組織（職場，社会教育機関など）で，あるいは正式ではない学習のルートを通じて取得した累積単位や学習記録で同じように学校への入学申請資格を獲得することができたり，さらには職場での昇進や昇給のよりどころとなり得たりするなら，これは民衆の学校外での非正規の学習に対する熱意を大いに引き出すだろうし，いっそう重要なことは，それが正規の教育機関の学歴証書に対する独占を打ち破るのに有利であり，正規教育と非正規教育，学歴教育と非学歴

IV. 生涯学習

教育をともに重視する教育体系を作り上げるのに有利であるということである。

日本政府が生涯学習社会構築の面で行った努力は感服に値するものであるが，そこには私たちがともに考えるべき問題もある。

第1に，生涯学習政策を制定する出発点の問題がある。日本は，政策の模索，政策の日本化，政策の法律化という発展の道をたどってきたが，これから日本の生涯学習政策はどこへ向かおうとしているのか。日本の1960年代以降の各種政府文書，答申，法律に現れた「生涯学習」及びそれに関する概念についての定義は，多くの場合，日本政府もしくは政府のある部門の生涯学習に対する理論研究の結果を代表しており，目的はそれを教育実践へいち早く応用し，当時の日本の政治，経済の発展のニーズに貢献するようにするためであった。つまり，日本は政治が全体を指導する形式で生涯学習社会を構築しており，一面では，それによって日本は急速に生涯学習社会を構築することができたのだが，他の面では，こうした政治主導のもとで制定された生涯学習政策が隠蔽した教育概念の際限ない拡大と曖昧さの傾向によって，多くの日本人が教育の独立性をどのように保持するのかとか，生涯教育は「生涯教化」なのかどうかといった問題を心配するようになった。

第2に，日本の生涯学習の価値選択という問題がある。日本の生涯学習政策の形成と発展の過程を俯瞰すると，日本の産業界，財界が終始強い影響を発揮している。この影響は，一面では生涯学習政策の決定過程に反映され，別の面では日本政府が「リカレント教育論」を日本の生涯学習政策の理論的よりどころの1つとしていることを示している。リカレント教育の目的は，教育を個人の一生の中に分散させて，学校が連続する伝統的な教育方式を打破し，教育―労働―教育―労働という循環方式を確立することにある。リカレント教育が産業界，財界から歓迎されたのは，1970年代に日本の産業構造，雇用構造，労働力市場などが大きく変化したからである。この変化によって，日本の教育と労働市場との関係には新たな変化が起き，日本の現行の職業技能・技術の社会的養成システムは急いで新たに組み直すことが迫られた。そのため，日本の「リカレント教育」は「専門的技術職員」と「基盤労働者」の訓練に力を入れるという色彩を帯びた。つまり，日本の生涯学習政策の試

行の一部はまた「リカレント教育論」に導かれたものでもあったといえる。こうした経済主義，人的資源開発主義は日本の生涯学習の政策化の重要なよりどころとなり，その結果，日本の生涯学習は理念から方向性までズレが生じ，経済発展をめぐって職業訓練を強化する傾向がはっきりと示された。もし日本が生涯学習政策を制定する出発点を引き続き経済と政治の発展に置くならば，そうした豊かな創造性もなく活力にも欠けた教育ではまた，経済と政治の発展をさらに進めることも困難だろう。

　総じていえば，実用主義の角度から出発すると，日本は生涯学習社会構築の面で中国が学び手本とするに値する成功経験を多く有している。また生涯教育の根本的な目的から出発すると，日本ですでに生じているか，生じるかもしれない問題について中国は注意してそれを防がなければならず，生涯教育を行う人に人間らしさを与えるいっそうの配慮を求め，生涯教育の機能と価値の二重性を明確にして検討する，これもまた中国の生涯学習社会構築がとるべき方向なのである。

（南部広孝　訳）

注

1) 本稿の執筆にあたっては，国家教育発展研究センターの韓民研究員の大きな協力を得るとともに，重要な修正意見をいただいた。記して謝意を表したい。
2) 龔興英・陳時見「日本"21世紀COE計画"：背景，内容及意義」『比較教育研究』2007年第7期，2007年，52頁。
3) 袁振国『外国素質教育政策研究』山東教育出版社，2004年，308頁。
4) 『平成19年度　文部科学白書』。
5) 呉遵民等『実践終身教育論』上海教育出版社，2008年，202頁。
6) 張洪霞等「日本開展終身学習政策措施与効果」『日本学刊』2004年第6期，2004年，144頁。
7) 地域づくり支援室は，生涯学習政策局を中心に地域が行う教育，文化，スポーツ等の活動を支援するために開設され，初等中等教育局，高等教育局，スポーツ・青少年局，文化庁などの職員から構成されている。
8) 夏鵬翔「日本終身教育政策実施現状分析」『日本学刊』2008年第2期，2008年，127頁。
9) 統計によれば日本では，2005年時点で，生涯学習活動に従事する職員は12.8万人に

Ⅳ．生涯学習

達していた（兼任を含む）。内訳は，公民館の職員が 5.2 万人，図書館の職員が 3.1 万人，博物館の職員が 4.5 万人だった。
10)『平成 19 年度　文部科学白書』，398 頁。
11)「09 全国教育経費執行状況：比上年増 23.55％」『中国教育報』2010 年 12 月 9 日。

参考文献

鄧永慶「日本推進終身学習的制度保障研究」『成人高教学刊』2007 年第 5 期，2007 年，61-64 頁。
中央教育審議会ウェブサイト，http://www.mext.go.jp/b_menu/shingi/chukyo/chukyo0/index.htm。
婁亜民「日本的終身教育体制及評価制度」『継続教育研究』2007 年第 7 期，2007 年，57-58 頁。
秦桂芳「日本終身教育政策策略借鑑」『臨沂師範学院学報』2008 年第 1 期，2008 年，51-53 頁。
王海涛「日本《終身学習振興法》立法背景探析」『継続教育研究』2008 年第 11 期，2008 年，92-94 頁。
呉遵民等『実践終身教育論』上海教育出版社，2008 年。
夏鵬翔「日本終身教育政策実施現状分析」『日本学刊』2008 年第 2 期，2008 年，116-129 頁。
張洪霞等「日本開展終身学習政策措施与効果」『日本学刊』2004 年第 6 期，2004 年，141-155 頁。
文部科学省「社会教育調査」平成 7 年。
『平成 13 年度　文部科学白書』ウェブサイト，http://www.mext.go.jp/b_menu/hakusho/html/hpab200101/index.html。
『平成 14 年度　文部科学白書』ウェブサイト，http://www.mext.go.jp/b_menu/hakusho/html/hpab200201/index.html。
『平成 19 年度　文部科学白書』ウェブサイト，http://www.mext.go.jp/b_menu/hakusho/html/hpab200701/。
『平成 20 年度　文部科学白書』ウェブサイト，http://www.mext.go.jp/b_menu/hakusho/html/hpab200801/。

第 10 章

戦後社会教育をめぐる論点と生涯学習の現代的課題

渡邊　洋子
吉田　正純

　本章の目的は，次の2点にある。

　第1に，戦後日本の社会教育・生涯学習に関わって中国側研究者孫誠氏により執筆された第9章に対し，①戦後社会教育・生涯学習の全体構図，②「公共性」概念，の2つの観点において日本側研究者が検討し，同論文を日本の文脈においてどのように読むべきかを提起することである。孫論文は，日本の生涯学習・社会教育をめぐる法制度の発展経緯を跡づけ，その考察から今後の中国の終身（生涯）教育政策への指針を得ようとしたものである。その精力的な作業と意欲的な姿勢に，まず心より敬意を表したい。

　第2に，現代日本において最も緊要な東日本大震災後の被災地・非被災地の学習課題について，被災・復興の各々における学習課題，及びそれらに対応して生み出された新たなネットワークの可能性について，具体的事例をもとに検討する。これは，孫論文では取り上げられなかった日本のNGO/NPOの現状と潜在的可能性をも示すものであり，「3.11以後」の生涯学習の新たな発展の方向性をも示唆するものと言える。

1. 戦後社会教育・生涯学習の全体構図をめぐる日中研究者の論点

　現代日本の生涯学習にとって社会教育法（1949年施行）は，国民がいつでもどこでも学べることを保障する理念と基本方針とを示す，原点とも言える法律である。同法制定時に想定され得なかった新たな生涯学習機会の整備な

IV. 生涯学習

どについては，下位法の「生涯学習振興法」(1990年施行) が制定され，具体的手立てが盛り込まれた。孫氏が評価する生涯学習事業への税制上の優遇措置なども，同法にもとづく措置である。さらに改正教育基本法 (2006年) で「生涯学習」が明示されるなど，法的整備がなされてきたことは確かである。

だが，孫論文を読む限り，中国と日本で，「生涯学習に関わる法律が整備されている」事実のもつ意味が大きく異なる点は強調しておく必要があるだろう。中国で「法律が存在する」ことは，それを根拠に，施策や事業が本格的に展開されている（いく）ことを意味する。法律を実体化するために充分な予算措置がなされ，一定程度，骨太の施策が展開されるものとの見通しが成り立つ。他方，日本の教育では「法律の存在」自体が，その法律の理念に見合う施策や事業に必ずしも結びついていない。生涯学習・社会教育の領域では，特にその傾向が顕著である。例えば，社会教育法の掲げる理想や理念は常に高く評価されてきたが，条文に示された諸事項は，行政・現場では達成目標よりむしろ到達目標と受けとめられてきた。孫論文では総体として，以上の日中の違いが看過されているように思われる。

また事実関係の認識に，いくつか修正すべき点も見られた。例えば，1970～80年代の法制度成立期には，政府が生涯学習の展開を「国の発展事業の中に組み込み，立法を通じて，また政府の行財政の力を運用して進めてきた」側面があったとはいえ，それは「社会での人びとの自発的活動」を否定したものとは言えない。むしろ臨教審答申を受け，政府は従来の「生涯教育」路線を，受益者負担の「学ぶ自由」を掲げる「生涯学習」推進路線へと転換したのである。1990年代には市民活動が活発化し，NGO / NPO の組織化が顕著になる。数年ごとの内閣府「生涯学習に関する調査」[1] 結果をみる限り，生涯学習への関心の高まりは否定できない。ゆえに，孫氏のいう「生涯教育の観念が完全に普及し広く受け入れられてはおらず，社会と個人もまだ主体的，自覚的に教育の機会を提供したり教育を受けたりする希望を持たない状況」は正確には存在せず，「法律，法規の形式を通じた，社会と個人に対する生涯学習の面での規範と制限が十分必要」との指摘は妥当とは思われない。

近年，日本経済の悪化や停滞の下，生涯学習・社会教育関係予算は大きな

削減の方向にある。都道府県の派遣社会教育主事の必置制がなくなり，市町村合併による社会教育主事の大幅削減，指定管理者制度[2]の導入，公民館運営審議会の非必置化などによって，公的部門は大幅に縮小されている。他方，カルチャーセンターや通信教育などの民間教育文化産業は受益者負担の原則を崩さないまま，受講者獲得の競争を強化しており，現実には，経済格差による「学習格差」が拡大し，無職・低所得者層を中心に「学習稀縁者」[3]がますます増加している。関心の高まりとは別に，実質的な生涯学習社会への道のりは，より遠く険しいものになっているのである。

　孫論文の特徴は，今後，終身教育体制を国家政策として整備すべき段階にある中国の実情を背景とするがゆえに，日本の生涯学習政策や法制度の充実度への評価が格別に高い点である。ゆえに，法制度の整備充実が生涯学習の内実保障や質保証にストレートにつながるかのような叙述が気にかかる。例えば，中央・地方の2段階の教育行政システムの「大きな支持と推進」のもと，日本の生涯教育政策が「学校教育，社会教育及び家庭教育の各分野で貫徹して実施されている」との評価は楽観的に過ぎる。第2に，同論文では「学習成果の評価の多元化を大きく推進し，学習成果の評価において能力と技能をいっそう重視しており，こうした改革の模索は顕著な成果をあげている」との評価にも疑問が残る。行政主導の学習成果の評価は未だに途上段階にあり，多くの課題を抱えているためである。

　ただ，孫氏が最後に指摘された「生涯学習政策を制定する出発点の問題」，及び「日本の生涯学習の価値選択という問題」には重要な示唆が含まれている。特に「日本の生涯学習政策の試行の一部はまた『リカレント教育論』に導かれたものでもあった」との指摘は的確である。さらに「その結果，日本の生涯学習は理念から方向性までズレが生じ，経済発展をめぐって職業訓練を強化する傾向がはっきりと示された。もし日本が生涯学習政策を制定する出発点を引き続き経済と政治の発展に置くならば，そうした豊かな創造性もなく活力にも欠けた教育はまた，経済と政治の発展をさらに進めることも困難だろう」とされている。

　筆者は，ここで孫氏が一貫して強調される日本の生涯学習政策における理念の欠如こそが，今後の日本を考えていく上で，1つの鍵となると捉えてい

IV. 生涯学習

る。なぜなら，日本における生涯教育政策は，高度経済成長政策とユネスコの生涯教育論との結合の上に生み出されたものであり，また生涯学習推進政策への移行は，経済界の要請のもと，新自由主義経済への転換という日本社会の選択の上に進められたからである。生涯教育政策が政治・経済政策に奉仕するものとして生み出されたがゆえに生じた諸課題が未だに，生涯学習が私たち一人ひとりのものとして自覚されるのを阻む一要因ともなっているのである。

(渡邊洋子)

2. 生涯学習社会の構築と「公共性」の行方

孫誠論文の1〜3節では，主に1980年代以降の日本政府の生涯学習政策を丁寧に追いながら法制度・職員・施設等の現状について，分析している。日本の生涯学習社会の構築において，社会教育が学習者支援のためにさらに大きな役割を担うという指摘は同意でき，また心強いものでもある。その上でここでは触れられていないもう1つの大きな論点である，社会教育・生涯学習の「公共性」の行方についてコメントしたい。

戦後日本の社会教育は，基本的に地方自治体等によって提供される「公的社会教育」が中心であり，行政が職員・施設・講座のすべてを担うものとされてきた。すなわち社会教育の「公共性」は行政が実施することとほぼ同義であり，その枠組みの中で住民・市民の民主的参加を実現することが，職員の役割と考えられてきた。その一方で戦時下のファシズム体制への協力の歴史から，国家による介入への抵抗感は根強く，社会教育の担い手は市町村─公民館という比較的小規模なコミュニティでの運営を前提としていた。

生涯学習政策が導入された時期になされた激しい論争は，社会教育の担い手が「官か民か」，すなわち行政か企業か，利潤追求を是とする産業界に「公共性」は担いうるのかどうかが焦点であった。新自由主義的な社会サービス削減の潮流のもとで，民営化・規制緩和は教育の公共性を損なうのではないかという危惧は，1990年代以降の日本経済低迷による公的社会教育の後退で現実のものになりつつある。

第 10 章　戦後社会教育をめぐる論点と生涯学習の現代的課題

　一方で生涯学習政策の導入とほぼ並行して，行政でも企業でもない「第3の担い手」である，市民社会セクターの役割も増大してきたことも指摘したい。すなわち多様な分野でのNGO・ボランティアなど市民による自立した学習活動が，行政の「下請け」にとどまらない存在を示し始めたのである。1995年の阪神・淡路大震災以降は特に，地域課題とグローバルな課題の双方で，市民がどのように「公共性」を担いうるかが，生涯学習においても焦点になってきた。そうした観点から孫論文への補足と応答を試みたい。

(1)「生涯学習社会構築の時代背景」について
　1980年代のいわゆる「臨教審路線」以降の生涯学習論には，主として産業界の要求に応じた，資格・語学などの「学習産業」への規制緩和が進められた。孫論文も指摘するように，そこには「急激に変化する社会に適応し」「新しい産業社会の人材を育成」する意図があったことは否定できない。しかし日本の社会教育は，伝統的に職業教育とのつながりが非常に弱く，また当時は雇用の流動性が低く企業内教育が重視されてきたため，学校教育と比較して直接の影響は薄かった。むしろ日本では「生涯学習」は個人的な趣味・娯楽の消費的活動ととらえられ，社会教育はそれに対してコミュニティや地域課題を対置する形で論争が行われた。そうした中でフレイレ・ジェルピやユネスコ「学習権宣言」(1986年)の影響も受け，社会変化への「適応」だけではなく，社会に能動的・批判的に関わる主体としての自己教育，という立場からの社会教育の再構築が試みられてきた。もとより戦後の社会教育(特に職員)は国民・住民の学習に寄り添うものであるという考えが強く，「国の利益を至上とする」教育政策には容易にはなじまなかった。そうした矛盾を抱えながら「生涯学習政策」がトップダウンで導入され，社会教育が組み込まれていったというのが実情であると思われる。

(2)「社会教育の生涯学習社会への転換」について
　「生涯学習振興法」(1990年)は孫論文が指摘するように，幅広い学習ニーズにこたえる学習機会提供をめざして制定されたものである。しかし同法が準備された時期は施設(ハード)重視の全盛期であり，社会教育法以上に「場

IV. 生涯学習

所の提供に注意を払って『人』のニーズを軽視」したことは否定できない。当時設置された生涯学習センターの中には，豪華な設備の割に職員や教育体制が十分でないものも多く，「学習メニュー」も画一的で消費的なものも多かった。また社会教育で重視されてきた専門的職員による継続的支援や集団づくりよりも，（生活に余裕のある）個人の「自由な学習」が推奨された。「大きな教育」観という指摘についていえば，同法ではより広範囲（都道府県レベル）・大規模な制度・計画をめざしたものの，かえって多様化する人びとの学習課題をとらえることが困難となった面も否定できない。孫論文も指摘するように1990年代以降，国際化・高齢化社会や人権・環境問題といった公共的課題が，政府・自治体の生涯学習計画にも盛り込まれるようになる。ただこうした課題は「個人の学習ニーズ」としてよりも，地域的ないし共同的な課題として設定される性格のものであり，ときには行政とは対立関係をさえ含むものである。そしてその担い手となるのはローカルな人びとのネットワークであり，地域と生活に根ざした「小さな教育」である。その意味では社会教育は，生涯学習社会の発達段階であるというよりも，コミュニティと公共性に密接に結びついた社会的機能ととらえられるものと考える。

(3)「生涯学習社会の構築」について

　前節で渡邊が指摘した通り，日本の生涯学習を法制度と行政施策から分析することは，中国側の実践的関心からよく理解できるし，それは日本の社会教育研究の主流でもある。その上で日本において生涯学習政策が導入された時期は，「公共性」の担い手が国家・行政だけではなく，ボランティア・市民活動等の「市民社会」に顕著に拡大した時期でもあることを改めて強調したい。1998年に成立した「特定非営利活動促進法」(NPO法)では，その活動分野の1つに「社会教育」を挙げており，半数を超えるNPOが何らかの形の教育活動をその目的に含んでいる。これは市民自らが教育・学習活動の担い手としてネットワークを形成してきたことを示している。また1999年の「男女共同参画社会基本法」では，女性・男性の人権を尊重し社会参加を進めることが掲げられ，各地の男女共同参画センターなどでの講座開催も促進された。また「子育て支援」のための講座や，地域での子ども・青少年の

自主的活動を通じた学習活動(児童館・フリースペース・ユースサービス等)も各地で活性化してきた。さらには各地で自主的な運営のもとで活況を呈している「市民大学」や,「草の根」の市民参加のまちづくりの試みもそうした流れに位置づけられよう。

このような「公共性」の担い手・ヘゲモニーが市民社会に移行していく上で,国家・行政は市民の多元的で直接的な参加に開かれた場へと転換していくことが不可欠である。また社会的格差が拡大する現状では,行政には学習機会の均等を保障し,再分配とセーフティネットを保障する責任もある。生涯学習・社会教育の「公共性」は,まさにこうした参加を保障するための能動的な市民形成の役割を果たすことでこそ発揮されよう。東アジアの経済・社会の発展においては国家による教育が先導してきたが,今後の知識基盤型社会・成熟社会においては,市民による生涯学習こそが鍵となる。今後の生涯学習をめぐる共同研究においては,国家政策・行政面に加えて,こうした市民社会による公共性をどう構築できるかについて,市民間・地域間での対話を進める課題になるだろう。

(吉田正純)

3. 生涯学習の現代的課題
── 震災・復興をめぐる実践的課題とネットワークの可能性

2011年3月11日の東日本大震災・原発事故は図らずしも,日本人一人ひとりに,自らの足場と日常意識の振り返りを求め,「どう生きるべきか」「どんな社会をめざすべきか」との大きな命題,すなわち学習課題を鋭く突きつけるものとなった。これらは,被災者・非被災者にかかわらず,国籍や民族にかかわらず,同日を境に,「日本」という船に同乗する人びとがあまねく直面した問いであるとも言える。以下,まず,「3.11」が私たちにとってどのような意味でいかなる「転換点」や「起点」となったのか,そこでの諸課題とその解決支援の方向性を探る。さらに復興支援ネットワークの事例から,新たなネットワークと学びの可能性について考えたい。

IV. 生涯学習

(1)「被災・復興」から生まれた示唆と課題 ——「3.11」という転換点／起点

　東日本大震災は，あらゆる意味において，私たちの生活が大変脆く危うい基盤の上に成り立ってきたことを鋭く認識させるものであった。

　ゆえに，それは被災・非被災によらず，多くの日本人に，何らかの転換点ないし起点をもたらしたと言える。もちろん，同じ経験や情報でも，おかれた状況や立場，個人によって受け止め方はさまざまである。まして今回の事態は，地震の被害，津波の被害，放射能の被害，それらが複合した被害と，被災の状況や度合もまちまちである。直接に被災した人びとと被災を免れた人びとと，さらに遠く離れたところでテレビや新聞を通して「情報」として受け取るだけの人びととでは，災害や被災生活のリアリティから復興支援への認識に至るまで大きく異なる。震災直後の「みんなで」「1つに」を掲げる多くのメッセージとは裏腹に，この「温度差」が共感・協働の障壁になり得ることは想像に難くないのである。

　とはいえ，今回の大震災・原発事故が今後の生涯学習を展望する上で看過し得ない重要な示唆を含むことは事実である。被災地支援は震災後，月日を経る中で，衣食住の確保や生活物資の供給が中心となった第1段階から，被災者が「一人の人間」としての生き方や生活を取り戻すための，そして被災者と非被災者が持続可能な復興支援と新たな社会形成にむけて協働すべき第2段階へと進んできた。そこでは，生命や生活にとって切実で肝要な課題，多くの人びとが実感深く受け止めた課題，今後の復興や新たな社会の展望に不可欠な課題など，現時点で整理しておくべきものも少なくない。以下，試みにほんの一端を取り上げてみる。

　課題の第1は，突然の災害の危険やリスクからどう身を守るかという課題である。これについては，例えば，岩手県釜石市小中学校の日常的な防災教育の成果[4]が多大な教訓を与えてくれる。従来，多くのおとなは，政治家や学者など「権威」「専門家」に危険・難問への対応やリスク管理を任せ，自己決定を避けることで「思考停止」状態に陥ってきた。いかなる場合も「権威」や「専門家」に一任せず，「自分の目で見る」「自分の頭で考える」「自分で判断する」，そして「迅速に行動に移す・行動で示す」ことの意義と実際を，私たち一人ひとりが改めて学び，体得していく必要がある。

第 2 に，突然襲ってきた絶望からどう立ち上がるかという課題である。被災者の方々は今日まで，「とにかく生きる」「助かったことを感謝して生きる」「他者のために生きる」「他者とともに生きる」ことの積み重ねの中で日々を過ごしてこられた。従来の心のケア，励ましや癒しの訪問はもちろん，今後の生活や生き方を具体的に見通すためのさまざまなレベルでのサポートが求められる。とりわけ，地域の人びとが復興の力を得るには，地元の祭りや年中行事など，人びとの「元気」「活気」を引き出す活動を，ニーズや実施可能性に応じて企画・開催することが肝要である。また趣味や余暇活動を含む多様な生涯学習機会において，避難・疎開中の被災者と非被災者が同じ対象や活動に取り組み，共感できる機会を確保・拡大したい。そのためには，被災市町村と非被災市町村が個々にペアを組み，民間レベルで教育文化活動を通じて人々が協働するパートナーシップ活動を実現する必要がある。

第 3 に，従来「当たり前」とみなしてきたことの見つめ直し・捉え直しである。具体的には，「一人ひとりの生命の大切さ」「愛着ある風景や『ふるさと』のかけがえのなさ」「日常生活と日常の関係性」「防災や原発をめぐる『安心・安全』神話」「『専門家』依存からの脱却」「人間の生命や時間が有限であること」「便利で『使い放題』のエネルギーの陥穽」などが挙げられよう。これらの「当たり前」を問い直す地道な作業を，次世代への学びに位置づけたい。

第 4 に，「非被災者・非被災地」が「被災者・被災地」と共生・共存することの意味の再考である。例えば，「『自粛』の意味ともたらす影響」「『支援』の本当の意味」「『他人事』の同情か，当事者・関係者としての責任・負担の分かち合いか」などである。これらはすべて，経験を共有しない人びとが，悲惨・苛酷な経験で傷ついた人びととどのように問題状況を共有し，次の時代をいかにして共につくっていくのかとの課題に連なるものである。

第 5 に，本格的な復興への視点と展望である。そこでは「復旧ではなく新たな社会を展望した復興」「だれのための支援か —— 支援の道筋と展望」「だれが主体の復興か —— 復興の当事者性と長期的な見通し」「子どもとおとなが主人公の復興」「震災の『記憶』をどう活かすか —— メモリアルは必要か」などの問いに直面せねばならない。これらの問いは，新たなまち・村づくり，

Ⅳ. 生涯学習

漁業や農業の復旧・復興や新たな産業のためのシステムや取り組み，コミュニティの再構築と人的ネットワークの形成，地域性や祭りなどの伝承文化を活かした教育や文化の新たな基盤づくり，などすべての復興関連の取り組みにおいて重要となる。

また各々の具体的場面では，事業と事業，コミュニティとコミュニティ，人と人をつなぐことのできるコーディネーター的存在が求められる。さらに，避難者が時限つきにせよ，避難地を「第2のふるさと」として定住し，地域の一員としてさまざまな場面に積極的に参加できるような，持続的な学習機会や学習活動が望まれる。

(2) 復興支援ネットワークにみる学習課題 ── 遠野まごころネットの取り組みから

2011年3月11日以降，実に多くのボランティア団体や市民活動が，被災地支援に動き出した。だが，その多くは救済支援活動に従事するものであり，早くから復興支援に取り組んでいるNPOや関連ネットワークは，それほど多くない。その中で，経験豊富なスタッフの連携・協力によって立ち上げられたと思われる「遠野まごころネット」に注目したい。

「遠野まごころネット」[5]とは，東日本大震災で被災した同県沿岸部の被災者を支援すべく，2011年4月上旬に遠野市民を中心に結成されたボランティア集団・被災地支援ネットワークである。同ネットは，「長い歴史の中で，三陸地方と深い絆で結ばれてきた遠野郷の市民として，この困難を分かち合い，復興・再建に向けて，三陸地方の方々と共に行動することが求められています」との思いから設立された。同ネットは大型連休前後には，毎日数百人の外来ボランティアの受け入れとコーディネーションを担ったが，震災3カ月後の6月2日に「今後の事業方針」を決定した。その「復興ビジョン(Vision)」には「人と人の繋がりをもち，人と自然，自然と産業が共存する持続可能な社会への復興をサポートする」が掲げられ，「人と人の繋がり」「自然と共存」「産業振興」「風化防止」の4つの柱で，それまでの活動を中長期的事業（3年以内）として発展させる具体的計画が示された[6]。

同ネットが被災地支援のネットワークとして特に注目されるのは，次の3

つの特徴による。

　第1の特徴は，被災後の「時の流れ」とニーズの変化に配慮しつつ，被災者の復興・自立支援の視点に立った，現実的で実効性のある活動方針が打ち出されている点である。そこでは，緊急支援の段階から「人として」の中長期的なサポートの段階になったとの認識が示される一方で，被災の記憶の風化への危機意識が早い段階で表明された。その上で，被災者が前を向いて歩み出せるように復興への中長期的な方向性が提案され，「意識付けのサポート」として仮設住宅の間をつなぐ「里づくり」などが提案されている。

　第2の特徴は，ビジョンを掲げるにとどまらず，その実現のための活動組織の運営やあり方を重視している点である。同ネットは「被災者のために」が出発点であるがゆえに，ボランティア活動は「競争でも，自己満足でもな」く「あくまでもサポーターとしての活動を意識する」ことが現場レベルで強調・実践される[7]。また「自由に意見を交換できる」「実現に向けて"No"ではなく"Yes"という」といったオープンで前向きな雰囲気を保つことが重視され，苛酷な環境の中で協働作業を行う支援ネットワークとして，機能発揮の工夫がなされていることが注目される。

　第3の特徴としては，「情報共有／意思決定のプロセス」を可視化・言語化し，内外に共有しやすくしている点が挙げられる。情報共有プロセスでは「各ネット方式の良さ（を活かすこと）」「迅速な対応」「柔軟な共同体」が重視され，「ネット拡大に伴う情報共有」や「排他的」になる傾向性が，克服すべき課題として強調される。意思決定プロセスでは「アイデアや決定事項を共有できるシステム」の構築，「検討事項決定後のアップデート」の迅速さが挙げられ，また意思決定の内容では実現可能性を考慮する一方，「大きな費用のかかるプロジェクト関連」にも前向きに取り組むことなどが示されている。

　同ネットでは，復興の主体が被災者自身であることが最重要視されている点，メンバーの自律的参加のもとに持続可能な組織がめざされている点，開かれた雰囲気とシステムづくりによってネットワークの機能が最大限，活かされようとしている点が，注目される。ボランティアとして参加する人びとも，現場の活動の中で「ボランティアとは何か」を問われ，悩みつつ成長す

IV. 生涯学習

る。そこには「学習者主体」の考え方，自己主導型学習とその支援，グループワークやディスカッションにおけるファシリテーション，組織内学習のメンバーの役割やコミュニケーションなど，生涯学習・成人教育との共通要素が少なからず，見出される。

最大の課題は，今後，どうしたら同ネットが懸念する「記憶の風化」を食い止め，「記憶の共同体」を組織し，それを創造的取り組みにつなげていけるかということである。1つには，被災地と非被災地，被災者と非被災者がパートナーシップを組む中で，「当事者意識」と新しい社会への展望を共有し続けられるか否かが，大きな岐路となろう。このような支援組織や関連するサポート活動を支え促進し，さらなる関係機関との連携を進め，そこにより多くの人びとが関わっていくことができるよう働きかけていくことも，生涯学習・社会教育関係者の重要な仕事となると思われる。

現代日本の生涯学習は，法制度の充実や周到な政策によって前に進むのではない。人びとが実践的課題に直面する中で，課題の背景と内実をどのように認識するのか。また，当事者としてその問題解決にいかに取り組んでいくか。さらに，その試行錯誤のプロセスを通して，いかに各々が成長し，相互理解とコミュニケーションを深め，全体状況を改善し得るのか。生涯学習とは，これらの多面的な活動の中で培われ，人びとの日々の営みの中から生み出されていくものなのである。そのような意味では，今後の日本の生涯学習の未来を切り拓くための1つの鍵は，NGO / NPO活動の中に見出されるべきとも考えられるのである。

(渡邊洋子)

4. 日中生涯学習の比較研究に向けて

ラングランらによって「生涯教育」概念がユネスコを中心に提唱されてから半世紀近くが経過したが，生涯学習概念の意味する内容や範囲は必ずしも国際的に同一のものではない。特に学校教育「以外」の学習活動については，学習者・学習空間・学習機会・学習方法などが無限といってよいほど多様性をもち，国や地域によってさまざまな歴史的文脈を背景として有してい

る。日中だけでも，中国では成人高等教育をはじめとする労働者教育の伝統があり，日本では非職業的なコミュニティ教育に近い社会教育が長く展開されてきたという違いがある。また現在も経済成長を続け教育分野への予算措置にも積極的な中国と，低成長・人口減少社会を全体とした新たな社会像を模索せざるをえない日本では，おのずと生涯学習の目標設定も異なってくる。孫論文の問題提起によって，私たちは日本の生涯学習政策の特徴だけでなく，こうした研究視点の差異や多様性に改めて気づかされることとなった。自らの研究視点を他の社会にも適用してよしとするような「空間のエスノセントリズム」[8]に陥らないためにも，今後の比較研究・共同研究に向けた課題を，何点か述べてまとめに代えたい。

　1点目は，NGO・NPOやボランティアといった「市民社会」をどう生涯学習論に位置づけるか，という問題である。市民社会は，国家による教育政策や市場における教育産業を「補う」ものとしてではなく，むしろ市民一人ひとりが学習活動を組織し，社会の担い手となるという意味では，生涯学習の主要な舞台となるものである。ユネスコの学習権宣言・ハンブルク宣言や，EU生涯学習プログラムなどにおいても，「シティズンシップ」の形成は中心的課題となっている[9]。ただこうした市民社会概念自体が，欧米中心の個人主義や慈善活動を背景として成立した概念であり，国家主導で近代化を進めてきた東アジア諸国でそのまま「適用」されるものではない。一方で儒教的な互助精神や農村・都市での自治的な連帯などの独自の「市民社会」に通じる価値観や，「学習」尊重の文化も，脈々と続いてきた。生涯学習の分野こそ，こうした教育研究のインターローカル（地域間）な対話が可能となる最前線になりうるだろう。

　2点目はすでに述べたように「国家」の教育に果たす役割の変容を，どのようにとらえていくのかという課題である。教育の機会均等や経済発展といった「近代化」の下では，生涯学習はあらゆる人・地域に対して同質のサービスを提供することが目標とされてきた。日本においても教育機会を十分に享受できなかった人びとや，基礎的な学習ニーズの充足のために，生涯学習インフラの基盤整備は，公共サービスとして継続していく必要はあるだろう。しかしながら，国家・行政が生涯学習の実施計画や法制度をすべて策

IV. 生涯学習

定し，自己完結した教育機会提供のみを行うことは，市民の自律性を妨げるものにもなりうる。今後は，市民が生涯学習の計画や実施・運営にあたってイニシアティブを発揮して，国家・行政を動かしていく力量を育成していく，「能動的な市民参加」こそが学習目標となるだろう。こうした生涯学習における国・行政の役割を位置づけなおす作業は，日中双方にとって今後とも挑戦的な課題となるだろう。

3点目に，生涯学習の中に「労働・職業教育」をどう位置づけるのかが，本章では直接テーマにはなっていないものの，重要な比較研究課題となると思われる。中国では高等教育独学試験制度をはじめとしたユニークな成人高等教育制度や，在職者を対象とした職業訓練制度などを内包して，生涯学習政策が進められてきた[10]。日本においては長く職業教育は企業内教育として行われてきたため，実際には公的な職業訓練分野は「教育」制度と分離され，学校教育を含め職業と教育の関連性（レリバンス）は失われてきた。しかし近年，産業社会から「知識基盤社会」への社会構造の移行に伴い，より多様で高度な専門職教育の共通枠組みを構築することが，生涯学習にとっても中心的な課題となりつつある。EUが推進しているような，国境を越えた研修・資格認証制度とともに，労働を通じた市民の社会参加へのエンパワーメントのしくみづくりは，今後の共通の研究テーマになりうるものと考える。

この間，京都大学と中国教育科学研究院をはじめとする中国側の研究者との学術交流は，継続的かつ実質的な共同研究の可能性を醸成してきた。今後さらなる発展のために，生涯学習の分野でも，双方のリアルな学習のフィールドを熟知し，多様性を相互に理解し合うような関係を深め，その成果を世界に発信していくことを願っている。

（吉田正純）

注

1) 最新の調査は，2008年5月に実施。
2) 指定管理者制度とは「住民の福祉を増進する目的をもってその利用に供するための施設である公の施設について，民間事業者等が有するノウハウを活用することにより，住民サービスの質の向上を図っていくことで,施設の設置の目的を効果的に達成するため，

平成 15 年 9 月に設けられた」制度。総務省自治局長（通知）「指定管理者制度の運用について」2010 年 12 月 28 日，http://www.soumu.go.jp/main_content/000096783.pdf，2011 年 8 月 20 日最終参照。

3) 渡邊洋子「おわりに」『生涯学習時代の成人教育学―学習者支援のアドヴォカシ―』明石書店，2002 年。

4) 釜石東中学校と鵜住居小学校では 2005 年から釜石市教育委員会と群馬大学片田敏孝教授の連携の下，「(1) 想定にとらわれない，(2) 状況下において最善をつくす，(3) 率先避難者になる」という「避難 3 原則」にもとづく徹底した防災教育を行っていたが，日常的訓練が効を奏し，両校の児童生徒からは被害者は一人も出なかったという。「『避難 3 原則』守り抜いた釜石の奇跡　防災教育で児童生徒無事」2011 年 4 月 13 日，http://sankei.jp.msn.com/life/news/110413/edc11041314070001-n1.htm, 2011 年 8 月 20 日最終閲覧。

5) 同ネット事務局は遠野総合福祉センター内におかれ，社会福祉法人遠野社会福祉協議会をはじめ，遠野を足場に活動する各種の NPO / NGO，日本赤十字社や被災地 NGO 協働センターなど県内外の各種団体約 35 団体（5 月 4 日現在）が参加している。

6) 遠野まごころネットウェブサイト，https://lolipop-tonomagokoro.ssl-lolipop.jp/main/wp-content/uploads/2011/06/110602vision.pdf, 2011 年 8 月 20 日最終閲覧。

7) 具体的には，個人ボランティアによる手作り広報紙「よりそう」参照，同上ウェブサイト。

8) 前平泰志「成人の異文化間教育―その比較可能性と方法論的課題―」日本社会教育学会編『日本の社会教育（39）多文化民族共生社会と生涯学習』1995 年，180-189 頁。

9) 吉田正純「EU 生涯学習政策とアクティブ・シティズンシップ―成人教育グルントヴィ計画を中心に―」『京都大学生涯教育学・図書館情報学研究』第 8 号，2009 年，47-58 頁。

10) 牧野篤「中国成人教育の新しい動き」新海英行・牧野篤編著『現代世界の生涯学習』大学教育出版，2002 年，328-347 頁。

V. 教師教育

　日本の教師をめぐる状況は，多くの深刻な問題を抱えている。教員養成段階の問題，採用段階の問題，研修を通じた職能成長の問題といった教師教育制度の問題もあれば，今日の社会的環境の変化に伴う子どもの変化に対応できるかどうかという問題もある。また，団塊の世代の大量退職に対して，相応の数の新任教師を，一定の質を担保したうえで確保できるのかという，時代状況を反映した問題もある。

　中国の教員集団が直面している挑戦は，日本よりもいっそう厳しく，複雑である。教員の全体的な学歴水準は日本よりも低く，社会発展と質の向上という社会の要求に教師の質が追いついていないのである。特に都市部と農村部での教師の質の格差は大きく，いかにこの格差を埋め，教師の質保証を行うのかが中国の教師教育の課題である。

　日中両国において，いかに理論と実践の双方を兼ね備えた教員を育成できるかということが，共通の課題として存在している。日本では，大学と学校が連携して養成と現職研修を連続させること，学校現場が教師の研修の拠点となることなどが求められている。つまり，教師の力量形成と教育水準の向上との整合性という課題及び力量の評価・保証という課題は，ますます重要な課題となっている。

　第11・12章は，このような教師教育をめぐる現状と課題，今後の方向性についての，日中の応答を示している。

第 11 章

制度改革を通じた教員の専門性発展の促進

王　暁燕

　日本は「世界最高水準の初等中等教育を実現する」ために，21世紀に入って教師教育について全面的な改革を行い，教員の資質と能力について知識経済時代の発展に適応しなければならないという新たな要求を提示し，教員養成課程の方向性を調整し，教員養成の学歴の段階を高め，教員免許の管理を改め，教員研修システムを整備し，教員評価制度を改革するなどしている。これらの改革や新機軸は，21世紀中国における教師教育の改革・発展戦略と同工異曲の部分がある。

1. 21世紀日本の教師教育が直面する課題と挑戦

　日本の21世紀における教師教育改革を論述する前に，日本の第二次大戦後の教師教育の基本的特徴，直面する課題と挑戦，すなわち改革の大きな背景について簡潔で全体的な紹介をすることが必要であり，それによって，日本の21世紀における教師教育改革の原理，政策推進の目的と基本的な考え方の方向性をいっそう正確に理解することができるのである。
　第二次大戦後50年余りの過程を歩んできた日本の現代教師教育制度は，21世紀初めまで発展してきて，かえって進むべき分かれ道にさしかかっているが，これはどうしてだろうか。概括すれば，それが次のいくつかの点の課題と挑戦に直面しているからである。

第 11 章　制度改革を通じた教員の専門性発展の促進

(1) 教師教育の大学化が直面する課題

　第二次大戦後，日本の教育界は自らの閉鎖的な教師教育モデルについて深い分析を行い，それに対する批判の声の中で，教師教育の大学化（「university-based teacher education」と称する）という理念と原則を打ち立てた。その中核となる考え方は，教員養成を大学段階にまで高め，大学の自治精神と学問の自由を通じて，教養教育と教員としての専門教育が結びついた教員を養成することである。この理念にもとづき，日本ではいわゆる開放型の教師教育制度が採用され，旧制の師範学校は合併や昇格を経て学芸大学，総合大学の教育学部，学芸学部という3種類の教員養成組織になった。このようにして，教員養成は一面では専門的な教育大学，学芸大学が担い，同時に，規定に照らして教員養成課程を設置するとともに文部省の認可を得さえすれば，その他の総合大学も教員養成を行うことができるようになった。

　教師教育の大学化，すなわち日本が採用した開放型教師教育制度は，短期間で大量の教員を養成するニーズを満足させ，しかも教員集団の供給源を拡げた。大学で教員養成を行うことによって，教員の質を一定程度高め，教育活動に従事する，専門分野を越えた多くの大学卒業生を養成したし，教員養成機関と通常の高等教育機関の，閉鎖と開放の関係を比較的うまく処理し，全体として教員養成機関の教育の質と水準を高めた[1]。しかし，日本の教師教育の大学化，このような開放型モデルもまた，多くの問題を生み出した。例えば，桑原敏明による研究では，開放型教師教育体制は教員の資質能力の養成について，①青少年が好きで，児童生徒の心身の発達を促進させるのに喜んで献身すること，②児童生徒の心身の発達について共通の理解があること，③教育内容と方法を開発し創造する能力を有すること，④教育組織について深く理解し判断力を有すること，⑤教育者としての責任感を備えること，といった点で欠陥があるとされた[2]。

　この他，世界に目を向ければ，1980年代以降，欧米の先進諸国は教師教育を大学学部の段階から大学院の段階へと高めている。例えば，フィンランドの初等中等教員は必ず修士学位を取得しなければならないし，アメリカでは教員の半数以上が修士であり，ドイツやフランスの初等中等教員もすべて大学院の水準である。これと比べると，日本は非常に遅れていると感じられ

V. 教師教育

ている。日本の教員で修士学位を取得している者の比率はそれぞれ，幼稚園で0.2％，小学校で1.4％，中学校で2.7％，高等学校で10.6％だった[3]。同時に，開放型養成モデルにおいて，大学は大量の学生の実習を割り当てることができないため，教育実習は形骸化している。教師教育の大学化の過程において，教職専門教育と専門家教育の欠如は21世紀の日本が必ず解決しなければならない問題となった。

(2) 教員免許が直面する課題

すべての教員に対して資格認証が行われていること（教員免許の交付）は，日本の教師教育のもう1つの基本原則である。周知のように，日本の教員免許は，「専修免許」，「一種免許」，「二種免許」の3種類に分けられている。このうち「専修免許」は修士課程修了程度が求められ，「一種免許」では大学学部卒業程度が求められ，「二種免許」では短期大学（中国の専科課程段階）卒業程度が求められている。教員免許を取得した後，地方教育委員会が実施する公開採用試験に参加し，それに合格すれば正式に採用されて初等中等教員となる。

上述した教員免許制度の実施は大量の合格教員を養成してきたが，半世紀あまりを経て，こうした教員免許のシステムもまたいくつかの問題を生じさせた。すなわち，いくつかの医科大学，歯科大学を除き，ほとんどすべての大学が教職課程を有しており（2008年3月現在，855校の大学・短期大学が教員を養成し教員免許を交付していて，そのうち4年制大学は570校以上ある），毎年教員免許を取得する者の数は往々にして実際の需要の数倍から十数倍にまで至っていることにより，教育活動に従事しない大量の「ペーパー教員」が生み出されている[4]。教員採用試験は競争が激しいが，筆記試験と1，2度の面接試験だけでは各応募者の資質を全面的に検査することはとても困難であり，それによって教員免許を有し試験の成績は優秀だが教職に就く心理的な準備のない人，あるいは教員を務めるのに向かない人が教員集団に加わってしまうことになる。

21世紀における知識経済社会の発展の必要から，教員が卓越した学びの専門家となることが求められている。しかし実際には，教職課程の認定を受

第 11 章　制度改革を通じた教員の専門性発展の促進

けた 855 校の大学・短期大学はまだ，「教員免許を授与することのできる最低条件──『教員として最も基本的な資質能力を育成するという目的』」を完全に実現できてはいない。

　上述した制度的な問題の解決が待たれるだけでなく，21 世紀初めの日本の教師教育はさらに新たな厳しい挑戦に直面している。

(3) 教育現場で新たに現れた危機

　さらに厳しいのは，教員の業務がますます展開しにくくなっているという問題が徐々に顕著になり，その最も主要な原因の 1 つが学校での教育対象である子どもの「変質」であるということである。ますます多くの「変質」した子どもとはいったいどのような子どもなのだろうか。また「変質」の内容はどのようなものだろうか。例を挙げると，学習意欲を失った子どもが増加し，彼らはテレビや電子ゲームに熱中し，学業，体力，気力が低下していること，日常生活における実体験の減少や社会性，コミュニケーション能力の低下により，けんかや暴力，不登校がますます多くなっているという現象から，学校に適応できない児童生徒が増えていることがみてとれること，学習障害 (LD) の子どもや注意欠陥／多動性障害 (ADHD) の子ども，自閉症等の学習困難な子どもが増加していることなどである[5]。

　都市化がもたらした交流グループの破壊，経済的豊かさがもたらした生活スタイルの変化，メディアや IT 機器の普及が招いた現実感やリアリティの欠如，試験競争の日常化が招いた喪失感や学習から逃避する児童生徒の出現などから，日本の子どもの身に現れた成長発達の「変質」は非常にはっきりとしていて否定しようのない事実である。

　特に 1990 年代以降，小・中・高等学校での「校内暴力」や「少年非行」などの教育に関わる事件は増加してきており，いわゆる「教育病理」，さらには「学校荒廃」の現象はますます深刻になった。2001 年 1 月 25 日，当時の文部科学大臣の町村信孝は「21 世紀教育新生プラン」の中で次のように指摘した。すなわち，現在の日本の教育は危機に瀕しており，いじめ，不登校，校内暴力，学級崩壊，凶悪な青少年犯罪の続発といった深刻な問題を急いで解決しなければならない。また，児童生徒の個性と創造力の不足や教育

V. 教師教育

システムが時代に追いついていけないという問題も存在している。学校と教員に対する社会全体の批判は日増しに高まり，学部段階の教員の資質能力がこれらの問題に対応できるかどうかが疑われ，教員の専門的能力水準の向上を求める各方面の声が非常に大きくなった。

(4) 教員集団が直面する危機

　日本では，一方では，高齢化，少子化といった社会問題が日増しに深刻になるのに伴い，教員の全体的な必要数は減少し，優れた教員の必要数は増加して，学部段階の教師教育は社会の不満に直面している。他方で，「団塊の世代」の大量退職により，日本の教員集団は深刻な人数不足に直面することが見込まれている。文部科学省の試算にもとづけば，今後12年間で日本の教員全体の3分の1が入れ替わらなければならないとされている。また教育学者である佐藤学の予測に照らせば，半分以上の教員が入れ替わる必要がある[6]。この予測によれば，日本の教員集団は明らかな人員不足と世代交代に直面し，そのため教員の大量採用の時代を迎えることになるだろう。佐藤は，もともと日本の初等中等教員がかなり高い能力水準を維持していたのは厳しい教員採用試験があったからだが，教員退職のピークに入り始めたため，採用試験の競争は緩和され，採用人数が増加しており，再び厳しい競争に頼って質を保証することは非常に困難だと考えている。

　上述したような教師教育体制の内憂外患の状況は，いったいどのようにして根本的に解決すべきだろうか。実は，日本と比べてみると，中国の教員集団が直面している挑戦はいっそう厳しく，解決すべき困難と課題はいっそう大きく複雑である。それは，教員の全体的な学歴水準が日本よりも低く，教育能力が社会発展と質の向上という要求に追いついていない点に表れている。2010年までに，専科課程段階（日本の短期大学レベルに相当）の学歴を有する小学教員は78.3％，本科課程（学士課程）以上の学歴を有する初級中学教員は64.1％となっているが，学歴が合格の水準に達していない教員も依然として存在している。教員の中で大学院修了者の占める比率は，幼稚園で0.1％，小学で0.1％，初級中学で0.6％，高級中学で3.6％にすぎない[7]。また，教員集団が構造的に不足している問題は際だっており，教員の都市と農

村での分布は不均衡で，都市では定数を超え農村では定数を下回る状況が並存しており，辺境地域の農村学校では音楽，体育，美術，情報などの科目の教員数が常に不足している。農村の就学前教育における教員の不足は深刻で，教員の補充も非常に難しい。さらに，教員資格制度はすでに整備され始めているが，地域によっては教員資格許可制度の実施が厳格でないところもあり，認定の手順をより完全なものにし，国の教育資格試験メカニズムを作り上げなければならない。教員の選考任用，審査・評価，流動と離職のメカニズムもまだ健全なものではない[8]。

2. 21世紀の日本の教師教育が現在進めている改革

教師教育の課題や危機に直面して，2000年以降，日本は主として以下のいくつかの面をめぐって大胆な改革を進めてきた。

(1) 養成の重点の変更，教師教育カリキュラムの実践指向の強化

2000年以降に実施された教師教育改革の先導となったのは，1997年7月に教育職員養成審議会が提出した第1次答申であった。「新たな時代に向けた教員養成の改善方策について」と題されたこの答申は，「新たな時代が求める教員の資質能力」に関する具体的な提案である。では，ここでいう新しい時代，すなわち21世紀の「教員の資質能力」とは何を指すのだろうか。それは主として「いつの時代でも教員に求められる資質能力」と「今後特に教員に求められる資質能力」の2つに分けられる。答申では，教員は，いつの時代でも求められる「教職に対する使命感，愛着，誇り」及びそれを基礎とした知識，技能を身につけていなければならないとともに，さらに現代社会が必要としているグローバルな視野，社会の変化への適応及び現代の教員の職務が必要としている能力も身につけていなければならないことが提示されている。そして，大学における教師教育の目標は「使命感を有し，得意分野を持って個性豊かで，なおかつ教育実践の課題にうまく対応することができ，能力のある教員を養成する」ことでなければならないと考えられた。

これにより，日本の教師教育改革においては教員の教育・指導実践能力，

V. 教師教育

専門性を伸ばす能力，「説明責任（アカウンタビリティ）」の重要性が特に強調されている。この目標にもとづき，日本政府は教員免許制度について一連の改正を行い，教職に関する科目をさらに強化した。従来専門分野の知識が重視されていたのと比べると，教育・指導方法及び児童生徒とのコミュニケーションの方法の訓練がいっそう重視されるようになった。教職に関する科目が大幅に増やされ，「教職の意義」や「総合演習」等の科目が新設されて，教育実習の単位が2倍になり，専門科目の単位が大幅に減らされた。

大学の教員養成課程及びその教育方式にも大きな変化が生じた。実践性と「現場性」が現在の日本の教員養成モデルにおける最大の特徴となっている。2004年3月，日本教育大学協会は教師教育の「モデル・コア・カリキュラム」を提示した。その体系では，実習指導に相当する「教育実践体験」と実際の教育実習である「授業研究」が大学1年次から始まり，各科目が交互に配置され，段階的に発達していくとともに，4年次の研究実習と結びついている。現在，多くの教育大学が教員養成課程を見直すときに学校の授業での教育を重視し始めている。例えば，上越教育大学の教師教育課程は，学生の高校卒業から教師教育分野への接続を重視し，それによって学生が専門的で実践的な学習へと徐々に移るとともに，最終的に学校での教育現場である授業へと結びつくようにしようとしている。兵庫教育大学は，実地での教育を学部段階全体を貫くものにし，1年次の参観実習，2年次の体験実習，3年次の基本実習，4年次の応用実習を開設している。島根大学教育学部は，「直接体験」を重視する教育課程を推し進め，学生は入学から卒業までに1000時間の教育体験活動に参加しなければならない[9]。

また，愛知教育大学が1999年に制定した「教学計画」では「4年間の実習制度」が提示され，1999年から，従来3年次に実施していた5週間の教育実習が，4年の教育期間の各学年での内容の異なる教育実習に改められ，学生の教育実践能力及び実践において理論を運用する指導力を増し，教員としての専門的水準を高めようとしている。4年間の実習の任務は，1年次の「体験実習」では小・中学校の各種「学術イベント及び課外活動」に参加すること，2年次の「基礎実習」では，主として授業を聞くことを中心に実際の教育活動に参加すること，3年次の「教育実習」では独立して授業を行い

学生を指導すること，4年次の「研究実習」では実習校の協力のもと，自ら研究テーマを定めて実験・研究を行い，卒業論文を完成させることとなっている[10]。

日本で教員養成制度において進められた上述の改革措置は，教育の理論と実践を融合させ，それによって大学の教職課程の質を高め，教育現場の変化に対応するようにすることが目的だった。

(2) 学歴水準の向上，「教職大学院」制度の設立

日本の教師教育の危機を脱し，教育改革の目標を実現しようとすれば，必ず教員の資質能力を高めなければならない。1998年10月，教育職員養成審議会は「修士課程を積極的に活用した教員養成の在り方について—現職教員の再教育の推進—」という第2次答申を文部大臣に提出した。この答申は，修士課程を柔軟に活用するなどの方法で在職教員の再教育の機会を充実させることを提案した。現在に至るまで，日本の4年制大学が小・中・高等学校の教員を養成するモデルはすでに一定の限界に達しており，教員養成の大学院化は必ず実行しなければいけない情勢になっていた。2005年6月，中央教育審議会は，「教員養成において専門職大学院を増加させる」という基本構想を示し，「学部段階での教員養成を充実させ，強化させると同時に，制度上，大学院段階の教員養成と教員の再教育の問題を改めて検討する必要がある」と指摘した。2007年，文部科学省は専門職大学院設置基準を改正し，教員の専門的職業大学院の名称を「教職大学院」とし，その標準学習年限を2年とした（ただし，1年以上2年未満の短期課程や2年以上の長期課程を設定することも可能）。学生が卒業するにあたっては少なくとも45単位を取得し，しかもそのうち少なくとも10単位は学校での実習としなければならないことになった[11]。

この制度が実施された結果，2008年4月，19大学が教職大学院を設置した。そのうち国立は15校，私立は4校だった。入学者の中では在職教員の比率が最も高くて53.4％を占め，学部の現役卒業生が35.8％，その他が10.8％を占めた[12]。教職大学院の目標は，日本のために優秀で学歴水準の高い教員と学校のリーダーを養成しようとすることである。

Ⅴ. 教師教育

　日本では，2010 年に修士学位や「専修免許」を有する小・中・高等学校の教員が教員総数の 15％から 25％を占め，2020 年には修士学位や「専修免許」を有する小・中・高等学校の教員が教員総数の 40％から 45％を占めることが期待されている[13]。日本の教師教育が大学院学歴の段階に向けて発展することはすでに必然的な趨勢となっている。

(3) 教員資質の確保，教員免許 10 年更新制の導入

　2007 年 1 月 24 日，教育再生会議は「社会総がかりで教育再生を」と題する報告書を提出し，その中には「あらゆる手だてを総動員し，魅力的で尊敬できる先生を育てる」ことが含まれていたが，その重要な措置の 1 つが教員免許更新制度の導入だった。

　2004 年 8 月，文部科学大臣は教員免許制度の改善を提案するとともに，同年 10 月 20 日には中央教育審議会に，教員免許更新制について諮問を行った。2005 年，教員免許制度ワーキンググループは教員免許制度の改革，特に更新制導入の問題について度重なる議論を展開するとともに，2005 年 8 月 5 日に審議経過報告を提出した。2005 年 10 月 21 日，教員養成部会は教師教育に対して改革の方向と具体的な改革案を提示し，教員免許更新制の導入を確定した。

　中央教育審議会は，この措置を公表した目的は以下の点にあるとした。すなわち，まず，不断に変化する社会と不断に変化する教育の対象に対応するために，在職教員の不断の研修を促進させて，彼らの業務技能を高め，教員の職業的倦怠を克服することである。次に，不適格教員を排除する度合いを強めることである。これは，日本の現行教員制度では教員身分が過度に保護されており，不適格教員を教員集団から排除するのが難しいためである。上述した目的のほか，さらに別の目的が隠されており，それは，免許更新を通じて免許は持っているが教職に就いていない大量の「ペーパー教員」を淘汰するとともに，「ペーパー教員」の淘汰を通じて，教育の質が低く，かつ免許を乱発している一部の大学 (特に一部の私立大学) の教職課程を間接的に淘汰して，教師教育の質とその専門性を確保しようとすることである。

（4）時代の要求への対応，多元的な在職教員研修体系の構築

日本は，教員の在職後の研修面では，時代の要求に応じるとともに，教員の成長の規律にもとづいて，系統的な研修制度を徐々に整備し，制定してきた。国もしくは都道府県教育委員会は教員の勤続年数にもとづき，異なるレベル，異なる種類の研修に参加することを定めている[14]。

第1に，政府が実施する研修には主として，各地区で指導的役割を発揮する校長と教務主任を養成することを目的とする研修，各地区で指導的役割を発揮する事務職員を養成することを目的とする研修，国際的な視野と見識を有する中堅教員を養成することを目的とする海外派遣研修などが含まれる。

第2に，都道府県教育委員会が実施する研修には主として，「教育公務員特例法」が規定する新任教員研修と，教職経験にもとづいて行う5年研修，10年研修，15年研修，20年研修が含まれる。その中心的な内容としては，5年の勤続年数を有する教員には主として学科（教科）指導を行い，10年と15年の勤続年数を有する中堅教員に対しては主として生徒指導と教育カウンセリングを行い，20年の勤続年数を有する教員に対しては主として学校管理運営の研修を行うことになっている。

第3に，市町村教育委員会と学校はさらに，自らのニーズにもとづき各種の校内研修を実施している。新任教員に対しては，広範な知識と見識を身につけさせるために，採用の日から，クラス担任や教科教員を担当させながら，1年を期間とする実践的研修を行う。新任教員4人ごとに1人の指導教員を配置し，指導教員は経験が豊富で，指導力のある教員が務める。これに加えて，新任教員の校内研修は毎週10時間を下回らず，年間300時間を下回らないこと，研修内容は主として教員が必要とする資質面に関する指導とし，新任教員の授業に対して観察を行い相応の指導を与え，新任教員に授業参観させるとともに相応の指導を与えることが規定され，校外研修については年間で25日を下回ってはならないこと，研修の目的は社会の一員として教員が不断に自分の視野を広げ，社会とより広く接触して，人間関係の対応能力を高めるようにすることにあること，研修の主要内容は教育センター等が開催する講座，テーマ検討会への参加，企業や福祉施設での体験活動の実施，社会奉仕体験や大自然での体験に関する研修への参加などとすることが

V. 教師教育

規定されている。

第4に,自律的な自主研修がある。教員の自主研修は21世紀学習社会の発展の趨勢であると考えられており,教員は「老いるまで学ぶ」の実践者でなければならないことから,自主研修は教員自身の主体性を発揮させ,教員の専門的な発展を促進させるモデルとして,日本ではきわめて重視されている。「教育公務員特例法」では教員の自主研修について明確に規定され,教員が他の専門的職業人材と同じように,自己の能力を増加させるために,労働以外の時間を積極的に有効利用し,自主的に多種多様な研修に自費で参加することを求めている。それは例えば,研究型授業の実施,学会あるいは研究会での自己の論文の発表などである。

教員の自主研修を支えるために,学校と教育行政部門はいずれも奨励を与えるとともに,支持体制を徐々に整備している。現在,自主研修には主として次の3つの形式がある。すなわち,①e-learning型の自主研修,②大学,研究所,企業,社会教育事業組織,福祉事業組織等での学習を含む,伝統的な形式の集合型自主研修,③各種図書資料を利用して行う自主研修である[15]。

第5に,教師教育機関による,修士課程を十分に利用した在職教員のために提供される研修がある。例えば,教育大学は,修士課程の制度的弾力化と柔軟化を促進させるために,一年制課程,長期全日制課程,余暇時間(夜間,週末の休日,長期休暇など)に学べる課程等多様な就学形式を設置するとともに,一方では在職教員の学習に都合がよい環境を積極的に改善し,他方では通信衛星が役割を発揮するよう努力しているし,もし交通が不便であれば,在職教員は衛星通信を用いた遠隔修士課程を修学することができ,また修士論文は課題研究で代替することもできるようになっている。

上述したことをまとめると,新任教員から中堅教員,さらには20年勤続している教員まで,校長から教務主任,さらには事務職員まで,法律が規定し政府が要求する形式の定まった研修から自律的な自主研修まで,そして校内から校外まで,日本は非常に多元的な在職教員研修体系を構築していることがみてとれるのである。

(5) 競争メカニズムの導入，「能力開発型」教員評価の推進

以前の日本の学校での評価は多くが形成的評価であり，一般には評価結果を待遇と直接結びつけることはなかった。特に教員については，彼らは公務員であり，終身雇用制と年功序列制がとられていた。しかし，1990年代の不景気に伴って，日本の教育にも「崩壊」現象が見られ始め，学校に身を置く教員も絶えず疑いの目が向けられ，成果主義，能力主義的な評価が徐々に主流となってきた。

2001年，「地方教育行政の組織及び運営に関する法律」改正案が国会を通過し，2002年1月に施行され始めた。その重要な内容の1つは，「指導力不足教員」の認定制度，「新たな教員評価」制度の導入と，優れた教員の表彰制度の実施であった。

2002年，中央教育審議会は次のように指摘した。すなわち，今後学校は責任を明確にすることを通じて社会の信頼を得なければならず，こうした学校の整備を支える根本は教員にある。したがって一部の不適格教員に厳格に対処し，それと同時に，相対的に閉鎖的な学校組織，教員集団の中によい意味での緊張感を醸成しなければならず，教員の業務実績を正確に評価することを通じて多くの教員の士気と専門性を高めることが，「信頼できる学校」を作り上げるのに必ず通らなければならない道である。中央教育審議会はさらに，学校の「説明責任」を実現する具体的な措置を示し，そのため，最も重要なのは，学校評価システムの確立と新たな教員評価体系の実施であるとした。

2002年，教育改革国民会議は「教員の努力が報いられる評価体制を作り上げる」という提案を行った。2003年，文部科学省は，2005年には新たな人事考課制度を完全実施することを確定した。2006年初め，教育再生会議は「保護者，児童生徒の意見を反映した教員評価を実施する」こと，「公立学校の優れた教員に対して，給与，昇任，手当の面で優遇する」こと，「教育能力が不足する教員の認定基準を明確にし，改善しようのない者にははっきりと退場勧告を与える」ことなどから，公立学校教員の間に競争メカニズムを全面的に導入するよう再度強調した。

例えば，東京都は2000年に，「能力開発型」の「教職員人事考課制度」を

V．教師教育

実施し始めた。「能力開発型」人事考課には次の3つの部分が含まれる。それは，第1に校長，教頭との面談を通じた教員の自己目標の設定，第2に教員が自らが設定した目標にもとづき，自らの教育効果に対して自己評価を行う「自己報告」，第3に学校による教員の職務履行の成果及び執行過程の努力状況に対する業績評価である。自己目標設定，「自己報告」の導入を通じて，この評価が単純にトップダウンの一方向の評価になってしまうのを避けており，これを学校の執行部と教員とが双方向的に作用する過程にしようと努めている。同時に，校長，教頭等の学校執行部は教員に対して適当な指導援助を行うことができ，しかも教員に対して相応の研修と自己向上を行うように要求し，適当な待遇を与えることができる。東京都は，この評価の結果を教職員の給与アップ，昇任，校内ポストの配置及び学校間異動等の面で運用し，教員の積極性を高めるという点で一定の効果を得ている。しかし，このような成果主義，能力主義的な教員評価は，一部の教育学者，学校教員から疑問が呈されており，彼らは，このような教員評価が教員間の協力に危機を及ぼし，日本政府が提示した「個性が多様で，それぞれ得意分野を持った教員が力強い教員集団を作り上げて，共同で現代の学校問題に対応する」という教員集団形成の目標と相互に矛盾しかねないと心配している。

今後，教員の評価・奨励メカニズムと教員集団の形成を整合させることは，日本の教員評価制度改革の大きな課題になるだろう。

3．日本の教師教育改革が今後長期にわたって注目する政策課題

日本は，教師教育の革新を通じて，良好な教育活動を実現することのできる資質能力を備えた教員を養成すること，教員になってからも生涯学習を通じて教員の専門的力量を高められることを望んでいる。では，日本の将来の長期的な教師教育改革の課題とは何だろうか。日本の教師教育の専門家と現行政策の観点を総合すると，日本の教師教育改革が長期にわたって関心を払うとともに継続的に新機軸を打ち出す課題には，主として以下の6つの点がある。

・教員の質の水準に関する課題。教員の質の水準を高めるために，教師教育

を学部段階から大学院段階へと引き上げる全体的なプランを設計する。
・教員免許に関する点。現行の「専修免許」は専門家の資格証明（certificate）としては依然として不十分であり，学部段階で教員免許（資格, license）を取得したうえで，大学院段階で新たに設ける資格証明（certificate）を取得する制度を検討する。
・教員の採用と研修に関する課題。都道府県の教員採用では，「専修免許」取得者を優先的に採用する措置を整備する。一方では大学院卒業者を積極的に採用する柔軟な体制を構築し，他方では在職教員が大学院で系統だった研修を行う制度を構築する。
・教員の専門的基準に関する課題。教員の養成，資格認定，採用，在職研修，評価を一体化した「教員専門性基準（professional standard）」を制定する。
・教員養成とカリキュラムに関する課題。小学校教員の養成では「教養教育」と「教科素養」の必要性を重視し，中・高等学校教員の養成では「教養教育」と「教職の専門（的）教育」の必要性を重視する。教員養成課程の中核として，理論と実践を統一した「実践研究」を必ず用意しなければならない。
・教員の高い水準と専門化に関する課題。教師教育課程認定を受けたすべての大学，大学院は，教職の高水準化（修士を基礎学歴資格とする）と専門化に関わる多様な項目の開発を促進しなければならない。大学（あるいは大学院）と都道府県教育委員会，市町村教育委員会は協力して，教員の高度化と専門化を推進する施策を模索する。文部科学省と都道府県教育委員会は，引き続き教職の高度化と専門化を推進して，教員が安定した地位で創造的に業務に専念できるようにし，教員の給与と待遇を改善する政策を立案する必要がある。

4．考察と検討，中国への示唆と参考

　21世紀初めにおける教師教育改革を総合的に見れば，教員養成の重点の転換や教員養成段階の上昇から，教員免許の更新，教員研修の強化まで，さらには新たな教員評価体系の実施に至るまで，いずれも制度の改革を通じて

V. 教師教育

教員の専門性の発展を促し,それによって「世界最高水準の初等中等教育を実現」しようとするものである。

これと比べると中国は,全体的な教育の基盤と教育の発展水準は日本よりも大きく立ち後れているが,21世紀の改革目標は基本的に一致している。2010年7月に正式に公布された「国家中長期教育改革・発展計画要綱(2010-2020年)」の中では,今後10年における教師教育改革の発展戦略とその目標が明確に提示されている。それを概括すれば,主として次のいくつかの面が含まれる[16]。

第1に,全体目標としては,教員の資質能力を厳格に定め,高い教員道徳を有し,業務水準が高く,構造が合理的で,活力に満ちた質の高い専門的な教員集団を作り出すよう努力するというものである。

第2に,教員資格と採用については,教員資格許可制度を整備するとともにそれを厳格に実施し,国が教員資格試験基準を制定すること,教員資格証書の定期登録制度を導入し,5年を周期として登録を行うようにすること,省レベルの教育行政部門が中学・小学教員資格試験と資格の認定を統一的に組織し,県レベルの教育行政部門は規定にもとづき中学・小学教員の招聘・採用,職務(職称)の評価・昇任,考査といった機能を果たすようにすること,これによって「国が基準を定め,省が試験を行い,県が招聘し,学校が雇用する」という教員資格・管理・採用制度を作り上げることが挙げられている。

第3に,教員研修では,教員訓練制度を整備し,教員訓練経費を政府予算に組み入れ,教員に対して5年ごとに全員が訓練を受けるようにすること,少数民族地域の二言語教員の訓練を強化すること,校長の訓練を強化し,指導員やクラス担任の訓練を重視すること,専科課程学歴以下の小学校教員について学歴を高める教育を行い,全国の小学校教員の学歴を徐々に本科課程段階の水準へと高めることがある。最後の点については例えば,2010年9月から10月にかけて「国家訓練計画」(正式名称は「中学・小学教員国家訓練計画」)がすでに全国の各省・直轄市・自治区で相次いで始められており,中央政府はこれに5.5億元を投じて支援を行っている。

第4に,教員の専門性水準に関しては,国が教員資格基準を定め,教員の

第11章　制度改革を通じた教員の専門性発展の促進

任職学歴基準と品行に対する要求を高めること，校長の任職資格基準を制定し，校長の専門化を促すことがある。中国の現行の教員資格基準は主として入（任）職資格基準である。教員の入（任）職資格基準と対応して，ここ数年中国はそれにふさわしい専門的基準を定めるよう模索を続けており，それには中学・小学教員専門性基準，教師教育質評価基準，教師教育課程基準，教師教育機関質基準などが含まれる。

　第5に，教員養成の面では，新たな養成モデルを作り出して，実践的な実習活動を増やし，教員道徳の修養と指導能力の訓練を強化し，教員養成の質を高めること，教員養成機関を主体としつつ総合大学も関わる開放的で柔軟な教師教育システムを構築することが含まれている。

　第6に，教員評価については，教員管理制度を健全なものにし，教員の離職メカニズムを整備すること，奨励のメカニズムを整備し，教員の積極性と創造性を高めること，教員の職業的理想と職業道徳の教育を強化し，多くの教員の，教育して人を育てるという責任感と使命感を増すようにすること，教員道徳を教員考査，招聘・採用，評価の最も重要な内容とすることがある。中国では2009年1月1日から，義務教育機関で成果に応じた給与の制度が実施され，教員の業績評価（performance assessment）はすでに中国で全面的に展開されている。

　上述した日本の教師教育改革を振り返ることで，中国の21世紀における教師教育の制度創造のために優れた示唆と有益な手本を得ることができる。これを総括すると次のようになろう。

①教師教育課程の改革を推進し，現代的な教師教育課程体系と指導モデルに向けて転換し，教師教育課程の内容における実践的方向性を強化している点

　日本の教師教育改革は一貫して，大学が学生の教育と生徒指導を行う実践的能力を養成しなければならないことを強調してきたが，政策の制定においては，理論と実践を両立させることが困難な状況にもしばしば直面している。一方では，教育理論は教員の専門性と実践能力の知識の基礎であり，理論科目の設置とその教育を強調することは間違いなく重要である。他方で，理論の学習が自然と実践能力に転化することはあり得ず，学生はさらに実践

Ⅴ．教師教育

に触れて一定の実践経験を積まなければならない。日本の教育改革が新たに制定した措置と政策の方向性からみれば，教員養成の核心は，学生の実践経験の獲得を強調することに置かれている。

　現在中国の教師教育課程は教科の専門と教育理論を重視し，大部分は依然として書物の知識に限られており，学校の現実感覚に欠けている。さらに適切にいえば，長年にわたって中国の教師教育における現代理論研究はめざましい発展を遂げたが，学校現場での実践研究（臨床研究とも言える）はかなり立ち後れた部分のままである。教師教育における理論研究と実践研究に大きな隔たりがあることは，直接，教員の教育・指導実践能力の養成を弱め，基礎教育の質の向上に影響を与えている。日本は実践性と現場性を強調し，教育の理論と教育の実践，教育現場の問題を融合させた教師教育課程の改革を強調し，世界の教師教育の発展と共通の趨勢を示しており，私たちが参考とするに値する。

　②日本及び世界の教師教育高学歴化という発展趨勢を重視し，中国の教師教育の実施段階と専門的水準を向上させる点

　日本の「教職大学院」制度は，従来の教師教育の大学化，免許化等がもたらした問題に焦点を当て，またイギリス，フランス，アメリカといった先進諸国の教師教育が大学院段階へと挑戦していることに直面して設置された，専門的な教員の大学院制度であり，その目的は，高度に専門化された教員の養成である。教師教育の高学歴化は先進諸国における教師教育の発展の共通の方向性である。日本は，教育現場に近く実践型の「教職大学院」の創設を通じて教師教育の学歴段階と教員の専門的水準を高めようとしており，こうした体制の創設は中国にとって非常に参考にする価値がある。

　研究によれば，高等教育の在学率は教師教育の発展に対してきわめて顕著な影響を与えている。高等教育在学率が15％から20％にあるとき，教師教育の学部（本科課程）段階化，総合化という発展の傾向が非常にはっきりとみられる。2005年末までに，中国の高等教育の粗就学率はすでに21％に達している。また2020年までには，高等教育の大衆化をさらに進め，同年の粗就学率の目標は40％とされている[17]。これによれば，現在中国の教師教育は全体としてすでに教師教育を本科課程段階化に向けて発展させる初期条

第11章 制度改革を通じた教員の専門性発展の促進

図11-1 北京師範大学（南部広孝撮影）

件を基本的に備えているのである。

しかも，21世紀の知識経済時代には，中国の教師教育も徐々に本科課程段階と大学院段階を主とする教師教育の新たな枠組みを形成し，教育段階を分け，地域を分けて，小学と初級中学で新たに増える教員の本科課程段階化と，大学院段階での教師教育について，養成，採用，研修，資格，評価等を含む全体的で見通しを持った制度設計を徐々に実現しなければならない。

　③21世紀の知識経済時代の要求に合致した教員資格管理体制と多元的な在職研修体系を構築する点

日本の教員免許10年更新制と多元的な在職教員研修体系の構築は，私たちが21世紀に教師教育の質の規格に対して新たな要求を提示していることを示唆している。一方では知識経済社会において，社会と教育の変革が，教員の知識・技能が時代とともに進展し，不断に更新されることを求めており，他方では，教員の生涯学習体系の構築によって，教員が不断の自主的研修を通じて専門能力の向上をもたらすことが求められている。教員は，知識の蓄えを不断に更新し，かなりしっかりとした自主性，自発性と創造性を備えてこそ，社会の日々の発展と生徒の創造的能力の養成の必要を満足させられるのである。

V．教師教育

　現在，中国の教員資格の管理は依然として本科課程段階化に向けて整備を進める状況にあり，在職教員の研修もまだ理論知識の学習とその深化に限られ，多元的な在職教員研修モデルは開発が待たれている状況であって，特に教員の社会的研修と自主的研究は依然として模索中である。生涯教育体系と学習社会を構築する 21 世紀において，日本の教員免許更新制と多元的な在職研修体系の開発は，私たちにとって参考となるのである。

(南部広孝　訳)

注
1) 祝懐新編『封閉与開放―教師教育政策研究―』浙江教育出版社，2007 年，70 頁。
2) 桑原敏明「ヨーロッパにおける教師教育の改革動向をふまえて」日本教育学会編『教育学研究』第 57 巻第 1 号，1990 年，77-78 頁。
3) 佐藤学「これからの教師教育―国際的視点から―」(日本学術会議公開シンポジウム「知識社会における教師の科学的教養と教員養成」資料，2007 年 3 月 12 日)，http://www.scj.go.jp/ja/event/pdf/30-k-ppt.pdf#search='これからの教師教育'，2009 年 4 月 1 日。
4) 門脇厚司「教育改革と教師の職能成長」(第 1 回　東アジア教師教育研究国際シンポジウム要旨集)，http://www.ja-xbyx.edu.sh.cn/WebStyle/XBYX/RedirectContent.aspx?SubjectID=545&ContentID=2703，2009 年 4 月 4 日。
5) 同上。
6) 佐藤，前掲資料。
7) 教育部発展規劃司が 2011 年 2 月に発表した「中国教育事業発展統計簡況」の最新データにもとづき，筆者算出。
8) 第九戦略専題調研組「一流教師　一流教育」『教育研究』2010 年第 7 期，2010 年，52 頁。
9) 胡国勇「日本教師教育制度改革面面観」，http://xbyx.cersp.com/xxzy/tszs/200706/1637.html，2008 年 3 月 2 日。
10) 王建平「日本教師教育的発展動向」，http://www.yxsyzx.net/onews.asp?id=538，2009 年 4 月 4 日。
11) 楊艶玲「日本教師教育的発展趨勢及啓示」『国家教育行政学院学報』2007 年第 8 期，2007 年，85 頁。
12) 横須賀薫「教職大学院の現状と課題：概説」，http://www.keinet.ne.jp/doc/gl/08/09/toku080901.pdf#search='教職の高度化'，2009 年 5 月 17 日。
13) 陳永明主編『新世紀日本中小学教育』天津教育出版社，2006 年，220 頁。
14) 其木格・林海河「塑造富有魅力的教師―透視当今日本中小学教師教育制度及其改

革—」, http://202.121.15.143/aspfiles/document/b73/ab730357.asp, 2009 年 4 月 3 日。
15）王暁燕「関於農村教師能力培訓的創新模式研究―基於国際比較的視角―」『江蘇教育研究』2008 年 6 月号（理論版), 2008 年, 11 頁。
16）《教育規劃綱要》工作小組辦公室『教育規劃綱要学習輔導百問』教育科学出版社, 2010 年, 47-50 頁。
17）同上書, 11 頁。

第 12 章

21世紀の日本における教師教育改革について

八田　幸恵

　専門職としての教師の力量とは何であり，教師はいかにしてその力量を形成するのか。21世紀の日本は，この問いにまさに正面から向き合っている。矢継ぎ早に教師教育改革に関する政策が打ち出され，各大学独自の，あるいは大学同士や大学と教育委員会が連携して取り組んでいるさまざまな教師教育実践が展開している。それでは，21世紀の日本は，どのような教師教育改革の方向性を描きつつあり，専門職としての教師の力量形成という課題にどのように応えようとしているのだろうか。

1. 専門職としての教師の力量形成という課題と改革の方向性

　21世紀の日本における教師教育改革は，専門職としての教師の力量形成という課題に応えなければならない。その課題に応えることは，第二次世界大戦後の教師教育改革を検討し，その意義と課題を確認することでもある。そこで，戦後の教師教育改革を粗描しつつ，専門職としての教師の力量形成という課題の内実を把握し，教師教育改革の方向性を探る。

(1) 日本における教師教育の戦前と戦後

　第二次世界大戦前の日本においては，大きく整理すると，中等学校以上の教師は大学あるいは高等師範学校で養成され，初等学校の教師は師範学校で養成されていた。前者は教える内容に関する学問的な知識を重視し，後者は教育方法に関する実践的な知識を重視する教員養成カリキュラムを採用して

いた[1]。

　戦後になり，この教師教育のあり方は改革された。改革の議論は，戦前の師範学校における初等学校の教員養成がいわゆる「師範型」教師を育てたという反省意識から出発した。そこで，多様な職業をめざす人物が集まる大学におけるリベラル・アーツ教育を通して，学者や芸術家になれる人の中から結果として教師が生まれるのが望ましいという考えが支持を集めることになったと言われている[2]。

　したがって戦後の教員養成の制度は，「大学における教員養成」と「開放制」を二大原則としてきた[3]。前者の「大学における教員養成」という原則は，当時としては世界最高の教育水準を教師に求めるものであった。後者の「開放制」とは，教員養成を第1の目的としていない組織でも基準さえ満たせば教職課程を設置し教員免許を授与することができるという制度である。これら二大原則のもとに，広く学問一般と特に将来教えることになる教科が拠って立つ学問を十分に学ぶことによって教師を養成するという教員養成カリキュラム論が基本とされてきた。つまり，戦前における中等学校以上の教員養成のあり方に一本化することになったのである。

　このような戦後の教師教育改革は，その内実が教師の専門的な力量形成をなしえないという理由で後々批判されることになった。ただしこの改革は，その理念を横に置いておけば，当時としては世界最高の教育水準に引き上げる改革であったという点は強調しておきたい。

(2) 専門職としての教師という視角

　それでは，教師の専門的な力量とは何なのか。

　そもそも専門職(profession)とは，神の意志を人々に公言する(profess)職のことを指す。定義からもわかるように，専門職の正統性は，かつては宗教によって支えられていた。しかし，知識が増大しそれが大学において組織されるようになり，さらに大学において職業教育が整備されていくに従い，19世紀には，大学における高度に知的な知識・技術が宗教に代わって専門職の正統性を支えることになった[4]。したがって，専門職教育においては，大学における高度に知的な知識・技術の習得を求める「学識ある専門職(learned profession)」という専門職像が掲げられてきた。

しかし，世界的に1980年代以降，行政職・専門職が強大な権力を持ち，政治・行政・司法・医療・教育といった領域の運営を独占しているという批判が強まった。これまでモデルとされてきた医師や弁護士といった伝統的な専門職のあり方は，その特権性と閉鎖性の問題ゆえに批判されるようになった。そして，専門職への依存状態から脱却し，重要な領域における意志決定に市民が参加することが求められるようになってきた。このような流れは「脱専門職」「脱行政」と呼ばれる。

そこで近年になると「学識ある専門職」からさらに進んで「学習する専門職（learning profession）」という専門職像が出てきた。この専門職像は，新しい専門性の内実として「協働的で民主的であること（collaborative and democratic）」を掲げる。そして，専門職の力量に，同僚・他の専門職・市民と連帯し協働すること，実践しながら学習し続けること，また自身の実践について公に表明することを含めることを求める。つまり，「学習する専門職」は，市民社会に正統性を置き不断にその正統性を確保し続ける努力をすることを求めているのである。

現在，専門職に共通する定義は，次の6点とされている[5]。すなわち，①高度に知的な知識・技術と，その習得のための長期の専門的教育を必要とする，②自己の利益よりも，公共の利益を第一に優先する職責を持つ，③職能集団を結成し，専門職団体としての倫理綱領を持つ，④職能水準を維持し向上するために，自主的に研究と修養に努める，⑤広範な自律性が与えられ，その判断や行為の責任を直接個人で負う，⑥高い社会的評価を得ている，である。

戦後日本の教師教育改革は，21世紀の現在振り返ってみると，結果的に⑥をある程度実現したものの，それ以外に関しては十分に実現したとは言い難い。特に①②に関しては，大学における教員養成カリキュラムが大きな役割を果たすがゆえに，「ねじれ」を抱え込むことになった。「ねじれ」とはすなわち，第1に，「大学における教員養成」という原則をとったことで大学が組織する内容に関する高度に知的な知識・技術に正統性の一部を置く一方で，教師に特別に必要とされる知識・技術を大学が組織することを避けると

いう点である。それに加えて第2に，結果的に教師になるにもかかわらず，公共の利益を第一に優先するという職責を自覚させることを避けるという点である。21世紀の日本における専門職としての教師教育改革は，これらの「ねじれ」に同時に挑まなければならないことになったと考えることができる。

(3) 教師教育改革の方向性

専門職としての教師教育改革の課題を踏まえると，教師に特別に求められる知識・技術を大学が組織しそれに教師がアクセスできるようにすると同時に，教師が公共の利益を追求し自身の実践を公的に表明し生涯にわたって同僚教師・子ども・授業に学び続けることを可能にする。これが，21世紀の日本における教師教育改革がめざすべき方向性であると言えるだろう。それはつまり，「学識ある専門職」及び「学習する専門職」を育成するという方向性でもある。

このような改革の方向性のもとでは，教員養成よりもむしろ現職教育が中心となる。実際に，世界における教師教育改革の流れにおいては，学校における協働の実践と省察の積み重ねを通した生涯にわたる力量の形成が基本的な方向性として共有されてきている[6]。そして，学校と大学が連携することで，教師の生涯にわたる研究・学習コミュニティに大学の学生が参加していくことが実現しつつある[7]。

日本においても，国の政策として，このような方向性は明確に描かれつつある。後述するが，各種審議会等から出された教師教育改革に関する重要な答申においては，繰り返し，大学と学校が連携して養成と現職研修を連続させること，大学が主導して教師に求められる知識・技能を明確にすること，体系化された現職段階の研修において必要な知識を獲得していくこと，学校現場が教師の研修の拠点となることが求められている。

2. 21世紀の日本において推進されている教師教育改革

21世紀の日本において教師教育改革は，これまで述べてきた方向性のも

V. 教師教育

とに推進されている。しかし、その道のりは平坦なものではなく、困難がある。それでは、21世紀の日本における教師教育改革は、具体的にはどのように推進されていて、何が課題になるのだろうか。教師教育改革に関する重要な政策文書を紹介しつつ、論じていきたい。

なお、文部科学省及び各種審議会は、教師の力量の総体については「資質能力」「実践的指導力」という言葉を、力量の知識・技術的側面については「資質の基礎」「基本的な資質」という言葉を当てる傾向にある。以下、文部科学省の用語で政策動向を記述する。

(1) 重要な政策文書

①教育職員養成審議会答申「新たな時代に向けた教員養成の改善方策について」(1997年7月)

この答申は、教師の「資質能力の向上」をねらう一連の政策の嚆矢となったものであり、教員養成の段階で「基本的な資質」を身につけさせると同時に、得意分野を持った個性的な教師を育成することや、「基本的な資質」以外に時代によって資質を刷新していく必要性が述べられた。また、免許制度を弾力化することによって社会人の活用を促進することなどが提唱された。これを機に、戦後の基本的な教師教育の理念は、非目的的養成から目的養成へと明確に転換した。

②「今後の教員養成系大学・学部の在り方に関する懇談会(報告)」(2001年11月)及び、全国教育大学協議会答申「教員養成の『モデル・コア・カリキュラム』の検討―『教員養成コア科目群』を基軸としたカリキュラムづくりの提案―」(2004年3月)

教員養成段階で「基本的な資質」を身につけさせることを目的に、「今後の教員養成系大学・学部の在り方に関する懇談会(報告)」において、モデルとなる教員養成カリキュラムを策定することが要請された。要請を受けて、日本教育大学協会がプロジェクトを発足させ、答申「教員養成の『モデル・コア・カリキュラム』の検討―『教員養成コア科目群』を基軸としたカリキュラムづくりの提案―」(2004年3月)において、「教員養成カリキュラム・モデル」を提案した。

後者の答申は「実践的指導力」の育成を図る「教員養成カリキュラム・モデル」の基本的な枠組みを提案した。「実践的指導力」の内実に関しては，「教育実践を科学的・研究的に省察（reflection）する力」をその中軸に据えると述べ，教員養成カリキュラムの核として教育現場での体系的な体験を位置づけている。実践と省察をサイクル化することによって，必要に応じて学識を形成しつつ，実践に学び続ける教師を育成するという考えであった。

これら2つの答申が出された後，各大学が創意工夫を重ねて，教育現場での実践と省察を核に持つ多様な教員養成カリキュラムを開発してきている。

③中央教育審議会答申「今後の教員養成・免許制度の在り方について」（2006年7月）

この答申は，これまでの改革をよりいっそう前進させるために，第1に「大学の教職課程を，教員として最小限必要な資質能力を確実に身につけさせるものへ」，第2に「教員免許状を，教職生活の全体を通じて，教員として最小限必要な資質能力を確実に保証するものへ」という2つの方向で，抜本的な教師教育の制度改革を行うことを主張した。2つの方向を実現する具体的方策として示されたのは，ⅰ）教職課程の質的水準の向上，ⅱ）教職大学院制度の創設，ⅲ）教員免許状更新制の導入の3点である。2011年現在，これらの改革はすべて実行に移されている。

ⅰ）教職課程の質的水準の向上

「教員養成カリキュラム・モデル」はカリキュラムの構成法を示したという意味合いが強く，学生が身につけるべき能力についての統一基準を示したものではなかった。そこで，この答申では，教職課程の「質保証」を図るために，養成段階で最終的に身につけさせる「資質能力」の基準を明確にすることが求めた。すでに各大学において「資質能力」についての到達目標（「教員養成スタンダード」）づくりが始まっている[8]。

ⅱ）教職大学院制度の創設

答申はまず，さまざまな専門的職種や領域において大学院段階で養成されるより高度な専門的職業能力を備えた人材（いわゆる高度専門職業人）が求められていると述べている。そこで教員養成に特化した専門職大学院である教職大学院制度を創設することを提唱した。学部卒業してすぐに入院するいわ

V. 教師教育

ゆるストレート・マスターのための課程と，中堅の現職教師のための課程を準備することが求められた。そして，どちらの課程にも，「理論と実践の融合」の実現が期待された。そのため，得られる学位が「教育学修士」ではなく「教職修士（専門職）」等の専門職学位であること，教職大学院の専任教員に一定の現職経験を有する「実務家教員」を4割程度配置すること，教育現場での比較的長期にわたる実習を行うことを求めている。

ⅲ）教員免許状更新制の導入

これは今回の教師教育改革の中で最も抜本的なものであった。従来，教員免許状は大学が発行し，その後は都道府県教育委員会の管理のもとに終身有効であった。しかし今回導入された免許更新制は，免許状に一律に10年間の有効期限を定めるという制度である。その理由は，教師に必要な「資質」は時代の進展に応じて更新が図られるべきであり，免許状制度を常に変化し続ける「資質」を担保する制度として再構築するためと説明されている。

(2) 一連の政策を踏まえた教師教育の課題

①教師の実践的な力量形成のあり方と教育水準の向上との整合性を追究するという課題

「今後の教員養成・免許制度の在り方について」（2006年7月）は，1990年代からの一連の改革のいわば仕上げであった。そこでは，学部での教員養成カリキュラムが教育現場での経験と省察を核に持つように組織されていることを前提に，さらに「教員養成スタンダード」を運用することで「資質能力」を向上させることが求められていた。それに加えて，大学院段階で養成されるより高度な専門的職業能力を備えた高度専門職業人を育成するために，「理論と実践の融合」を実現する教職大学院を設置することが求められた。つまり，一連の改革には，大学あるいは大学院における教師教育カリキュラムを実践と省察を中心に作り変え教師の力量形成をよりよく支援するものにすると同時に，教師の教育水準を大学院段階に高めるという，2つの点を同時に実現しようとしているのである。

先述したように，戦後の教師教育改革においては，教員養成が世界最高の教育水準にまで引き上げられた。しかし21世紀の現在，先進諸外国におい

ては教師に修士号の取得を求めたり，学部卒業後に1～2年間のインターンを実施したりすることで教育水準を引き上げている。また，他の専門職に関しては，日本においても薬学部の一部が6年制へ移行したこと，大学院に法科大学院やビジネス・スクールが創設されていることが示すように，その教育水準は大学院段階へと引き上げられる傾向にある。したがって，教師が今までのように，また今まで以上に高い社会的評価を得るためには，まず何よりも教師教育の水準を大学院段階に引き上げることが求められる。

しかし，大学での教育を受ける期間が長期化することで教師の力量形成が可能になるわけではないという批判は多い。もちろん，日本の大学が教師教育に理念的には消極的だったということを踏まえると，この批判は甘んじて受けねばならない。実際，ここまで検討してきたように，学部の教員養成は実践と省察をサイクル化することにより，大学というよりも実践現場に軸足を置いた実践的な力量形成のあり方が明確に示されている。しかしながら，教職を専門職化するためには，諸外国の教師の教育水準や他の専門職の教育水準に見合うものにすることは必要であるし，また大学が教育現場と協働・連携して教師に必要な知識・技術を積極的に明示化し蓄積していくことが必要である。真に課題とすべきは，知識・技術の蓄積のあり方である[9]。

②教師の力量評価のあり方を競争から参加へと転換するという課題

これまで述べてきたことからわかるように，21世紀の日本における教師教育改革は，教師の「資質能力の向上」を意図するだけでなく，「資質能力」が身についたかどうかを評価することで保証することまでが求められている。それを正面から行うのが「教員養成スタンダード」である。また，免許更新制度に関しても，免許を「資質能力」を保証する資格の役割を持つものへと切り替えるという点においては，教師の力量の保証を意図した改革であると理解できる。

能力の保証という問題は単純ではなく，その背景には，先述した「脱専門職」「脱行政」の流れがある。主に2000年代に入って以降，公的部門に民間企業の経営理論・手法を導入しようとするNPM (New Public Management) と呼ばれる新しい公共経営の考え方が大きくなってきた。これに呼応して，教育の質保証の方法は，従来の政策に用いられたインプット（教育内容）の管

V. 教師教育

理ではなく，ラーニング・アウトカム（身につけた能力）の評価へと変化してきた[10]。つまり，「教員養成スタンダード」や免許更新制度は，「脱専門職」「脱行政」の流れの中に位置づくものでもあり，教育への市場原理・競争原理の導入を促進したという側面もある。

したがって，一連の教師教育改革については，教師同士の自律と協働を阻むという多くの批判があり，また免許状更新制度については教師の自律的な力量形成と大学の自治を阻むものとして強い反対意見があった[11]。ただし，能力の評価・保証という教育に課せられた世界的な課題から目を背けるわけにはいかない。いま必要なことは，教師の力量の評価・保証を，市場原理・競争主義の導入という方向ではなく，市民社会に応答するという新しい専門職に求められる専門性を育成する方向に転換していくことである。そのためには，教育における評価を，競争を促進するためのものではなく，広く教師教育実践への参加を促すものにしていくべきである。

3．中国の視点を踏まえて

前節において筆者は，日本における一連の教師教育改革に関する政策を踏まえて，①教師の実践的な力量形成のあり方と教育水準の向上との整合性を追究するという課題，及び②教師に求められる力量の評価のあり方を競争から参加へと転換するという課題，という2つの課題を指摘した。これら2つの課題は，日本の改革現状から中国に得られる示唆として王が総括した3点と大きく重なるものである。王が総括した3点を確認しておくと，(1) 教師教育課程の改革を推進し，現代的な教師教育課程体系と教学モデルに向けて転換し，教師教育課程の内容における実践的方向性を強化している点，(2) 日本及び世界の教師教育高学歴化という発展趨勢を重視し，中国の教師教育実施段階と専門的水準を向上させる点，(3) 21世紀の知識経済時代の要求に合致した教員資格管理体制と多元的な在職研修体系を構築する点，であった。日本も中国も，改革の大きな方向性は共通していることがわかる。しかしながら，筆者（日本）と王（中国）の間には，微妙な違いも見られる。その違いの背景には，日本と中国の高等教育・教師教育の歴史と現状の違いがあ

ると考えられる。

　まず，筆者が日本における教師教育改革の課題として指摘した①に関してである。王は，今後の中国の教師教育について，(1)において現場での実践研究が重要になることを述べ，(2)において大学院段階における教師教育を全体的で見通しのある視野のもとで構築する必要性を主張している。筆者は，王が総括した(1)と(2)は日本の現状においては両立しているわけではなく，それらの間の整合性をいかに追究していくかという点が課題になると指摘した。この違いの背景を考えたい。まず，中国は教育爆発の真っただ中にいる。高等教育は学生数が過去30年間で18.6倍へと増加するほどに量的に拡大し，それに伴って市場原理が導入され，学校設置の多様化が進んだ。教師教育に関して言えば，中等師範学校と師範大学が主な教員養成機関であるものの，特に高校の教師不足を解消するため，それ以外の教育機関特に総合大学においても教師養成を行う「開放制」の原理が大幅に導入された。また，政府教育部直属の6つの師範大学では，すでに学部（本科課程）4年＋修士2年の教員養成課程が始動している。このように，中国の教師教育は，開放的な市場原理のもと量的拡大と多様化の時代を迎えている。そのことを前提に，内容を高度化するために現場における実践研究を充実させることをめざしているのである。

　それでは，日本はどうだろうか。日本は，高等教育の学生数はすでに減少傾向にあり，高等教育全入時代を迎えている。教師教育に関して言えば，従来の「開放制」のもとでの免許の供給過剰と，それに伴う教員養成課程への不要な財政支出が問題となり，「開放制」原則が見直されている。このような中で，長期インターンシップを含む教師教育の大学院化など，新たな巨額の財政支出が見込まれる改革を実現することは容易ではない。また，長期インターンシップを含む教師教育の大学院化は，結果として，生き残りをかけてそれを実施する「体力」を持つ大学に教員養成課程を絞りこむ機能も果たす。このように，日本の教師教育は，排他的な市場原理のもと量的な縮小と精選の時代を迎えている。このような背景のもと，大学での教育を受ける期間が長期化することで教師の力量形成が可能になるわけではないという批判が出てくることになる。

V. 教師教育

　しかしながら，繰り返しになるものの，日本においても中国においても教職を専門職化するためには，諸外国の教師の教育水準や他の専門職の教育水準に見合うものにすることは必要である。また，日本においては，教師に必要な知識・技術の蓄積のあり方を熟慮しつつ，大学が教育現場と協働・連携して知識・技術を積極的に明示化し蓄積していくことが必要である。

　日本における教師教育改革の課題として筆者が指摘した②に関しては，王が総括した (3) の内容を別の角度から述べたということになろう。ただし，ここにおいても微妙な違いが見られる。王は，標準化を回避する多元的な在職研修のあり方を模索する必要性を主張している。これに対して筆者は，教師の力量評価を市場原理・競争原理から教師教育実践への参加を促すものに転換する必要性を述べている。この背景にもやはり，開放的な市場原理のもとでの教師教育の量的拡大と多様化の時代にある中国と，排他的な市場原理のもとで教師教育の量的な縮小と精選の時代にある日本という，両国の現状の違いがあろう。

4．おわりに

　今後の日本における教師教育改革はいかに推進されるのだろうか。2011年現在，順次開催されている中央教育審議会教員の資質能力向上特別部会においては，教職課程を修士化することや，免許制度をさらに柔軟にし得意分野や専門性を保証する免許制度へと切り替えていくことが検討されている。つまり，教師の力量形成と教育水準の向上との整合性という課題及び力量の評価・保証という課題は，ますます重要な課題となっている。教師に特別に求められる知識・技術をいかに組織するのか，また広く教師教育実践への参加を促進する評価をいかにして実現するか。日本における教師教育改革は，これらの課題に取り組んでいかなければならない。

注
1)　船寄俊雄「近代日本における教師像と教員養成の展開」『近代日本中等教員養成論争史論—「大学における教員養成」原則の歴史的研究—』学文社，1998年，251-266頁。

2) 山田昇「教育刷新委員会におけるアカデミシャンズとエデュケーショニスト」『和歌山大学教育学部紀要―教育科学―』第20集，1970年，87-96頁。また，海後宗臣『戦後日本の教育改革　第8巻　教員養成』東京大学出版会，1971年，3-40頁。
3) 「開放制」は多義的な概念であり，次の3つの使われ方に分けられるとされている。第1に，「目的大学」反対論として戦後教員養成改革の理念を擁護するために使われる際の意味内容であり，幅広い教養など教員養成の内容を指す場合。第2に，教員養成制度を論じる際，教員養成に関わる特権を排除して教師の資格を取得するルートを多様化するという意味内容を指す場合。そして第3に，目的養成でありながらも教師の資格を取得するルートは多様化であることを主張する際に使われ，内容論と制度論が入り混じった意味内容を含む場合がある。竺沙知章「『開放制』概念の多義性とその限界」TEES研究会編『「大学における教員養成」の歴史的展開―戦後「教育学部」史研究―』学文社，2001年，405-410頁を参照。本稿では，本文にあるように「免許状の開放制」という意味，つまり上記の整理の第2の意味で使用する。
4) ドナルド・A・ショーン（柳沢昌一・三輪建二監訳）『反省的実践とは何か―プロフェッショナルの行為と思考―』鳳書房，2007年，を参照。
5) 専門職の定義については，舟橋一男「教職の専門職化」木村元・小玉重夫・舟橋一男『教育学をつかむ』有斐閣，2009年，ユニット19，175-180頁を参照。
6) 稲垣忠彦「教師が成長する学校づくり―実践研究にもとづいた成長への学びを―」『はるか☆プラス』2007年4月号，16-19頁。
7) ジョン・I・グッドラッド，ケネス・A・シロトニック（中留武昭監訳）『学校と大学のパートナーシップ―理論と実践―』玉川大学出版部，2004年。
8) 例えば，福田幸男監修，海老原修・石田淳一編著『小学校教員を目指す人のための教育実習ノート　横浜スタンダード準拠』東洋館出版社，2008年。日本教育大学協会「学部教員養成教育の到達目標」プロジェクト「学部教員養成教育の到達目標の検討（報告）」2008年3月。
9) 稲垣，前掲論文においては，組織・共有されるべきは事例であり，「カンファレンス」や「ケイス・メソッド」と呼ばれる専門職教育の方法を用いて，専門職が互いに学び合うコミュニティを形成すべきであると述べられている。また，近年「教科内容学」というキーワードで，授業することを前提とした教科内容に関する知識を大学が組織することも提案されている。西園芳信・増井三夫編著『教育実践から捉える教員養成のための教科内容学研究』風間書房，2009年を参照されたい。
10) 斎藤里美「国境を越える高等教育の質保証とその課題」斎藤里美・杉山憲司編『大学教育と質保証』明石書店，2009年，17-51頁。
11) 佐久間亜紀「なぜ，いま免許更新講習なのか―教育ポピュリズムにさらされる教師たち―」『世界』第761号，岩波書店，2007年，121-130頁。

VI. 情報技術教育

　日本では1990年代以降,「IT立国戦略」を国家方針として掲げ,学校のインフラの強化,情報に携わることのできる教員及び子どもの育成,「教育の情報化」といった施策を,関連企業と連携する形で推進してきた。一方中国でも,2000年以降「教育情報化により教育の現代化を進める」という戦略的方針を確定し,情報化によって教育の現代化を推し進めようとした。
　しかし中国では,莫大な投資をし,多くの学校のために十分に先進的なインフラを用意したものの,多くの学校現場では,授業の中での情報化が浅いレベルの活用状態にとどまり,授業の本質的な変化が起きなかった。日本でも,パソコンやLANの学校での普及率は高い水準に達しているが,現実問題として,授業の中で的確にそれらを利用することのできる教員があまりいなかったり,高校における教科「情報」の実施率が高くない状況があったりと,ITを「使う側」の問題がある。
　第13・14章は,このような「情報技術教育」について,主にインフラの整備状況と学校での実際の利用状況,情報教育に関する科目の観点から日中の応答を示している。

第 13 章

IT 立国戦略における教育情報化[1]

張　傑夫

　1990 年代の日本経済神話の崩壊について，日本人はそれが社会の情報化が立ち後れていたからだとし，「IT 立国戦略」を確立して奮い立って急いで追いかけ，全国で上から下までが心をあわせて協力して情報化の大きな発展を迎えた。そして，IT 戦略が提出されてから 10 年が過ぎ，重大な社会変革の核心の 1 つとしての教育情報化が結局のところどうなっているのか，どのような施策と措置がとられ，どのような示唆と困惑があるのか，これらは皆，関心を持って真剣に検討するに値する問いである。

1．教育情報化の背景と目標

(1)「IT 立国戦略」の提示とその発展目標
　情報化は現在そして未来の国家競争の要害となる拠点であり，情報化の発展に対する世界各国の意識は空前の高さにまで高まっており，日本はいっそう明確に IT によって立国するという戦略を提示したが，この戦略の提示には深い国際的・国内的背景があった。
　1990 年代，日本経済はちょうどバブル経済後の下落期にあり，アメリカ経済は逆に情報技術によって活気に満ちていた。1993 年 11 月，アメリカのメディアが発表した「情報化に関する日米比較報告」では，「デジタル技術革命の時代において，日本は依然としてアナログ技術の開発に熱中しており，そのため日本の情報技術はアメリカに大きく遅れをとっている。日米の科学技術競争の中で，あらゆる分野で日本の存在感があるという現象はすで

になくなり，少なくとも情報化の面で日本はもうアメリカの敵ではない」と指摘された。この報告は日本社会に大きな衝撃を与え，いくつかの政府の諮問機関は，1990年代に日本のバブル経済がはじけた主要な原因はアメリカのように情報技術を大きく発展させなかったことであると考え，世界での経済的地位を維持するため，日本政府は情報技術分野で奮い立って後を追うことを決めた。

1999年12月，日本政府は「ミレニアム・プロジェクト」を公布し，日本社会の情報化を10年で急速に発展させるための幕を開けた。2000年，日本は「高度情報通信ネットワーク社会形成基本法」（IT基本法）を通過させ，日本が2005年までに「世界最先端のIT国家となる」という発展目標を制定した。この基本的目標を実現するために，日本は「e-Japan戦略」，「e-Japan戦略II」，「IT新改革戦略」等一連の方針・政策を相次いで制定し，まったく新しい情報化した日本の将来発展についての青写真を描き出した。

日本の前後3期にわたるIT発展戦略は，それぞれの時期における社会全体の発展方針及び重点と緊密に結びついて，一貫性を持ち，順序だてて徐々に進む完全な体系を形成している。このことが，教育情報化の発展のためにこれまでになかった良好な環境を作り出し，日本の教育情報化の勃興と発展に対して決定的な役割を果たすと同時に，それぞれの戦略計画はいずれも，その重要な構成部分の教育情報化に対してそれぞれの段階での発展の方向性と具体的な目標を提示したのである。

(2) 教育情報化の目標

IT戦略と歩調を合わせて発展する日本の教育情報化が到達すべき3つの目標は，①授業の質を高め，伝統的な教科学習における教授を改善することによって，児童生徒が深い内容を十分に理解することができるようにし，児童生徒の学習能力を高めること，②児童生徒の情報リテラシー，すなわち情報に対する科学的理解，情報を活用する能力，情報社会の活動に関わる態度を養成すること，③校務管理を情報化し，それによって教員の事務的業務を減少させ，教員が児童生徒と接触したり交流したりする時間を確保することであった。

VI. 情報技術教育

　21世紀初め，中国は「教育情報化により教育の現代化を進める」という戦略的方針を確定し，情報化によって教育の現代化を推し進めようとした。2000年に教育部が公布した「中学・小学で情報技術教育を普及させることに関する通知」と「中学・小学情報技術科目指導要綱」という2つの文書は，中国の情報技術教育改革が正式に始まったことを示す重要なメルクマールである。2000年10月25日，教育部は全国中学・小学情報技術教育活動会議を開催し，中国における教育情報化の全体計画と実施の重点を明確に提示し，2001年から5〜10年程度の期間で全国の中学・小学に情報技術教育を基本的に普及させ，「校校通」プロジェクト[2)]を全面的に実施して，情報化によって教育の現代化を推し進め，基礎教育の飛躍的な発展を実現するよう努めることを決定した。

　2010年7月，国務院は「国家中長期教育改革・発展計画要綱（2010-2020年）」を公布したが，教育情報化はその重要な構成部分とされた。計画要綱は，時代の発展の高みに立ち，「情報技術は教育に対して革命的な影響を有しており，必ず高度に重視しなければならない」ことを明確に提示した。それと同時に，2020年までに中国の教育が基本的に実現する現代化が教育情報化を基礎として作り上げられる現代化であることをはっきりと示した。これは教育情報化をこれまでにないほど高く持ち上げ，また今後10年の中国教育に対する教育情報化の基礎的役割と発展の方向性を明示しており，社会の広範な共鳴を引き起こした。

　計画要綱は次のように指摘している。すなわち，「教育情報化を国の情報化発展戦略全体の中に組み込み，教育情報ネットワークの配置を先行させる。2020年までに，都市と農村の各段階の各種学校をカバーする教育情報化システムを基本的に形成し，教育内容と教授の手段・方法の現代化を促進させる。優れた資源と先進的な技術を十分に利用して，運用メカニズムと管理モデルを作り出し，現有の資源と組み合わせて，先進的で効率よく，実用的なデジタル教育基盤施設を構築する。端末施設の普及を速め，デジタルキャンパスの整備を促進し，インターネットに接続する多様な方式を実現させる。農村学校の情報基盤整備を重点的に強化し，都市と農村のデジタル面での格差を縮小させる。中国教育・科研コンピュータネットワークと中国教育衛星

ブロードバンド転送ネットワークのグレードアップを速める。教育情報化の基本標準を制定し，情報システムの相互接続を促進させる」[3]。

2. 教育情報化の方策と措置

「IT立国戦略」という目標を実現し，教育情報化を大きく推し進め，順序よく発展させるために，日本は，政府の財政投資を増加させたのみならず，さらに一連の積極的で効果的な発展方策と推進措置をとった。

(1) 教育情報化の「法にもとづく実施」

日本は歴史的にみて，法律が先行するという伝統があり，明治維新で日本社会が資本主義に大きく踏み出した時代から，どんな社会変革でもみな法律上明確な定義づけがあった。情報化時代の到来を迎えるため，日本政府はまず法律上の準備を行い，「IT基本法」を公布するとともに，一連の，しっかりとした見通しがあって，一貫性のある発展計画を制定し，それによって情報化の整備に遵守すべき規則があり，依拠できる法規があるようにした。新世紀に入って以降，日本は世界的にみて情報化に関する政策や法規，計画を最も多く公表した政府であるといえ，このことはまた日本の教育情報化推進の最大の特徴 ——「法にもとづく実施」を顕著に示しているのである。

(2) プロジェクト，計画による日本の教育情報化の進展の促進

日本が教育情報化を推進する1つの主要なルートは，全国の小・中・高等学校で「100校プロジェクト」，「新100校プロジェクト」，「Eスクエア・プロジェクト」等，教育情報化の重点推進プロジェクトを実施し，展開することであった。

(3) 政府の主導と市場による展開の並存

教育は民族の未来であり，これまでずっと社会全体が共同で構築しなければならないものだった。日本の学校教育の情報化整備は，国が牽引し，企業と社会が共同で関わるという特徴を十分に示している。IT戦略本部は

VI. 情報技術教育

e-Japan 戦略の制定と実施において重要な指導的地位を有しているが，富士通，ソニー，KDDI，東京三菱銀行，NTT 等大企業の財団の責任者が主体的に関わるとともに重要な席を占め，首相，関係閣僚，大学教授とともに戦略本部の重要な構成員となった。日本企業は社会の IT の発展という千載一遇のチャンスをとらえて，自らの命運と国の将来的な発展を密接に結びつけ，Win-Win の効果を実現した。

(4) 延べで 100％を超える教員研修

国際的な教育改革の経験が教えてくれるのは，教育改革の最終的な成否の鍵は教員であるということである。教員と技術職員に対する研修の度合いを強め，情報技術の応用効果を保証するために，日本政府は研修制度を設立し，国と教育委員会の研修，校内研修，大学での研修，研究団体と企業での研修の5種類の研修方式をとり，小・中・高等学校のすべての教員に対して全体を覆いつくすようなやり方の研修を行った。小学校教員では2000年から2004年にかけて平均して毎年一人あたり1回以上の研修を受け，中学校教員では毎年平均で70％の人が研修を受け，高校教員では毎年50％弱の人が研修を受けた。各類型の学校での研修はいずれも校内の研修を主とし，点から面へと押しひろげていく形の研修が日本の教員研修の基本的な方式である。そのため，少数の教員が国，教育委員会等が実施する研修に参加し，それらの教員がまたより多くの教員を養成している。

3. 教育情報化の現状

(1) 基礎設備の整備

基礎設備の整備は，教育情報化の整備・発展全体の物的基盤である。日本政府はこれまで1994年，1998年，1999年に，そして2000年以降はほぼ毎年のように教育情報化の具体的な目標と実施計画を制定したが，それによって小・中・高等学校のコンピュータ基礎設備の整備と，インターネットの発展は十分に速く，世界のフロントランナーになった。

中国でも，新世紀の初めに，情報化基礎設備の整備活動が大規模に展開さ

れた。基礎教育では主として「校校通」プロジェクトを主要な措置とし，基礎教育の飛躍的な発展を実現するよう努めた。「校校通」プロジェクトの目標は，5～10年で情報基礎設備と情報資源の整備を強化することによって，全国の90％程度の独立設置された中学・小学がインターネットに接続できるようにし，中学・小学の教員と生徒がネットワーク上の教育資源を享有できて，中学・小学での教育・授業の質を高めることである。具体的な目標は次の2点である。

・2005年までに，東部地区の県以上，中西部地区の中以上の都市に所在する中学・小学がインターネットに接続し，これらの地域の生徒がインターネット上のリソースの使い方を学び，インターネット技術にもとづく現代の遠隔教育リソースを運用して主体的に学習できるようにする。
・2010年までに，全国の90％以上の独立設置された中学・小学がインターネットに接続できるようにし，インターネットに接続する条件が整わない少数の中学・小学にもマルチメディア教育設備と教育資源を配置する。

全国での「校校通」プロジェクトの実施状況からみると，所期の目標は基本的に実現されており，東部の発展した地域の多くは前倒しで任務を達成している。

(2) 授業での活用状況

小・中・高等学校の教員の情報技術の授業での活用についての文部科学省の2007年の調査にもとづけば，日本では情報技術が教員の授業や児童生徒の学習の中でかなり普遍的に活用されていることが明らかである。

これまでの10年間をみると，中国の状況は理想的なものではない。莫大な投資をし，多くの学校のために十分に先進的なマルチメディアコンピュータとブロードバンドネットワークを用意したものの，人びとを失望させたのは，多くの場合，授業の中での情報化が浅いレベルの活用状態にとどまり，はっきりとした教育・授業の質の向上はみられず，授業の本質的な変化が起きなかったことである。創造性豊かな多くの成果は実験授業から通常の授業へ入り込むのが難しく，教員や生徒から好評を得た模範授業や公開授業も日常の授業の習慣にはなりにくい。ある研究者によれば[4]，中国の中学・小学

VI. 情報技術教育

の授業における情報化の現状は次のようになっている。すなわち，およそ80％の学校は，情報技術の活用がまだ個別実験という第1レベルの段階にあり，第2レベルの段階にある学校，つまり「班班通」[5]が実施されて情報化の活用が学校の日常業務に入り始めた学校がおよそ15％を占め，第3レベルと第4レベルにある学校，つまり，情報化の活用の重点が徐々に生徒を中心とする授業に向かっていたり，情報化された環境での授業モデルの改革を研究し始めていたり，さらには情報技術に下支えされた創造型人材の早期養成モデルの研究を模索し始めているような学校はまだ5％に満たない。

(3) 情報教育科目の改革

①小・中・高等学校の情報教育科目の目標とその設置

日本の基礎教育において情報教育を展開する目標には以下の3点があった[6]。第1は情報を運用する能力であり，児童生徒が主体的に必要な情報を収集し，判断し，表現し，処理し，生み出す能力を育成することである。第2は情報の科学的理解であり，情報処理方法の特徴を理解し，情報を正確に収集して，自己の情報処理能力に対する評価と改善に対する基礎的な理論と方法を理解することである。第3は情報社会に参加する態度であり，社会生活における情報と情報技術が生み出す役割や影響を理解すると同時に，情報に関する倫理道徳や情報に対する責任を考え，情報社会の創造に積極的に関わっていくことである。

2000年10月，中国の教育部は「中学・小学情報技術科目指導要綱（試行版）」を公布し，中学・小学における情報技術科目の整備を早急に行うよう求めた。また，情報技術科目の教材は現在，コンピュータとネットワーク技術を主とし，生徒が情報技術の基本的な知識や技能を身につけるようにし，情報技術を学ぶ生徒の関心をかき立て，生徒が情報を収集し，処理し，活用する能力及びコンピュータを利用して主体的に学び追求する能力を育成するようにしなければならないとされている。さらに，生徒が技術に関する倫理的，文化的，社会的問題を正しく認識し，責任を持って情報技術を使用するよう教育すること，情報技術科目の教材を多様化させること，中学・小学の情報技術科目の開設を大いに推進するように努めることも求められた。

②小・中・高等学校の情報教育科目実施の効果

　小・中・高等学校の情報技術教育に対する議論と改革は一貫して進められている。富山大学教授である山西潤一は2005年11月、「日中教育工学研究・発展フォーラム」において「日本の情報教育と教育情報化の発展」というテーマ報告を行ったが、その中では、日本は現在、コンピュータ技能の教育から情報技術の活用への転換をすでにかなりうまく実現しており、児童生徒は問題を発見し、問題を解決する中で情報の役割を体験し、総合的能力を育成することができ、教員は活動の中で援助的な役割を果たして、児童生徒の主体的な役割を際だたせていると述べられた。

　一方中国は、これまで10年間、中学・小学での情報技術科目の開設を大いに推進するという点で喜ばしい成果をあげており、これは教育情報化で最も優れた部分である。

4．示唆

(1) 教育情報化発展の推進力としての政府

　国際的な経験が示しているように、政府は当該国の教育情報化発展の推進役であり、戦略の意図を貫徹し、所期の目標を達成し、国の戦略と計画を効果・利益と成果へと転換する鍵である。

　IT立国という目標を効果的に実現するために、日本の首相は自国の情報化の整備を提唱するとともに自ら推し進め、それによって日本の教育情報化発展は大きな政治と執行力の保障を持った。これと同時に、日本政府はまた国のレベルにおいて、強力で、各省庁を協調させる機構やメカニズムを設計して、情報化の計画、実施、協調といった事項を責任を持って管理し、さらに意思決定部門と執行部門、協調部門、補助部門から構成される強大な執行システムを構築し、管理のレベルをはっきりさせ、責任主体を明確にする管理モデルを形成し、社会の大きな促進力を解き放った。全体的な計画、段階ごとの実施という戦略のもとで、日本の教育情報化は飛躍的に発展し、非常に速く世界のICT革命の前線に至った。

Ⅵ. 情報技術教育

(2) 協会と研究者の科学研究を支援する役割を十分に発揮する政府

　教育情報化を推進する過程において，日本政府は科学研究の役割を十分に重視しており，学会，研究者を「IT新改革戦略」を推進する知の源泉と強大な動力だとみなしている。日本教育工学会，日本教育工学振興会等多くの研究団体，特に大学の研究者が，基礎教育の情報化の科学的で順序だてた発展，学術研究，政策諮問，実践指導，成果の普及等を保障する面において重要な役割を発揮している。

(3) 活用を目的とした研究

　2004年，中国の教育工学のある修士課程大学院生は，岡山大学教育学部の近藤勲教授(当時)の報告を聞き終えて，日本の専門家は実務的で真実を求め，厳格であると感慨深く評価した。おそらくこれは，同じ分野の日本の専門家に対する中国の多くの専門家の見方でもあろう。日本の教育研究機関と研究者はこの度の教育情報化推進の中核的力量となっており，政府が重視するのみならず，彼らの厳格に学問を修める態度，実務的な学風と長きにわたって形成されてきた研究のあり方にも得るところがある。すなわち，小・中・高等学校の教員が教育実践の中で問題を発見するとその問題を大学の研究者にフィードバックし，大学の研究者はそれに対して解決の方法を追求したりシステムを開発したりし，その後小・中・高等学校の教員はそうした方法やシステムを教育の中で運用し，再度応用の状況を大学の研究者にフィードバックして，最後に小・中・高等学校の教員と大学の研究者が一緒に結果を分析するとともに，さらなる改善案を制定するというやり方がとられてきたのである。

(4) 情報倫理・モラル教育の重視

　日本では一貫して道徳教育が非常に重視されているが，生活条件の向上と知的好奇心の欠如によって，多くの児童生徒には知識欲がなく，良好な生活習慣を身につけていないし，学校はこうした状況に速やかに対応できていないため，これが長く続けば，「失われた世代」を生み出しかねないと考えられている。教育は，児童生徒の成長発育の段階に欠くことのできない学力と

第 13 章　IT 立国戦略における教育情報化

道徳観等を育成するという重い責任を担っており,「それがいったん失敗すれば,国や社会の存在と発展の基礎を揺るがしてしまう」[7]。こうした危機意識のもとで,社会における情報技術の広範な活用に伴って,日本の社会各界は,もし情報社会に生きる児童生徒がそれにふさわしい情報倫理・モラルを身につけなければ,情報社会の負の影響を抑えることは難しいと鋭敏に感じとった。このため,新世紀の基礎教育課程改革において,「学習指導要領」の中に情報倫理・モラルを養成する教育を関連科目の内容に組み入れることを明確にし,このことは情報倫理・モラル教育の効果的な実施のために指導的で規範的な役割を果たした。

5. 困惑と課題

　全体的に言えば,日本の教育情報化への投資は巨大で,政府の推進度合いはこれまでにないほどであり,発展の速度は驚くべきもので,やるべきことは極限にまで行われて,短期間で遅れた状態から先進的になり,急激に世界のトップレベルに至っており,得られた成果はうらやむべきものである。しかし他方で,日本の教育情報化の過程において,経済的手段を用いて直接できること,解決できることでは,日本はほとんど世界トップに至っている(または,まもなく到達しようとしている)が,さらに勇気と知恵を用いて創造し,飛躍しなければならない点では,日本は基本的に「現状で足踏みしている」とも感じられる。人類はすでに教育変革の時代に至っていて,この時代はあたかも,とどまることのない流れに浮かぶ1艘の小舟が「流れに逆らって進み,進まなければ押し戻される」ようなものである。

(1) 日本の教育情報化に欠けているもの

　現代の情報技術は,教育の変革にほとんど無限の可能性をもたらしている。技術革命の経験が示しているのは,革命が教育に新たな技術設備をもたらすだけでなく,さらに重要なのは,新たな教育の形態と教育の目標をもたらしたということである。同様に,情報革命は記憶を中核とする伝統的な教育を根本から揺るがし,情報社会にマッチする新たな教育の形態を作り上げるだ

VI. 情報技術教育

ろう。しかし残念なことに，私たちが見る日本の教育情報化の多くは既存の学校教育の枠内，あるいは既存の教育制度の中で教育・授業に対して行われる情報化の改革や改善である。このような痛くもかゆくもない改革はおそらく日本自身も望むものではないだろう。

　1996年，日本は科学技術創造立国という戦略目標と「文化立国21プラン」を相次いで高らかに提示した。教育改革が基礎的で先導的であることを示し，二大戦略に貢献し，21世紀の教育を構築するために，日本は一連の改革プランの設計を行い，1997年1月に文部省が教育改革案を公表して，日本の21世紀に向けた教育改革発展の青写真を描き出した。そこでは，「今日求められている教育改革は，単に教育の量的拡大や社会経済の急激かつ広範な変化に対応するだけでなく，21世紀という不透明かつ地球規模の競争の激化が予想される世紀を見通して，変化を先取りするようなものであることが必要です。このことは，教育改革を企画し，実施に移し，その効果が目に見える形で現れるまで10年単位の時間を要することを考えると，強調しても強調しすぎることはありません」と指摘された[8]。

　ここからみてとれるのは，日本政府がすでに，徹底的に教育改革を行う緊迫性と重要性を認識し，それを日本の歴史上最大の2度の教育改革 ── 明治維新と第二次世界大戦後の教育改革と同列に論じて，新たな改革期に入ったとしていることである。中国の研究者である呉忠魁教授はこれを高く評価し，「（この）教育改革案によって日本の教育的価値の方向性には根本的で重大な転換が起きた」と述べている[9]。

　しかし，この日本の将来の教育の方向性を指し示す綱領的な文書は，その後確立された「IT立国戦略」が全体として推し進める教育情報化の政策文書において，かえってその存在が感じられなくなり，あたかも教育情報化と日本のこのような重大な未来に向けた教育改革とが無関係であるかのようである。この両者が大きく乖離していることによって，日本の教育情報化は技術的には未来に向かっているが，内容的には過去に向かい，伝統的な教育に貢献すると思われるのである。

　これはわかりにくく感じられる。同様にわかりにくいと感じられるのは，「100校プロジェクト」に関してである。1990年代半ばの日本の教育情報化

第13章 IT立国戦略における教育情報化

の初期段階において，教育の「3つの根本的な転換」構想を実現することを旨とするこのプロジェクトは世界を奮い立たせ，人びとの無限の希望を燃え上がらせた。しかし，創造性豊かで，世界への影響力を持っていたこのプロジェクトは，あたかも天空を切り裂いて通り過ぎる，きらめく流れ星のようにすぐに落ちてしまい，それ以後の10年あまり日本ではこのような創造的な教育改革のプロジェクトが現れていない。

　人類社会はまさに，工業化社会の学校教育モデルから知識社会の学校教育モデルへの転換期に位置しており，情報技術はこの転換の「誘発剤」と基本的な動力であり，それによって，2つの社会の間に「近代的な運河」を掘ったように，この2つの異なる社会形態の教育をすばやく通じ合わせることができる。私たちに必要なのは，将来の社会の需要と整合的な新たな教育体系を構築することであって，伝統的な教育体系の不足や欠如を補うことではない。そのとき，中国や日本の教育情報化に改革と創造の精神が欠けているとすれば，どうなるのだろうか。

(2) 高投資，高「配置率」＋高「使用率」＝質の高い教育？

　世界のいくつかの国の教育情報化が早期に通った道筋は，まず資金投入を行い，設備配置率を向上させ，その後大規模に教員を訓練し，設備使用率を追求するというものである。しかし，このような道筋は教育の高い質をもたらすことができるのだろうか。きっとそうではないだろう。現在，教育情報化で人びとが最も頭を痛めているのは，大量の経費投入だけがみられ，教育の成果が目にみえないことである。中国東部の発達した省・市では，次のような状況が現れている。すなわち，教育情報化の資金投入は非常に大きいが，人びとが希望したように教育の質が顕著に向上するということはみられず，教室で本質的な変化が生じることはさらになかったし，創造性豊かな多くの成果は実験室から普通の教室へと入っていくことが困難で，発展は停滞し進退きわまった状態になった。極端な場合には，単純に使用率を追求する状況の中で，新たな技術を用いて教科書と黒板をスクリーンとネットワーク上に移し，それによって知識の詰め込みと試験の標準化による伝統的な教育モデルを強化するという，技術の乱用さえ生じることになった。これによっ

VI. 情報技術教育

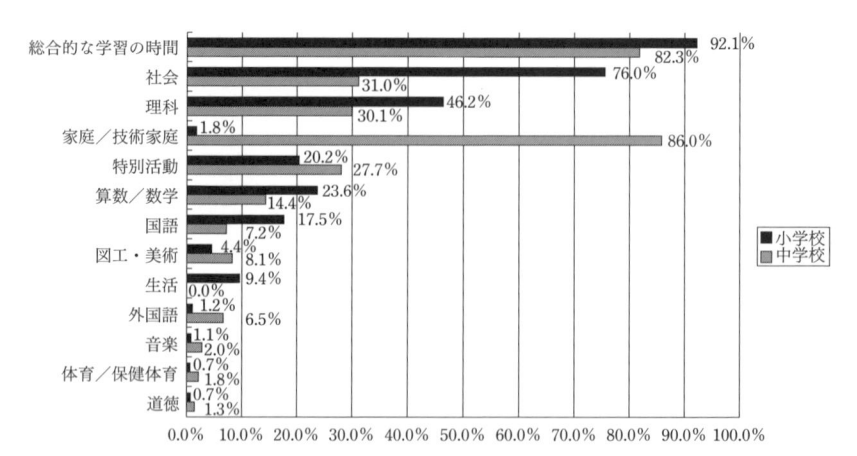

図 13-1　小学校と中学校の教科別 IT 利用状況
出所：日本教育工学振興会「第 5 回教育用コンピュータ等に関するアンケート調査」2005 年，http://www.japet.or.jp/index.cfm/4,1385,98,75,html。

て，教育に革命的な変革をもたらすことがなかっただけでなく，逆に教育を「人による詰め込み」から「電子機器による詰め込み」へと変え，「電子機器による詰め込み＋人による詰め込み」という教育モデルを形成することになった。一部の重点学校の教員は，統計的な意味での情報技術の使用率はすでに高くなって，「コンピュータがなければ授業ができない程度」に達しているが，しかしそれはしばしばパワーポイント（PPT）の使用というような浅いレベルの活用にとどまっている。まさかこれが，教育情報化の追求する目標なわけではあるまい。こうした状況によって，現場の教員は発展の方向がみえず，教育情報化はほとんど「行き着くところまで行ってしまった」という人さえいる。

　日本の教育情報化にはもう 1 つ別の状況も起きている。2006 年に日本教育工学振興会が 833 校の小学校と 542 校の中学校に対して行った第 5 回全国調査の結果によれば，教科教育における情報技術は，主要教科の数学，国語，外国語においては小学校，中学校とも使用しているところは多くないということがわかる（図 13-1）[10]。これはある面からみれば，日本の教育情報化が小・中学校教育の主たる領域に与えている影響がかなり小さいことを反

第13章　IT立国戦略における教育情報化

映しており,「3つの根本的な転換」という目標を全面的に実現するにはまだ相当な距離があることも示している。

　実は,中国でもこのような状況がみられる。そこには主として次のような問題が存在していると思われる。第1に,中国の教育情報化には全体的な理論的思考と戦略的構想が欠如している。数年前,人びとは,教育情報化は「情報高速道路」の建設(ネットワークの構築)であると考え,ネットワークがつながると「高速道路には車(コンピュータ等の設備)がなければならない」といい,車があるようになると「車の上には貨物(教育資源バンク)が必要だ」と要求し,貨物があるようになるとまた「運転手(教員)を訓練しなければならない」ことを求めた。すべての要求が満たされ,それでも思ったような教育の効果がみられなかったとき,人びとの信念は崩壊し,教育情報化も発展の方向性が定まらない一種の停滞状態に陥ってしまうかもしれない。第2に,研究がショー化し,流行を追い求めるようになっている。研究はただ省・市や全国レベルでの教育情報化評価活動に参加するためだけのものになり,模範授業や公開授業として行うとともに,流行を追いかける現象が生じている。ここ数年,私たちのほぼすべての研究におけるホットイシューは海外から「かすめ取って」きたものであるが,海外の研究が複雑な「深み」に向かい,教育制度の改革を検討するようになると,ほとんど国内でそれに追随する者はみあたらなくなってしまう。第3に,教育情報化は人類がこれまで経験したことのない事業であり,学校教育を改めて作り上げるという神聖な使命を担っているが,中国の情報教育化の活動は一般に技術活用の延長にとどまり,教育手段の改善にとどまっていて,教育の本質にまで触れることはほとんどない。私たちはなぜこのような状況になってしまったのか。その原因を考えれば,こうした現象の背後により深いレベルの問題が隠されている。それは,世界各国の教育情報化が制度的な苦境に陥っているということである。

　各界の関心と支持を得た教育情報化は,どうして現実には順調に推進されないのだろうか。1つの重要な原因は教育改革が提唱する理念が現行の学校教育における教育制度と根本的にぶつかってしまうことである。工業化社会の学校教育から知識社会の学校教育への転換,その実質は教育モデルの転換

VI. 情報技術教育

であり，教育制度の再構築である。クラス授業制を中核とする工業化社会の学校教育における教育制度はまるで非常に強固な壁のようなもので，それによって教育情報化は教育の核心部分の外にとどめおかれているのである。

(3) 教育情報化は活用を重視すべきか，創造を重視すべきか

教育情報化は活用を重視すべきかそれとも創造を重視すべきか。また，伝統的な教育体系に貢献するのか，それとも教育情報化の発展戦略を全面的にデザインして教育制度の革新を大胆に進め，教育方式と学習方式を転換して人類の未来の教育を構築するのか。これは発展の道筋の選択である。イギリス政府は新世紀の初めに，先進諸国の教育情報化が「基礎設備の整備段階」と「教育への活用段階」を経てまさに「学校全体の発展段階」へと徐々に入りつつあることを敏感に感じとり[11]，教員と生徒に最もよい近代的な資源を配備し，それによって「未来の教室」構想を実現しようとしている。

学校の全体的発展とは何か。全体的発展とは，教育情報化が過去の学校が行った教育手段の小手先の改革から，課程，授業の変革に転化し，「未来の教室」の創設へと転化しようとすることである。本当の教育的創造を行うためには改めて教育を構想し，徹底的に学校を改造し，自分自身を改造する必要があるのであって，教育の中で技術を生徒に教え，技術を既存のカリキュラムの中に統合し，技術を用いて教育を促進させることは創造ではないという，このような観点に賛同する。

世界各国はいずれも，情報技術が伝統的な教育に存在する問題を解決し未来の人類の理想的な教育を構築する特効薬となる役割を果たしてくれることを期待しているが，それが真に変革に直面したときには，またしばしば躊躇して前に進まない。この現象については，アメリカの歴史学者スタヴリアーノス（L. S. Stavrianos）によって『全球通史』（原著名 *The world since 1500: A global history*）の中で精緻な分析が行われており，「人類の歴史における多くの災難はみな，社会の変化は常に技術の変化からはるかに遅れているという事実に由来している。これは理解し難いことではなく，人びとは生産率と生活水準を向上させることができる新しい技術を非常に自然と歓迎してとり入れるが，新たな技術がもたらす社会の変化はかえって拒絶する。なぜなら新たな

第 13 章　IT 立国戦略における教育情報化

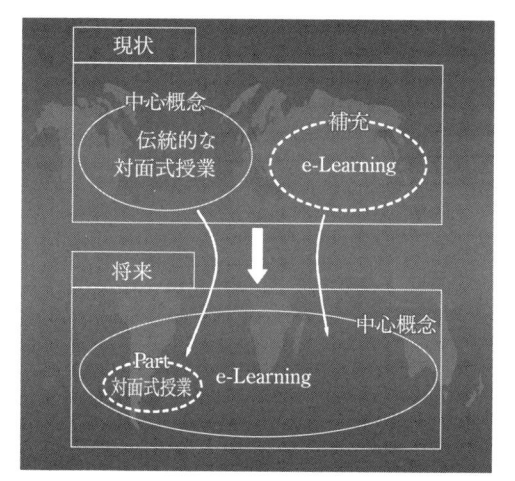

図 13-2　未来のデジタル化された教育モデル
出所：「日中教育工学研究・発展フォーラム」(2005 年 11 月開催)における坂元昂教授資料より。

思想や新たな制度，新たなやり方をとり入れることは常に人を不快にさせるからである」[12]と指摘されている。個人的には，私たちは今日のグローバル化，情報化といった国際的な背景に適応してそれを国内で実現し，時機をつかんで鋭意変革を行ってこそ，教育情報化の最も本質的な内実に本当に触れることができると考えている。

(4) 変革の道筋，方式

今日，私たちの学校教育が直面しているのは転換的な変革であり，この変革は，もとの工業社会モデルによって指導され，コントロールされている近代教育モデルから離れることを求めている。坂元昂教授は2005年11月，「日中教育工学研究・発展フォーラム」において「ネットワーク社会における教育工学理論の再構築」という講演を行い，その中で伝統的な学校教育から未来のデジタル化された学校へ転換する形態について，図13-2のように描写した。

教育情報化が引き起こすであろう学校教育での革命的な変革は，漸進的なのか，それとも急進的なのか。私は，このような変化は一定の条件のもとで

245

VI. 情報技術教育

図 13-3　パソコンを用いた音楽の授業（上海師範大学第一附属小学）（南部広孝撮影）

突発的，飛躍的な進化を必要としており，積み重ね式の改善ではないと考える。未来のデジタル化された学校教育の構築において，真っ先にブレイクスルーを果たした者が世界の前列を歩むことができるのである。

(5) 未来の変革の牽引者

　現在私たちはまさに学校教育が転換する鍵となる時期に位置しており，その転換は教育制度の変革に及び，学校カリキュラムの再構築，授業の再構築，学習方式の再構築，教員の役割の再構築，学校の再定義に及んでいる。この過程において結局のところ誰が変革をリードするのだろうか。それは，教育工学の専門家か，カリキュラムの専門家か，教科教育の専門家か，それとも他の誰かなのか。このうち教育工学の専門家がより大きな責任を引き受けなければならないことは間違いない。

　日本では，かなり大きな影響力を持つ専門家が日本の教育情報化の発展をリードしてきた。例えば1980年代には，山梨大学の横地清教授は率先して日本の数学教育研究者を率い，コンピュータを伝統的な数学教育の中で活用するとともに，1984年に中国の桂林市で開催された日中数学教育シンポジ

第 13 章　IT 立国戦略における教育情報化

ウムにおいて日本で得た成果を紹介し，中国に大きな影響を与えた。しかしそれと同時に，次のようなこともみてとれる。すなわち，日中両国には教育における技術の有効性を検証することに熱中している教育工学の専門家が依然として少なからずおり，彼らは新しい技術が出てくるとすぐに学校の中で実験を行い，新技術の教育的意義を証明するが，その技術が実践の中で本当に活用できるかどうかやそれがもたらす制度改革の問題には関心を持たない。今日，非常に複雑な現象を通して，見通しを持って他に抜きんでた思考を行い，時代の発展をリードしなければならない状況のもとで，このような教育工学が時代の重任を引き受けられるか疑わしい。今日，教育工学は自らが徹底的に変革するときに来ており，他をリードする者はまず自己を改め，自己の研究のやり方を改めてこそ，本当に時代の牽引者になることができると思われる。

（南部広孝　訳）

注
1)　本章の作成にあたり，日本語資料の翻訳に関して田鳳氏の協力を得た。
2)　「校校通」は，中国における基礎教育情報化の重要プロジェクトであり，5～10 年の間に，情報に関する基礎設備と情報資源の整備を推し進めることによって，全国の独立設置された中学・小学の約 90% でインターネットに接続でき，中学・小学の教員と生徒がネットワーク上の資源を享有して，中学・小学の教育の質を高めるようにすることを目的とする。
3)　「国家中長期教育改革和発展規劃綱要 (2010-2020 年)」，http://www.moe.gov.cn/publicfiles/business/htmlfiles/moe/moe_177/201008/93785.html。
4)　蒋鳴和「中国中小学教育信息化的四個層次及路線図」，http://www.pcpop.com/doc/0/629/629472.shtml，2011 年 6 月 10 日アクセス。
5)　「班班通」とは，校外とさまざまなレベルで情報コミュニケーション，情報化された資源の獲得と利用，端末での表示を行うハード・ソフトの環境を学校のすべてのクラスに備えることによって，教員の教育方法と生徒の学習方法の変革を促し，教育の質を高めようとするものである。
6)　文部科学省「『教育の情報化に関する手引』について」，http://www.mext.go.jp/a_menu/shotou/zyouhou/1259413.htm。
7)　華丹 (山田泰子)「歩進教育新時代：論当前日本義務教育的結構改革」『外国中小学教育』2006 年 6 月，2006 年，14 頁。

VI. 情報技術教育

8) 文部科学省『我が国の文教政策』大蔵省印刷局，1999 年，2 頁。
9) 呉忠魁「論日本 21 世紀国家発展戦略与教改対策」『比較教育研究』2001 年第 1 期，2001 年，4 頁。
10) 日本教育工学振興会「第 5 回教育用コンピュータ等に関するアンケート調査」2005 年，http://www.japet.or.jp/index.cfm/4,1385,98,75,html，2009 年 5 月 19 日。
11) 中国教育部与聯合国児基会合作項目組『中小学教育信息化発展現状及趨勢』中国広播電視大学出版社，2008 年，40 頁。
12) 斯塔夫婜阿諾斯（Stavrianos L. S.）著（呉象嬰・梁赤民訳）『全球通史』(*The world since 1500: A global history*) 上海社会科学出版社，1999 年，中国語版序言。

主要参考文献

董玉琦・解月光・孫啓林『信息技術教育―国際比較研究―』人民教育出版社，2005 年。
黄松愛・唐文和・董玉琦「日本基礎教育信息化最新進展述評」『中国電化教育』2006 年第 8 期（総第 235 期），2006 年，89-93 頁。
文部科学省「e-Japan 戦略の目標達成に向けて―教育の情報化の推進のためのアクションプラン―」，http://www.mext.go.jp/a_menu/shotou/zyouhou/05120802.htm，2009 年 4 月 20 日。

第 14 章

情報教育・ICT 活用・IT 人材育成

中池　竜一
楠見　孝

1. 政府から民間への主役移行，新たな展開へ

　2000 年 11 月「IT 基本戦略」の決定から 10 年が過ぎたが，教育における ICT 環境は決定当時と比して著しい発展を遂げていると同時に，発展の進度が次第に鈍化しつつあることは，中国側の指摘通りの事実である。

　公教育機関への ICT インフラ整備は政府主導で行われ，2010（平成 22）年 3 月末時点で，教員の校務用コンピュータ整備率 98.7％，普通教室の校内 LAN 整備率 81.2％ という高い数値は，箱の整備について一定の成果を示している。それに対して箱の中身，指導する人材の育成及びコンテンツの整備はまだまだ発展途上であり今後も多くの資源を投資することが必要である。しかし，長引く不況に端を発する財政難を背景に，民間でできる事業は民間へ極力委託するという「独立行政法人整理合理化計画」[1] や「事業仕分け」，加えて東日本大震災という未曾有の災害に直面することで，関係者にさまざまな混乱を招きつつも事業の縮小[2] が行われつつある。発展に伴い主役が政府から民間へ移行することは，資本主義社会の発展の流れとして自然ではあるものの，やむを得ない事情によりその移行が性急なものとなっていることはさまざまな問題を引き起こしている。

　また，発展が箱からその中身に移るにつれさまざまな問題が噴出しつつある。例えば，中国側からも指摘があるように，学校授業での ICT 活用が実際にはそれほど活発ではないという実態調査が報告されている。加えて，

VI. 情報技術教育

PISA2009 のデジタル読解力調査により,「国語・数学・理科のいずれの授業においてもコンピュータを使用しない」と回答した生徒の割合が調査国中で最も多いにもかかわらず,デジタル読解力の成績自体はトップクラスであるというある意味矛盾する調査結果も報告されている。背景として家庭におけるPC普及率及び利用率の高さがあるにせよ,これらの実態調査結果は現状の学校授業でのICT活用について何らかの見直しを迫るものとなるだろう。

このように,政府から民間への主役移行が急速なことによるさまざまな歪み,環境整備が進むことで新しく発生した問題点,これらの分析と解決が新たな発展のステージへと繋がる道筋であろう。次節以降では,初等中等教育・高等教育・民間のIT人材育成について現状を踏まえて概説することで日本のICT教育の現状を浮き彫りとする。

2. 小学校・中学校における情報教育

本節では,2011年4月より全面実施された2008年告示の新しい学習指導要領とそれに対応した「教育の情報化に関する手引」(文部科学省,2009)及び「教育の情報化ビジョン」(文部科学省,2011)にもとづいて,国語,算数,理科,総合的学習における情報教育やICT活用の取扱いについて検討する。

(1) 小学校の新学習指導要領における情報教育とICT活用の概要

2011年実施の学習指導要領の改訂は,情報教育や授業におけるICT (Information and Communication Technology) 活用など学校における「教育の情報化」として下記の3点のいっそうの充実をめざしている。

①情報教育:子どもたちの情報活用能力の育成
②教科指導におけるICT活用:各教科等の目標を達成するための効果的なICT機器の活用
③校務の情報化:教員の事務負担の軽減と子どもと向き合う時間の確保

今回の学習指導要領の改訂において重視していることは,(a) 児童生徒が基礎的・基本的な知識・技能を習得し,(b) コンピュータや情報通信ネットワークなどの情報手段を適切に活用できるようにする,(c) 教師がこれらの

情報手段や視聴覚教材，教育機器などの教材・教具を適切に活用する，そして最終的な目標として，(d)それらを活用して課題を解決するために必要な思考力・判断力・表現力等を育成し，主体的に学習に取り組む態度を養うとしている（小学校及び中学校の学習指導要領解説総則編）。

こうした考え方にもとづく小学校の新学習指導要領における「情報教育」及び「教科指導における ICT 活用」の充実について，概要は以下のとおりである。

「総則」においては，各教科等の指導に当たって，スキルの習得として
(a1) 児童がコンピュータや情報通信ネットワークなどの情報手段に慣れ親しむ。
(a2) コンピュータで文字を入力するなどの基本的な操作や情報モラルを身につける。

活用については
(b) 情報手段を適切に活用できるようにするための学習活動を充実する。
(c) これらの情報手段に加え視聴覚機器や教育機器などの教材・教具の適切な活用を図る。

各教科等においては，コンピュータや情報通信ネットワークなどの活用を，(b1)国語科における言語の学習，(b2)社会科における資料の収集・活用・整理，(b3)算数科における数量や図形の学習，理科の観察・実験，(b4)総合的な学習の時間における情報の収集・整理・発信や日常生活・社会への影響を考えるなどの学習活動などで取り扱うとしている。さらに，道徳において情報モラルを取り扱うこととしている。

(2) 小学校の教科指導における ICT 活用

教科指導における ICT 活用とは，教科の学習目標を達成するための教員や児童による活用である。大きく(1)学習指導の準備と評価のための教員による活用，(2)授業での教員による活用，(3)児童による活用の 3 つに分けられる。

①授業での教員による ICT 活用

授業での教員による ICT 活用は，教員による指導方法として(a)学習課

VI. 情報技術教育

題への興味・関心を高め，(b) 学習内容をわかりやすく説明するための活用である。ICT活用の多くは，映像や音声といった情報の提示である。

(a) の学習に対する児童の興味・関心を高めるための教員によるICT活用の例としては，教科の学習内容や学習対象に対して関心や興味を高めるためにICTを活用して，下記の具体例にあるように，プロジェクタで映像を大きく映してクラス全員で共有することが典型的な活用法である。

(b1) 課題を明確に捉えさせるための教員によるICT活用としては，教科書の設問や図表を拡大提示して，児童がこれから学習する課題を把握しやすくしたり，自分の成果とお手本を比較できる映像等を見せることで，自分自身で修正を行う。

(b2) 学習内容をわかりやすく説明したり，児童生徒の思考や理解を深めるために，映像やグラフの拡大提示，シミュレーション，アニメーションソフト等を活用する。

(b3) 学習内容をまとめる際に知識の定着を図るための活用としては，知識の定着を図るために，教員が児童生徒一人ひとりの習熟の度合いに応じた指導をするために，ICTを活用することで，変化に富んだ繰返し学習が可能となる。具体例として，ICTを用いたフラッシュ型教材等を活用することで，児童生徒を集中させて，効率的に知識を定着させることがある。

②授業での児童によるICT活用

小学校では児童によるICT活用は教師による適切な支援にもとづいて，発達段階に合わせてICTに触れる機会を増やす指導が必要である。典型的には，ドリルで基礎的スキルを習得したり，調べ学習活動においては，低学年ではデジタルカメラなどを用い，高学年になるとそれらに加えコンピュータやインターネットも用いることなどがある。

(3) 小学校から中学校への情報教育の系統性

小学校における情報教育は，中学校技術・家庭科や高等学校情報科とは異なり，各教科等の指導を通して行っている。1998年告示の小学校学習指導要領総則では「コンピュータや情報通信ネットワークなどの情報手段に慣れ

親しみ，適切に活用する学習活動を充実する」とされていたため，学校によって情報教育の取組みにばらつきが大きかった。そのため，小学校卒業時点で子どもたちが身につけている情報活用能力，特に文字の入力をはじめとする情報手段の基本的な操作スキルについては学校格差が生じていた。そこで新小学校学習指導要領では，小学校卒業時点で，コンピュータやインターネットなどICTの「基本的な操作」を確実に身につけておくべきとの考え方を示している。

小学校段階では，コンピュータや情報通信ネットワークなどの情報手段について「基本的な操作や情報モラルを身に付ける」とともに「適切に活用できるようにするための学習活動を充実する」，中学校段階では，「情報モラルを身に付ける」とともに，「情報手段を適切かつ主体的，積極的に活用できるようにするための学習活動を充実する」とされている。

(4) 中学校の新学習指導要領における情報教育とICT活用の概要

1-(2)で述べたように，2002年施行の学習指導要領では，(1)中学校技術・家庭科において，「情報とコンピュータ」が新設され，中学校段階から(2)社会科，数学科，理科など関連する各教科で情報に関する内容が取り入れられ，各教科の指導において教育機器を活用することとされた。

さらに2012年施行の新学習指導要領の「総則」においては，各教科等の指導に当たって，(a)生徒が情報モラルを身につけるとともに，(b)コンピュータや情報通信ネットワークなどの情報手段を適切かつ主体的，積極的に活用できるようにするための学習活動を充実する，(c)これらの情報手段に加え視聴覚機器や教育機器などの教材・教具の適切な活用を図るとしている。特に，今回の改訂においては，情報モラルを身につけることと，コンピュータの「適切かつ主体的」な活用と情報教育をいっそう充実することを規定しているのが特徴である。充実をめざす学習活動は，(1)技術・家庭科の技術分野「情報に関する技術」と(2)各教科における指導に分かれる。

①「技術・家庭」の技術分野「情報に関する技術」の概要

新学習指導要領における教科「技術・家庭」の目標は，「生活に必要な基礎的・基本的知識や技術の習得を通して，生活と技術のかかわりについての

VI. 情報技術教育

理解を深め，進んで生活を工夫し創造する能力を実践的な態度を育てる」ことである。大きく技術分野と家庭分野に分かれ，前者の4分野（他は材料と加工，エネルギー変換，生物育成）の中に「情報に関する技術」があり，下記の情報の科学的な理解に関する学習内容がある。
　(1) 情報通信ネットワークと情報モラル
　(2) デジタル作品の設計・制作（必履修）
　(3) プログラムによる計測・制御

　特に，新学習指導要領で加わった内容は，(1)の情報通信ネットワークにおける知的財産保護の必要性であり，「著作権や発信した情報に対する責任を知り，情報モラルについて考えること」「情報に関する技術の適切な評価・活用について考えること」となっている。また新たに加わった(2)においても，「個人情報保護の必要性についても扱う」ことになっている。

②各教科における情報教育とICT活用の概要

　新学習指導要領における各教科の情報教育に関わる指導に関しては，国語（資料・機器の活用や情報の比較などの学習），社会（資料の収集・処理・発表），数学（表・グラフの整理や標本調査の学習），理科（観察・実験・データ処理・計測），音楽や美術（表現・鑑賞），外国語（コミュニケーションの学習）と総合的な学習の時間に，情報に関する内容が入り，コンピュータや情報通信ネットワークを活用すること，また，道徳において情報モラルを取り扱うこととしている。

　大事なことは，技術・家庭科だけでなく各教科等においても情報手段を活用した学習活動を行うことであり，「学習指導要領改訂のポイント（中学校総則）」では「技術・家庭科と各教科等が相互に関連を図ることが重要であり，指導における連携や協力に留意する必要がある」とされている。各教科指導における情報教育とICT活用の事例は，2-(2)節で紹介した小学校の事例と多くは共通する。そこでここでは，「教育の情報化に関する手引」（2009年）にもとづいて，中学校における特徴的な事例を補足的に紹介する。特に，シミュレーションソフトなどの活用等により，通常では見えない部分や見えない動きを見せることで，生徒の思考や理解をより深めることが特徴である。

　(1) 授業での教員によるICT活用としては，(a)学習に対する生徒の興

味・関心を高めるための教員によるICT活用として，美術の時間に，身近な地域や日本及び諸外国の美術の文化遺産などのデジタルコンテンツなどを拡大提示して，美術文化に対する関心を高めるようにすることなどがある。(b1) 課題を明確に捉えさせるための教員によるICT活用では，数学において，シミュレーションソフトなどを活用して，一次関数のグラフを提示して，表や式，グラフを関連づけて考えさせることなどがある。(b2) 学習内容をわかりやすく説明するための活用では，理科で，シミュレーションなどを活用して，実際に見えにくい恒星や惑星の様子を観察させ，恒星や惑星の特徴を理解させることがある。(b3) 学習内容をまとめる際に知識の定着を図るための活用では，外国語で，デジタルコンテンツなどを用いて，映像と音声を繰り返し示して発音等をさせることで，英単語の意味や読み方を確実に理解できるようにすることがある。(2) 授業での生徒によるICT活用では，理科で，気象に関するデータを長期にわたって観測する際に，コンピュータなどで自動記録できる装置やセンサーを活用して，観測したデータと天気の変化の関係について考えさせることがある。

(5) 小学校・中学校における情報教育とICT活用のまとめ

本節では，2008年告示の新しい学習指導要領とそれに対応した2009年の「教育の情報化に関する手引」にもとづいて，小学校と中学校の情報教育とICT活用について概説した。

2008年の中央教育審議会答申を踏まえた2008年告示の新しい学習指導要領によって，小学校と中学校における教育の情報化は，情報教育及び教科指導におけるICT活用の両面でさまざまな充実が図られていた。

小学校・中学校における情報教育とICT活用は，情報活用の実践力，情報の科学的理解，情報社会に参画する態度の育成をめざしている。これらの育成にあたって，大事なポイントは，児童生徒の学習者の発達段階を踏まえ，その興味・関心を高めるようなICT活用を行うことである。そのために重要なことは，ICTによって児童生徒にとって，意味のある活動文脈を提供することである。例えば，外国語の学習では，他の国の学校の児童生徒との交流を，インターネットを通して行ったり，理科や社会の学習では河川の環境

VI. 情報技術教育

問題を解決するために，河川の上流や下流域の学校の児童生徒と，データなどの交換をしたり，情報発信することが考えられる。これらは，インターネットを活用することによって，物理的距離の制約がなくなり，情報発信が可能になったことを背景にしている。このことは，従来の教室が文脈から切り離された知識伝達であったものを改善する契機になる。また，ICTによっては，個別学習と協同学習，調べ学習，仮想実験，ドリルなど多様な学習形態とインターネットによる多様で膨大な学習リソースが利用できるようになったといえる。

残された大きな問題は，以下の5つである。

第1は，情報社会におけるさまざまな問題（いじめ，プライバシーの侵害，有害情報やウィルス被害など）に対応するための情報モラルの教育である。その教育の必要性は高まっているがどのように教えるかは難しい問題である。例えば，携帯電話の禁止は，多くの学校で行われているが，適切な使用の仕方をいかに教えるかは未解決の問題である。

第2は，インターネットにおける玉石混淆の多様な情報を，批判的な思考力によって読み解く力や態度の育成である。それは，情報リテラシーを支える重要な能力や態度として位置づけることができる。特に東日本大震災以降，情報を適切に判断し伝達することの重要性が高まっている。

第3は，デジタル教科書・教材の普及促進や情報機器などの条件整備である。2008年の中央教育審議会答申では「諸外国に比べて我が国では学校におけるICT環境整備が遅れている現状を踏まえ，学校における情報機器や教材の整備や支援体制等，ICTに関する条件整備も必要である」という提言がされ，校内での高速インターネット接続や学習者1人1台の情報端末の整備は進みつつある。しかし，財政や学校経営上の制約による学校による格差があり，条件整備が十分でない学校がある[3]。

第4は，教員側の負担や人材育成の問題である。一部の教員の過重な負担を軽減するためにも，多くの教員を対象としたICTのスキルを高める研修やeラーニング研修を充実させ，教育委員会と学校にCIO (Chief Information Officer) やICT支援員を配置することが重要である。

第5は，ICTを活用したより効果的な学習指導方法の開発である。情報機

器の進歩に応じた学習指導方法を開発し，従来の方法と比較する実証的なデータを蓄積し，優れた活用方法を共有できるようにすることである。それは現場の教員と大学教員や企業などとの連携が不可欠である。また，児童生徒が実経験の機会を通して，探究したり，時間をかけて考える活動をいかにICTによる教育と結びつけるかについても検討が必要である。

3. 高校における情報教育

本節では，2003年4月より必履修科目となった「情報」の概要と，総合的な学習の時間におけるICT活用について例を挙げながら高校における情報教育を概説する。

(1) 普通教科「情報」

2003年4月から施行された高等学校学習指導要領により，この年以降に入学する高校生は，普通教科「情報」の3つの科目，情報A，情報B，情報Cのいずれかを必ず履修することとなった。情報教育が目標とする情報活用能力は，(1) 情報活用の実践力，(2) 情報の科学的な理解，(3) 情報社会に参画する態度の3つの要素に体系化されているが，「情報」の3つの科目は重心の置き方に若干の違いがあるものの，どの科目を選んでもこれら3つの情報活用能力を育成できるよう配慮してある。

普通教科「情報」の目標は情報活用能力の育成にあるが，実質2単位相当のこの科目のみですべての情報教育を行うことは不可能であり，中学校における「技術・家庭」科や「総合的な学習の時間」における情報教育との体系的かつ継続的な学習が不可欠となる。そのため，生徒の中学校での学習内容，高校段階での興味・関心の違いに対応できるよう情報A，情報B，情報Cの3科目が用意されている。各科目とも，コンピュータによる処理と情報化社会・情報モラルについて理解を深めるという部分は共通で1単位相当，残りの1単位分で区別をつけている。

なお，情報Aは基本的な内容を扱い，情報B（主に理系向け）及び情報C（主に文系向け）ではより発展的な内容を扱うことになっている。

VI. 情報技術教育

図14-1　高校における情報教育の授業（土屋智裕氏提供）

(2)「情報」の履修に関わる問題点

　必履修化された普通教科「情報」の各科目の履修割合について，その偏りが明らかになりつつある。前述したように，高校の情報教育は，小学校・中学校における情報教育で培った情報活用能力の基礎をさらに発展させることが目的となっており，各高校は生徒の興味・関心に応じて3つの科目「情報A/B/C」から1つ以上を選び用意することになっている。

　表14-1は，全国の全日制普通科高校の教科書採用データから求めた履修科目の採用割合の変遷を示したものである（ここでは，複数の教科書を採用し複数の科目を用意した高校は，その冊数が多い方を必履修科目としている）。表からわかるように，必履修化直後の2003年度は，約89％という高い割合で情報Aが選択されていた。施行間もない状況では，内容が易しい情報Aを採択せざるを得ない高校が多いことは容易に想像できる。しかし，実施から5年たった2007年度でも，情報Aを選択する高校が約82％と高いままである。本来の目的である情報活用能力の発展という観点から，情報Aへの履修割合の偏りは早急に解決すべき問題である。

　また，2006年10月に，多数の高校で必履修教科「情報」を生徒に履修させていないという問題が発覚し世間の注目をあびた。進学校ほど未履修の割

表14-1　全国の高校の教科書採用データから求めた必履修科目の採用割合の変遷

	2003年度		2004年度		2005年度		2007年度	
情報A	3125	88.6%	3940	87.3%	4248	83.8%	4119	81.8%
情報B	186	5.3%	251	5.6%	339	6.7%	361	7.2%
情報C	217	6.2%	323	7.2%	482	9.5%	555	11.0%
学校数	3528		4514		5069		5035	

出所：生田茂「教科『情報』における必履修科目の履修割合の変遷」『筑波大学学校教育論集』第30巻，2008年，7-13頁。

合が高いことなどが判明しており，その原因や対策についてさまざまな議論が行われている。

　まず，進学校で履修させていない原因の1つとして，「情報」が大学入試科目でないことが挙げられる。大学進学をめざす進学校で，入試科目以外の科目に時間を割くことは難しい。しかし，この未履修問題の発覚後それぞれの高校で改善が進んでおり，一部の大学では「情報」を入試科目として採用するなどの動きもある。

　また，未履修のもう1つの原因として指摘されているのが，「情報」の実習環境の整備が不十分なことである。予算の少ない地方公立高校や大学附属の高校でその傾向が特に顕著であり，コンピュータの台数だけでなく，「情報」を教えることができる教員の少なさも原因と考えられている。国の施策により情報教育に関わる物理的な環境整備は大幅に進んだものの，その後の環境維持と機器の更新，そして何より指導する教員という人材面の整備は，高校及びその地方自治体の力の入れ方により大きな違いがある[4]。

　2011年度3月までの目標は，教育用コンピュータを1台あたり3.6人とされている。また，ICT活用指導力も2011年3月時点で，すべての教員がICT活用指導力の全項目で「わりにできる」もしくは「ややできる」と回答することをめざしている。これらの目標に向けて関係者の継続的な努力が必要となるだろう。

(3)「情報」以外の普通教科における情報教育の事例

　教科「総合的な学習の時間」と情報教育はきわめて親和性が高い。例えば

VI. 情報技術教育

学習指導要領では，総合的な学習のねらいとして以下を挙げている。
(1) 自ら課題を見つけ，自ら学び，自ら考え，主体的に判断し，よりよく問題を解決する資質や能力を育てること。
(2) 学び方やものの考え方を身につけ，問題の解決や探究活動に主体的，創造的に取り組む態度を育て，自己のあり方生き方を考えることができるようにすること。

ここに示されているのは，いわば，問題を発見し解決するために必要となる問題解決能力である。問題解決において，情報を収集し，目的に合わせて整理・取捨選択するプロセスは欠くことができない。情報の収集では，社会見学でデジタルカメラやビデオを活用したり，インターネットを利用したりすることが考えられる。集めた情報の整理・分析に動画編集ソフトや表計算ソフトを使うことは，情報活用能力の基礎を身につける機会として大変有用であろう。問題解決後にその成果を発表するプロセスも情報活用能力と深く関わりがある。成果を適切な図表の形にまとめてワープロソフトで作成したレポートに貼り付けたり，プレゼンテーションソフトを使って授業の中で成果を発表したりすることは，情報活用能力の育成に大きく貢献するだろう。またその場限りの発表ではなく，インターネットを利用することで成果を広く公開し，遠隔地にある他校と交流するなどの試みも報告されており，ICTを用いたコミュニケーション能力の育成が行われている。

加えて，他の教科・領域であまり扱わない情報活用能力を「総合的な学習の時間」で扱うことが考えられる。例えば，情報を批判的に捉える態度としてのメディアリテラシーなどをテーマとして取り上げることで，情報社会に参画する態度を見直す学習が可能だろう。

(4) 高校における情報教育のまとめ

この節では，主に学習指導要領を元に，高校の情報教育について概説した。

情報教育は「情報活用能力(=情報リテラシー)」を目標に掲げており，高校では，小・中学校で培われてきた情報活用能力をもとに，生徒の興味・関心に応じて発展させることをめざしている。

しかし現状では,「情報A」の履修割合の高さや「情報」未履修問題が示すように,すべての高校で情報教育に必要な環境が整っているとは言いきれない。施策だけでなく,コンピュータ・インターネットの整備や指導する教員の育成,そして学校関係者の意識改革といった実践における問題点を断続的に解決していく必要がある。

また,新たな施策として,2009年3月9日,新「高等学校学習指導要領」が告示されたことも注記しておく必要があるだろう。高校「情報」に関わる大きな変更点としては,これまでの「情報A」「情報B」「情報C」という科目区別が廃止され,「社会と情報」「情報の科学」へと統合されたことが挙げられる。それぞれに含まれる内容を精査すると,情報Aを廃止して,情報B（理系向け）を「情報の科学」へ,情報C（文系向け）を「社会と情報」へと再編したように見ることができる。内容に乏しい情報Aを廃止することで,より高度な情報活用能力を育成することを指向したものであろう。

なおこの新学習指導要領は,2013年度（内容の一部は2012年度）の第1学年から学年進行で実施されることになっている。

4. 高等教育機関におけるIT人材育成

本節では,IT（Information Technology：情報関連技術）人材育成という観点から,高等教育機関における情報教育の現状と問題点をまとめる。そして情報関連の資格制度について紹介し,産学官連携の試みについても説明する。

(1) 大学における情報教育

1970年代の大学における情報教育は,当初は理工系学部を中心に,汎用大型コンピュータを使ったプログラム言語とそのデータ処理技術の習得を目的になされてきた。1980年代に入りパソコンの利用が広まることで,経営経済系の学部でも情報教育が始まった。しかしその内容は専門教育としての範疇で一般教育の対象ではなかった。1990年代に入り,パソコンやインターネットの普及で情報教育の重要性が社会的に認識され,情報教育が大学の必須科目として扱われるようになった。2000年代では,初等中等教育機関で

VI. 情報技術教育

の情報教育が開始され，大学の情報教育自体も見直しがなされるようになった。

このような経緯により，現在の大学における情報教育は一般教育課程と専門教育課程の両方で行われている。一般教育課程では，主に情報活用能力（＝情報リテラシー）の育成を中心にカリキュラムが構成されている。例えば，ITに関わるさまざまなシステムの基本的な概念や情報モラル，著作権問題，情報セキュリティ，ネットワーク犯罪など，ITを日常的に使う上で必要な知識を学ぶことが目的となる。

それに対し専門教育課程における情報教育は，その大学の専門や特色を活かしたさまざまなカリキュラムにより実現される。例えば情報工学系の学科でITに関わるさまざまなシステムの基礎理論や基盤技術を学んだり，情報科学系の学科でITを用いて専門領域にアプローチする方法を学んだり，実務系の学科でITを用いることで業務を効率的に進める方法を学んだりと大学の特色を活かした多様な情報教育が行われている。

(2) 情報関連の資格

大学における情報教育は，情報活用能力と専門分野の確立を目的としており，IT企業で必要とされるより実践的な能力は育ちにくい。それに対して専修学校や「各種学校」などの実務的なスキルを身につけることを目的とした高等教育機関では，資格取得を目標としてカリキュラムを編成している場合が多い。また，資格取得者に対して授業料減免を行ったり，入試優遇制度を実施したり，取得者に単位を認定するなど，資格取得者に優遇措置をとる教育機関も多く存在する。

経済産業省が実施している「情報処理技術者試験」は情報処理技術者としての知識・技能の水準が一定程度以上であることを認定する資格であり，コンピュータ資格の中で唯一の国家資格である。1969年度の創立以来，約163万人の合格実績があり，2008年度（春・秋2回の合計）の試験では受験生約36.2万人に対して約7.6万人が合格している。また受験者の内訳を見ると，社会人約27.6万人に対し学生約8.6万人となっており，社会人と学生の比率はおよそ3対1の人数比となっている（2008年12月調べ）。

第14章 情報教育・ICT活用・IT人材育成

共通キャリア・スキルフレームワーク		情報システム / 組込みシステム							
		ベンダ側 / ユーザ側							独立
		高度（プロフェッショナル）試験							
レベル4	高度な知識・技能	ITストラテジスト試験 (ST)	システムアーキテクト試験 (SA)	プロジェクトマネージャ試験 (PM)	ネットワークスペシャリスト試験 (NW)	データベーススペシャリスト試験 (DB)	エンベデッドシステムスペシャリスト試験 (ES)	情報セキュリティスペシャリスト試験 (SC)	ITサービスマネージャ試験 (SM)	システム監査技術者試験 (AU)
レベル3	応用的知識・技能	応用情報技術者試験（AP）							
レベル2	基本的知識・技能	基本情報技術者試験（FE）							
レベル1	職業人に共通に求められる基礎知識	ITパスポート試験（IP）							

図14-2 情報処理技術者試験の体系図
出所：情報処理推進機構「情報処理技術者試験　新試験制度の手引」2007年。

　この資格は，情報システムを構築・運用する技術者から情報システムを利用する利用者までITに関わるすべての人を対象としており，特定の製品やソフトウェアではなく，情報技術の背景として知るべき理論や基礎技能の水準が一定以上であることを認定している。

　2009年度から，経済産業省が定めているITスキル標準[5]を参考に，共通キャリア・スキルフレームワークに沿うよう試験区分を大きく変更している。図14-2は，2009年度に実施された12の試験が，共通キャリア・スキルフレームワークのいずれに対応するかを示したものである。ITスキル標準という枠組みにおいて，自らのIT関連スキルがどの区分でどの段階であるかを評価する指標としての利用が推奨されている。

VI. 情報技術教育

(3) 産学官連携による IT 人材育成

　情報関連学科を持つ大学は多いが，IT 業界から見て，即戦力となる人材はさほど多くないという指摘がある。例えば日本経済団体連合会は新卒者全体で即戦力となる人材は約 10%，情報関連学科出身者でも約 20% にすぎないと指摘しており（日本経済団体連合会, 2008），高等教育機関における教育内容と，IT 業界で必要とされる知識・スキルに大きな隔たりがあることがわかる。

　このような現状を改善するために，産学連携でより柔軟で組織的な人材育成に取り組む動きが始まっている。例えば，企業からの専任講師・非常勤講師の採用が多くの教育機関で行われている。企業でのインターンシップ実施についても，単位として認定することで促進をめざす教育機関が増えつつある。最近では，企業の協力による講義や共同での教育プログラム開発の動きもあり，産学連携は大きく進展しつつある。

　そして行政側もこれら産学連携を促進するためにさまざまな事業を打ち出している。例えば経済産業省は「IT 人材育成強化事業」の中で，産業界出身教員の能力強化のために研修を実施し，実践的なインターンシップのモデルを構築している。また，実践的教育を実施するための教材・カリキュラムを企業から収集し，大学等での教育に活用できるよう整理も行っている。

(4) 高等教育機関と企業における IT 人材育成のまとめ

　情報化社会の進展と社会における IT の普及とともに，IT 産業の規模自体が拡大しつつある。また，単なる IT の使い手のみならず，IT により産業的な価値を生み出す高度なスキルを持った IT 人材の需要も増しており，高等教育機関はその育成という役割を果たすことが社会的に求められている。これまでその役割を果たすのは専門学校をはじめとする職業教育機関であったが，大学全入時代を迎えその役割が大学にも求められつつある。大学の専門学校化については慎重な議論を要し，必ずしも是とするものではないが，それらの要求を何らかの形で取り入れた大学カリキュラムの再編は今後も進んでいくだろう（例えば，IT スキル標準を意識した教育カリキュラムの再編成[6]は，専門学校だけでなく大学にも広がりつつある[7]）。

行政側が提供する枠組みを意識し，実社会で通用する資格の取得を視野に入れながら教育を進め，産学官連携で組織的な人材育成を進めることがIT人材育成の確実な道筋であろう。

5. 中国側の意見を受けて

　まず，日本の情報教育について，その評価は見る者の位置や立場によりさまざまであることは触れておく必要があるだろう。

　日本国外から見たときに，発信される情報の量とその信頼性の兼ね合いにより，国及び国に近い機関が発信する情報が分析の中心となる。そのため，国外の研究者からは，法律が制定され，国を中心に教師・関係者，さらに民間企業が一体となって情報教育に邁進したかのように見えるのだろう。しかし一方で国内の教育関係者，特に教育現場に近い立場の者からは，情報教育について概ね冷淡で懐疑的であり，一部の熱意ある教育者の努力とその部分的な成功が目立っているにすぎないという声が少なからず聞こえてくる。また教育機関へのITインフラ普及率についても，期限直前に緊急の予算措置を行うことにより駆け込みで目標を達成したため，使い方もわからないブラックボックスが教育現場に突然設置されて戸惑っていると吐露する教師も少なくない。

　国の定める教育方針は，文部科学省・各地域の教育委員会・各学校・教師という複数の階層を介することでその本質が薄められ伝わらない可能性がある[8]。そのため末端の教師の情報教育に対する理解はなかなか深まらず，教育の情報化と情報教育が混同されたままITという言葉が先行し，インフラやハードウェアといった箱だけが立派となり，その中身となるコンテンツや人材がなかなか充実しないという情報教育関係者にとって歯噛みする状況が続いている。

　たしかに中国側が指摘するように，情報教育について熱心な取り組みを行う都道府県や学校においては，優れた教育者により，十分整備された情報機器を活用して，先進的な情報教育が行われている。しかし一方で，情報教育の優先度を相対的に低く見積もっている学校[9]では，情報教育は学習指導要

VI. 情報技術教育

領に定められた最低限の内容しか行っておらず，情報教育に対する資源の投資も必要最小限に留まっている。例えば，高校における科目「情報」の未履修問題や，情報科教員の採用要件において他教科の教員免許が必要となる都道府県が多いことなどがその一例だろう。このような教育現場に近い末端における意識の多様性の問題と，そこに起因する教育資源の偏在の問題は，国による末端までの一元的な統制が不可能である日本においては常につきまとう難問である。

しかし，このような辛口な批判は多数あるものの，2000年11月「IT基本戦略」を定めた当時と比べて，情報教育が格段の進歩を遂げていることは事実である。当初のIT (Information and Technology) という情報化のかけ声は，現在ではICT (Information and Communication Technology) へと完全に切り替わった。コミュニケーションという共同性に関わるキーワードを追加することで，情報活用能力の重視という国の方針を象徴している。

社会的なニーズ，すなわち家庭においてコンピュータやインターネット，携帯電話（及びスマートフォン）といった情報機器が広く普及し，日常生活の中で情報活用能力が求められつつあるため，学校教育の中でそれらを重視する必要が出てきている。またその逆に，それら情報機器を普段から使いこなす時代となったため，情報活用というより高度なスキル習得へと進むための能力的な下地が整ったと考えることもできる。このような背景を考えると，日本における情報教育は，必ずしも学校ですべてをカバーする必要はないのだろう。むしろ，学校における情報活用能力の基礎訓練と，日常生活における実践の両輪をスムーズに駆動させることこそが日本型の情報教育のあり方なのかもしれない。本章のはじめに触れたPISA2009のデジタル読解力調査結果における矛盾も，これを前提として考えると理解できる。

昨今の日本において，情報を発信して自己を表現するよりも匿名と自重を，問題を起こさないよう万全の管理を，少しでも問題を起こすような道具については規制をというような万事につけて自粛の空気が広がりつつあるが，これは好ましい状況ではない。例えば，携帯電話の所持を一律で禁止したり，インターネットへの接続を完全に禁止するような乱暴な対処ではなく，学校において情報モラルの教育と情報活用，情報リテラシーを含む批判

第14章 情報教育・ICT活用・IT人材育成

的思考に関する訓練を積んだ上で，保護者あるいは学校のコントロール可能な状況下で日常的に活用の経験を積ませることこそが必要であろう。そのため，情報教育は学校に閉じたものだけでなく，家庭も巻き込んで教育の場を設定するような柔軟なものでなくてはならない。そのような柔軟な情報教育教材の開発は，(1) 教育研究者の理論面からのサポート，(2) 情報技術者やメーカーの新製品開発，(3) 保護者と学校の協調による実践場面の運営といった共同での開発が望ましい。そして(4) それらの共同開発を支援し促進する国の施策も必要となるだろう。

これらを踏まえると，われわれ教育研究者が貢献しめざすところは研究する場面を意識的に広げ，多様な相手と共同で研究することであろう。中国側も述べているように，研究者は新技術の効果検証だけに留まっていてはならない。その技術の応用へと踏み出さなくてはならない。研究室と学校現場との融合的な協力，学校現場と家庭を巻き込んだ新たな教育環境の設定，そしてその普及と促進のために企業との連携，そしてその流れを促進するための施策面でのサポートを国へ要望する。このような流れの駆動者・牽引者となることがわれわれ研究者に求められていることである。

注

1) 2009（平成21）年3月31日。メディア教育開発センター（NIME）の廃止と業務の放送大学 ICT活用・遠隔教育センターへの移管は，日本の情報教育関係者を落胆させるものであった。
2) 2011（平成23）年3月31日。優良コンテンツを多数保持する教育情報ナショナルセンター（NICER）の突然のサービス終了は日本の情報教育関係者にとって驚きを持って受け止められた。
3) 2011年の文部科学省の「教育の情報化ビジョン―21世紀にふさわしい学びと学校の創造を目指して―」では，内閣のe-Japan戦略・IT新改革戦略などの一連の国家戦略の目標が十分達成できていないことを指摘している。なお，2006年のIT新改革戦略では，2010年度までに，超高速インターネット接続率及び校内LAN整備率100％，教育用コンピュータ1台当たりの児童生徒数3.6人，校務用コンピュータ教員1人1台の整備，すべての教員がICTを活用して指導できるようになることをめざすとともに，教育委員会や小中高等学校等への学校CIO（最高情報責任者）の配置を促すことになっていた。
4) 例えば，「情報」専任ではなく，「情報」以外の教科との兼任を教員採用条件としてい

VI. 情報技術教育

　る地方自治体が多い。
5) 各種 IT 関連サービスの提供に必要とされる個人の IT 関連能力を明確化・体系化した指標。産学における IT サービス・プロフェッショナルの教育・訓練等に有用な共通の枠組を提供しようとするもの。
6) 情報処理推進機構は，2008 年 8 月に IT スキル標準 ver. 3 のレベル 2 習得をめざす新社会人・学生用のカリキュラムモデルを公開している。
7) 例えば早稲田大学は，「大学における IT スキル標準の実務教育開発・実証実験 (2003 (平成 15) 年)」を行い IT スキル標準にもとづいたカリキュラムを作成している。そしてこれらを部分的にではあるが，実際の大学カリキュラムに組み込んでいる。
8) 例えば「ゆとり教育」の概念を正確に伝達・普及させることに失敗したため，現在では「ゆとり世代」のように負のイメージを持った用語として使われる場面がある。
9) 情報教育に対する理解不足といった否定的な意味では必ずしもなく，学校の個性という多様性の問題でもあるため問題は複雑である。

参考文献

生田茂「教科『情報』における必履修科目の履修割合の変遷」『筑波大学学校教育論集』第 30 巻，2008 年，7-13 頁。
経済産業省「IT スキル標準 V3」2008 年。
経済産業省「平成 22 年度 IT 人材育成強化事業」2010 年。
情報処理推進機構「情報処理技術者試験　新試験制度の手引」2008 年。
日本経済団体連合会「産学官連携による高度な情報通信人材の育成強化に向けて」2005 年，http://www.keidanren.or.jp/japanese/policy/2005/039/。
文部科学省「教育の情報化に関する手引」1991 年，文部科学省。
文部科学省「教育の情報化に関する手引」2002 年，文部科学省。
文部科学省「学校における教育の情報化の実態等に関する調査結果 (平成 19 年度)」2007 年，http://www.mext.go.jp/a_menu/shotou/zyouhou/08092209.htm。
文部科学省「教育の情報化に関する手引」2009 年，文部科学省。
文部科学省「OECD 生徒の学習到達度調査 (PISA2009) デジタル読解力調査の結果について」2011 年，http://www.mext.go.jp/b_menu/houdou/23/06/1307642.htm。
文部科学省「『教育の情報化ビジョン』の公表について」2011 年，http://www.mext.go.jp/b_menu/houdou/23/04/1305484.htm。

Ⅶ. 体育・保健体育・食育

　日本の児童生徒の体力状況は，持久力，握力の面で下降傾向を示しているうえ，子どもの心理的成長に影響を与える周囲の環境の変化，家庭と地域の教育力の低下，社会体験の減少等の原因によって，子どもに生命を尊重するという心理意識を欠如させ，自尊心を欠如させて，基本的な生活習慣を確立させられなくなり，自己コントロール能力と規範意識が低下し，人間関係を構築する能力が低下するなどの傾向が生じている。
　一方，中国でも生徒の過重な学業負担，体育教員の不足，体育施設設備の不足，生徒の運動時間の不十分さといった教育自体の問題により，児童生徒の体力・健康の低下がみられる。つまり日中の子どもの健康をめぐる状況の変化は非常に似通っている。
　このような子どもの身体的・心理的健康面の低下に対応するため，日本では食育の実施や安全管理の確保の強化に努めるようになったことが，学校保健法の歴史を紐解いていくと明らかになる。しかし栄養教諭の配置のばらつきや，学校安全計画の策定が学校任せになっている。中国では，初級中学から高級中学へ進学する際の試験科目として体育を導入しているが，試験の公平性，経費など，さまざまな困難があるとされている。
　第15・16章は，このように学校における子どもの健康や安全についての，日中の応答を示している。

第 15 章

体育を中心とした
現状と動向の分析

尚　大鵬

1．日本の児童生徒の体力・健康の現状とその増進措置

　20世紀後半，経済と科学技術の急速な発展によって日本国民の生活は非常に便利になり，それと同時に，社会の都市化，少子化と高齢化の進展に伴って，社会環境と人びとの生活様式にもそれに応じて大きな変化が起き，人びとの価値観にも多様化の様相が現れた。日本国民が社会変化により生活にもたらされた便利さを享受したとき，人間関係の希薄化や精神的なストレス，運動不足など社会と健康の問題も相次いで現れた。上述したこれらの社会環境の変化により，子どもの身体の健康にも負の影響がもたらされた。これらの負の影響は，身体の発育の面では，身体的活動の時間と空間の減少として表れ，心理の発達の面では，自然の中での体験や社会での接触の機会の減少として表れた。文部科学省が毎年実施している「体力・運動能力調査」の統計結果にもとづけば，1985年から，13〜19歳の児童生徒の身長，体重等体格の指標は向上の傾向を示しているが，同時に，走力，投擲力，握力等の運動能力指標はかえって明らかな下降傾向を示している。

　日本の児童生徒の体力状況は，持久力，握力の面で下降傾向を示しているうえ，日本の専門家はまた，「また，学校の朝礼中に倒れる子ども，机に突っ伏すなど教室できちんと席に座っていることができない子ども，常に疲労を訴える子どもなど，必ずしも数値には表れないものの，明らかに以前とは異なる子どもの状況が見られる」[1] と指摘している。このほか，子どもの心理的成長に影響を与える周囲の環境の変化，家庭と地域の教育力の低下，社会

体験の減少等の原因によって、子どもに生命を尊重するという心理意識を欠如させ、自尊心を欠如させて、基本的な生活習慣を確立させられなくなり、自己コントロール能力と規範意識が低下し、人間関係を構築する能力が低下するなど、心理活動能力低下の傾向が生じている。例えば、2007年2月の内閣府「低年齢少年の生活と意識に関する調査報告書」では、1999年9月に実施した調査の結果と比べて、「自分に自信がある」と回答した小学生は56.4％から47.4％に低下し、中学生は41.4％から29.0％に低下した。また1995年調査の結果と比べると、「勉強や進学で悩みや心配がある」と回答した中学生は46.7％から61.2％に上昇し、「友達や仲間のことで悩みや心配がある」と回答した中学生は8.1％から20.0％に上昇している。

　日本の児童生徒の心身の健康状況が低下していることについて教育界の人びとは非常に憂慮している。彼らは1つには、もしこのような現状が続いていけば、将来の社会において成人の疾病率は必ず高まるだろうことを心配している。なぜなら、文部科学省の調査結果にもとづけば、日本では1985年から肥満児の占める比率が年々高まっているからである。このことは、将来の社会において生活習慣病が現れる潜在的危険性が増大していることを暗示している。また、人びとの体力と気力の不足によって社会を支える能力の低下がもたらされることを心配している。なぜなら、戦後日本社会の発展の基礎的資源の1つは国民一人ひとりの体力だったからである。しかし現在、ライフスタイルが全体として便利になったことにより子どもの体力状況は徐々に低下しており、もしこうした現状が続いていけば、将来少子高齢化社会が到来したとき、国全体が停滞して発展しないかもしれない。このような心配をもとにして、子どもの体力や健康を改善させることもまた、日本の教育目標である「生きる力」の中できわめて重要な内容の1つになった。このほか、現在の高度情報化、国際化社会に直面して、日本が「教育・文化立国」と「科学技術創造立国」という目標を実現し、創造性豊かな人材を養成するために、国の将来を担う子どもの体力や健康の水準を高めることも、今後の国の発展の重要課題になっている。

　日本の子どもの体力の低下を生んだ原因について、2007年度の『文部科学白書』では次のいくつかの点にまとめられている。

VII. 体育・保健体育・食育

①外遊びや体育スポーツの重要性を軽視する国民の意識。
②都市化や生活の利便化等の生活環境の変化。
③睡眠や食生活等子どもの生活習慣の乱れ[2]。

このほか，2002年の中央教育審議会答申「子どもの体力向上のための総合的な方策について」ではさらに，女性の体育指導員の不足が体育スポーツに参加する女子の人数の減少を招いた原因の1つであると指摘されている。

以上からわかるのは，日本で子どもの体力低下を招いた原因はたくさんあるということである。簡単にいえば，これらの原因によって，子どもが生活で必要な，しっかり遊び，しっかり食べ，しっかり眠るといった基本的に保障すべき条件が徐々に失われていっているのである。これらの問題を克服するために，政府は国民一人ひとりが児童期から心身の健康に関する問題を意識するよう呼びかけるとともに，生涯心身が健康でいられるように効果的な措置をとっている。

子どもの体力・健康状況に対応して，中央教育審議会では2007年，子どもの体力・健康を向上させる対策が審議された。このとき審議会は2002年9月の「子どもの体力向上のための総合的な方策について」を総括するとともに，2006年9月に改訂された「スポーツ振興基本計画」における「スポーツの振興を通じた子どもの体力の向上方策」を新たな政策的課題の1つとし，子どもの体力低下を防止するという目標を子どもの体力向上という目標に改めた。文部科学省は，この目標にもとづいて，子どもの体力・健康の向上に関する次のような対策を提示した。

①子どもの体力・健康を高める実践活動の展開。
②体力・健康の増進の宣伝活動の強化。
③子どもの体力・健康を高めることを目的とした実態調査の展開。
④地域と家庭の付近で子どもの参加に適した総合型の地域スポーツクラブの設立と，スポーツクラブのスポーツ活動の子どもへの重点的推進。
⑤体育科と運動部の活動内容の充実。
⑥良好な食習慣の育成。

中国は1985年から5年ごとに6〜22歳の児童生徒・学生の体力・健康状況について調査研究を行っている。調査研究の内容には，体格，生理機能，

身体的資質，健康状況という4領域の24指標が含まれている。2005年の調査結果が示しているのは，中国における生徒の体格の発育水準は徐々に高まり，栄養状況は継続的に改善し，よくみられる疾病（低ヘモグロビン，回虫感染，虫歯）の罹患率は継続的に低下しているということである。しかし，生徒の持久力，瞬発力，筋力といった身体能力に関する指標の一部と，肺活量など機能に関する指標はかえって継続的な低下傾向を示している。太り気味や肥満の生徒の比率も上昇傾向がみられ，都市の男子生徒で太り気味や肥満だと判定された者の比率は24.6％にも達し，視力に問題のある子どもは，小学生で31.67％，初級中学の生徒で58.07％，高級中学の生徒で76.02％となっており，近視率は一貫して改善がみられない。

中国の生徒の体格の発育水準に改善がみられた原因は主として，近年の経済の急速な発展によって生活の質や栄養水準が高まり，公共衛生環境が改善されたことにある。一方で，体力・健康のいくつかの指標が低下した原因には次のいくつかの点がある。第1に，生徒の運動する時間が不足している。2005年の調査結果では，66％の生徒は毎日の運動時間が1時間に満たず，24.8％の生徒は基本的に運動しないと回答していた。第2に，生活様式の変化が睡眠時間の不足をもたらしている。第3に，スポーツをしたり体を鍛えたりする場所と生徒が好きなスポーツ種目が少ない。第4に，食事のバランスの悪さと運動不足が肥満の増加を生んでいる。第5に，生徒の学業負担が重いことやインターネットを使ったりテレビを見たりゲームで遊んだりすることが，近視率が高いまま維持される原因となっている。

生徒の体力の状況を向上させるため，2007年5月，中共中央と国務院は「中共中央，国務院の青少年の体育を強化し青少年の体力を強化することに関する意見」を下達した。この「意見」では，「全国億万学生陽光体育運動」[3]を広く展開して，生徒の過重な学業負担をしっかりと軽減し，生徒が毎日1時間確実に運動できるようにし，初級中学の卒業・進学試験における体育の試験を全面的に組織・実施するとともに，生徒の総合資質の評価と高級中学入学試験の成績における体育の成績の配分を徐々に大きくすること，高級中学段階の卒業試験に体育科目を加えるやり方を積極的に推進することなどが示された。「意見」はまた，5年程度の時間を通じて，中国の青少年

Ⅶ. 体育・保健体育・食育

図 15-1　休み時間の全校体操（東北師範大学附属小学）（南部広孝撮影）

図 15-2　休み時間の様子（北京師範大学附属小学）（南部広孝撮影）

が一般的に国の体力・健康の基本的要求に到達し，持久力，瞬発力，筋力等の身体能力を明らかに向上させ，肥満と近視の発生率を明らかに低下させるという目標も提示した。

　以上から，日中両国における児童生徒の体力・健康の状況の変化には非常

に似通ったところがあることがわかる。つまり，両国の児童生徒の体格の発育には向上がみられ，持久力，瞬発力，筋力はいずれも低下傾向を示している。しかし，児童生徒の体力低下をもたらした原因は，日本では主として社会的要因の影響が大きく，中国では，生徒の過重な学業負担，体育教員の不足，体育施設設備の不足，生徒の運動時間の不十分さといった教育自身の原因の方がより大きい。もちろん，中国における生徒の体力・健康に対する社会的要因の影響も依然として存在しており，それは例えば，屋外での遊びや体育スポーツに対する国民の軽視，都市化や生活の便利さの向上等社会生活環境の変化等がもたらした負の影響である。とりわけ，一人っ子政策によって，子どもは家庭で家事労働に参加することが減少し，高カロリーの飲食物を摂取するようになっている。生徒の体力・健康を向上させる措置について，中国では体育の試験を初級中学から高級中学へ進学する際の試験科目としているが，これは日本にはないことである。この方法は，学校，保護者，生徒の体育科に対する重視の度合いを高め，生徒の身体的資質も一定程度向上させたが，体育の試験の組織過程や試験の公平性，経費などからくるさまざまな困難がある。またこれに加えて，教育部は入学試験科目の点数を単純に足しあわせ，それを唯一の合否基準とするやり方を改革しつつあることから，入学試験における体育の扱いに関しては検討し研究すべき課題が依然として多く存在しているのである。

　日中両国における児童生徒の体力・健康が直面している問題からみると，児童生徒の体力を向上させようとすれば，時間と場所の問題を解決しなければならない。すなわち，児童生徒には十分な運動時間と休憩時間を与え，同時に運動する場所と設備の保障がなければならない。どのような手段，措置をとるにしても，最終的には，この2つの問題の解決を通じて児童生徒の体力・健康を向上させなければならない。

2．日本の学校の「食育」制度

(1) 日本の「食育」制度の確立

　日本ではここ数年，食生活環境の変化に伴って，子どもの中に偏食，栄養

VII. 体育・保健体育・食育

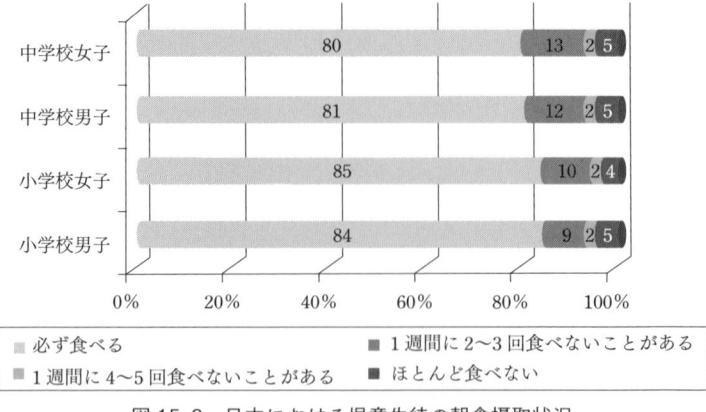

[Figure 15-3: Stacked bar chart showing breakfast intake status]

中学校女子: 80 | 13 | 2 | 5
中学校男子: 81 | 12 | 2 | 5
小学校女子: 85 | 10 | 2 | 4
小学校男子: 84 | 9 | 2 | 5

■ 必ず食べる　　■ 1週間に2〜3回食べないことがある
■ 1週間に4〜5回食べないことがある　　■ ほとんど食べない

図 15-3　日本における児童生徒の朝食摂取状況
出所：日本スポーツ振興センター「平成 12 年度　児童生徒の食生活等実態調査結果」
http://naash.go.jp/anzen/school_lunch///tabid/541/Default.aspx#12 にもとづき筆者作成。

のアンバランスや，朝食不摂取といった，食生活習慣の混乱現象が現れるとともに，肥満児の比率が年をおって増加してきた。それは例えば図 15-3 に示したようである。

　したがって，食品の栄養組成や安全に関する知識を正確に身につけていることを基礎として，児童生徒の，自分で判断して食生活を管理する能力を養成することは間違いなく非常に重要である。従来，学校での食に関する指導は主として，学校栄養士が給食の時間やホームルームの時間，そして各教科を利用して行っていたが，明確で整った法的制度は依然としてない。しかも，地域や学校によって，展開される食の教育の内容と方法も異なっていた。近年の社会環境と食品流通などの面が不断に変化したことによって，食生活のスタイルにもそれに伴う非常に大きな変化が生じた。食生活は家庭が中心であるが，子どもを食環境の変化に適応させるために，食の教育に関する指導を強化し，食の教育における学校の役割を発揮させ，食の教育の制度を整備することなどは，間違いなく子どもの体力・健康の発展に対して非常に重要な役割を果たす。このため，2004 年 1 月中央教育審議会の「食に関する指導体制の整備について」という答申を受けて，第 159 回国会に栄養教諭を置く法案[4]を提出し，この法案は 2004 年 5 月 14 日に国会で全会一致を得て

第 15 章　体育を中心とした現状と動向の分析

図中のテキスト：

- **保健体育**
  健康と食事
  体の発育・発達と食事
  生活習慣と健康等

- **家庭**
  調和のよい食事の取り方
  日常食の調理等

- **社会等**
  食料生産と国民の食生活，食料生産や流通に従事している人々の工夫等

- **道徳**
  健康や安全に気を付け，規則正しい生活をすること等

- **総合的な学習の時間**
  健康と食に関する課題（例：食流通と国際関係）等

- **特別活動の学校行事，児童（生徒）会活動，クラブ活動**

- **特別活動の学級活動**
  学校給食と望ましい食習慣の形成等

- **給食の時間**
  給食の時間における食指導
  配膳指導，後片付け指導等

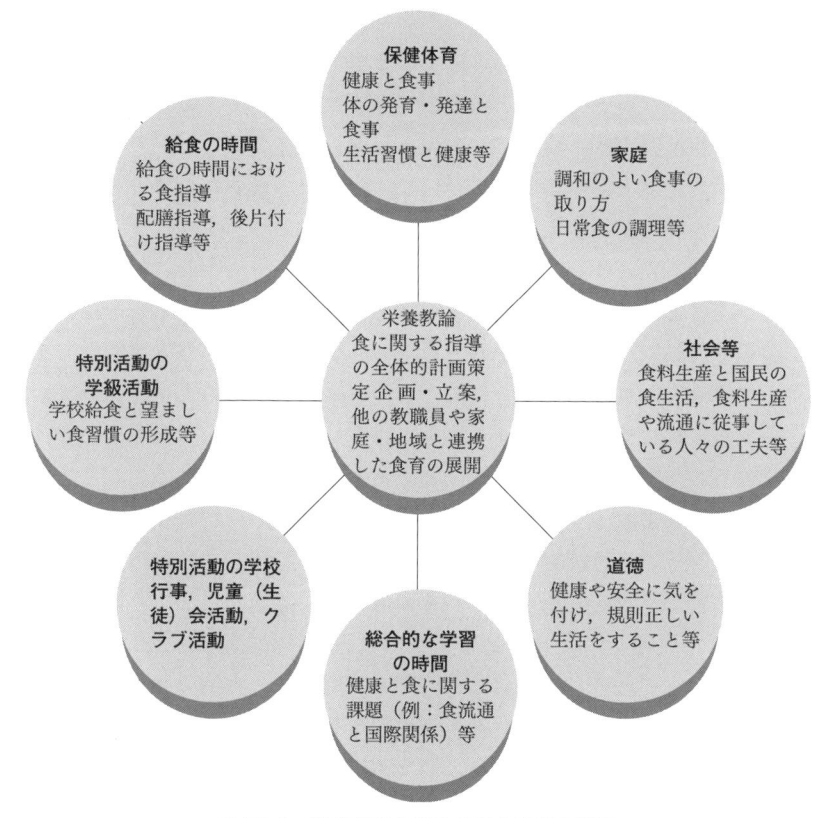

- **栄養教諭**
  食に関する指導の全体的計画策定企画・立案，他の教職員や家庭・地域と連携した食育の展開

図 15-4　栄養教諭と関連のある教科と領域
出所：『平成 16 年度　文部科学白書』第 1 章第 2 節 1「食育の推進」。一部改変。

通過するとともに，同月 21 日に正式に公布された。これにより 2005 年 4 月から，栄養教諭を中心とし，家庭，地域と共同で行う食の教育が正式に実施されるようになり，日本語ではそれを「食育」と称している。

(2) 栄養教諭の職務

栄養教諭は，教育と栄養に関する専門的資格を同時に備え，児童生徒に対して食の指導と学校給食を管理する職務を担う。栄養教諭と関連のある教科と領域は図 15-4 に示したようである。栄養教諭の役割は主として以下のい

くつかの面に現れる。

　第1に、児童生徒に対する食の面でのカウンセリングと指導である。児童生徒に対するカウンセリングと指導の実施とは主として、栄養教諭が専門的な角度から生活習慣病、食物アレルギー等児童生徒の一人ひとりに現れるかもしれない食生活と健康の問題について、細やかで適切な指導と手助けを行うことを指す。これは例えば、偏食する児童生徒に対して指導するときには偏食が健康にもたらす影響という角度から個別の指導や手助けを行うべきであるということや、肥満傾向のある児童生徒に対して指導するときは児童生徒に適当な運動やバランスのとれた食事の必要性をはっきりと説明し、それによって肥満を取り除くという目的に到達させようとすること、食物アレルギーの児童生徒に対して指導するときにはアレルギーを起こしやすい食物を含まないものを提供するよう学校に勧めるとともに、学校に協力して献立を作ろうとすることなどである。

　第2に、学校の各種活動を利用した食育の展開である。栄養教諭は学校給食の時間や特別活動を利用したり、その他の教科等を利用したりして、食育活動を幅広く展開し、食育活動を学校の教育全体に浸透させることができる。例えば、栄養教諭は学校給食の時間を利用して、食物の準備から最後の片づけ・整理までを含む学校給食の全過程を教材として、食事のマナーの教育を展開することもできるし、食の面での指導や関連する教育活動を展開することもできる。また栄養教諭は、学校給食の栄養管理や衛生管理、食材管理などにも関わらなければならない。このようにしてこそ、栄養教諭は食の面での指導と学校給食の管理等の職務を通じて、食育活動に良好な効果を収めることができるのである。

　第3に、社会各界と広く連携した食育活動の展開である。これは主として、栄養教諭が教育行政部門、家庭、学校医、学校歯科医、栄養専門家、主治医、専門科医等と広範に連携して、共同でカウンセリング・指導活動を展開することを指す。これは例えば、家庭向けの親子料理教室の展開や、地域社会と連携した食育面の宣伝活動の実施などである。学校内外の教職員、保護者及び関係機関との連携を通じて、栄養教諭の調整者という役割と専門的な特長を十分に発揮している。

第15章　体育を中心とした現状と動向の分析

上述した栄養教諭の職務からみてとれるのは，栄養教諭は児童生徒に対してカウンセリング・指導を行うだけでなく，さらに他教科の教師，家庭，地域社会及び教育行政部門と連携して食育活動を共同で展開しているということである。したがって，栄養教諭には，栄養面での専門的知識を備えていることだけでなく，教師としての専門知識を備えていることも求められる。栄養教諭の資質と能力を保証するため，文部科学省は栄養教諭免許制度を設立するとともに，免許を有する人材だけが栄養教諭として学校に配属されて活動を行う資格があるように規定した。

(3) 学校給食の充実

学校給食を通じて児童生徒に栄養バランスのとれた食事を提供し，児童生徒が正しい食習慣を身につけるよう育成することが日本の学校給食の主要な目的である。これに加えて，学校はまた，給食を通じて食育指導を強化し，教職員と児童生徒との交流を促進させ，児童生徒の間の良好な関係を育成している。文部科学省の統計資料にもとづけば，2003年5月時点で，全国で約1043万人の児童生徒が学校給食をとっている。その状況は表15-1に示したようである。

近年日本の各学校では，児童生徒に提供する献立も，地元の特産や地元の料理を加えるのに伴って徐々に多様化してきている。学校はこうした方式を通じて，児童生徒に地域の文化を理解させ，地域教育の内容を充実させてもいる。文部科学省は，教師に対する『学校給食指導の手引き』と児童生徒に対する食生活学習教材の中で，地域の特産を柔軟に利用することを主張し，同時に学校食堂の条件と食の環境を積極的に改善することも強調した。米食は日本人の主要な伝統的食習慣であるが，文部科学省は，児童生徒に正しい食習慣を身につけさせることを基礎として，学校が提供する給食の種類を多様化させようとも努めている。したがって文部科学省は，厚生労働省の「日本人の栄養必要量―食物摂取基準」の趣旨にもとづき，近年の家庭における食習慣の変化と結びつけて，2003年5月に児童生徒一人ひとりの1日あたり平均栄養摂取量の基準について修正を行い，それによって学校の給食の種類は豊富になった。

Ⅶ. 体育・保健体育・食育

表 15-1　学校給食実施率（2003 年 5 月 1 日）

区　分	完全給食	補食給食	ミルク給食	計	
小学校	98.7%	0.3%	0.4%	99.4%	(7,180,600 人)
中学校	69.0%	0.4%	13.1%	82.5%	(3,094,031 人)
特殊教育諸学校	88.5%	0.0%	1.6%	90.1%	(　86,922 人)
夜間定時制高等学校	42.5%	19.0%	0.5%	61.9%	(　68,405 人)
計	88.1%	0.5%	4.7%	93.2%	(10,429,958 人)

注：完全給食：給食内容がパンまたは米飯，ミルク及びおかずである給食。
　　補食給食：完全給食以外の給食で，給食内容がミルク及びおかずである給食。
　　ミルク給食：給食内容がミルクのみである給食。
出所：『平成 16 年度　文部科学白書』第 1 章第 2 節 1 「食育の推進」。

　1997 年以降，日本の学校給食制度の保障により，日本の学校では O-157 による食中毒事件は発生していない。しかし，現実生活の中で食中毒は依然として存在しており，したがって，日本政府は学校の衛生環境を厳格に管理して強化するよう求めている。例えば，2003 年 3 月，各学校の給食状況にもとづいて「学校給食衛生管理基準」について重ねて修正を行い，学校の衛生管理制度をいっそう改善して充実させたほか，さらに栄養教諭に向けた各種形式の研修活動の開催等を通じて学校の衛生に対する管理を全面的に強化しようとしている。2001 年から，全国の小学 1 年生，5 年生と中学 1 年生を対象にして，食生活の学習教材を配布し，2004 年には食に関する指導啓発パンフレットの配布と学校を中心とする食育推進モデルを展開するなど，さまざまな方法を通じて食育を展開している。

　日本と比べてみると，食育を 1 つの独立した科目とすることは中国でもまだ確立されていない。栄養に関する教育を展開する主な根拠は 1990 年に国家教育委員会によって公布された「学校衛生活動条例」である。この中では，「生徒に健康教育を行い，生徒の良好な衛生習慣を養成する」ことや，「学校は食品衛生に関する法律・法規を真剣に貫徹して執行し，食の衛生管理を強化し，生徒への食事の提供をしっかりと行い，栄養指導を強化するものとする」ことが規定された。こうした内容から，主として強調されているのが学校の衛生管理と栄養指導であったことがわかる。そして，1997 年 12 月 15 日，国務院辦公庁は「中国栄養改善行動計画」を公布し，栄養教育の内容に言及

するようになった。それは，「栄養に関する知識を中学・小学の教育内容に組み入れる。教学計画では一定時数を栄養知識教育に割き，それによって生徒が，バランスのとれた食事の原則を理解し，良好な食習慣を養成して，自身の保健能力を向上させるようにしなければならない」という具合である。2007 年に公布された「中共中央，国務院の青少年の体育を強化し青少年の体力を強化することに関する意見」の中でも，「青少年の栄養指導を強化し，青少年の栄養管理システムを創設して整備する。栄養検査の結果及びそれに関連する影響要因にもとづき，生徒の栄養状況を改善する適切な措置を提示する。学校が栄養豊かでバランスのとれた食事と，栄養に関わる慢性的な非伝染病を予防する科学的知識を普及させるのを支援する。学校が生徒に栄養的な食事（朝食，昼食）を提供したり牛乳を与えたりするプロジェクトを推進するのと協力して，生徒のタンパク質不足や鉄欠乏性貧血の発生を低下させる」ことが強調された。

　中国で上述の条例，計画，意見を実施する主要な業務部門は地方の衛生保健機関であり，衛生保健所などがそれを実施する。中学・小学を対象とする衛生保健機関は地区の教育行政部門の指導管轄下で直接中学・小学の生徒にサービスを提供する業務機関である。その任務は，当該地区の生徒の体力・健康状況の調査研究，よく見られる疾病とその他の疾病の予防と予防的治療の展開，中学・小学の衛生技術職員に対する訓練の実施，健康教育科教員に対する指導・訓練などである。しかし，こうした衛生保健機関は職員の年齢の構成，専門分野の構成，職階の構成が偏っているという現象に常に直面しており，それに加えて現在のところ，専門人材の職階評定の合理的な方法がうまく解決していないことから，専門技術職員が安定的でないとか，学歴が高く職階が高い技術職員が職場にとどまりにくいといった一連の問題が生じている。

　以上の内容から，中国では生徒の食や栄養に関する活動がまだ，生徒の栄養状況をいかに改善し，疾病の発生をいかに予防するかを強調する段階にあることがわかる。例えば，2003 年に政府は，貧困生徒の栄養状況を改善するための「二免一補」政策，すなわち学雑費，教科書代の免除と寄宿生活費の補助を打ち出した。また 1996 年には，経済発展の遅れた地域，とりわけ

Ⅶ. 体育・保健体育・食育

貧困地域・農村における生徒の栄養状況に焦点をあわせて，毎日授業の合間に1杯の豆乳を飲む「国家大豆行動計画」を提出し，2000年8月には，生徒に対して指定企業が統一的な質の基準にしたがって生産し，生徒の飲用牛乳を配送する「生徒飲用牛乳計画」が始められている。国のこうした関与的措置はいずれも，生徒の栄養状況の改善をめざしている。しかし，一部の学校では生徒の健全な食の行動の養成をあまり重視しておらず，健康教育が規範的ではなくて，教員や飲食に関わる職員の栄養に関する知識と訓練が乏しく，また生徒は清涼飲料水や甘味飲料，油を使った食品，スナック菓子を間食として摂取していることによって，生徒の栄養バランス不良，朝食の質の低下，ファーストフードを食べる子どもの明らかな増加といった不健全な飲食行為が生じている。したがって，子どもの栄養問題を根本的に解決しようとするならば，国は必ず立法の過程を速め，学校で食の教育を展開しなければならない。

3. 体育科における想定外傷害事故の処理方法

学校の体育活動における想定外傷害事故はよく見られる問題である。中国では近年，児童生徒に対する過保護や保護者の法律意識の高まり，加えて救済制度における学校の不健全さにより，学校の教育活動中に生じた事故をめぐって引き起こされる法律訴訟案件が徐々に増加している。一部の学校では，事故の発生を減少させるために，教学大綱の中にある跳び箱やあん馬といったいくつかの内容をやむを得ず体育科から排除し，なおかつ運動量の多いいくつかの種目も実施せず，そのため体育科が教学大綱の計画にしたがって正常に進められなくなり，一定程度生徒の身体の健康的な発達に影響を与えている。

中国では従来，学校の体育教育活動中に起きた想定外の傷害事故を処理するとき，主として行政的手段と，学校と保護者の協議を通じて解決してきた。これによって，学校教育活動中の想定外傷害事故制度の整備はかなり遅れることになった。したがって，科学的な想定外傷害事故制度をいち早く創設し，想定外傷害事故の発生を減少させ，合理的な支出手段を通じて学校教

育活動の正常な実施を保障することは，現在中国の体育そして学校教育で解決が待たれる課題の1つともなっている。

　日本では，1976年から学生教育研究災害傷害保険が実施されるようになり，この保険を補完するものとして，1985年にはまた「日本体育・学校健康センター法」が公布され，2002年には「独立行政法人日本スポーツ振興センター法」が制定された。日本ではこの保険制度と法律にもとづいて学校における事故が処理されるとともに，その内容や体系を不断に改善することによって，制度的な保障システムの面でいっそう完全なものとなるようにしてきている。「独立行政法人日本スポーツ振興センター法」の目的の1つは，学校の安全を普及，充実させるとともに，学校の管理下における児童生徒等の災害，負傷及び死亡に関して必要な給付を行うことで，学校の教育活動の順調な実施を実現することである。ここからわかるのは，教育活動の順調な実施を保障することがこの法律の主要な目的であり，この目的を達成するために，合理的な給付が必須の内容の一部となっているということである。日本ではこの給付は主として，学生教育研究災害傷害保険の助けを借りて実現している。このようにすることで，「独立行政法人日本スポーツ振興センター法」と学生教育研究災害傷害保険が学校の傷害事故を処理する際の主要な法的根拠となっている。

　「独立行政法人日本スポーツ振興センター法」の規定によると，保険料は国と学校，家庭が一定の割合で納付することになっていて，このやり方によって，児童生徒が保険料全体を引き受けるという圧力を免れており，このことは教育の公益性を示すと同時に，合理的に資金調達を行うという理念をも表している。「独立行政法人日本スポーツ振興センター法」は，組織者，被保険者，区域，施設という4つの側面から明確な定義づけを行っている。それは例えば，学校管理下の傷害事故，学校管轄区域内の各種体育活動における傷害事故，学校の各種体育施設使用時に生じた傷害事故という具合で，このようにすることで事故の責任の所在が容易に確定でき，事故処理の時間を短縮することができる。したがって，「独立行政法人日本スポーツ振興センター法」は児童生徒が学校の組織するいかなる体育活動にも参加するのを促進することを出発点としており，リスクの回避を出発点とはしていないと

VII. 体育・保健体育・食育

いえる。これにより，体育スポーツに積極的に参加するという児童生徒の積極性を引き出し，学校体育での指導と体育活動の正常な展開を保障しようとしているのである。

　日本は学校の安全面で一定の努力をしているが，ただこれら既存の法規に頼るだけでは，子どもが安全に教育を受けるという権利を完全に保障することはできない。事故が発生したとき，被害者に対していかに速やかで整った医療保障を与えるかといった学校災害賠償制度においてまだ多くの問題が存在しているし，また学校での事故をあらかじめ防止する学校施設設備の最低安全基準についても具体的な規定がない。いずれも国が学校の安全基準について法律を制定しなければならず，そうでなければ完全に，徹底して解決することはできないのである。そのために関連部門は，単独の「学校安全法」を制定し，それによって現行法規において存在している曖昧さや不足といった問題を解決しなければならないと考えている。学校の安全はたんに学校の体育活動を指すのではないが，学校の安全面の法制の健全さは間違いなく，学校の体育活動における想定外の傷害事故の防止や処理において法的な保障を提供する。

　中国の学校では，学校体育での指導と体育活動中における想定外の人身傷害事故を処理するとき，主として2002年9月に教育部が公布した「学生傷害事故処理規則」に依拠する。この規則は，事故と責任，事故処理手順，事故の損害賠償，事故責任者の処分など6章全40条から構成されている。この規則が公布された後すぐに，この規則が法的効力を持つのかとか，現実の実施可能性があるのかといった疑問が多く出され，同時に，ある学者は，この規則は内容において賠償処理手順の帰属が不明確であり，責任の確定が難しく，教員の業務上の積極性を引き出すのに不利であるといった問題が存在すると指摘した[5]。第31条では「条件の整っている学校は，保険法の関連規定にもとづき，学校責任保険に加入するものとする。生徒に，想定外傷害保険に自主的に加入するよう呼びかける。生徒の希望を尊重することを前提として，学校は生徒が想定外傷害保険に加入しやすくする条件を整備することができるが，その中ではいかなる費用も徴収してはならない」と規定されている。つまり，学校責任保険に加入するかどうかは学校が条件を整えてい

るかどうかによって決めなければならないが，どんな学校は条件が整っていて，どんな学校は条件が整っていないのかは明確な基準がないということである。生徒についていえば，保険の加入は自主の原則にもとづいている。ここから想像できるように，第31条の規定は一部の「条件の整っている学校」は学校責任保険に加入し，「条件の整わない学校」はそれに加入しないし，いくらかの生徒は想定外傷害保険に加入し，残りの生徒は加入しないという結果をもたらし，そのことで学校体育での指導は，進退きわまる困難な状況におかれるのである。

　学校の体育活動における安全の問題は，学校の教育活動全体における安全の問題の一部である。学校体育の教育活動の中で生じた事故問題の処理方法に関しては，学校の教育活動に関連する法規・規則制度の全体的な健全性に依拠しなければならない。日本でも中国でも，学校の安全についての立法や司法解釈の強化が非常に求められている。

4. 日本の学校の保健体育学習指導要領の改訂

　第二次世界大戦以降，保健体育の学習指導要領は，学習指導要領全体の改訂にあわせて相次いで数度の改訂が行われており，それによって学校体育も，生活体育，スポーツ文化論，体力論，楽しむスポーツ論，生活能力論等の段階を経てきた。学校体育の数度の改革は児童生徒の体力・健康に結局のところ何をもたらしたのだろうか。文部科学省が全国の児童生徒の体力・健康状況について行った調査の結果分析にもとづけば，小学校の体育は「問題解決」学習を主要な形式とする「目標学習」の面で，中学校の体育は「選択授業」の面で大きな成果をあげており，具体的には，児童生徒の主体的な体育学習への参加，体育に対する関心の程度と，自覚して体育活動を行うという意欲と態度の明らかな向上として現れている。これは，日本の学校体育が現行の学校体育の学習指導要領を実行して，児童生徒が体育活動を好む興味や態度を育成し，自覚的に体育活動に参加する習慣を養成し，楽しい体育を実施するという点で喜ばしい成果をあげていることを説明している。しかし，本文の第1の部分からもみてとれるように，日本の児童生徒の体力，運

VII. 体育・保健体育・食育

動能力，健康状況は憂慮されるものなのである。

上述した問題に対して，中央教育審議会は 1996 年 7 月に「21 世紀を展望した我が国の教育の在り方について」(第 1 次答申)を出し，保健体育審議会は同年 9 月，「生涯にわたる心身の健康の保持増進のための今後の健康に関する教育及びスポーツの振興の在り方について」を発表した。これらの答申等は，日本の 21 世紀における学校教育と学校体育の改革の指導思想と目標，具体的な対策を提示した。2004 年に新しい学習指導要領を準備し始めたのに伴って，学校体育も新たな枠組みと内容を描き始めた。2008 年 1 月，中央教育審議会答申にもとづき，新たに改訂された学習指導要領が公布された。この度の改訂の全体的な方針は，生涯にわたる健康の保持と増進を重視して改善し，スポーツの生涯にわたる内容を豊富にすること，心身の一体化を深め，健全な成長を促進することを重要な出発点とし，引き続き保健と体育を結びつけて教育活動を展開すること，学習して身につけた知識を生活実践の中で柔軟に運用することを重視し，各学年の間で相互に接続し，児童生徒の成長発育水準にふさわしいものとなるよう教育内容を整理し，それによって学習内容をいっそう体系化することである。

体育科の改訂方針は，身体活動を通じて身体の運動能力を身につけると同時に，精神と知力の発達を促すこと，グループ活動や身体表現等を通じてコミュニケーション能力を養成すること，考え方のはっきりした練習と実践を設計し，相互交流の方法の改善を通じて思考力を養成することである。学習を通じてそれぞれのスポーツ種目の特性や魅力を児童生徒に理解させ，基礎的な身体の運動能力と関連知識を身につけさせて，児童生徒が生涯にわたってスポーツを愛するように，そして各発育段階の特徴を考慮して，教育内容の整理と体系化を行った。このほか，武道の教育内容改訂に対する方針は，伝統と固有の文化に対する理解をいっそう深めることを目的として，教育方法の改善を行うことであった。

保健科は，自らの科学的管理と生涯にわたって健康を改善していく資質と能力を育成することを改訂の方針としている。小・中・高等学校での体系的な教育を実現するために，子どもの発育段階の特徴にもとづき，保健科の内容を体系化して，児童生徒に，無規律な生活を招く原因を理解させ，精神的

第15章 体育を中心とした現状と動向の分析

表15-2 小学校体育の内容

学年	1, 2学年	3, 4学年	5, 6学年
内容	基本の運動・体つくり運動		
	器械・器具を使っての運動遊び	器械運動	
	走・跳の運動遊び	走・跳の運動	陸上運動
	水遊び	浮く・泳ぐ運動	水泳
	ゲーム		ボール運動
	表現リズム遊び	表現運動	
		保健	

表15-3 中学校保健体育科の内容

保健体育科	
体　育	保　健
体つくり運動	心身の機能の発達と心の健康
器械運動	
陸上競技	健康と環境
水泳	
球技	傷害の防止
武道	
ダンス	健康な生活と疾病の予防
体育に関する知識	

　ストレスが生じる健康面での知識を学習して身につけさせ，健康の概念とその内容を明確にすると同時に，さらに，心身の発育と健康を促進させ，生活習慣病等の疾病の発生を予防させ，保健医療制度を柔軟に運用して，健康と環境を改善し，傷害事故の発生を予防するといった安全面の内容を児童生徒に身につけさせなければならないとされている。また，小学校低学年に対しては，運動を通じて健康を認識させるという教育方法を改善しなければならない。上述した改訂方針のもとで，小学校の体育と中学校の保健体育の内容は表15-2，表15-3のようになった。

　新学習指導要領は教育内容の体系化をいっそう強調し，従来の学校段階に照らして教育内容を決める伝統的な方式を打ち破り，児童生徒の発育段階の

VII. 体育・保健体育・食育

特徴にもとづいて体育科の内容を体系化することを強調するとともに,「すべての児童生徒が必ずできるようにならなければいけない最低限の内容」を量的に示すようにした。学校体育の目標の構成からみれば,体育の社会性と児童生徒の心身の全面的な発達に対して役割を発揮するという機能をいっそう強調している。「身体能力等の内容の指標化,数値化は能力の訓練を中心とする訓練主義,鍛錬主義といったやり方の復活を引き起こすのではないか」と心配する学者もいるが[6],しかし短期間のうちに児童生徒の体力・健康状況が低下するという傾向を改め,体力の低下の防止から体力の向上への転換を実現しようとするならば,訓練主義,鍛錬主義はとるべき手段でないというわけでもない。日本では,児童生徒の身体能力について数値化,指標化を行うが,その結果をどのように用いるか,数値化や指標化が効果を発揮するかどうか,またそれが本当に児童生徒の体力の向上をもたらしうるのかどうかは,依然として解決しなければならない問題である。

(南部広孝　訳)

注

1) 「子どもの体力向上のための総合的な方策について」(答申)(平成14年9月30日)。
2) 第1部第2章第2節「豊かな心と健やかな体をはぐくむ」。
3) 3〜5年の間に全国の85%の生徒に,毎日1時間の運動時間を確保させ,「運動能力測定基準」で合格基準に到達させることをめざすプロジェクト。
4) 学校教育法の一部を改正する法案として提出された。
5) 郭戦宏「争鳴：《学生傷害事故処理辦法》的不当之処」(2002年9月16日), http://www.china.com.cn/chinese/EDU-c/204581.htm。
6) 鄢長安・孫喜和・白文「日本新一輪学校体育指導要領改訂的框架及内容分析」『体育与科学』第28巻第2期(総第165期), 江蘇省体育科学研究所, 2007年, 83-86頁。

参考文献

毛振明・圓山和夫編著『日本学校体育関鍵詞100』高等教育出版社, 2005年。
スポーツ関係六法編集委員会編『必携スポーツ関係六法』道和書院, 2004年。
王嵐「守護学校：日本制訂《学校安全法》草案」『科研与決策(内刊)』第27期(総第260期), 中央教育科学研究所, 2006年, 8頁。
文部科学省『小学校学習指導要領解説　体育編』東洋館出版社, 2008年。

第 15 章　体育を中心とした現状と動向の分析

文部科学省『中学校学習指導要領解説　保健体育編』東山書房，2008 年。
鄒長安・孫喜和・白文「日本新一輪学校体育指導要領改訂的框架及内容分析」『体育与科学』第 28 巻第 2 期（総第 165 期），江蘇省体育科学研究所，2007 年，83-86 頁。
文部科学省「学校における食育の推進・学校給食の充実」，http://www.mext.go.jp/a_menu/sports/syokuiku/。
文部科学省『平成 16 年度　文部科学白書』，http://www.mext.go.jp/b_menu/hakusho/html/hpab200401/index.html。
文部科学省「体力・運動能力調査（承認統計）」，http://www.mext.go.jp/b_menu/toukei/001/index22.htm。
邱暁徳「中日学校体育保険管理制度的研究」『貴州体育科技』2009 年第 1 期，2009 年，20-23 頁。

第 16 章

子どもたちの健康と安全を守る
―― 学校保健を中心に

森（柴本）　枝美

　子どもたちをめぐる状況が変化する中で，生活習慣病や子どもたちの体力の低下，あるいはメンタルヘルスに関する問題，アレルギー疾患をもつ子どもたちの増加といった，子どもたちの心身をめぐる健康課題が顕在化してきている。また一方で，子どもたちが事件や事故，災害の被害者となることをニュースで目にすることも少なくない。このような状況をふまえ，子どもたちの健康と安全をどう守るかということが，学校教育における重要な課題の1つとなっている。

　日本においては，戦前は「学校衛生」，戦後は「学校保健」と呼ばれる領域で，学校における子どもたちの健康の保持増進，安全の確保が議論され，整備されてきた。教育基本法改正に始まる日本の教育改革が推し進められる中で，学校保健に関する「学校保健法」も「学校保健安全法」へと改正された。また，栄養教諭制度の発足，食育基本法の成立によって，食育も推進されるようになってきている。

　第15章では，日中両国における子どもたちの体力，健康の現状を分析し，持久力，瞬発力，筋力の低下傾向が双方にみられることが指摘されていた。その要因は異なるものの，同じような体力の低下傾向が見られる両国において，どのような対応がなされているのか，食育，事故対応，保健体育という観点から述べられており，とりわけ，保健体育については，日本における学習指導要領改訂をふまえ，その課題について指摘されている。本章では，前章の指摘をふまえ，学校保健を中心に，子どもたちの健康と安全を守るための方策についてみていきたい。

1. 学校保健について

(1) 学校保健とは

学校保健とは何か[1]。公衆衛生の立場からは，地域保健，産業保健，母子保健などと並べられ，文字通り「学校における保健」と理解されていることが多い。「学校」という場における教育活動を，円滑に進めていくための基盤として学校保健がとらえられているといえよう。このような考え方は，戦前，学校衛生と呼ばれていた時代には一般的な考え方であったとされる[2]。

法規上，文部科学省設置法第4条において，「学校における保健教育と保健管理をいう」と示されている。つまり，学校保健には，健康診断や健康相談などの保健管理と，体育科や保健体育科をはじめとする教科を通じて学ぶ保健学習や，学校におけるそのほかの活動を通じてなされる保健指導からなる，保健教育という意味の両方が含まれている。この保健管理と保健教育という活動を円滑に進めていくにあたっては，組織活動が必要不可欠であり，教職員間の連携だけではなく，家庭や地域の関係機関との連携が求められている。

(2) 学校保健に関する法令

学校保健に関する主な内容を定めた法令は，学校保健安全法(旧学校保健法，2009年4月1日より学校保健安全法と改称)である。このほか，関連する法律についてまとめたものが表16-1である。

学校保健安全法の第1条に示された目的をみてみると，「この法律は，学校における児童生徒等及び職員の健康の保持増進を図るため，学校における保健管理に関し必要な事項を定めるとともに，学校における教育活動が安全な環境において実施され，児童生徒等の安全の確保が図られるよう，学校における安全管理に関し必要な事項を定め，もつて学校教育の円滑な実施とその成果の確保に資することを目的とする」と示されている。ここでは，「学校における保健管理」が主たる目的と定められており，保健教育については明記されていない。保健管理の1つである健康診断については，学校教育法第12条で規定されている。「学校においては，別に法律で定めるところによ

VII. 体育・保健体育・食育

表 16-1 学校保健に関する法律

日本国憲法	第11条 基本的人権の享有 第13条 生存権の保障 第25条 生活権の保障 第26条 教育権の保障 第27条 児童酷使の禁止	教育基本法	前文 第1条 教育の目的 第2条 教育の目標 第3条 生涯学習の理念 第4条 教育の機会均等 第6条 学校教育 第10条 家庭教育 第11条 幼児期の教育 第12条 社会教育 第13条 学校、家庭及び地域住民等の相互の連携協力	学校教育法	第12条 健康診断 第30条 小学校教育の目的 第46条 中学校教育の目的 第51条 高等学校教育の目的	学校保健法 ↓ 学校保健安全法 (2008年6月18日改正) (2009年4月1日施行)
					同施行令 同施行規則	同施行令 同施行規則
その他	独立行政法人日本スポーツ振興センター法、交通安全対策基本法、スポーツ振興法、学校給食法、食育基本法、発達障害者支援法 関連する法令＝個人情報保護法、感染症の予防及び感染症の患者に対する医療に関する法律、予防接種法、環境基本法、大気汚染防止法、騒音規制法、道路交通法、労働安全衛生法					

出所：徳山美智子・中桐佐智子・岡田加奈子編著『学校保健　ヘルスプロモーションの視点と教職員の役割の明確化』東山書房、2008年、11頁の図をもとに筆者作成。

り、幼児、児童、生徒及び学生並びに職員の健康の保持増進を図るため、健康診断を行い、その他その保健に必要な措置を講じなければならない」とある。ここで、「別に法律に定める」とあるのは、学校保健安全法のことを指し、第11条から第18条で健康診断について定められている。

次節では、日本における学校衛生、学校保健の歴史をふりかえりながら、保健管理と保健教育という2つの意味を含み持つ学校保健が成立するまでの過程をみていきたい。

2. 学校保健の歴史

ここでは、『学校保健百年史』の分類にもとづき、5期に分けて学校保健の歴史をみていくことにしたい。

(1) 明治前期の学校衛生

日本における近代学校制度は、1872（明治5）年、学制が公布されたことにより始まった。そこでは、「自今以後一般の人民華士族農工商及婦女子必ず邑に不学の戸なく家に不学の人なからしめん事を期す」と、身分にかかわら

ず，国民全員が学校に行くべきであるという方針が示されていた。学校衛生に関わっては，「小学校ニ入ルノ男女ハ種痘或ハ天然痘ヲ為シタルモノニ非レハ之ヲ許サス」(第211章)と，コレラ，天然痘への対応について言及されている。これ以後，1879(明治12)年の教育令では「伝染病ニ罹ル者ハ学校ニ出入スルコトヲ得ス」と，伝染病一般の予防へとその範囲が拡大されている。続く1890(明治23)年の小学校令では，伝染病が流行したときの学校閉鎖の規定が定められていた[3]。

また，学制では，衛生教育として「養生法」という教科が示されていた。この「養生法」は，教育令，小学校令では削除されており，独立した教科としては引き継がれてはいない。しかしながら，健康な身体を養うために必要な習慣や態度に関する内容が修身の中に取り入れられ，知識としての内容は理科に引き継がれることになった。こうして，衛生教育は，「修身，理科，体操に分散した形で指導」[4]されることとなったのである。

体操教育の普及のため，1878(明治11)年，体操教師の養成と，健康増進の研究を目的とした体操伝習所が東京に開設された。そこでは，体操を実施したあとの効果測定のために体格，体力の測定を実施していた。この検査は，活力検査と呼ばれ，1888(明治21)年には，全直轄学校に対して，毎年4月に活力検査を実施し，その結果を提出することを訓令として示した。後の身体検査の始まりであるといえるだろう[5]。

この時期，学校衛生に関する行政を専門として担う部署は定められておらず，文部省の管轄下に組織されていた学務課(のちに学務局)で主として担われていた。しかしながら，学校教育の普及に伴い生じた，学校環境をめぐる衛生問題や虚弱者の増加などの問題に対応するため，1891(明治24)年，学務局に学校衛生取調嘱託が1名置かれた[6]。学校衛生取調嘱託の任務は，学校衛生の施策を講じるにあたって基礎調査を行うこととされていた。その調査内容は，発育調査，疾病状況調査，環境衛生の実態調査が主なものであった。1895(明治28)年には，「学校衛生取調復命書摘要」により，その実態調査の結果が明らかにされた。

このように，学校衛生に関する取り組みが進み，衛生管理については改善されるようになっていったものの，児童生徒の健康状態については，なかな

か改善されていかなかった。そこで，1894（明治27）年8月，当時の文部大臣井上毅によって，体育衛生に関する訓令が出され，小学校教育における体育と衛生の充実が指示された。この訓令は，学校衛生に関する訓令として初めて出されたものである[7]。

(2) 明治後期・大正初期の学校衛生

日清戦争後，明治30年代になると，学校教育制度の改善が行われるようになる。1903（明治36）年から国定教科書制度が設けられ，1907（明治40）年の小学校令改正により，尋常小学校が6年制となった。以後，小学校令をはじめとする諸学校令により，学校体系が整備され，続く大正期には，よりいっそうの充実が図られることになった。

学校衛生の行政を担うために，1896（明治29）年，学校衛生顧問及び学校衛生主事の制度が設けられた。この背景には，就学率の増加に伴い，児童生徒の疾病，病弱の問題や，教職員の健康管理，そして環境衛生の問題についても取り上げられるようになったため，行政面でも強化を余儀なくされたことがある。そして，学校衛生顧問の会議によって，学校衛生の制度が整備されていった[8]。1900（明治33）年には，学校衛生に関する行政を統括するため，文部省大臣官房に学校衛生課が新設され，「一，学校衛生ニ関スルコト　二，学校医ニ関スルコト　三，衛生統計ニ関スルコト　四，学校衛生顧問会議ニ関スルコト」を掌握することになった。

大正に入って就学率が上昇してくると，子どもたちの健康をめぐる問題については，身体虚弱者，とりわけ結核やトラホーム等の予防と治療が課題となり，学校衛生の充実が求められるようになってきた。そこで，1916（大正5）年，学校衛生官官制が公布され，学校衛生に関する事務を掌握することになった。また，学校衛生に関する中央審議機関の必要を認めた文部省は，1915（大正4）年，学校衛生調査会を設置し，翌年これを拡充して学校衛生会とし，文部大臣の諮問機関として位置づけた。

また，この頃，学校医を設置する学校も年々増加してきた。学校医が公立学校におかれるようになったのは，1898（明治31）年のことである。以降，1912（明治45）年には，1万5109校に，1916（大正5）年には，1万6763校に

増加している。また，学校看護婦が登場するのは1905（明治38）年である。現在の養護教諭の始まりと位置づけられている[9]。

(3) 大正後期・昭和初期の学校衛生

第一次世界大戦後，大正デモクラシーの機運の中で，明治期公教育制度に対する批判が生じるようになってきた。そして，明治期の画一的な注入教授に反対し，子どもの自発性や個性を尊重する「大正自由教育」が主張されるようになっていった。

このような流れの中で，1917（大正6）年，臨時教育会議が設置され，9つの答申と2つの建議がなされた。12月に行われた第2回答申では，5項目にわたって，一般的な方針が確認された。学校衛生に関わると考えられる記述をみてみると，「児童ノ身体ノ健全ナル発達ヲ図ル為ニ一層適切ナル方法ヲ講スル必要アリト認ム」と述べられており，その理由としては，「近時我国ニ於テ少年死亡率ノ逐年増加スル事実ニ徴スルモ児童ノ体育ノ一層ノ留意ヲ必要トスルモノナクンハアラス故ニ発育旺盛ナル児童ヲ収容スル小学校ニ在リテハ児童身体ノ健全ナル発達ヲ図ルニ積極消極ノ二方面ニ渉リ一層適切ナル方法ヲ講スルノ要アリトス」と示されている[10]。

1915（大正4）年，学校衛生調査会[11]が設置され，文部大臣の諮問に応じて学校衛生に関する事項を調査することとされた。また，1921（大正10）年には，学校衛生課が以下に示すことを主な職務として設けられた[12]。

　一．官立公立及私立諸学校ノ校地，建物，校具，其ノ他ノ設備ノ衛生ニ関スルコト
　二．教授衛生ニ関スルコト
　三．体育運動ニ関スルコト
　四．学校職員学生生徒児童及幼児ノ身体検査ニ関スルコト
　五．学校ニ於ケル疾病ノ予防並治療ニ関スルコト
　六．身体虚弱又ハ精神薄弱ナル生徒児童等ノ監督養護ニ関スルコト
　七．学校ニ於ケル飲料水並飲食物ニ関スルコト
　八．学校衛生統計ニ関スルコト

さらに，体育に特化して調査研究を行い，それをもとに指導教授すること

VII. 体育・保健体育・食育

を目的として，1924（大正13）年に体育研究所官制が制定された。その後，1938（昭和13）年の厚生省の新設に伴い，学校衛生は厚生省との間で管轄されることとなった。

また，当時問題となっていた，疾病児童や身体虚弱児童に対する対策，さらには個々人の健康増進のためには学校医の役割が重要であるとされ，1920（大正9）年に「学校医ノ資格及職務ニ関スル規定」が制定された。ここでは，従来は学校医の職務としては挙げられていなかった「運動ニ関スル事項」「職員生徒児童ノ健康状態」「病者，虚弱者，精神薄弱者等ノ監督養護ニ関スル事項」が，職務として明記されている。

身体検査については，1920（大正9）年，「学校生徒児童身体検査規程」を改正し，「監察ノ要否ハ検査ノ結果身心ノ健康状態不良ニシテ学校衛生上特ニ継続的ニ監察ヲ要スト認ムル者」を「要」とし，特別に必要な対応をするように定められている。その後，1937（昭和12）年に「学校身体検査規程」，1939（昭和14）年に「学校職員身体検査規程」が出されている。このほか，学校給食に関するもの，そして，教員の健康に関するものなどが定められ，学校衛生に関する法規が整備されていった。

この時期の学校衛生における活動の特徴は，次の3つが挙げられる[13]。

まず，身体虚弱児童への対策である。大正から終戦に至るまで，結核対策が重要な課題とされていたが，身体虚弱児は結核にかかりやすいという考えから，身体虚弱児対策は結核予防につながるものであるとされ，重視された。1917（大正6）年，わが国最初の養護学校として，白十字林間学校が設立された。また，1926（大正15）年には，東京市鶴巻小学校内に，身体虚弱児童を集めた養護学級が開設され，全国に広まっていった[14]。

次に，各地方における学校歯科医の活動の開始である。大正の終わり頃から，各地方で学校歯科医を設置する県令等が制定され，1930（昭和5）年には，27の府県に設置された。

そして，学校看護婦の設置である。1924（大正13）年，文部省の学校看護婦についての調査報告には，「学校看護婦ハ学校衛生ノ実務者ニシテ，学校医ヲ介ケ，且学校教員ト協力シテ学校衛生ノ全般ニ亘リ実地ノ仕事ヲナス者ニシテ，コノ設置ガ普及スルニ至ラバ学校衛生ノ面目ハ一新シ著々良効果ヲ

挙ルコト疑ヲ容レズ……」とあり，学校看護婦への期待がうかがえる[15]。

(4) 戦時中の学校衛生

戦時体制下のもとで，体力の向上，健康の保持及び増進が国政の大きな方針として打ち出されてきたことにより，文部省においても児童生徒の健康増進が急務の課題となり，積極的な施策が展開されることになった。1941（昭和16）年1月に，文部省官房体育課が昇格，体育局が新設された。体育局は，体育運動課，訓練課，衛生課からなり，衛生課の職務は，「学校における設備衛生及び教授衛生に関すること，学校における衛生訓練に関すること，身体検査に関すること，学校給食に関すること，学校医，学校歯科医および学校看護婦に関すること，教職員の保健および保養所に関すること等」とされている。1943（昭和18）年2月には，衛生課が保健課と改称された[16]。

小学校は，1941（昭和16）年2月28日に公布された国民学校令により，国民学校と名称を変えた。国民学校令を学校衛生の観点からみると，次のような特徴がある。まず，養護訓導の制度化である。ここにおいて，学校看護婦が養護訓導という教員職員として，身分が確立するに至った。次に，体操の教授内容として，衛生が位置づけられたことが挙げられる。そして，身体虚弱など，心身に特殊な事情をかかえる児童で，「特別養護の必要のある者」に対して，特別な学級や学校の編成を明記したことである。すなわち，今でいう特別支援学校や，特別支援学級の編成を制度的に認めたものであり，これらのことは，画期的なできごとだと評価されている[17]。

(5) 第二次世界大戦後の学校保健

第二次世界大戦後，1947（昭和22）年には，教育基本法，学校教育法が相次いで制定され，ここにおいて，6-3-3-4の新しい学校体系が成立し，中等教育がすべての国民に開かれることになった。こうして，戦後日本における新しい教育体制が築かれていった。

このように整備された戦後の新教育の中で，学校保健関係の法令も整備が必要とされるようになってきた。保健管理に関する規定は，学校教育法の第12条と，それにもとづく学校身体検査規程が主なものであり，そのほかに

ついては定められていなかった。そこで，1958（昭和33）年，学校保健法が制定，公布された。同年，学校保健法施行令及び学校保健法施行規則が制定されている。以後，この法令にもとづいて，学校保健の管理，運営がなされていくこととなった。

学校保健行政は，体育局の廃止に伴い，初等中等教育局保健課においてなされることとなった。保健課は，学習指導要領の編集や改訂，学校保健計画実施要領の編集及び改訂，そのほか研究会や講習会の企画，現職教育等の職務を担うこととされていた。

戦後直後には，「臨時身体検査施行ニ関スル件」（1945（昭和20）年9月）の通達が出され，とりわけ結核の早期発見と治療について指示された。また，「学校衛生刷新ニ関スル件」（1946（昭和21）年2月）の通達を出し，各学校で，学校における衛生教育の再検討や健康相談，養護学級等の施設の整備など，学校衛生の取り組みを見直し，立て直すように指示していた。その後，米国教育使節団報告により，国民学校における衛生教育は「重大な欠陥がある」と指摘され，その転換が図られることになった。それは，1949（昭和24）年「保健計画実施要領（中等学校）」，1951（昭和26）年「保健計画実施要領（小学校）」によって示された。この実施要領によって，「学校教育に参加しているすべての人々の組織的活動が重視されることとなり，全く新しい学校保健が出発することとなった」[18]とされる。

以上，戦前から戦後にかけて，学校保健の歴史をみてきた。児童生徒の健康管理が主な目的とされており，身体測定や伝染病への対策などが具体的な活動としてなされてきたことがわかった。次節では，現代日本における学校保健について，2009年4月に施行された学校保健安全法の内容と，2008年に改訂された学習指導要領をもとに，詳しくみていくことにしたい。

3. 現代日本における学校保健

(1) 学校保健安全法，学校給食法の改正

2008年1月17日の中央教育審議会答申「子どもの心身の健康を守り，安全・安心を確保するために学校全体としての取組を進めるための方策につい

第16章　子どもたちの健康と安全を守る

て」が出された。そこでは,「学校教育法における養護教諭に関する規定を踏まえつつ,養護教諭を中核として,担任教諭等及び医療機関など学校内外の関係者と連携・協力しつつ,学校保健も重視した学校経営がなされることを担保するような法制度の整備」が求められている。これを受けて,学校保健法及び学校給食法の一部改正を盛り込んだ「学校保健法等の一部を改正する法律案」として国会に提出された。そして,2008年6月18日「学校保健法等の一部を改正する法律(平成20年法律第73号)」として公布され,2009年4月1日に「学校保健法」は「学校保健安全法」と名称変更し,「学校給食法」は改正され,施行されることになった。次頁の表16-2に,学校保健安全法の改正前後の目次を示す。

　表16-2をみてみると,名称の変更にも示されている通り,学校保健だけではなく,学校安全に関する規定が盛り込まれていることがわかる。学校安全の規定について,喜多明人は,学校安全の責任が明記されていること,学校安全基準が示されていることを評価している[19]。前者については,学校保健安全法第3条において,「国及び地方公共団体は,相互に連携を図り,各学校において保健及び安全に係る取組が確実かつ効果的に実施されるようにするため,学校における保健及び安全に関する最新の知見及び事例を踏まえつつ,財政上の措置その他の必要な施策を講ずるものとする」と定められている。その取り組みを推進するために,「学校安全の推進に関する計画の策定その他所要の措置を講ずる」ことが国に求められ,地方公共団体については,「国が講ずる前項の措置に準じた措置を講ずる」ことが求められている。とりわけ,「財政上の措置」が明記されたことが画期的であると喜多はいう[20]。後者の学校安全基準については,「学校環境衛生基準」に明文化されているのみではあるものの,第10条に示された救急措置における学校・地域の連携や,第29条で示された「危険等発生時対処要領」の作成及び実施の条項をよく読みこむと,安全基準・方針が含まれていると喜多は指摘する[21]。

　このほか,第3章で学校安全に関する主な内容が示されている。第26条では,学校安全に関する学校の設置者の責務が明記されている。続く第27条では,学校安全計画の策定について述べられており,学校の施設や設備の

Ⅶ. 体育・保健体育・食育

表 16-2 学校保健法と学校保健安全法

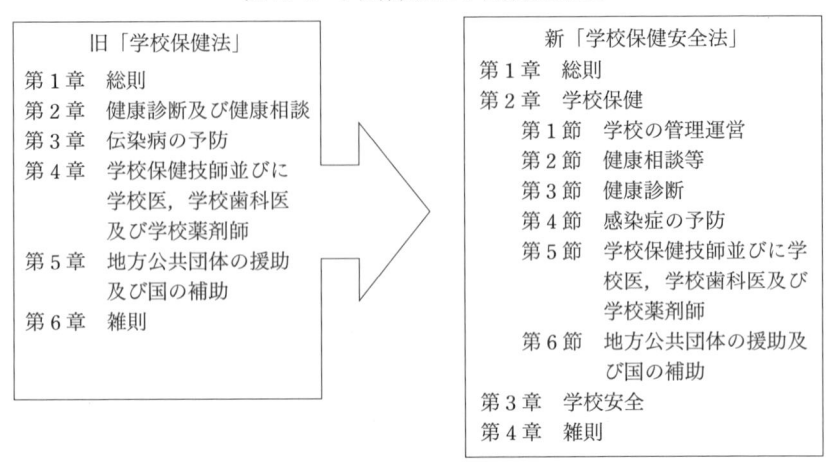

旧「学校保健法」	新「学校保健安全法」
第1章　総則 第2章　健康診断及び健康相談 第3章　伝染病の予防 第4章　学校保健技師並びに学校医，学校歯科医及び学校薬剤師 第5章　地方公共団体の援助及び国の補助 第6章　雑則	第1章　総則 第2章　学校保健 　　第1節　学校の管理運営 　　第2節　健康相談等 　　第3節　健康診断 　　第4節　感染症の予防 　　第5節　学校保健技師並びに学校医，学校歯科医及び学校薬剤師 　　第6節　地方公共団体の援助及び国の補助 第3章　学校安全 第4章　雑則

出所：『総合教育技術8月号増刊　図解でつかむ！　実践教育法規2008』小学館，2008年，59頁をもとに筆者作成。

　安全点検だけではなく，通学を含めた学校生活やその他の日常生活における安全に関する指導，職員の研修などについての計画を策定し，実施することが義務づけられている。第28条では，学校環境の安全の確保について，安全の確保に支障があると認めた場合は，迅速に対応することが示されている。そして，第29条では，危険等発生時対処要領を作成することが定められている。ただし，喜多が指摘するように，主語が「校長」とされている以外は，「学校においては」というあいまいな言葉であり，主体が明確にはなされていないことがうかがえる。

　学校保健の領域について，友定保博は改正の注目するべき特徴として，「施策は国・地方公共団体という上からの直線的なライン管理組織を強め，改善措置は校長・学校の設置者の当事者責任を明記したこと」を挙げている[22]。このことは，学校保健安全法の第6条に示されている。「文部科学大臣は，学校における換気，採光，照明，保温，清潔保持その他環境に係る事項について，児童生徒及び職員の健康を保護する上で維持されることが望ましい基準（以下この条において「学校環境衛生基準」という。）を定めるものとする」と規定されており，そのうえで，学校の設置者，校長の責務が述べられてい

る。学校の設置者は,「学校環境衛生基準に照らしてその設置する学校の適切な環境の維持に努め」ることが明記され,また校長は「学校環境衛生基準に照らし,学校の環境衛生に関し適正を欠く事項があると認めた場合には,遅滞なく,その改善のために必要な措置を講じ,又は当該措置を講ずることができないときは,当該学校の設置者に対し,その旨を申し出る」ことが定められている(第6条)。また,もう1つの課題として,養護教諭の法的位置づけの整備が挙げられている。養護教諭を中心とした学校保健活動の充実を図るにあたり,学校教育法において「小学校には,校長,教頭,教諭,養護教諭及び事務職員を置かねばならない」(第37条)と規定されながらも,附則第7条において,「当分の間,養護教諭を置かないことができる」とされていることを指摘している[23]。

一方,学校給食法の改正をみてみると,「この法律は,〈中略〉学校給食及び**学校給食を活用した食に関する指導**の実施に関し必要な事項を定め,もって学校給食の普及充実及び**学校における食育の推進**を図ることを目的とする」(第1条 強調は筆者による)と定められている。「食に関する指導」「食育の推進」について言及されていることが改正のポイントの1つである。食に関する指導については,第10条に規定がなされており,栄養教諭の役割が示されている。また,第8条及び第9条では,学校給食実施基準,学校給食衛生管理基準が示されていることがもう1つの特徴として挙げられる。

(2) 学習指導要領の改訂

ここで,2008年に改訂された学習指導要領をもとに,食育,保健教育についてみていくことにしよう。学習指導要領の第1章,総則において,次のように述べられている[24]。

> 学校における体育・健康に関する指導は,児童の発達の段階を考慮して,学校の教育活動全体を通じて適切に行うものとする。特に,学校における食育の推進並びに体力の向上に関する指導,安全に関する指導及び心身の健康の保持増進に関する指導については,体育科の時間はもとより,家庭科,特別活動などにおいてもそれぞれの特質に応じて適切に行うよう努めることとする。また,それらの活動を通して,家庭や地域社会との連携を図りながら,

VII. 体育・保健体育・食育

日常生活において適切な体育・健康に関する実践を促し，生涯を通じて健康・安全で活力ある生活を送るための基礎が培われるよう配慮しなければならない。

このように，学習指導要領においては，体育科（中学校においては保健体育科）だけではなく，家庭科（中学校においては，技術・家庭科）や特別活動などを活用して，食育や体力の向上に関する指導，保健指導や安全に関する指導を行うことが示されていることがわかる。食育の具体的な内容については，学習指導要領に示されてはいない。2005年に制定された食育基本法により，食育の基本理念が示され，同年，栄養教諭の制度が始まったことにより，学校現場における食育が推し進められることとなった。

2008年の学習指導要領改訂の基本方針をみてみると，小学校，中学校及び高等学校を通じて，「体育科，保健体育科については，その課題を踏まえ，生涯にわたって健康を保持増進し，豊かなスポーツライフを実現することを重視し改善を図る。その際，心と体をより一体としてとらえ，健全な成長を促すことが重要であることから，引き続き保健と体育を関連させて指導することとする。また，学習したことを実生活，実社会において生かすことを重視し，学校段階の接続及び発達の段階に応じて指導内容を整理し，明確に示すことで体系化を図る」ことが挙げられている。この基本方針にもとづいて，体育分野，保健分野それぞれの内容が改訂されている。とりわけ強調されているのは，指導内容の体系化と明確化であるといえよう。そのほか，体育分野では，武道とダンスの第1学年及び第2学年における必修化，指導すべき知識の明確化，各運動領域の取り扱いの変化等が挙げられる。また，保健分野においては，二次災害によって生じる傷害，生活習慣の乱れと生活習慣病との関係，正しい医薬品の使用，食育との関係についての言及が追加されている。中学校学習指導要領に示された「保健体育科」の内容をみてみると，体育分野は，「体つくり運動」「器械運動」「陸上競技」「水泳」「球技」「武道」「ダンス」「体育理論」の8つの領域からなり，保健分野は「心身の機能の発達と心の健康」「健康と環境」「障害の防止」「健康な生活と疾病の予防」の4つの内容から構成されている。

学習指導要領の改訂に先立って，2005年，中央教育審議会の健やかな体を育む教育の在り方に関する専門部会において，体育分野で身につけるべき具体的な内容として，①身体能力，②態度，③知識，思考・判断が挙げられている。そこでは，身につけるべき具体的な目的（ミニマム）の例が示されてはいるものの，「数値の設定が可能であるかどうかも含めて，各要素がどの程度身に付いていればよいのかという，具体的なレベル」については，「今後，専門的見地から検討を継続することが必要である」と慎重な姿勢が示されている。身体能力について具体的な目的を，可能なものは数値で設定することにより，保護者にわかりやすい説明ができ，学校の責任を明確にするのに有効であるという積極的な意見もあるものの，学校現場での混乱が生じる，子どもたちの意欲を減退させるなどの慎重意見があることもふまえて対応するべきであると述べられている[25]。何をもって「具体的」とするのか，数値化する以外の方法について慎重に検討する必要があるだろう。

4．おわりに

　以上みてきたように，日本における学校保健については，戦前の「学校衛生」にみられたように，児童生徒の健康管理という側面からの活動がなされてきていた。一方，学校における安全という課題が生じてくる中で，「学校安全」についての法規定が求められるようになり，「学校保健安全法」への改正に至ることになった。また，同じ年に改正された学校給食法では，食に関する指導の充実が示され，学校給食の衛生管理についても規定がなされていた。さらに，2008年に改訂された学習指導要領をみてみると，総則において，食育の推進，児童・生徒の健康に関する指導及び安全に関する指導について，体育科だけではなく，他の教科，領域とも関連づけながら取り組むことが示されていた。

　ここで，第15章で指摘されていた論点のうちのいくつかについて考察してみたい。まず，食育，学校給食についてである。第15章では，日本における栄養教諭の制度とその職務，食育の内容，学校給食の充実について述べられていた。日本における栄養教諭制度は2005年に発足し，その職務は食

VII. 体育・保健体育・食育

に関する指導と学校給食の管理とされた。その配置状況をみてみると、制度の開始当初、2005年度は、4道府県に34人であったが、2011年度においては、47都道府県に3853人と増加していることがわかる[26]。ただ、地方自治体により配置状況にはばらつきがみられる。第15章において言及されていた中国における栄養に関する教育をみると、政府によるさまざまな取り組みがなされてはいるものの、一部の学校では栄養教育を重視しておらず、教員、職員の栄養に関する知識と訓練の乏しい状況があることが指摘されている。このような背景をふまえ、日本における栄養教諭の制度が注目されているのではないかと考えられる。

次に、学校安全について、第15章では主として学校での体育活動において起こりうる想定外の傷害事故について述べられており、日中両国で立法及び司法解釈の強化が求められることが指摘されていた。また、独立行政法人日本スポーツ振興センター法は、児童生徒の体育活動への参加を促進することが出発点であり、リスクの回避を出発点とはしていないことが指摘されている。学校の体育活動の安全を確保し、児童生徒の体育活動への参加を促すためには、体育活動で起こるかもしれない危険を回避するための具体的な規定と、生じてしまった事故への対処法についての法規・規則制度の必要性が述べられていた。日本においては、学校保健安全法への改正により、学校安全について危険等発生時対処要領を作成することが明記されてはいるものの、具体的にどのような要領を作成すればよいか、関係諸機関とどのように連携をとるべきか、というような点については、各学校で策定する学校安全計画にゆだねられているように思われる。事故を予防するという観点から、学校の安全について検討することも重要であろう。

そして、学習指導要領の改訂における「保健体育科」の目標の設定、評価方法についての課題が述べられていた。児童・生徒の身体能力を数値化して示すことの是非について、日本においても慎重な立場が取られていることは先に示した通りである。前章において、中国では初級中学から高級中学へ進学する際の試験科目として体育を導入していることが述べられていた。このことは、子どもたちの身体能力を一定向上させたとされるものの、試験の公平性、経費など、さまざまな困難があることも指摘されている。このような

背景から,数値化,指標化に注目がなされていると考えられるだろう。

　また,第15章における尚氏の指摘において興味深いのは,日中における子どもの体力低下傾向と,その原因である。尚氏は,「日中両国における児童生徒の体力・健康の状況の変化には非常に似通ったところがあることがわかる。つまり,両国の児童生徒の体格の発育には向上がみられ,持久力,瞬発力,筋力はいずれもいずれも低下傾向を示している」と述べたうえで,日本の子どもはその主要因が社会的要因であり,中国の子どもは社会的要因がありつつも,主要因は教育制度にあると結論づけている。

　2010年度の文部科学省による「体力・運動能力調査」の結果をみると,6～19歳の子どもの走(50m走,持久走)・跳(立ち幅とび)・投(ボール投げ)の能力は1985年と比較して,全体的に横ばいもしくは向上傾向にあるとされている[27]。この結果は,同調査において週3日以上毎日何らかのスポーツ・運動をしているかというアンケートに対して,「している」と回答した10～19歳の子どもが1985年に比べて増加傾向にあることとも無関係ではないだろう。しかし他方で,「しない」と回答している10～19歳の人数も,特に年齢が上がるにつれて顕著に増加している。とはいえ,全体的に体力・筋力が向上傾向にあるという結果が出ていることは,学校教育内でのスポーツ・運動に対する取り組みが影響しているのではないだろうか。学校教育内でスポーツ・運動の時間がある程度確保されているからこそ,学校外でスポーツ・運動をまったくしない人が増えていても,体力・筋力の維持ないし向上という調査結果が出ていると考えることもできよう。

　日本の子どもは,テレビゲームやパソコンが普及してから,学校外の遊びのあり方が多様化しており,尚氏が指摘しているような中国の子どもの状況と似通っているといえよう。それにもかかわらず,体力や健康の変化についての要因が日中両国において異なるという指摘は,中国の研究者が日本の状況を相対化したからこそ出てきた視点である。文部科学省の調査によって,日本の子どもの体力及び運動能力が横ばいもしくは向上傾向にあると示されたことと,学校教育内での取り組み,例えば本章で述べてきた学校保健や学校給食のような取り組みとの関連について検討していきたい。

Ⅶ. 体育・保健体育・食育

注

1) 「教育保健」という概念を主張する研究者もいる。学校保健は，教育を支える基盤としてとらえられてきたのに対して，教育保健という概念は，教育という営みの独自性に注目し，活動そのものの質を問い直す意義を持つものとして位置づけられている（健康教育大事典編集委員会『健康教育大事典』旬報社，2001年，527頁）。本稿では，「学校保健」を用いる。
2) 教員養成系大学保健協議会編『学校保健ハンドブック〈第4次改訂〉』ぎょうせい，2007年（初版は1982年），8-9頁。
3) 日本学校保健会『学校保健百年史』第一法規出版，1975年，2頁（以下，『学校保健百年史』と示す）。
4) 同上書，6頁。
5) 同上。
6) 同上書，4頁。
7) 同上書，7頁。
8) 例えば，1897（明治30）年の学校清潔方法，学生生徒身体検査規程，及び公立学校に対する学校医設置の勅令，翌年1898（明治31）年には，学校医職務規程，学校伝染病予防及消毒方法などが制定された。そして，1899（明治32）年には，師範学校中学校及高等女学校建築準則，及び小学校設備準則の改正がなされ，机やいすの基準についても定められた。また，1896（明治29）年には，義務教育就学年齢を満6歳と決定し，1898（明治31）年には，教科書活字の大きさ基準が設定された。その後，1904（明治37）年の紫色鉛筆に関する注意喚起の訓令や，1900（明治33）年の未成年者喫煙禁止法の制定及びこれに関する文部省訓令が出された（『学校保健百年史』55頁）。
9) 『学校保健百年史』56頁。
10) 国立教育研究所編『日本近代日本百年史　第五巻　学校教育　3』文唱堂，1974年，16頁。
11) 学校衛生調査会は，発足した翌年，学校衛生会と改められるが，1922（大正11）年には再度学校衛生調査会として改称している。
12) 『学校保健百年史』132頁。
13) 同上書，135-140頁。
14) 1935（昭和10）年には209学級，1940（昭和15）年には1412学級，1942（昭和17）年には，1616学級と増加していた。
15) 1922（大正11）年6月の報告では，全国で112名であったが，1924（大正13）年の調査では，316名に増加している。1929（昭和4）年の調査では，1438名にまで及んだため，10月に「学校看護婦ニ関スル訓令」が出された。
16) 『学校保健百年史』261頁。
17) 同上書，262-263頁。

18）同上書，303頁．
19）喜多明人「学校保健安全法成立の意義と活かし方―学校現場依存主義からの脱却―」『季刊教育法』第160号，エイデル研究所，2009年3月，4-9頁．
20）同上論文，7頁．
21）同上論文，8頁．
22）同上論文，11頁．
23）友定保博「『学校保健安全法』で何が変わるのか―『学校保健』に関する内容と問題点―」『季刊教育法』第160号，エイデル研究所，2009年3月，14-15頁．
24）小学校学習指導要領の第1章　総則　第1　教育課程編成の一般方針　第3項（文部科学省『小学校学習指導要領』東京書籍，2008年）．「体育や健康に関する指導」については，中学校学習指導要領においても同様に示されている．
25）「健やかな体を育む教育の在り方に関する専門部会　これまでの審議の状況―すべての子どもたちが身に付けているべきミニマムとは？―」平成17年7月27日，http://www.mext.go.jp/b_menu/shingi/chukyo/chukyo0/toushin/05091401.htm．
26）平成17～23年度の栄養教諭の配置状況（2011年4月1日現在），http://www.mext.go.jp/a_menu/sports/syokuiku/08040314.htm．
27）文部科学省「平成22年度体力・運動能力調査結果報告書」（2011年10月21日現在），http://www.mext.go.jp/component/b_menu/other/__icsFiles/afieldfile/2011/10/11/1311810_6.pdf．

Ⅷ. 国際理解教育

　国際理解教育はユネスコが提唱したものであり，各国間の理解と意思疎通を強め，異なる文化の間の相互承認と調和のとれた共存を達成することによって，平和な世界を構築し，各国がともに発展し繁栄することを追求し，人類社会の進歩に貢献するための教育である。

　日本は戦前，近代化のために諸外国（主に欧米）から知識や技術の吸収に執着し，国際協調や国際理解の精神を欠いてきたことが指摘されている。だからこそ，戦後は国際社会に生きる日本人の育成，国際理解教育の推進，外国語教育の改善，大学の国際化などといった施策を展開してきた。中国の基礎教育段階の国際理解教育は主に，外国語，語文，歴史といった教科の中で進められており，国際意識の養成と充実を重視している。一部の地域や学校は国際理解をテーマにした教育活動を展開している。

　開始時期は異なるが，日中ともにグローバル化社会の一員として，国際社会を担う人材を養成することを目標としていることに違いはない。しかし，両国ともに実際の授業で扱う内容や，実施の程度に差があり，国際理解や国際協調という理念が子どもに伝わっているかどうかには疑問符が付く。

　第17章では日中の国際理解教育の状況や課題，第18章では具体的に日本の小学校の英語教育に焦点を当て，国際理解教育について日中の応答がなされている。

第 17 章

コミュニケーション能力と国際理解教育を中心に

李　協京

1. 日本における国際理解教育の概要

(1) 国際理解教育の由来

　国際理解教育（Education for International Understanding）は，第二次世界大戦以降，ユネスコ（UNESCO）の提唱のもと，世界各国で展開されてきた。ユネスコはその憲章の前文において，国際社会における相互理解の欠如が戦争を招いた原因であり，他の国やその国の文化を理解することが非常に重要であると指摘している。この目的のために展開された国際理解教育は，ユネスコによって「国際理解のための教育」(1947年～)，「世界市民のための教育」(1950～52年)，「世界共同社会に生活するための教育」(1953～54年)，「国際理解と国際協力のための教育」(1955年～)，「国際理解と平和のための教育」(1960～70年) と称されてきた[1]。1974年に開催された第18回ユネスコ総会では，「国際理解，国際協力及び国際平和のための教育並びに人権及び基本的自由についての教育に関する勧告」が採択された。この文書は，国際理解，協力と平和，人権と基本的自由といった多くのキーワードに言及しており，これらはみな国際理解教育の重要な内容である。1981年，ユネスコ委員会は「国際理解教育の手引き」を編纂し，国際理解教育の目標について定めた。1994年，ユネスコはジュネーブで第44回国際教育会議を開催し，「第44回国際教育会議宣言」と「平和・人権・民主主義のための教育に関する包括的行動計画」を採択して，世界各国が新たな時代に展開する国際理解教育の方向性を明確に示した。

第17章　コミュニケーション能力と国際理解教育を中心に

　ユネスコが提唱している理念と展開している一連の教育活動の内容が表しているのは，国際理解教育は，各国間の理解と意思疎通を強め，異なる文化の間の相互承認と調和のとれた共存を達成することによって，平和な世界を構築し，各国が共に発展し繁栄することを追求し，人類社会の進歩に貢献するための教育であるということである。

　ユネスコが展開している国際理解教育活動の主要な内容の1つは世界各国でのユネスコ・スクールの設立である。2003年までで全世界170の国と地域に7500余りのユネスコ・スクールがある[2]。今日，国際理解教育は各国において青少年の国際理解，交流と協力の意識を養成するための重要な手段となっている。

(2) 日本における国際理解教育の発展過程

　日本はユネスコの提唱にもとづき，1950年代から国際理解教育を展開し，その後いくつかの発展段階を経てきた。

　田渕五十生は過去半世紀の日本における国際理解教育を4つの段階に分けている。1つ目は他国を理解する教育実践であり，これは1950年代後半から70年代前半にかけてユネスコが推進した実践活動である。2つ目は1974年の中央教育審議会答申にもとづいて展開された，いわゆる日本型国際理解教育活動であり，自国文化の理解と国際社会に生きる日本人のアイデンティティを重視した。3つ目は1980年代後半に登場したグローバル教育，開発教育，世界研究など新しい教育理論についての実践である。4つ目は1990年代後半に始まった「ニューカマー」といった外国籍居住者の増加と人権意識の高まりが主な要因となった多文化教育の実践である[3]。

　中国人研究者の姜英敏は日本の「第二次大戦」後の国際理解教育を3つの段階に区分している。1つ目は，1950年代から70年代にかけての，ユネスコの精神を体現しようとした段階であり，ユネスコ国内委員会が責任をもって推進し，ユネスコ・スクールを中心に展開した。2つ目は，1970年代から90年代にかけての，国際化対策の段階である。教育は「国際的な資質をもった日本人」，「世界の中の日本人」を養成しなければならないことが強調され，教育の重心もユネスコ・スクール主体の教育から海外子女教育，外国語

Ⅷ. 国際理解教育

教育，留学生教育などへと移っていった。3つ目は，1990年代から現在までの，国際理解教育概念の混乱時期である。関連する領域において国際教育，国際化対応教育，多文化教育，グローバル教育といった多くの異なる概念が登場し，その教育は専門科目を設置する形と，その他の教科書の中に国際理解教育の理念等を浸透させる形で進められた[4]。

　上述した両者の観点を総合すると，日本における国際理解教育は3つの大きな段階に分けることができる。1つ目は，1950年代から70年代で，ユネスコが提唱した理念にもとづいた，他国について理解と認識を進める教育活動が展開された段階である。その主体はユネスコ・スクール (ASP: Associated Schools Project) であった。2つ目は，1970年代から90年代で，日本政府の推進のもと意識的に一般の学校において「国際社会に生きる日本人」をテーマとする国際理解教育が展開された段階である。3つ目は，1990年代から現在までで，グローバル化の過程において，日本人としての自覚的な意識を育成し，同時に貧困の格差や地球環境といったグローバルな問題に関心を持つとともに，外国語教育と総合的な実践活動の強化を通じて，学生のコミュニケーション能力と問題解決能力を高めることが重視された段階である。

　1970年代から90年代にかけて長く音沙汰のなかったユネスコ・スクールが，2000年以降日本で再び回復し，発展してきている。2008年11月までに，日本全国にユネスコ・スクールは61カ所あり，そこには幼稚園，小学校，中学校と高等学校や教員養成を行う教育大学が含まれている。その広さと深さにおいて，今日ユネスコ・スクールの国際理解教育も大きく進歩している。

(3) 日本における国際理解教育の重要な意義の認識

　「第二次大戦」後，経済，社会の復興と再建，特に高度経済成長に伴って，日本は国際理解教育を強化する重要性を徐々に認識するようになった。中央教育審議会はかつてその諮問の中で以下のように指摘した。すなわち，日本が近代化を推進してきた過程において，欧米諸国の知識・技術を吸収することに急であって，他国との間の相互理解を深める努力に欠けるところがあった。地理的原因により，異なる文化との日常的接触が困難であったこともあ

るが，往々にして，国民が国際理解や国際協調の精神を欠いていることにより，独善的で閉鎖的な行動様式を生み，他国の日本に対する誤解と不信を招いた，とされている。また次のようにも指摘された。政府間の政治的及び経済的取決めにもとづく平和は永続するものではなく，真の平和は，人類の知的精神的連帯の上に築かれるものであり，従来日本の国際交流諸活動がしばしば政治・経済の交流を中心として展開されてきたことを，深く反省しなければならない[5]。

こうした認識にもとづき，中央教育審議会は次のことを提言した。それは，国際社会に生きる日本人の育成を目標とし，国際理解教育を推進し，外国語教育を改善し，大学の国際化を促進すること，国際理解教育については，小・中・高等学校における国際理解教育の振興のために教育の内容や方法を改善し，国際理解のための実践的活動を拡大すること，社会教育を通じて青少年と成人勤労者が国際理解を深め，国際協調の精神を涵養すること，小・中・高等学校の教員及び社会教育・文化活動の指導者の国際性を養成するために，教員の海外派遣を拡充すること，日本企業の海外勤務者の子女の教育を充実させ改善すること，また外国語教育については，中学校・高等学校と大学における外国語教育を充実させ，生徒の外国語によるコミュニケーション能力を養成し，優秀な外国人を採用して外国語教員とし，国内の外国語教員を語学研修のために海外留学に派遣して指導力を向上させることであった。このほか，大学の国際化を推進し，国際理解を深める地域研究や比較研究等をいっそう推進し，留学生の受入れ及び派遣を積極的に支援し，奨励することも提言していた[6]。

1980年代半ばの臨時教育審議会答申では，教育の国際化と国際理解教育が大きく論じられた。第2次答申は，「次世代の日本人にはこれまで以上に深く，広い国際社会に関する認識，すなわち，世界各国の文化，歴史，政治，経済等に関する認識を要求されるであろうし，異文化と十分に意思の疎通ができる語学力，表現力，国際的礼節，異文化理解能力等が求められることになるであろう」としている[7]。第3次答申では，国際化された教育体系を推進する具体的な提案として，「①他国の文化の承認，国際的に開かれた学校の建設，②しっかりした留学生対策の実施，国境を越える人材の育成，③国

Ⅷ. 国際理解教育

際交流を助ける言語教育の強化,国際通用語としての英語および日本語の教育の改革,④主体性の確立と相対化—生涯学習の課題」が示された[8]。そして第4次答申では,教育は必ず「国際化に対応した教育の在り方を絶えず反すうしつつ,日常的な実践を積み重ねなければならない。……国や地方の関係機関は,これらを可能ならしめ,かつ,助長するよう,自ら率先して新機軸を打ち出す必要がある。また,国際理解のための教育の教材センター的な機能の強化,それぞれの場における具体的な国際化の試みに関する情報の交換・普及を促進する」と指摘された[9]。

臨時教育審議会が提示した上述の教育の国際化という原則は,教育の個性化原則及び生涯学習の原則と並ぶ,教育改革の3つの基本原則の1つであり,このことからも教育の国際化がとても重視されていることがわかる。それは一面において,各国の経済,文化交流が日に日に増加し,相互に浸透することに伴って,世界的な教育の潮流が経済交流に偏重していた従来の日本に非常に大きな衝撃と影響を与えたこと,日本が自らと他国との関係を顧みて,単純な経済的利益のための交流から,国と国の間,人と人の間の,思想意識,価値観,教育文化といった面での付き合い,交流と疎通により多くの関心を注ぐように移ってきたことを反映している。別の角度からみると,日本が経済の高度成長に専心努力し,世界の経済大国になった後,教育の国際化を通じて,教育文化についての対外交流,国際間の相互理解といったソフトパワーの不足を補うことを試みたこと,先進国としての役割を発揮し,政治大国という地位を追求するために,一筋の有効な道を探し出したことも反映している。

1996年,中央教育審議会の答申「21世紀を展望した我が国の教育の在り方について」では,国際理解,教育の国際化について次のように述べられた。すなわち,①広い視野を持ち,異文化を尊重してこれを理解し,異なる文化を持った人びととともに生きていく能力を養成し,②国際理解がより可能となるよう,まずもって日本人として,また,個人としての自己を確立しなければならず,③国際社会において,相手の立場を尊重しつつ,自分の考えや意思を表現できるようにする必要から,外国語能力の基礎や表現力等のコミュニケーション能力を養成しなければならないとされた。こうした内容

は，日本の国際理解教育の目標を明確に表現している。それはすなわち，異なる文化を理解し，日本人としてのアイデンティティを確立し，国際交流と表現ができる言語能力を養成することであり，国際理解教育の目的は青少年をこうした資質を備えた「世界公民」にすることである。

21世紀に入って以降，日本は国際理解教育をさらに重視している。中央教育審議会が2003年に発表した「新しい時代にふさわしい教育基本法と教育振興基本計画の在り方について」と題する答申では，21世紀における日本の教育の目標方針の1つが「日本の伝統・文化を基盤として国際社会を生きる教養ある日本人の育成」であると指摘された。この答申は，日本人としての自覚意識，郷土や国家に対する愛着や誇り，自国と他国の違いの理解，文化の多様性を尊重する態度といった基本的な資質の養成を強調している。これらの内容は，21世紀における日本の教育の基本理念として，ここ数年の「教育基本法」の改正や「教育振興基本計画」の制定の中で貫徹され，体現されている。

教育界のみならず，日本社会の各界，特に経済界の人びともまた，国際理解教育を通じて，グローバル化の要求に適応できる国際型人材を育成することを希望している。2000年，社団法人経済団体連合会は「グローバル化時代の人材育成について」という報告で次のように指摘した。すなわち，哲学を含む幅広い知識・教養を有するリーダー型人材を育成し，産学官の人材交流を通じて，こうした人材の能力をさらに高めることが必要であるということである。こうしたリーダー型人材とは，「①時代の変化を先取りして，将来ビジョンを示すことのできる人材。社会の変革を実現し世界をリードできる独創的な人材，②さまざまな意見をまとめて人材を糾合し，物事を確実に成し遂げる人材，③国際場裡にあって各国のリーダーと対等に渡り合える人材，④新しいビジネスを創造し，実行する起業家精神旺盛な人材，⑤各分野における高度な専門知識，最先端の知識を持った人材」である[10]。2004年，経済団体連合会が発表した「21世紀を生き抜く次世代育成のための提言—『多様性』『競争』『評価』を基本にさらなる改革の推進を—」と題する報告では，教育を通じて世界に通用するリーダー型人材を育成し，それによってグローバル化時代の国際競争において日本がトップの地位を保ち，他国に負け

ない位置にいることを期待している。ここからみてとれるように，日本はとても強い国際競争意識を有するとともに，教育を，国家競争力を高める重要な手段と考えている。ここからはまた，日本の国際理解教育には別の面の意味も含まれ，それはただ理解，意思疎通と協力のためだけではなく，同時に国際競争に参加しそれに勝つためのものでもあるということがわかる。

2. 学習指導要領からみる日本の小・中・高等学校における国際理解教育

　日本は国際理解教育を重視し，小・中・高等学校において広く展開しているが，一部の高等学校を除いて，「国際理解教育」という独立した科目は存在せず，国際理解に関する教育はそれぞれの教科，例えば国語，社会，外国語，道徳，特別活動，そして2002年から設置されるようになった「総合的な学習の時間」などの中に含み込まれている。これらの教科と活動科目は異なる角度から，他国の歴史文化，地理経済，社会政治，言語文学といった面の知識の学習をカバーしており，このことは学生が他国の文化を全面的に知り，理解するのにとても重要である。特に社会科の教育内容は直接他国の政治経済と歴史文化に触れることから，国際理解教育におけるその役割はとても重要である。活動科目である「総合的な学習の時間」は，総合的で教科の枠を越えた角度から，児童生徒の国際的な視野を養成するとともに，各種の交流活動と問題探究学習を通じて児童生徒の国際交流と協力についての態度と能力を養成することを重視しているので，この科目は国際理解教育において非常に特別な役割を果たしている。外国語科の言語学習は国際理解教育の中できわめて重要な基礎的役割を果たしており，言語は文化を内に含むとともに，文化を構成する重要な要素でもあるため，外国語学習はそれ自身が他の文化についての学習となる。日本の学習指導要領の関連規定の中から，その国際理解教育における位置づけと要求を見出すことができる。

(1) 小・中・高等学校の社会科における国際理解教育

　小・中・高等学校の学習指導要領は国際理解教育を社会科教育の重要な内

容としており，2008年改訂の学習指導要領は，一面では自国の「国土と歴史に対する理解と愛情」の養成を強調し，別の面では「国際社会に生きる平和で民主的な国家・社会の形成者として必要な公民的資質の基礎」を養うことを強調しており，これもまさに国際理解教育の目標である。

小学校社会科において国際理解教育と直接関連する内容が登場するのは6年生であり，学習指導要領では，地図と資料を利用して調査活動を展開し，外国の人びととともに生きていくために，異なる文化や習慣を理解し合うことを特に重視し，世界平和の大切さとわが国の世界における重要な役割について考えるようにすると規定されている。中学校社会科は地理，歴史と公民に分かれており，それぞれの領域において異なる角度から国際理解教育に触れている。例えば，歴史領域では各国の歴史文化の発展と国家間関係の歴史的発展などの問題に大きな関心を払っており，公民領域では現在の社会や政治の問題，それから核の脅威，エネルギーと環境，貧困問題といった世界平和や人類の発展に関わる重大な課題に大きな関心をおいている。このほか，児童生徒が国際連合などの国際組織・機構の重要な役割を理解するとともに，日本の国際社会における役割について考えることも求めている。

(2) 小・中・高等学校の「総合的な学習の時間」における国際理解教育

2002年から，日本の小・中・高等学校には「総合的な学習の時間」が開設され，小学校では3～6年生，中学校では1～3年生に開設されている。この総合的学習科目の開設は，国際理解教育を広範に実施する機会を提供した。1998年の「小学校学習指導要領」は「総合的な学習の時間」の学習内容について次のように示した。すなわち，「国際理解，情報，環境，福祉・健康などの横断的・総合的な課題，児童の興味・関心にもとづく課題，地域や学校の特色に応じた課題などについて，学校の実態に応じた学習活動を行うものとする」とされていた。中学校と高等学校の学習指導要領にも同様の内容が書かれている。これは指導的な意見であり，必ず従わなければならない規定ではないが，ここに示されている国際理解教育はすでに小・中・高等学校の「総合的な学習の時間」における主要な内容の1つとなっている。この総合的学習科目が求める，自主的に問題を発見し，自主的に学習し，自主

的に考え，自主的に判断し，それによって問題をよりよく解決する資質能力，及び良好な学習と思考の方法を身につけ，積極的，創造的に問題を解決する態度を養成するといった目標は，まさに国際理解教育が期待する養成目標でもある。

　1998年の「小学校学習指導要領」によれば，外国語活動は「総合的な学習の時間」における国際理解教育の主要な内容であった。しかし，2008年の「小学校学習指導要領」では，小学校5年生，6年生に「外国語活動」が単独で設置されて，外国語学習の主な場が「総合的な学習の時間」から「外国語活動」へと移り，「総合的な学習の時間」における国際理解教育については，学習指導要領の中で新たな内容の要求，すなわち，問題解決型と探究型の学習活動を展開し，外国の生活習慣と文化を調査・体験し，総合的な学習を通じて他国の理解を深めるという目的が示された。

　2008年の「中学校学習指導要領」では，中学校の「総合的な学習の時間」の活動内容についての具体的な要求はないが，小学校の「総合的な学習の時間」で展開されている活動内容を基礎とし，各教科と道徳，特別活動などの科目の目標と内容に依拠して，各教科の内容を融合させた，総合的な学習活動を展開することが求められていることから，国際理解教育は依然として中学校の「総合的な学習の時間」における主要な内容の1つとなっている。中学校の社会，国語，外国語，道徳といった教科でもまた，国際理解と直接関連する教育目標と内容が明確に示されている。

(3) 小学校の外国語活動と中学校外国語教育における国際理解教育

　日本は19世紀半ばの明治維新から，西洋の近現代文明を積極的に採り入れ，学習するようになり，明治初期には英語を主とした外国語教育が展開されたが，当時の外国語教育は少数エリートの教育に限られていた。多くの名士や志士が次々と英語塾を開いており，例えば福沢諭吉が開いた蘭学塾（慶應義塾大学の前身），西周が開いた育英舎，中村敬宇が開いた同人社など，いずれも英語教育を展開し，翻訳交流ができる多くの外国語人材を育成した。東京大学の前身の開成学校も1869年から英米人の教員を招聘して英語を教授している。1881年に文部省が公布した「中学教則大綱」では，中学校で

外国語を毎週6時限教授することが規定されていた。1884年の「小学教則大綱」改訂版は，小学校で「初級英語」を教授できること，その場合，読解，会話，書写，作文を主とすることを規定した。戦前の日本の小・中学校における英語は選択科目であった。

「第二次大戦」後，日本は6-3-3-4制を採用し，義務教育は戦前の6年間から9年間に延長された。文部省が1947年に公布した「学習指導要領（試案）」では，英語は義務教育の中学校段階及び高等学校段階の選択科目に挙げられていた。このときの学習指導要領は，「英語については，これを非常に必要とする地方もあるであろうが，またいなかの生徒などで，英語を学ぶことを望まない者もあるかもしれない。それで，英語は選択科目となったのである」と述べていた。ここから，「第二次大戦」後初期の日本が課程案を制定したとき，一面では中央政府が地方の選択権を尊重していたこと，別の面では戦後の内部再建に精力を集中していたため，国際交流，国際理解及び交流の道具としての外国語の教育が十分には重視されていなかったことがわかる。長い間，日本は中学校から英語を主とした外国語科目を設置するとともに，それを選択科目としていた。

しかし，20世紀後半，国際舞台においてさらに大きな役割を果たそうとする日本の政治的大望がふくらむにつれて，国際交流の基礎的道具としての外国語教育に対する要求も日増しに高まった。1980年代の臨時教育審議会は，外国語教育を改善し，児童生徒の多方面にわたる外国語能力を育成することによって，国際化の需要に適応させることの重要性を強調した。1996年中央教育審議会は答申「21世紀を展望した我が国の教育の在り方について」において，外国語教育を小学校における国際理解教育の一環とし，「総合的な学習の時間」と特別活動などの時間を利用して，子どもを外国語に接触させ，外国の生活と文化を理解させるよう提案した。

中央教育審議会の提言のもと，1998年の学習指導要領では，小・中・高等学校に「総合的な学習の時間」という総合的学習科目が設置されるとともに，「国際理解に関する学習の一環としての外国語会話等を行うときは，学校の実態等に応じ，児童が外国語に触れたり，外国の生活や文化などに慣れ親しんだりすること」が求められた。これ以降，日本各地の小学校では英語

VIII. 国際理解教育

　を主とした外国語教育が広く展開された。1998年の「中学校学習指導要領」はまた，中学校の外国語科をそれまでの選択教科から必修教科に改めたが，このことは，外国語教育をこれまでよりも重視するようになったことを反映している。

　2003年，文部科学省は「『英語が使える日本人』の育成のための行動計画」を制定し，5年の時間をかけて，2008年に「英語が使える日本人」を育成する体制を確立するとともに，小学校における外国語学習活動を展開することや，外国人青年を招聘し，ALT（外国語指導助手）とすることなどを含む具体的なプランを策定することを求めた。文部科学省が2005年度に実施した「小学校英語活動実施状況調査」によれば，約80％の公立小学校が「総合的な学習の時間」において英語活動を展開しており，特別活動などの時間を含めると，あわせて93.6％の小学校で英語活動が展開されていた。小学校6年生で英語活動を実施している学校のうち，97.1％の学校が「歌やゲームなど英語に親しむ活動」，94.8％の学校が「簡単な英会話の練習」，73％の学校が「英語の発音の練習」を実施しており，小学6年生で英語活動に使われる授業実施時数は年間平均13.7時間であった[11]。小学校で広く英語活動が展開される状況にもとづき，政府は機が熟したと考え，2008年改訂の学習指導要領において，外国語教育を小学校まで引き下げ，小学5年生，6年生に正式に外国語活動の時間を開設したが，この新しい変化もまた日本が国際化の時代のニーズに適応し，外国語教育を不断に強化する政策を反映している。

　日本が統一的に外国語活動の時間を設置しているのにはもう1つの意図がある。それは，すでに展開されている小学校英語学習活動に対して統一的な要求を提示し，各地の学校の水準にばらつきがあり，教育機会の均等を保障し難いという弊害を克服し，同時に中学校の英語教育との有効な接続を実現するということである。小学校の外国語活動には外国語教材についての規定はなく，国際交流などの体験活動を通じて科目の目標に到達することが強調されているが，学習指導要領は外国語活動の内容についてかなり具体的な提示を行っている。例えば，外国語を用いてよく行われるコミュニケーションとして，あいさつ，自己紹介，買い物，食事，道案内や，家庭での生活の紹介，学校での学習や活動の紹介，地域の行事や子どもの遊びなどが挙げられ

ている。子どもたちが正しい外国語に触れられるようにして，外国語活動の効果を保証するため，学習指導要領は，学校が招聘した外国人や外国語に堪能な地域の人びととの協力によって授業を行うなどの方法を通じて，指導を充実させるよう求めている。

　中学校における外国語教育は正規の，系統的な言語学習である。教科の目標は，小学校外国語活動と同様，言語や文化に対する体験的理解を深め，積極的にコミュニケーションを図ろうとする態度を養成することに加えて，聞くこと，話すこと，読むこと，書くことなどのコミュニケーション能力の基礎を養成することも求めている。外国語の教材は生徒の成長発達段階及び興味・関心に即して，世界各国の人びと及び日本人の日常生活，風俗習慣，物語，地理歴史，伝統文化や自然科学などを含む，適切な題材を選択することが求められる。指導にあたっては，生徒が多様なものの見方や考え方を理解し，公正な判断力を養い豊かな心情を育てること，世界や日本の生活や文化についての理解を深めるとともに，言語や文化に対する関心を高め，これらを尊重する態度を育てること，広い視野から国際理解を深め，国際社会に生きる日本人としての自覚を高めるとともに，国際協調の精神を養うことを求めている。

3．学校を主体とした日本における国際理解教育の実践

　学習指導要領の要求に照らして，日本の小・中・高等学校では社会科などの教科の中に国際理解教育が広く浸透しており，知識学習の角度から児童生徒が外国の社会と文化を知り理解するようにしている。2002年に開設された「総合的な学習の時間」という活動科目では，総合的な学習実践活動の展開を通じて，児童生徒の他国に対する感性的，理性的な全面的認識・理解を養成している。

　新潟県上越市は小・中学校における国際理解教育を非常に重視しており，教育委員会が指導にあたるとともに，専用ウェブサイトを開設して国際理解教育を展開する各校の経験を紹介し，情報交換している。そのウェブサイトに2008年3月に掲載された板倉中学校の実践記録をみると，この中学校の

Ⅷ. 国際理解教育

　国際理解教育は外国語，社会，技術・家庭といった各教科を貫いて実施されている[12]。例えば，中学1年生の英語科では英語で時刻を表現する方法を教えるとき，生徒に意図的に世界各地の時差を紹介し，世界の広さと時間の違いを理解させ，またカナダの学校を例に，生徒にカナダの中学生の登校日や登校時間，授業時間の長さや学校生活などを理解させている。外国語科の学習を通じて，生徒は英語で時刻を表現する方法を身につけると同時に，時間に関する知識や外国の中学生の学習・生活の状況を理解して，学習指導要領が求める，基本的な言語技能を身につけ，視野を拡げ，外国の文化を知り理解するという目標に到達するのである。また，中学1年生の技術・家庭科では，生徒に自分の消費行動と環境問題のつながりを考えさせ，同時に日本の「シャプラニール」（市民による海外協力の会）が南アジアの貧困国や地域を援助するために展開している「ステナイ運動」と連携して，使わなくなった物，不用になった物を集めて貧しい人びとを支援し，それによって生徒は廃棄物のリサイクル・リユースが環境保護や貧困に苦しむ人びとへの支援において果たす役割を理解するとともに，身近なところからどのように始めるのかを知ることができる。さらに，同校1年生の社会科の歴史の授業は，関連の史料と結びつけて生徒に，キリスト教と鉄砲がどのように日本に伝わり，国内で広く伝わったのか，こうした伝来が日本の近代にどのような影響を生んだのかを理解させ，また宣教師の書簡を読むことを通じて，当時の外国人がみた日本と日本人を理解させ，歴史的な角度から日本と外国の関係及びその変化を学習してわからせるようにしている。

　日本の小・中・高等学校における国際理解教育において，ユネスコ・スクールはかなり活発で特色豊かな活動を展開している。東京学芸大学附属大泉小学校を例にすると，この学校は1969年という早い時期から，4年生以上の海外帰国子女のための特別学級を設置するとともに，70年代にはユネスコ・スクールの認定を受け，帰国子女教育と国際理解教育という特色と伝統を作り上げている[13]。2007年から2008年には，1年生の児童と東京韓国学校初等部の1年生児童が2度の文化交流活動を実施した。その内容は，お互いの学校の参観，韓国の民族衣装の実演，日本の伝統的な遊びの紹介，異なる飲食文化を体験する会食などであった。これらの活動を通じて，1年生

第 17 章　コミュニケーション能力と国際理解教育を中心に

の子どもは民族と言語が異なるという障壁を乗り越えて，積極的に交わり，多様な文化経験を多く持つことになっている。同年度，中高学年（3～6 年生）の国際学級と海外帰国子女学級の児童は一般学級の児童とともに，「総合的な学習の時間」を利用して交流活動を展開した。その内容は，帰国児童がコンピュータや，模型，実物などを使って滞在国の文化，学校の状況を含む海外の状況を紹介したり，滞在国の言語を使い店員や客，教員や児童に扮して外国の生活や学習の場面を演じたりすることであった。これらの活動を通じて，一般学級の児童は異なる言語や文化に接することで視野が広がり，海外帰国子女学級の児童は自らの海外体験が貴重なものであると認識し，自信を深めることができる。このほか，国際学級と海外帰国子女学級の外国籍児童と日本人児童がともに日本の茶道を体験し，茶道の先生から茶道の礼儀を学ぶとともに，外国の接客マナーと比較して，異なる文化習慣についての理解を深めてもいる。

　埼玉県越谷市の富士中学校はユネスコ・スクールとして，ロシア，アゼルバイジャン，スリランカといった国の学校と交流活動を展開している。この学校は 2006 年に，文部科学省の紹介でロシア連邦サラトフ州のフィジコ・テヒニチェスキー・リツェイ NO1（サラトフ州第一物理工学学校）との交流を始めた。その内容は，インターネットや手紙といった交流方式を通じてサラトフ州と越谷市の野生動物を比較し，双方に共通して絶滅の危機にある動物を調査したり，学校の給食，家庭料理，それから国民の収入や物価を比べたりすることなどであった。これらの比較研究と学習を通じて，生徒が異なる生活と文化及び絶滅の危機にある野生動物の保護という共通の課題を理解するとともに，認識を深めている[14]。

4．日本の小・中・高等学校における国際理解教育の経験と示唆

（1）日本の経験と課題

　日本の小・中・高等学校における国際理解教育の考察を通じて，いくらかの経験と特徴を総括することができる。
　第 1 に，日本の国際理解教育はまず，ユネスコ憲章の精神の指導のもと，

Ⅷ. 国際理解教育

ユネスコの提唱のもとで展開してきたのであり,そのためある程度受動的なものだった。しかし1970年代以降,経済の高度成長に伴って国の実力が大きく増し,日本は国際舞台において経済的実力に相当する政治的地位を追求する必要から,政府が主導して意図的に,国際理解教育の強化を通じて,国際社会で活躍できる日本人を育成しようとした。これこそが,1970年代以降中央教育審議会と臨時教育審議会が相次いで答申の中で国際化と国際理解教育の重要性を強調する主要な背景と原因だった。つまり,日本の学校の国際理解教育はかなりの程度国の意思を体現しているといえる。もちろんもう1つの要因があり,それは国際化,グローバル化の進展によって,日本が世界を理解し,他国を理解し,自己を理解することにいっそう関心を持ち,それによって新しい国際情勢のもとで自らの位置づけと発展の方向性を探り出して,国際競争に勝つということである。

第2に,日本の国際理解教育は主に学校教育,社会教育,世論メディアなどのルートを通じて広く喧伝され,特に正規の学校教育において国際理解教育を広め展開することが重視された。学校における国際理解教育は各教科とすべての教育活動の中に含み込まれ,中でも社会科,外国語科及び「総合的な学習の時間」といった科目ではかなり多く,またかなり直接的に国際理解教育が展開されている。小・中・高等学校の学習指導要領は多くの教科について国際理解教育の実施についての役割と目標を明確にしており,このことは政府が国際理解教育を高度に重視していることを表すと同時に,国のカリキュラムにもとづいた形で各地の学校教育において国際理解教育を広範に展開させることを促進している。

第3に,21世紀に入って以降,経済のグローバル化が絶え間なく進展し,国際社会がますます多くの共通課題に直面するのに伴って,日本は国際理解,国際協力,そして日本が国際社会の中でどのような役割を果たすかについてますます重視するようになった。教育においては,このことは日本政府がとっている一連の政策措置に十分に表れている。例えばそれは,「総合的な学習の時間」といった総合的学習科目と教科教育の中での国際理解教育の強化,小・中・高等学校で参考に供するための国際理解教育事例集の編纂,「『英語が使える日本人』の育成のための行動計画」の制定,英語教育の強

化，児童生徒の英語能力の普遍的な向上，ユネスコ・スクールにおける活動の展開の促進，他の学校の手本となる国際理解教育を特色とした学校の整備などである。

　日本の教育界の人びとが指摘するように，日本の国際理解教育にもさまざまな問題が存在する。例えば，小・中・高等学校において，大多数の学校は社会科などの教科及び「総合的な学習の時間」などの総合的学習科目に国際理解教育を融合させているが，国際理解教育の重要な意義に対する認識の程度，措置上の重視の程度は，学校によって状況が全部同じというわけではなく，違いが存在している。また，国際理解教育は単純化されて，外国人とのつきあいや交流活動と同義になりやすく，特に多くの小・中・高等学校では往々にして外国籍教員を招いて英語を教える言語学習活動に変わっており，児童生徒の国際理解の認識を深めたり，国際交流・協力に積極的に参加する態度や能力を養成したりする上で，研究，模索，実践の待たれる課題がまだ少なからずある。

(2) 中国と日本の比較

　21世紀に入って以降，中国の状況には巨大で深刻な変化がますます生じている。WTO加盟以降，中国は世界システムへの開放と融合を継続的に拡大し，経済，社会，文化といった各方面での対外交流は日増しに頻繁となっていることから，国際的な知識とコミュニケーション能力を有する新しいタイプの国際的人材を大量に育成する必要が生じており，このことが教育に対して新たな要求を示している。同時に，教育改革の深まりに伴い，国際意識と協力精神の養成が素質教育の重要な内容の1つとなった。こうした背景のもと，国際理解，交流，協力は教育改革においてますます欠くことのできない，非常に重要なテーマとなってきた。この新しい状況の変化に対応するため，中国は21世紀初頭の課程改革において国際理解教育をとても重視し，それを1つの課程理念として教育の中で貫徹している。例えば国の課程標準において国際理解教育の観点と理念が具体的に示されている。

　まず基礎教育段階（小学，初級中学，高級中学）の「英語課程標準」においてそれが際だって示されている。「英語課程標準」は生徒の総合的な言語運

Ⅷ. 国際理解教育

図 17-1　英語の授業風景（北京師範大学実験小学）（南部広孝撮影）

用能力と，言語スキル，言語知識，情感態度，学習策略と文化意識という5つの面について，9つの段階に分けて目標が示されており，その中で他国の文化の理解と尊重が強調され，「英語国家の文化に接してそれを理解することが英語の理解と使用に有益であり，自国文化に対する理解と認識を深めることに有益であり，世界意識を養成するのに有益である」と指摘されている。これについて，「英語課程標準」は，「教育の中で，教員は生徒の年齢的な特徴と認知能力にもとづき，文化知識の内容と範囲を徐々に拡大しなければならない。最初の段階では生徒に英語国家の文化及び中国と外国の文化の違いについて大まかに理解させるべきであり，……英語学習が進んできた段階では，生徒が接触する異国の文化の範囲を拡大することを通じて，生徒が視野を広げるのを助け，彼らが中国や外国の文化の違いについて敏感になりそれを識別できるように能力を高め，さらに異文化コミュニケーション能力を向上させるようにしなければならない」としている。

　英語以外の関係教科の課程標準でも相応の要求が示されている。例えば，小学中高学年で開設される「品徳と社会」の課程目標では，一方では「祖国を愛し，祖国の歴史，文化伝統を大事にする」ことが求められ，同時に「異なる国家と人民の文化的差異を尊重し，開放的な国際意識を基本的に身に付

第 17 章 コミュニケーション能力と国際理解教育を中心に

ける」ことが求められている。また，中学校の「歴史と社会」の課程目標は，「人類社会の歴史発展の多様性を理解し，世界各国，各地域，各民族の文化伝統を理解し，尊重し，人類が創造した優れた文明の成果を学習してくみ取り，世界に目を向け，未来に目を向けた国際意識を徐々に形成する」ことを求めている。

　中国の基礎教育段階の国際理解教育は主に，外国語，語文，歴史といった教科の中で進められており，国際意識の養成と充実を重視している。一部の地域や学校は国際理解をテーマにした教育活動を展開しているが，それは主として発展した大都市に集中している。例えば北京や上海のいくつかの学校では，国際理解を教育の特色としたテーマ活動が展開されており，外国大使館，海外の学校と豊かで多彩な交流を展開して，学校の授業，文化交流と人びとの往来を通じて，児童生徒の国際意識と国際交流の態度と能力を養成している。北京教育学院は国際理解教育についての課題グループを設立し，学校と共同でこうした面に関する教育実験研究を展開している。北京市，上海市，遼寧省などの教育行政部門と学校は国際理解教育に関する教材を組織的に編纂している。多くの教育理論と実践に関する者が教科教育の中にどのように国際理解教育を含み込ませるかについて研究を進め，成果を発表している。高等教育段階では，高等教育機関の対外学術交流，留学生の派遣・受入，それから中国と外国の共同による大学運営が拡大するのに伴い，国際理解教育は多くの高等教育機関で教室やキャンパスの隅々にまで浸透しているといえる。

　中国と日本を比較してみると，両国とも国際理解教育を十分に重視するとともに，その理念を学校教育の中で一貫して体現している。両国の共通点としては，国がグローバル化時代の国際競争が日増しに激しくなる状況の必要に適応するために，国際的な人材の育成における国際理解教育の重要な役割を非常に重視し，国の戦略計画や，国の課程標準などの形式を通じて国際理解教育の展開を積極的に推進していること，国際理解教育が外国語，国語，社会といった教科の中に浸透し，児童生徒が異国の文化，異民族の文化についての認識と理解を形成し，外国語，交渉マナーといったコミュニケーション能力を育成することに特に力を入れていることがある。相違点としては，

Ⅷ. 国際理解教育

　日本の国際理解教育の開始はかなり早く，1950年代にはユネスコ・スクールでの国際理解教育が展開されており，それ以降半世紀の発展過程を経て，かなり豊富な経験を蓄積してきた。日本はまた，21世紀に「『英語が使える日本人』の育成のための行動計画」，「留学生30万人受入計画」などの制定を通じて，教育の国際化のプロセスをさらに進めており，国際理解教育もこれにしたがってさらに力強いものになっている。相違点は中国側からすると，1つには国際理解教育の開始が遅く，いまだ模索の段階にあること，もう1つには国際理解教育にかなり大きな地域差があり，経済社会，教育文化の発展水準が高い都市，特に大都市は国際理解教育をかなり重視して広く展開しているが，その他の地域はこの面でとても遅れていることとなる。

　現在，グローバル化の進展により各国の経済交流は密接になり，また国家間の競争も激化している。各国は自己を知り他者を知ることで競争に勝とうとし，このことが今日の国際理解教育に国家功利の色彩を帯びさせている。別の面では，地球全体の生態環境が直面するさまざまな危機によって，人類は持続的に発展するために共通の課題と挑戦に立ち向かわなければならず，そのために人類が意思疎通し，理解し，許容し，団結し，協力する必要が生じている。現代の私たちはこうした矛盾の中で生活しており，人類が平和に持続的に発展しようとするなら，必ず対話を通じて進む方向を探し求めなければならず，国際理解教育は，人類が未来の共同の発展をめざす過程の中であるべき役割を果たさなければならない。そのために，私たちがさらに研究し，検討すべき課題はまだ多いのである。

（楠山研　訳）

注

1)　外務省「開発教育・国際理解ハンドブック」，http://www.mofa.go.jp/mofaj/gaiko/oda/edu/kyouzai/handbook/html/h10400.html。
2)　UNESCO, *UNESCO Associated School Project Network (ASPnet): Historical Review 1953-2003.*, http://unesdoc.unesco.org/images/0013/001305/130509e.pdf。
3)　太田満「20世紀90年代以来日本教育国際化的動向―以国際理解教育為中心―」『外国教育研究』2002年第8期，2002年，8頁。
4)　姜英敏「国際理解教育的発展及其問題」『中国教育報』2007年5月5日。

第 17 章　コミュニケーション能力と国際理解教育を中心に

5)　中央教育審議会「教育・学術・文化における国際交流について」，http://www.mext.go.jp/b_menu/shingi/12/chuuou/toushin/740501.htm。
6)　同上。
7)　瞿葆奎・鍾啓泉『教育学文集：日本教育改革』人民教育出版社，1991 年，458 頁。
8)　同上書，591-595 頁。
9)　同上書，644 頁。
10)（社）経済団体連合会「グローバル化時代の人材育成について」(2000 年 3 月 28 日)，http://www.keidanren.or.jp/japanese/policy/2000/013/honbun.html。
11)　中央教育審議会初等中等教育分科会外国語専門部会「小学校における英語教育について（外国語専門部会における審議の状況）」(2006 年 3 月 31 日)，http://www.mext.go.jp/b_menu/shingi/chukyo/chukyo3/004/siryo/06040519/002.htm。
12)　上越市教育委員会学校教育課「板倉区を中心とした国際教育　実践内容（平成 19 年度）」，http://www.e-tsunagari.jp/kokusai/plan/itakura3.php。
13)　東京学芸大学附属大泉小学校「平成 19 年度ユネスコ・スクール活動報告書」，http://www.mext.go.jp/unesco/004/005/006/012.htm。
14)　埼玉県越谷市立富士中学校「平成 18 年度ユネスコ協同学校活動報告書」，http://www.mext.go.jp/unesco/004/005/005/005.htm。

第 18 章

日本における国際理解教育と英語教育の関係
―― 小学校外国語活動を手がかりに

楠山　研

ベー　シュウキー

1. 日本の外国語教育と国際理解教育

　本章では，日本における国際理解教育と英語教育の関係について，特に2011年度から始まった小学校外国語活動に焦点を当てて検討する。まずその前に，日本の外国語教育における国際理解教育について，第17章の李氏の整理に付け加える形でその特徴を指摘しておくことにする。

　これまで日本の中学校や高等学校で実施されてきた言語カリキュラムの正式名称は「外国語」であり，英語以外の外国語を扱うことが可能となっている。ただし，原則として英語を扱うこととなっており，ほとんどすべての者が英語を学んでいる。2011（平成23）年度大学入試センター試験の受験者数をみると，外国語（筆記）受験者52万376人のうち51万9538人が英語で受験しており，その割合は99.8％に達する[1]。

　しかし，その英語の授業で何を学ぶかという部分では，国際理解教育という面が意識されており，英語圏に限らない国や地域について積極的に紹介し，理解を深めていこうとする傾向がみられる。中学校の英語の教科書に登場したアフリカのあいさつを覚えている方も多いだろう。こうした傾向は，後で述べる小学校外国語活動にも顕著に表れている。

　もう1つ指摘できるのは，英語以外の言語に触れる機会が増えており，その対象となる言語も多様化しているということである。大学で第2外国語と

いえばドイツ語，フランス語だった時期もあったが，現在では中国語を学ぶ者が非常に多く，韓国語やスペイン語等の履修者も増えている。大学入試センター試験でも，外国語の選択肢は英語，ドイツ語，フランス語のみで続いてきたが，1997年から中国語，2002年から韓国語が加わっており，受験者数では，ドイツ語，フランス語を上回っている[2]。高等学校以下の段階でも，第1外国語に相当するレベルのドイツ語を学ぶことができる獨協中学・高等学校，フランス語を学ぶことができる暁星中学・高等学校といった言語教育に歴史のある学校だけでなく，英語以外の外国語を学ぶことができる学校は少なくない。こうした傾向は，全国に広がりをみせており，例えば構造改革特区に認定された長崎県の対馬高等学校の国際文化交流コースは公立学校で唯一韓国語を専門的に学ぶことができるコースとなっている。同じく長崎県の壱岐高等学校には2010年に「東アジア歴史・中国語コース」ができ，2年生から「中国語専攻」を選択すれば中国語を実用段階まで学ぶことができるようになっている。こうした高等学校を卒業して，直接海外の大学に進学するケースもある[3]。

このように，外国語教育の中心となっているのは間違いなく英語であるが，その英語の授業の中で英語圏以外の国や地域について学ぶことが少なくなく，また英語以外の外国語を高等学校までの段階で学ぶ者が増えてきており，大学生を含んでその視線はアジア諸国にも向いているということができる。

2. 日中の小学校の英語教育における国際理解の対象

現在，世界の多くの国・地域で初等教育の段階から外国語教育が実施されており，東アジアにおいては，各国・地域において英語教育が行われている。そうした国・地域の英語教育では，これまで中等教育段階で実施していた英語教育の内容を前倒しし，児童に適した方法で教えることをめざしており，その開始年齢はさらに低年齢化する様相をみせている。

日本では，1998年告示の小学校学習指導要領において，「総合的な学習の時間」などにおいて「国際理解に関する学習の一環」としての「英会話活

Ⅷ. 国際理解教育

動」等[4]を行うことができるようになり，全国の小学校で個別に取り組まれてきた。この流れを受けて，2008年に告示された小学校学習指導要領により，2011年度から小学校第5学年，第6学年に「外国語活動」（原則として英語）が導入されている。文部科学省は，小学校の外国語活動においては，外国語の音声や基本的な表現に慣れ親しませることを目標の1つとしている。具体的には，中学校段階の文法等の単なる前倒しを避け，児童の負担に配慮し，文字の指導はアルファベットの大文字及び小文字に触れる段階にとどめ，発音と綴りの関係は取り扱わないとすることなどを提示している[5]。

　この英語を中心とした外国語教育の時間には，当該言語を学習する時間であると同時に，諸外国の文化・習慣を学び，理解するといった国際理解教育を実施する時間という意味づけが，どの国・地域でもほぼ例外なく含まれている。学校における国際理解教育はその他の教科等にも含まれるものであるが，外国語に触れるほぼ唯一の時間である英語の時間が重要な位置にあることは，日本でも他の東アジアの国・地域でも同様といえよう。

　例えば，中国の義務教育段階の「英語課程標準」（日本の「学習指導要領」に相当）には，その前言において，「児童生徒が世界を知り，中国と西洋文化の違いを知ることを助け」といった言及がなされるなど，国際理解が重視されていることがみてとれる。ただし，その「世界」が何を意味しているのかについては，日本と違いがみられる。中国の「英語課程標準」に示された英語の時間に扱う5つの内容のうち，国際理解に関連する「文化意識」の項目をみると，「主な英語国家の首都と国旗を知る」「英語国家の飲食習慣を知る」など，「英語国家」の文化，習慣，政治，社会，宗教等が並べられており，英語の学習を通じて世界の文化を理解し，ここから中国の文化への理解を深めるという流れになっている[6]。つまり，中国では英語を学ぶ際に，主に英語圏の国をターゲットにした国際理解をめざしている[7]。児童に合わせた方法を採用しつつ，中学校段階の英語教育を前倒ししていることを含めて，こうした傾向は中国に限らず，東アジア諸国・地域で共通してみられるものである。

　一方，日本の小学校外国語活動の「学習指導要領」には，「日本と外国との生活，習慣，行事などの違いを知り，多様なものの見方や考え方があるこ

とに気付く」「異なる文化をもつ人々との交流等を体験し，文化等に対する理解を深める」といった内容が掲げられており，小学校外国語活動において，言語やコミュニケーションと並んで，国際理解も重視することが示されている。文部科学省作成の外国語活動用教材『英語ノート』[8]には，例えば，あいさつは英語の他，中国語，韓国語，ロシア語，フランス語，スワヒリ語，ポルトガル語が扱われるなど，教材全般を通して英語圏に限らない世界各国のことが，伝統文化，祝祭日や習慣などの形で掲載されている。小学校での外国語活動必修化の前から全国の多くの小学校で実施されてきた「英会話活動」等では，英語教育と国際理解教育を結びつける活動として，英語力の向上と直接的には無関係な中国語や韓国語などの外国語のあいさつや習慣を教えるという，他の東アジア諸国・地域の英語教育ではあまりみられない活動が頻繁に行われてきた。文部科学省が作成した必修化後の外国語活動の教案にも「英会話活動」等でみられたような活動例が載っている[9]。つまり，「外国語活動」という名の通り，英語圏に限らない国・地域の文化や習慣の学習がリンクされているのが日本の特徴といえよう。

　このように，小学校における英語教育を英語の時間と割り切って，英語圏の国・地域を理解の対象の中心に据え，また中学校からの英語教育の内容を前倒ししているようにみえる中国など他の東アジア各国・地域の英語教育と，日本で実施されている小学校外国語活動には，目的や授業内容に大きな違いがみられる。これはまさにその国・地域の教育目標や理念の違いということになる。

　国際的に共通語として広まっている英語を通じて，英語圏に限らない世界各国・地域の様子を学び，世界の人びとのことを知るという日本の小学校外国語活動の理念は十分理解でき，評価できるものである。しかし，1週間に1時限という限られた時間で，英語に親しみつつ，コミュニケーション能力の素地を養い，同時に国際理解の要素も取り入れていくことは簡単ではない。明確な方針のもと，計画的に実施しなければ，どれも中途半端になる危険がある。

　本章では，日本における国際理解教育と英語教育の関係について，小学校外国語活動をめぐる議論を整理し，学校現場で実践する際に指摘されている

課題をもとに検討する。

3. 日本における小学校外国語活動の導入経緯

　日本では1980年代中頃から，小学校での英語教育が国レベルで検討されてきたが，小学校外国語活動が新設されるまでには約25年の時間を要した。この25年間のうちに，近隣のアジア諸国・地域は次々と小学校での英語教育を開始しており，さらに学習開始時期を早め，学習時間を増加させる方向にある。ひるがえって日本の小学校での英語教育に関する施策は最も慎重な方法で進められてきたといえよう。

　日本が小学校英語をなかなか開始しなかった理由としては，慎重で保守的な風潮に加えて，反対や疑問の声が少なくなかったことがあげられる。1980年代後半に，内閣総理大臣の諮問機関である臨時教育審議会が「外国語教育の見直し」として英語教育の開始時期について検討したことを契機に，小学校英語の開設は社会の各方面で一貫して話題となってきた。小学校英語に賛成する主な意見としては，言語学習の鍵となる時期に関する仮説により，できるだけ早く児童に英語教育を実施した方が，習得が容易で発音が良くなるという主張があった。国際理解教育の観点から，できるだけ早い時期から自己と異なる文化や習慣，思考法を持つ人と共生する態度を育成する必要性を指摘する意見もあった。一方で，小学校英語の開設により国語力の低下問題がいっそう悪化し，英語嫌いの児童を増やし，児童の学習負担と教員の仕事量を大幅に増加させると指摘する意見もあり，どちらかといえばこうした慎重論が優勢な状況が続いてきた[10]。

　ところが21世紀に入り，日本の英語教育は大きく変化してきた。まず2002～2003年実施開始の学習指導要領によって，「外国語」が中学校と高等学校の必修教科となった（それまで形式上は選択教科であった）ほか，「総合的な学習の時間」（小学校は週3時限）が開設され，その主要なテーマの1つである「国際理解」の一環として，小学3年生以上の児童に「英会話活動」等を行うことができることになった。「学習指導要領」には，「英会話活動」等を必ず実施しなければならないという規定はなかったが，文部科学省による

実施調査（2003年開始）では，「英会話活動」等を実施している小学校が年々増加し，2007年時点で97％を超えていた[11]。

こうした流れを受け，文部科学省は2008年3月に「学習指導要領」を改訂し，2011年4月から小学5，6年生に週1時限の「外国語活動」を実施すると規定した。ここで定められたのは，小学1年生からではなく5年生からであり，毎日1時限ではなく1週間に1時限であり，「英語」または「外国語」の時間ではなく「外国語活動」であり，授業内容に遊びや歌，劇を積極的にとりいれ，文法指導やテストをほとんど実施しないものとなった。教科ではなく，道徳や特別活動と同じ教科外のカリキュラムの範疇にあるものとされ，教科書も採用しないことになっている（『英語ノート』は補助教材という位置づけ）。なお，「学習指導要領」には「外国語活動においては，英語を取り扱うことを原則とすること」という記述があり[12]，全国のほとんどの小学校で英語が扱われている。

4. 日本の小学校外国語活動が抱える課題

すでに記したように，日本の小学校外国語活動必修化の前から，英語教育と国際理解教育を結びつける活動が一貫して重視されてきた。しかし，そのことによって小学校における「英会話活動」等の実際の授業では混乱が生じていた。

小学校で「英会話活動」等を実施すると聞けば，それは中学校以降の英語につながるものと想像するのが自然であろう。しかし，日本の小学校の90％以上で必修化前に実施されていた「英会話活動」等は，その多くが「総合的な学習の時間」におけるテーマの1つ，「国際理解」の一環として行われてきた。国際理解の一環とするならば，その教育目標と重点は，言語能力を追求するものとは当然異なってくる。「国際理解」の一環としての「英会話活動」等が何を目的とするのかについては，その解釈をめぐって専門家の間でも意見が分かれていた[13]。

2002年実施の学習指導要領では，「英会話活動」等を実施する場合には，「学校の実態等に応じ，児童が外国語に触れたり，外国の生活や文化などに

慣れ親しんだりするなど小学校段階にふさわしい体験的な学習が行われるようにすること」[14]という文章があるだけで、これを始める時期、教材や教育内容、授業時数などには言及がなかった。よって日本全国約2万の小学校で「学校の実態等に応じ」た英語教育が行われた結果、教員や環境等に影響を受けて、授業の質や量の差はとても大きいものとなっていた。例えば、時間数、授業内容、学習環境、教師の質や教育方法はそれぞれかなり異なっており、英語教育を中心に据えるのか、国際理解教育等の側面を重視するのかについてもさまざまな解釈がなされ、それぞれの学校や教師が戸惑いながら実施してきた。

こうした過程を経て必修化された日本の小学校外国語活動でも、英語能力の向上を重視するべきという考え方と、国際理解やコミュニケーションに関する教育を重視すべきという考え方について、現在も教師や子どもが納得できる明確な区別や方向性が示されているとは言い難い。このことは、実際に小学校で外国語活動を実施する際の混乱につながっている。ここでは、小学校外国語活動必修化の後も依然として課題でありつづけている問題の中から、教師、教材をめぐる問題に絞って、国際理解教育と英語教育の関係を中心に検討する。

(1) 教師

「学習指導要領」等によれば、小学校外国語活動を担当するのは学級担任のほか、英語担当教員、ALT（外国語指導助手、Assistant Language Teacher）、英語に堪能な民間人や中学校英語教員などを加えたティームティーチングが想定されており、各学校は自校の実態に応じて決定することになる[15]。実際には、それまでの経験を踏まえて、学級担任が中心となり、ALTがそれを補佐するという形が多くなると考えられる。学級担任はそれぞれの児童の状況をよく把握しており、これにALTの英語力を加えられるので、理想的な組み合わせということができるが、実際には多くの問題が存在する。

まず、学級担任の英語力の問題がある。これは教員の実際の英語力というよりも、本人の自信のなさという部分が大きい。これについて、例えば台湾では、小学校は日本と同様に学級担任がほぼすべての教科を担当する体制で

ありながら，英語教育は学級担任に任せるのをあきらめ，小学校の英語専科教員を急いで養成し，各学校に配置した。また日本と同様に，原則として学級担任に任せる方法をとった韓国では，教員に対する小学校英語教育の研修を多数実施し，不安を取り除く方法がとられている。日本でも，文部科学省，各地方の教育委員会や教員養成を担っている大学等が，教員養成段階に小学校における英語教育に関する科目を加えたり，現職教員を対象とした研修を実施したりしているが，全国に導入される小学校外国語活動の需要を満たせる状況にはない。こうしてみてくると，台湾のように専科教員を雇うわけではなく，また韓国のように教員への研修に力を入れているとも言い難い状況にある日本では，教員にも子どもにも保護者にも不安が拡がる結果を招いている。

また，ここで頼みの綱となるALTに関しても，ほとんどのALTは教育経験を持っておらず，また質の点でも採用方法等によって大きな差がある。こうしたALTと学級担任のティームティーチングは，日本の教員の多忙による打合せ不足や，多くの学級担任が自分の英語力に自信がないことなどにより，教育経験のないALTが「主」となり，学級担任が「助手」となる現象もよくみられている。

教員の外国語活動に対する不安や恐れをとりのぞき，教員の授業を支援するため，文部科学省は教員の自己研修用の教材『小学校外国語活動研修ガイドブック』を作成し，全国の小学校に送付するなどしている[16]が，根本的な解決にはつながっていない。

(2) 教材

教材も教育活動の成否を分ける重要な要素の1つである。文部科学省は小学校外国語活動の教材として『英語ノート』2冊を作成し，2009年3月から全国の小学校に配布している。これは全国で一定の教育レベルを保つための全国共通教材となっている。『英語ノート』は教科書ではなく，補助教材という扱いであり，使うかどうかは小学校が自主的に判断する。5，6年生の児童にこの『英語ノート』が配布されるほか，外国語活動を担当する学級担任には『指導資料』と『英語ノート』CD-ROMが配布される[17]。そのほか，

VIII. 国際理解教育

文部科学省のウェブサイトからは関連する教材と教学計画案がダウンロードできる（現在，一部停止中）ようになっている[18]。

　この点についても，他の東アジア諸国・地域では中央の教育行政部門が関わって教科書を編集している。例えば韓国では学級担任を支援するために教科書や教材の整備に力を入れており，また台湾では，教科書だけでなく，教材会社と教員が共同で児童の興味をひく教材を研究開発している。こうした状況に比べると，日本の小学校外国語活動における教材は，教科書ではない『英語ノート』のみという状況であり，やや乏しくみえてしまう。加えて，2009年には行政刷新会議の事業仕分けにおいて，この『英語ノート』配布を含んだ「英語教育改革総合プラン」が廃止判定を受け，2012年度以降については廃止されてしまう事態となった。これについては別の事業として経費計上することで何らかの形で今後も継続される見込みではあるが，心許ない状況にあることは否定できない。

　また『英語ノート』の中身には，多くの挿絵と写真の他，1単元ごとにリスニング練習，ゲーム，活動と歌が盛り込まれており，これは他の国・地域の英語教科書と同様である。しかしすでに指摘したように，英語圏に限らない世界各国の伝統文化，祝祭日や習慣が掲載されている。英語学習の時間に英語以外の言語のあいさつや習慣を教えることの意味を日本人以外に説明するのは実は難しいことである。

　もう1つの特徴は，さまざまな指示についての多くが，日本語で書かれていることである。『英語ノート』では，LessonやLet's playといったタイトルと副題，及び時々登場するWhat do you want? などのキーフレーズ以外のほとんどが日本語で書かれている。小学生向け教材ということで他の国・地域の教科書でも掲載されている文字数はそれほど多くはないが，ABCから始まってかなり難しい単語や文章まで登場し，ほとんど母国語が登場しない他の国・地域の英語教科書に比べると，『英語ノート』に登場する日本語の多さは際だっている。なお，学習指導要領には，音声によるコミュニケーションを補助するものとしてアルファベットの取り扱いを認めているが，児童の学習負担に配慮するために，あくまでも音声の補助という扱いとなっている。しかし，書店等で販売されている『英語ノート』に準拠した家庭学習用教材

には，『英語ノート』の全文を英語で書いたり，日本語訳をさせたりするものもある。

このように唯一の共通的な教材である『英語ノート』でも，アルファベットや，子どもが文字と発音の関係を覚えるための普遍的な方法であるフォニックス等，児童への英語教育を行う他の国・地域では当たり前のように教えられているものをしっかり教えることを求めていないのが，日本の外国語活動の特徴ということになる。ではコミュニケーション能力の育成や国際理解教育が進んでいるかといえば，これも難しい。

結局こうした問題が生じていること自体，英語教育をするのか，その他の面を強調するのかがはっきりしておらず，どのような教員や教材がどの程度必要なのかという部分が明確でないための混乱ということもできよう。

5．まとめ —— 中国側原稿と合わせて

第17章「コミュニケーション能力と国際理解教育を中心に」(李協京)では，日本における国際理解教育の発展過程を，社会的背景を含めて詳細にまとめた上で，実際の学校現場では，各教科や科目等の中で，異なる角度から国際理解教育が行われていることを歴史的経緯を含めながら概観し，先進的な活動を行っている学校の活動を紹介している。その上で，日本における国際理解教育の特徴として，①ユネスコなどに提唱され，受動的に始まったものが，必要に迫られる形で次第に広まっていったこと，②社会科，外国語科，「総合的な学習の時間」を中心に，学校におけるすべての活動に含まれていること，③21世紀に入ってますます重視されるようになっていること，などを指摘している。本章は，李氏の整理に付け加える形で，日本の外国語教育における国際理解教育について，小学校外国語活動の導入を題材に，学校現場でみられる課題について指摘した。

中国よりも早く始まり，ある程度の蓄積のある日本の国際理解教育について，李氏は好意的に見つめてくれているが，日本の国際理解教育には多くの難しさが存在する。李氏も指摘している通り，国際理解教育は地域や学校ごとに重視の程度が異なり，また単なる外国人とのつきあいや交流活動と同義

VIII. 国際理解教育

になりやすく，往々にして外国籍教員を招いて英語を教える言語学習活動に変わってしまっている。大人であっても，国際理解教育とはどんなものであるのか，明確なイメージを持っている人は少ないであろう。同じことはコミュニケーション能力についてもいうことができる。小学校外国語活動も中学校以降の外国語についても，「外国語」といいつつ，学習指導要領に原則として「英語」と書かれ，実際にほとんどすべての学校で英語が扱われている現状は，最も重要な外国語は英語といっているのに等しい。それならば小学校のうちから英語をしっかり教えるなり，中国のように英語圏の文化を中心に教えることがあってもおかしくないが，そうはならないところも日本の特徴といえよう。

　もちろん，日本には日本の考え方があってよい。英語は国際社会で常用される言語の1つであり，私たちは英語によって世界のさまざまなことを理解することができる。これは東アジア各国・地域が英語教育において実現したいことの1つであり，日本も同じ考えから国際理解を英語教育の重要な柱としている。国際的に共通語として広まっている英語を通じて，英語圏に限らない世界各国の様子を学び，世界の人びとについて知ろうとすることは，理念として間違ってはいない。李氏のいうように児童生徒の国際理解の認識を深め，国際交流・協力に積極的に参加する態度や能力を養成することにつながる重要な活動になりうるものである。

　しかし，小学5年生から1週間に1時限という限られた時間で，英語に親しみつつ，同時にコミュニケーション能力の育成や国際理解教育の要素も取り入れていくことをめざし，かつ実際の部分は，ほとんど経験のない教員に任せるというスタンスは，やはり英語教育をしっかり行うわけでもなく，その他の面に重心を置くわけでもない，中途半端なものに見えてしまう。そうした状況では，小学校外国語活動が示す目標の実現は難しくなるといえよう。

　そうした中，外国語活動で実施される英語教育や国際理解教育等がともに不十分と保護者から認識されれば，学校外の塾などで英語教育がなおいっそう盛んとなることは目に見えている。そこで重視されるのは，中学校の英語教育の前倒しであり，結局，塾へ行く児童と行かない児童の英語力の格差は

広がっていくことになる。韓国や台湾では，そうした塾等による英語教育の低年齢化によって生じた英語力の格差に対処するため，学校での英語教育の開始時期を早めてきた面もある。小学校外国語活動における明確な方向性を示すことができず，学校外の場での英語教育に引っ張られて小学校でも低年齢から導入することになれば，結局日本の小学校でも外国語活動ではなく，英語教育の開始時期を単純に引き下げた，中学校からの英語教育の前倒しをせざるをえなくなる可能性がある。

　日本の子どもが国際的に共通語として広まっている英語をしっかり学ぶためにも，また同時に英語圏に限らない世界各国の様子を学び，世界の人びとのことを学ぶためにも，外国語活動の時間を通じて，どのような子どもを育てるのか，育てたいのかを明確に示すことが必要といえよう。

注
1) 大学入試センター「受験者数・平均点の推移（本試験）平成18年度センター試験以降」，http://www.dnc.ac.jp/modules/center_exam/content0097.html。
2) 同上。
3) 長崎県立対馬高等学校ウェブサイト「国際文化交流コース」，http//www.news.ed.jp/tsushima-h/kokubun.htm；長崎県立壱岐高等学校ウェブサイト，http//www.iki-high.jp/。
4) 「総合的な学習の時間」の中で実施されてきた英語に関する活動については，文部科学省による文書でも，「英語活動」「英会話」「英会話活動」などさまざまな名称が使われてきた。また，英語に限定しない形で「外国語会話」といった表記も使われていた。本章では，2011年から導入された外国語活動と区別するために，「英会話活動」等，を用いる。
5) 文部科学省『小学校学習指導要領解説　外国語活動編』東洋館出版社，2008年a。
6) 中華人民共和国教育部『全日制義務教育　普通高級中学　英語課程標準（実験稿）』北京師範大学出版社，2004年。
7) 同じく中国の義務教育段階用の「日本語課程標準」では，日本語の学習を通じて日本の文化や習慣を学び，そこから中国の言語文化を理解し，祖国を誇りに思う気持ちを増すという，同じような流れがみられており（中華人民共和国教育部『全日制義務教育　日語課程標準（実験稿）』北京師範大学出版社，2001年），英語のときは英語圏の国ぐに，日本語のときは日本の理解を重視するという方針は一貫しているといえよう。
8) 文部科学省『英語ノート1』教育出版，2009年a，文部科学省『英語ノート2』教育出版，2009年b。

VIII. 国際理解教育

9) 文部科学省「小学校外国語活動サイト」2008 年 b, http://www.mext.go.jp/a_menu/shotou/gaikokugo/index.htm。
10) 大津由紀雄『小学校での英語教育は必要か』慶應義塾大学出版会, 2004 年, 17-80 頁；鳥飼玖美子『危うし！ 小学校英語』文藝春秋, 2006 年, 90-97 頁。
11) 文部科学省「小学校英語活動実施状況調査（平成 19 年度）の主な結果概要」2007 年, http://www.mext.go.jp/b_menu/houdou/20/03/08031920/002.htm。
12) 文部科学省, 前掲書, 2008 年 a。
13) 大津, 前掲書, 2004 年；松川禮子『小学校英語活動を創る』高陵社書店, 2003 年。
14) 文部科学省「小学校学習指導要領」(1998 年 12 月 10 日告示) 1998 年, http://www.mext.go.jp/b_menu/shuppan/sonota/990301/03122601/001.htm。
15) 文部科学省, 前掲書, 2008 年 a。
16) 文部科学省『小学校外国語活動研修ガイドブック』旺文社, 2009 年 c。
17) 文部科学省「新学習指導要領の円滑な実施に向けた支援策」2009 年 d, http://www.mext.go.jp/b_menu/shingi/chukyo/chukyo3/gijiroku/__icsFiles/afieldfile/2009/04/30/1260129_4.pdf。
18) 文部科学省, 前掲資料, 2008 年 b。

年　表

[日本]

年号	出来事
1872 年 9 月	「学制」公布
1878 年 10 月	体操教師の養成と，健康増進の研究を目的とした体操伝習所が東京に開設される
1879 年 9 月	「教育令」公布
1888 年 12 月	全直轄学校に対して，毎年4月に活力検査を実施し，その結果を提出することを訓令として示した（後の身体検査の始まり）
1890 年 10 月	「小学校令」公布
1891 年 9 月	学務局に学校衛生取調嘱託が1名置かれることになる
1894 年 8 月	体育衛生に関する訓令が出される
1896 年 5 月	学校衛生顧問及び学校衛生主事の制度が設けられた
1897 年 1 月	「学校清潔方法」が出される
1898 年 1 月	学校医が公立学校に置かれるようになる
1898 年 2 月	「学校医職務規程」が制定される
1898 年 9 月	「学校伝染病予防及消毒方法」が制定される
1898 年 10 月	教科書活字の大きさ基準が設定される
1899 年 3 月	「学生生徒身体検査規程」，及び「公立学校に対する学校医設置の勅令」が出される
1899 年 4 月	「師範学校中学校及高等女学校建築準則」の改正がなされる
1899 年 7 月	「小学校設備準則」の改正がなされる
1900 年 3 月	「未成年者喫煙禁止法」の制定及びこれに関する文部省訓令が出される
1900 年 4 月	学校衛生に関する行政を統括するため，文部省大臣官房に学校衛生課が新設される
1903 年 5 月	国定教科書制度制定
1904 年 8 月	「紫色鉛筆に関する注意喚起の訓令」が出される
1905 年 9 月	学校看護婦（現在の養護教諭の始まり）が登場
1907 年 3 月	小学校令改正により，尋常小学校が6年制となった
1915 年 11 月	学校衛生調査会を設置
1916 年 6 月	学校衛生官官制が公布される
1916 年 11 月	学校衛生調査会を拡充して学校衛生会とし，文部大臣の諮問機関として位置づけた
1917 年 8 月	わが国最初の養護学校として，白十字林間学校が設立される

1917年 9月	臨時教育会議が設置される
1920年 2月	「学校医ノ資格及職務ニ関スル規定」が制定される
1920年 7月	「学校生徒児童身体検査規程」改正
1921年 6月	文部省に学校衛生課が設けられる
1924年10月	体育研究所官制が制定される
1926年 4月	東京市鶴巻小学校内に，身体虚弱児童を集めた養護学級が開設される
1937年 1月	「学校身体検査規程」制定
1938年 1月	厚生省が創設される
1939年 4月	「学校職員身体検査規程」制定
1940年 3月	義務教育無償制度の完全実施
1941年 1月	文部省官房体育課が昇格して体育局が新設される
1941年 5月	「国民学校令」公布
1943年	衛生課が保健課に改称
1945年 9月	「臨時身体検査施行ニ関スル件」通達が出される
1946年 2月	「学校衛生刷新ニ関スル件」通達が出される
1947年 3月	文部省が「学習指導要領（試案）」公布
1947年 3月	教育基本法成立
1947年 3月	学習指導要領（試案）が示され，新設「社会科」を中心に児童の要求，社会の要求を軸とする，経験主義にもとづく「新教育」の教育課程が形作られた（さらに1951（昭和26）年に改訂）
1947年 3月	「学校教育法」制定
1947年	大学基準協会が設立される
1948年12月	国連「世界人権宣言」が出される
1949年11月	「保健計画実施要領（中等学校）」が出される
1949年 6月	「社会教育法」公布
1950年 4月	「図書館法」公布
1951年 2月	「保健計画実施要領（小学校）」が出される
1951年12月	「博物館法」公布
1958年 4月	「学校保健法」が制定，公布される
1958年10月	学習指導要領が改訂され，「系統学習」，「教育の現代化」の時代を迎える
1958年10月	学習指導要領が官報に公示されることにより，法的拘束力を持つようになる
1969年	情報処理技術者としての知識・技能の水準が一定程度以上であることを認定する資格である「情報処理技術者試験」が開始される
1974年11月	第18回ユネスコ総会において「国際理解，国際協力及び国際平和のための教育並びに人権及び基本的自由についての教育に関する勧告」を採択
1976年 4月	学生教育研究災害傷害保険が実施される
1979年	改訂版学習指導要領において子どもの個性や主体性を尊重する「ゆとり教育」が推進される

年表

1981年	ユネスコ委員会が「国際理解教育の手引き」を編纂
1983年 8月	2000年までに10万人の留学生の受け入れを大学で実現するという発展目標を政府が提示
1984年 9月	臨時教育審議会（臨教審）設置
1985年12月	「日本体育・学校健康センター法」公布
1985年 6月	臨教審第1次答申が出される
1986年 4月	臨教審第2次答申において、「次世代の日本人にはこれまで以上に深く、広い国際社会に関する認識、すなわち、世界各国の文化、歴史、政治、経済等に関する認識を要求されるであろうし、異文化と十分に意思の疎通ができる語学力、表現力、国際的礼節、異文化理解能力等が求められることになるであろう」と言及される
1987年 4月	臨教審第3次答申中、国際化された教育体系を推進する具体的な提案として、「①他国の文化の承認、国際的に開かれた学校の建設、②しっかりした留学生対策の実施、国境を越える人材の育成、③国際交流を助ける言語教育の強化、国際通用語としての英語および日本語の教育の改革、④主体性の確立と相対化―生涯学習の課題」が示された
1987年 8月	臨教審第4次答申中、教育は必ず「国際化に対応した教育の在り方を絶えず反すうしつつ、日常的な実践を積み重ねなければならない。……国や地方の関係機関は、これらを可能ならしめ、かつ、助長するよう、自ら率先して新機軸を打ち出す必要がある。また、国際理解のための教育の教材センター的な機能の強化、それぞれの場における具体的な国際化の試みに関する情報の交換・普及を促進する」と指摘された
1988年 7月	文部省が旧来の社会教育局を生涯学習局に変更
1989年 2月	改訂版学習指導要領において「新しい学力」観を土台とした「関心・意欲・態度」重視の方針への転換が示される
1989年11月	国連「子どもの権利条約」が出される
1990年 7月	「生涯学習振興法」を正式に公布
1990年 6月	「生涯学習の振興のための施策の推進体制等の整備に関する法律」（「生涯学習振興法」）公布
1990年 7月	生涯学習審議会設置
1991年 7月	文部省が「大学設置基準」を改正し、大学による自己点検・評価の実施、自己評価制度の整備の義務化を規定
1991年 6月	「大学設置基準」大綱化により、大学が自己評価・自己点検することを制度化
1992年 7月	生涯学習審議会が「今後の社会の動向に対応した生涯学習の振興策について」発表
1994年10月	ユネスコが第44回国際教育会議をジュネーブで開催し、「第44回国際教育会議宣言」と「平和・人権・民主主義のための教育に関する包括的行動計画」を採択
1995年 1月	阪神・淡路大震災が発生

1996年7月	中教審第1次答申「21世紀を展望した我が国の教育の在り方について」において「生きる力」という概念を初めて提示
1996年7月	政府が科学技術創造立国という戦略目標と「文化立国21プラン」を提示
1996年7月	中教審答申「21世紀を展望した我が国の教育の在り方について」発表
1996年9月	保健体育審議会が「生涯にわたる心身の健康の保持増進のための今後の健康に関する教育及びスポーツの振興の在り方について」を発表
1996年11月	内閣は「科学技術基本計画」を制定し、「科学技術創造立国」戦略を明確に提示
1997年4月	大学入試センター試験の外国語科目に中国語が追加される
1997年7月	教育職員養成審議会が第1次答申「新たな時代に向けた教員養成の改善方策について」を公表
1997年12月	行政改革会議が「最終報告」を発表
1997年	「文化振興基本計画」発表
1998年3月	「特定非営利活動促進法」(NPO法)が成立する
1998年3月	第16期中央教育審議会答申「今後の地方教育行政のあり方」が示される
1998年6月	義務教育課程改革（学習指導要領の公布）に伴って、課程内容の30%削減と小・中学校での週5日制の実施
1998年10月	教育職員養成審議会が第2次答申「修士課程を積極的に活用した教員養成の在り方について―現職教員の再教育の推進―」を文部大臣に提出
1998年10月	大学審議会答申「21世紀の大学像と今後の改革方策について」において、多元的な大学の評価体系を確立することが提案される
1998年10月	大学審議会答申「21世紀の大学像と今後の改革方策について」において、第三者評価システムの導入が提言される
1998年11月	小学校学習指導要領において、「総合的な学習の時間」などにおいて「国際理解に関する学習の一環」としての「外国語活動」を行うことができるようになる
1998年11月	「学習指導要領総則」公表
1998年11月	改訂学習指導要領において、「各学校において、児童に生きる力をはぐくむことを目指し、創意工夫を生かし特色ある教育活動を展開する」という「特色ある学校づくり」が求められるようになる
1999年4月	国立大学の独立行政法人化について2003年までに結論を得ることが閣議決定される
1999年6月	「男女共同参画社会基本法」公布
1999年6月	3-3制以外に6年制のいわゆる「中等教育学校」を設置することが試験的に認められるようになる
1999年9月	「大学設置基準」が改正されて自己点検・評価の実施と結果の公表が義務化される
1999年11月	日本技術者教育認定機構（JABEE）が設立される
1999年12月	政府が「ミレニアム・プロジェクト」を公布
1999年	愛知教育大学が「教学計画」において「4年間の実習制度」を提示

年　表

2000 年　3 月	社団法人経済団体連合会が「グローバル化時代の人材育成について」報告書を発表
2000 年　3 月	大学評価・学位授与機構が創設される
2000 年　3 月	第三者評価機関として，従来の学位授与機構を改組する形で大学評価・学位授与機構が発足
2000 年　4 月	東京都が「能力開発型」の「教職員人事考課制度」を実施
2000 年　5 月	自由民主党政務調査会による提言「これからの国立大学の在り方について」が公表される
2000 年　5 月	第 7 次公立義務教育諸学校教職員定数改善計画などにより，国の基準を下回る学級編成基準の認定が可能となる
2000 年　6 月	「生涯学習振興法」施行
2000 年 11 月	政府が「IT 基本戦略」を策定
2000 年 11 月	「高度情報通信ネットワーク社会形成基本法」(IT 基本法) 制定
2000 年	OECD (経済開発協力機構) による PISA テスト (生徒の学習到達度調査) 開始。2000 年以降 3 年ごとに実施され，日本は第 1 回から参加
2001 年　1 月	「21 世紀教育新生プラン」発表
2001 年 11 月	「今後の教員養成系大学・学部の在り方に関する懇談会 (報告)」が出される
2002 年　1 月	改正「地方教育行政の組織及び運営に関する法律」施行
2002 年　1 月	大学入試センター試験の外国語科目に韓国語が追加される
2002 年　1 月	「学びのすすめ」発表，「確かな学力」という概念を提示
2002 年　3 月	「国立大学等の独立行政法人化に関する調査検討会議」が「新しい『国立大学法人』像について (最終報告)」を公表
2002 年　4 月	放送大学が修士課程設置
2002 年　4 月	「科学技術・理科大好きプラン」の一環として，スーパー・サイエンス・ハイスクール (SSH) が指定されるようになる
2002 年　4 月	スーパー・イングリッシュ・ランゲージ・ハイスクール (SELHi) の指定を開始
2002 年　4 月	学校教育法施行規則 (省令) の改正により，大学入学資格の時点で規制が緩和され，1 年限りの早期入学 (17 歳入学) が認められるようになる
2002 年　4 月	新学習指導要領において，中学校技術・家庭科での「情報とコンピュータ」が新設される
2002 年　6 月	文部科学省が 2004 年度を目途に国立大学の法人化と教員・事務職員等の非公務員化を開始することが閣議決定される
2002 年　8 月	人間力戦略ビジョン　新しい時代を切り拓くたくましい日本人の育成─画一から自立と創造へ─
2002 年　8 月	中央教育審議会答申「大学の質の保証に係る新たなシステムの構築について」において，すべての大学が，文部科学省が認証した評価機関が行う第三者評価を受ける義務があることが求められる
2002 年　9 月	中教審「子どもの体力向上のための総合的な方策について」を総括

2002年9月	教育改革国民会議が「教員の努力が報いられる評価体制を作り上げる」という提案を行う
2002年9月	中教審答申「子どもの体力向上のための総合的な方策について」発表
2002年11月	中教審中間報告「新しい時代にふさわしい教育基本法と教育振興基本計画の在り方について」
2002年11月	「学校教育法」が改正され，大学が教育研究等の状況について自己点検・評価を行うことや，7年に一度，認証評価機関による評価を受けることが規定される
2002年12月	「独立行政法人日本スポーツ振興センター法」制定
2003年2月	「国立大学法人法」等6つの関連法案が国会に提出され，同年7月に成立
2003年3月	「学校給食衛生管理基準」について修正が行われ，学校の衛生管理制度がいっそう改善して充実される
2003年3月	第三者評価制度が改正後の「学校教育法」に規定される。2004年に評価制度開始
2003年3月	中教審答申「新しい時代にふさわしい教育基本法と教育振興基本計画の在り方について」発表
2003年3月	文部科学省が「『英語が使える日本人』の育成のための行動計画」を制定
2003年3月	学校教育法施行規則の一部改正により，いわゆる学校選択制が可能になる。
2003年3月	中央教育審議会答申「新しい時代にふさわしい教育基本法と教育振興計画のあり方について」によって，教育基本法改正への方向づけがなされる
2003年4月	参議院で「国立学校設置法」（一部改正案）が通過
2003年4月	高等学校において「情報」が必修科目となる
2004年1月	中教審答申「食に関する指導体制の整備について」発表
2004年1月	食に関する指導啓発パンフレットの配布と学校を中心とする食育推進モデルを展開
2004年3月	全国教育大学協議会答申「教員養成の『モデル・コア・カリキュラム』の検討―『教員養成コア科目群』を基軸としたカリキュラムづくりの提案―」が公表される
2004年3月	「学校教育法施行規則」等の改正
2004年4月	国立大学法人が誕生
2004年4月	社団法人経済団体連合会が「21世紀を生き抜く次世代育成のための提言―「多様性」「競争」「評価」を基本にさらなる改革の推進を―」報告書発表
2004年4月	キャリア教育開始
2004年5月	「栄養教諭を置く法案」成立
2004年5月	文部科学省が国立大学中期目標と中期計画の決定版を公表
2004年8月	文部科学大臣が教員免許制度の改善を提案
2004年9月	地域住民や保護者などを委員（構成者）とする学校運営協議会を，個別の学校ごとに教育委員会の判断にもとづいて設置することが可能となる
2004年11月	「がんばれ！　日本」計画発表

年表

2005年	1月	中教審答申「我が国の高等教育の将来像」
2005年	1月	中央教育審議会答申「我が国の高等教育の将来像」が提示される
2005年	4月	「食育」実施
2005年	4月	栄養教諭制度発足
2005年	4月	「大学設置基準」等の改正
2005年	6月	中央教育審議会は,「教員養成において専門職大学院を増加させる」という基本構想を示し,「学部段階での教員養成を充実させ,強化させると同時に,制度上,大学院段階の教員養成と教員の再教育の問題を改めて検討する必要がある」と指摘
2005年	6月	「食育基本法」制定
2005年	8月	教員免許制度ワーキンググループは教員免許制度の改革,特に更新制導入の問題について度重なる議論を展開。審議経過報告を提出
2005年	8月	日本政府が国立大学法人の2004年度決算を公表
2005年	10月	教員養成部会は教師教育に対して改革の方向と具体的な改革案を提示し,教員免許更新制の導入を確定
2005年	10月	中央教育審議会答申「新しい時代の義務教育を創造する」発表
2005年	10月	中教審答申「義務教育体制改革に関する答申」
2005年	10月	中央教育審議会答申「新しい時代の義務教育を創造する」が出される
2005年	11月	「日中教育工学研究・発展フォーラム」開催
2005年	12月	文部科学省と「21世紀COEプログラム」委員会が,大学学長,卓越した研究拠点の責任者と審査評価委員に対して,「21世紀COEプログラム」の実施効果について調査を行う
2005年		「キャリア教育実践プロジェクト」が推進される
2006年	1月	「教育改革のための重点行動計画」発表
2006年	7月	中央教育審議会答申「今後の教員養成・免許制度の在り方について」が公表され,教職大学院制度の創設と教員免許更新制導入の方針が明らかになる
2006年	9月	「スポーツ振興基本計画」改訂
2006年	10月	多数の高校で必履修教科「情報」を生徒に履修させていないという問題が発覚する
2006年	11月	「小学校・中学校・高等学校　キャリア教育推進の手引―児童生徒一人一人の勤労観,職業観を育てるために―」発表
2006年	11月	教育再生会議が「保護者,児童生徒の意見を反映した教員評価を実施する」こと,「公立学校の優れた教員に対して,給与,昇任,手当の面で優遇する」こと,「教育能力が不足する教員の認定基準を明確にし,改善しようのない者にははっきりと退場勧告を与える」ことなどから,公立学校教員の間に競争メカニズムを全面的に導入するよう再度強調
2006年	12月	教育基本法改定・施行
2007年	1月	教育再生会議が報告書「社会総がかりで教育再生を」を提出
2007年	2月	内閣府「低年齢少年の生活と意識に関する調査報告書」発表

2007年4月～	全国学力・学習状況調査再開
2007年4月	文部科学省は専門職大学院設置基準を改正し、教員の専門的職業大学院の名称を「教職大学院」とし、その標準学習年限を2年とした
2007年6月	「教育職員免許法」の改正により、管理職等の一部を除くすべての教員に対して「免許状更新講習」の受講が義務づけられる
2007年7月	「国立大学等の独立行政法人化に関する調査検討会議」が発足
2008年1月	改訂学習指導要領に関する中央教育審議会答申「幼稚園、小学校、中学校、高等学校及び特別支援学校の学習指導要領等の改善について」が出される
2008年1月	政府が「留学生30万人受入計画」を発表
2008年1月	中央教育審議会答申「子どもの心身の健康を守り、安全・安心を確保するために学校全体としての取組を進めるための方策について」が出された
2008年2月	改訂「学習指導要領」告示。一般教科の授業時数増加と、「総合的な学習の時間」削減
2008年4月	19の大学が教職大学院を設置
2008年4月	中教審答申「教育振興基本計画について―『教育立国』の実現に向けて―」公表
2008年4月	中央教育審議会答申「教育振興基本計画について―『教育立国』の実現に向けて―」が出される
2008年4月	2011年度から小学校第5学年、第6学年に「外国語活動」（原則として英語）が導入されることが改訂学習指導要領に示される
2008年5月	文部科学省から依頼を受けた日本学術会議が「学士力」の分野別の質保証のあり方を検討
2008年6月	「学校保健法」が「学校安全保健法」に改正（施行は2009年）
2008年7月	「教育振興基本計画」公布
2008年11月	学校教育法改定
2008年12月	中央教育審議会答申「学士課程教育の構築に向けて」においていわゆる「学士力」が提案される
2009年2月	塩谷立文部科学大臣（当時）が、『心を育む』ための5つの提案―日本の良さを見直そう！―」を公表
2009年2月	文部科学省「新しい日本の教育今こそ実行のとき！」発表
2009年3月	文部科学省は小学校外国語活動の教材として『英語ノート』2冊を作成し、全国の小学校に配布を開始
2009年3月	2008年発表の「新学習指導要領」にもとづいて「教育の情報化に関する手引」が発行される
2009年10月	第2回日中韓サミットで鳩山首相（当時）が日中韓の3カ国間での質の高い大学間交流の展開を提案
2010年7月	日本学術会議が「大学教育の分野別質保証の在り方について（回答）」を作成

2010年11月	行政刷新会議事業仕分けにおいて，『英語ノート』配布を含んだ「英語教育改革総合プラン」が廃止判定を受け，2012年度以降については廃止されることになる
2011年3月11日	東日本大震災発生
2011年 4 月	文部科学省が「教育の情報化ビジョン」を発表

（整理　森本洋介）

[中国]

年号	出来事
1978年 1月	教育部「いくつかの重点中学・小学をうまく運営することに関する試行案」
1978年 1月	教育部「全日制10年制中学・小学教学計画試行草案」
1978年 2月	教育部「全国重点高等教育機関を復活させそれをうまく運営することに関する報告」
1978年 7月	教育部「中央教育科学研究所の再建に関する請願」
1979年12月	「中学・小学衛生活動暫定規定(草案)」
1980年 2月	「中華人民共和国学位条例」
1981年 1月	教育部「高等教育独学試験試行規則」を国務院が承認
1981年 3月	教育部「小学の思想品徳科の開設に関する通達」
1982年 7月	教育部が「中学の外国語教育を強化することに関する意見」を通達
1982年 7月	新たな「国家体育運動基準」を承認
1982年10月	教育部「普通中学の労働技術教育科の開設に関する試行意見」
1982年12月	「中華人民共和国憲法」改正
1983年 4月	教育部・国家計画委員会「高等教育を急速に発展させることに関する報告」
1983年 8月	教育部「中学歴史・地理科の教学を強化することに関する通達」
1983年 5月	全国学校体育衛生活動会議
1984年 5月	「中華人民共和国民族区域自治法」
1984年 8月	教育部「全日制6年制小学教学計画の調整に関する意見」
1985年 1月	毎年9月10日を「教師節」(教師の日)とすることを決定
1985年 3月	中共中央「科学技術体制の改革に関する決定」
1985年 5月	全国教育工作会議(第1回)
1985年 5月	中共中央「教育体制の改革に関する決定」
1985年 6月	教育部を国家教育委員会に改組
1985年 9月	全国中学・小学環境教育経験交流・学術検討会
1986年 3月	「教育統計活動暫定規定」
1986年 4月	「中華人民共和国義務教育法」
1986年 4月	国家教育委員会「全日制小学思想品徳科教学大綱」
1986年 5月	国家教育委員会「中学教師職務試行条例」,「小学教師職務試行条例」
1986年 9月	国家教育委員会「中学・小学教師審査合格証書試行規則」
1986年10月	「普通中等専門学校設置暫定規則」
1986年11月	「技術労働者学校活動条例」
1986年11月	共青団中央「青年宮,青少年宮管理活動条例(試行)」
1986年12月	「普通高等教育機関設置暫定条例」
1987年 3月	国家教育委員会「全日制普通中学労働技術科教学大綱(試行案)」
1987年 4月	「成人中等専門学校暫定条例」

年表

1987 年 4 月	「普通高等教育機関学生募集暫定条例」
1987 年 6 月	国家教育委員会「成人教育の改革と発展に関する決定」
1987 年 7 月	国家教育委員会「社会の諸勢力による学校運営に関する若干の暫定規定」
1987 年 9 月	「中学生体育合格基準施行規則」
1987 年 10 月	「中学・小学教材審査決定基準」
1987 年 10 月	「中学・小学教材送付審査規則」
1987 年 10 月	国家教育委員会「全日制小学労働科教学大綱（試行草案）」
1988 年 2 月	「非識字者一掃活動条例」
1988 年 3 月	「高等教育独学試験暫定条例」
1988 年 4 月	「成人高等教育機関設置に関する暫定規定」
1988 年 5 月	「広播電視大学暫定規定」
1988 年 6 月	国家教育委員会「学校電化教育活動暫定規則」
1988 年 9 月	国家教育委員会が「義務教育全日制小学・初級中学教学計画（試行草案）」及び 24 科目の教学大綱（第 1 次審査版）を公表
1988 年 10 月	国家教育委員会「社会の諸勢力による学校運営の教学管理に関する暫定規定」
1988 年 12 月	中共中央「中学・小学の徳育活動の改革と強化に関する通達」
1989 年 6 月	「幼児園活動規則（試行）」
1989 年 6 月	国家教育委員会「訪中する自費外国人留学生の受け入れに関する関連規定」
1989 年 8 月	「幼児園管理条例」
1989 年 11 月	「全国学校芸術教育全体計画（1989-2000 年）」
1990 年 2 月	「学校体育活動条例」
1990 年 4 月	「中華人民共和国香港特別行政区基本法」
1990 年 4 月	「学校衛生活動条例」
1990 年 7 月	国家教育委員会・人事部・国家計画委員会・公安部・商業部「普通高等教育機関の自費学生受け入れに関する暫定規定」
1990 年 10 月	国家教育委員会「普通高等教育機関教育評価暫定規定」
1991 年 5 月	国家教育委員会「中学生体育合格基準実施規則」
1991 年 9 月	「中華人民共和国未成年保護法」
1991 年 10 月	国務院「職業技術教育を大いに発展させることに関する決定」
1991 年 12 月	国家教育委員会「全国電化教育『八五』計画」
1992 年 2 月	国家教育委員会「小学生体育合格基準実施規則」
1992 年 2 月	「中華人民共和国義務教育法実施細則」
1992 年 2 月	「中学・小学及び中等師範学校電化教育設備配備基準」
1992 年 5 月	国家教育委員会「成人高級中学教育の強化に関する意見」
1992 年 6 月	「訪中する外国人大学院生の受け入れに関する試行規則」
1992 年 3 月	学校民族伝統スポーツ活動検討会

1992年 8月		国家教育委員会が「9年制義務教育全日制小学・初級中学課程計画（試行）」及び24科目の教学大綱（試行）を公表
1992年 9月		「中国漢語水平考試（HSK）規則」
1992年10月		「全国民族教育発展・改革指導要綱（試行）(1992-2000)」
1993年 1月		国家教育委員会「成人高等教育をさらに改革し発展させることに関する意見」
1993年 2月		「中国教育改革・発展要綱」
1993年 3月		「少数民族及び民族地区電化教育発展要綱（1992-2000)」
1993年 3月		「中華人民共和国マカオ特別行政区基本法」
1993年 6月		国家教育委員会「国外の機関及び個人が訪中し協力して学校を運営する問題に関する通達」
1993年 7月		国家教育委員会「いくつかの高等教育機関と重点専門分野を重点的に整備することに関する若干の意見」（「211工程」重点整備プロジェクトの開始）
1993年 8月		「非識字者一掃活動条例」修正
1993年 8月		「民営高等教育機関設置暫定規定」
1993年10月		「中華人民共和国教師法」
1994年 6月		全国教育工作会議（第2回）
1994年 8月		「障害者教育条例」
1995年 1月		国家教育委員会「中外協力による学校運営暫定規定」
1995年 2月		国家教育委員会が「中学徳育大綱」を正式公布
1995年 3月		「中華人民共和国教育法」
1995年 3月		「中学・小学教材の編纂，審査，採用に関する規定」
1995年 7月		「学校健康教育評価案（試行）」
1995年 7月		「中国女性発展要綱（1995-2000)」
1995年 9月		「中学・小学衛生保健機関活動規則」
1995年12月		「教師資格条例」
1996年 3月		「小学管理規則」
1996年 3月		「幼児園活動規則」
1996年 3月		全国中学・小学コンピュータ教育指導グループ会議
1996年 3月		農業部・衛生部・国家教育委員会・軽工業総会「国家大豆行動計画」
1996年 5月		「中華人民共和国職業教育法」
1996年 8月		衛生部「学生集団給食衛生監督規則」
1996年12月		国家教育委員会「師範教育の改革と発展に関する若干の意見」
1996年12月		「中学・小学コンピュータ教育5年発展要綱（1996-2000年）」
1996年11月		全国複式教学検討会
1997年 4月		「全国電化教育『九五』計画」
1997年 7月		「中学・小学電化教育規則」
1997年 7月		「社会の諸勢力による学校運営条例」

年　表

1997 年 10 月	国家教育委員会「中学・小学での素質教育実施を当面積極的に推進することに関する若干の意見」
1997 年 12 月	国務院「中国栄養改善行動計画」
1998 年　3 月	国家教育委員会・公安部「流動児童少年の就学に関する暫定規則」
1998 年　3 月	国家教育委員会を教育部に改称
1998 年　3 月	「中学・小学徳育活動規則」
1998 年　5 月	江沢民国家主席（当時）が北京大学創立 100 周年祝賀大会で講話を行う（「985 工程」の開始）
1998 年　7 月	教育部「普通高等教育機関本科専攻目録（1998 年公布）」
1998 年　8 月	「中華人民共和国高等教育法」
1998 年 12 月	「特殊教育学校暫定規則」
1999 年　1 月	「21 世紀をめざす教育振興行動計画」
1999 年　6 月	中共中央・国務院「教育改革を深化させ素質教育を全面的に推進することに関する決定」
1999 年　6 月	第 3 回全国教育工作会議
1999 年　9 月	「中学・小学教師継続教育規定」
2000 年　1 月	教育部が「全日制普通高級中学課程計画（実験修正版）」を公表
2000 年　1 月	「高等教育機関が受け入れる外国人留学生の管理に関する規定」
2000 年　3 月	教育部が義務教育段階の語文・数学・英語等 5 科目の教学大綱（試用修正版）を公表
2000 年　3 月	「高等職業教育機関設置基準（暫定）」
2000 年　9 月	「『教師資格条例』実施規則」
2000 年 10 月	全国中学・小学情報技術教育活動会議
2000 年 11 月	教育部「中学・小学で情報技術教育を普及させることに関する通達」
2000 年 11 月	教育部「中学・小学情報技術科指導要綱（試行）」
2000 年 11 月	教育部「中学・小学で『校校通』プロジェクトを実施することに関する通達」
2000 年	「生徒飲用牛乳計画」
2001 年　1 月	教育部「小学での英語科の開設を積極的に推進することに関する指導意見」
2001 年　4 月	教育部「普通高級中学での『研究性学習』実施指南（試行）」
2001 年　5 月	「中国児童発展要綱（2001-2010 年）」
2001 年　5 月	「中国女性発展要綱（2001-2010 年）」
2001 年　6 月	「中学・小学教材の編纂，審査の管理に関する暫定規則」
2001 年　6 月	「基礎教育課程改革要綱（試行）」
2001 年　7 月	「幼児園教育指導要綱（試行）」
2001 年　7 月	「中等職業学校設置基準（試行）」
2002 年　6 月	「学生傷害事故処理規則」
2002 年　7 月	国務院「民族教育の改革を深化させ発展を速めることに関する決定」

2002年 7月	「学校芸術教育活動規則」	
2002年 8月	「中学・小学心理健康教育指導要綱」	
2002年11月	教育部「農村成人教育をいっそう強化することに関する若干の意見」	
2002年12月	「中華人民共和国民営教育促進法」	
2002年12月	「高等教育機関による国外での学校運営に関する暫定的管理規則」	
2002年	教育部「普通高等教育機関本科課程教学活動水準評価プラン」	
2003年 2月	「中華人民共和国中外協力による学校運営条例」	
2003年 5月	教育部が全日制義務教育の「思想品徳科基準（実験版）」を公表	
2003年	中央政府が貧困生徒の栄養状況を改善するための「二免一補」政策，すなわち学雑費と教科書代の免除と寄宿生活費の補助を行う	
2004年 1月	教育部「普通高等教育機関基本運営条件指標（試行）」	
2004年 2月	「中華人民共和国民営教育促進法実施条例」	
2004年 3月	「2003～2007年教育振興行動計画」	
2004年 6月	「中華人民共和国中外協力による学校運営条例実施規則」	
2004年 8月	教育部高等教育教学評価センターが正式に成立	
2004年	「2020年中国教育発展要綱」について研究し策定する作業の開始	
2004年	上海市「上海市生涯教育条例」	
2005年 3月	教育部「小学・幼児園教師の養成活動の規範化に関する通達」	
2005年 5月	教育部「義務教育の均衡的発展をいっそう促進することに関する若干の意見」	
2005年 9月	福建省「福建省生涯教育促進条例」実施	
2005年10月	国務院「職業教育を大いに発展させることに関する決定」	
2006年 1月	教育部・国家発展改革委員会・財政部「2006年度農村中学・小学現代遠距離教育プロジェクト実施案」	
2006年 1月	国務院「農民工問題の解決に関する若干の意見」	
2006年 4月	教育部「民営中等職業教育を大いに発展させることに関する意見」	
2006年 6月	「中華人民共和国義務教育法」改正	
2006年 6月	「中学・小学・幼児園安全管理規則」	
2006年 8月	「全国中学・小学クラス担任訓練計画」	
2006年 9月	「普通本科教育機関設置暫定規定」	
2007年 1月	「国が高水準の大学を建設し大学院生を公的に派遣するプロジェクトに関する実施規則」	
2007年 2月	「盲学校義務教育課程設置実験案」	
2007年 2月	「聾学校義務教育課程設置実験案」	
2007年 2月	「養護学校義務教育課程設置実験案」	
2007年 2月	「民営高等教育機関の運営管理に関する若干の規定」	
2007年 2月	「中学・小学公共安全教育指導要綱」	
2007年 2月	教育部「本科課程の教学改革を深化させ教学の質を全面的に高めることに関する若干の意見」	

2007 年 4 月	教育部・国家体育総局「国家学生体力健康基準」
2007 年 5 月	中共中央・国務院「青少年の体育を強化し青少年の体力を高めることに関する意見」
2007 年 6 月	「少年先鋒隊補導員管理規則（試行）」
2007 年 7 月	「国の公的派遣により留学する大学院生の管理規定（試行）」
2007 年 12 月	「孔子学院規則」
2008 年 2 月	「独立学院設置・管理規則」
2008 年 6 月	「国家学校体育衛生条件の試行的基本的基準」
2008 年 6 月	「中・小学生健康身体検査管理規則」
2008 年 12 月	「中学・小学健康教育指導要綱」
2009 年 1 月	義務教育機関で成果に応じた給与の制度を実施
2009 年	教科書無償政策の達成
2010 年 7 月	第 4 回全国教育工作会議
2010 年 7 月	「国家中長期教育改革・発展計画要綱（2010-2020 年）」
2010 年 9 月	「中学・小学教員国家訓練計画」開始
2010 年	国家義務教育課程教材専門家諮問委員会と教育課程専門家活動委員会を創設
2011 年 1 月	上海市「上海市生涯教育促進条例」

（整理　南部広孝）

あとがき

　本書は，中国教育科学研究院（旧・中央教育科学研究所）と京都大学大学院教育学研究科との共同研究の成果の1つとして上梓されたものである。両研究機関の学術交流は，ほぼ10年前からの研究者間の交流に端を発して，その蓄積の上に2006年に学術交流協定の締結（2010年には協定の再締結），さらには日中教育共同研究センターの設立によって，本格的に展開されることになった。具体的には，毎年複数回，日中の研究者が両国を相互訪問して，日中の小学生を対象とする学力比較調査に向けての予備的な作業，中国での小学校の授業研究を通しての教育方法的知見の交流などを行ってきた。

　また同時に，日中教育共同研究センターの日本側の母体となる京都大学大学院教育学研究科「教育実践コラボレーション・センター」主催によるシンポジウムや講演会などを開催してきた。そのテーマを紹介すると「日中教育課程改革の動向」（2007年），「日中韓の教育課程・教育評価改革の動向」（2008年），「中国における教育課程改革の現状と課題（高峡先生集中講義）」（2008年），「特別講義（金融危機と学生の国際間移動―田輝先生，中国における中長期的教育発展計画綱要について―高峡先生）」（2009年），「中国の教育改革構想―これからの十年―（袁振国所長講演）」（2010年），「アジアにおけるPISA問題―中韓日シンポジウム―」（2011年）である。

　「継続は力」と言われるが，両研究機関による学術交流は，日中の教育経験を双方が率直に学び合うというスタンスを堅持して，何よりも持続的に深く交流を重ねることを追究してきた。その結果，双方の研究機関に属する研究者間に，人間的学術的な信頼関係が大きく育つことになった。本書の前身にあたる『21世紀的日本教育改革―中日学者的視点―』（教育科学出版社，2009年）は，このような気運の中で刊行されたものであり，日本における教育改革を日本の研究者がいかに総括しているのかを示しつつ，それに対して中国の研究者がコメントを行うというユニークな企画となった。

　今回上梓された本書は，同じく日本の教育改革に対して，いわば「攻守」

所を変えて，中国の研究者が総括的な分析を加えて，それに対して日本の研究者が応答するというスタイルをとっている。繰り返しになるが，このような企画が実現できたのは，中国の研究者による日本の教育改革に対する深く広い洞察を前提として，両者の見解を率直に語り合えるという信頼関係にもとづいている。グローバル化した社会の中でのコミュニケーションを充実したものにするためには，各種メディアの発達に条件づけられながらも，何よりも人間としての信頼関係を構築することであるということをあらためて自覚した企画となった。

　本書の読者は，中国の研究者による日本の教育改革に関する的確な考察に瞠目されることだろう。その的確さを保証しているのは，中国における日本研究の水準の高さであることに間違いない。日本政府や文部科学省から提起される膨大な公的文書に素早く反応される研究姿勢には何度となく驚かされたものである。しかしながら，その的確さはいわゆる研究の熱心さによるだけでなく，実のところ日中両国が抱える教育課題に多くの共通性が生まれ，それゆえに教育改革の方向性を語る共通の広場がここに至って形成されつつあることに起因していると考えてよいだろう。先に述べた「日中の教育経験を双方が率直に学び合うというスタンス」とは，単なる心構えではない。例えば，世界を席巻しつつあるPISA問題に対する両国の取り組みなどは，今後ともに両国の研究者の的確さが試される重要なテーマの1つとなるであろう。

　本書で中国の研究者が問題提起した内容に日本側がいかに応答しているのか。その応答の的確さについては，読者の判断を待たなくてはならない。執筆者のひとりとしては，日本側の応答も含めて，本書で提示した日中間の学術的対話に触発されて，日中の教育改革への関心が高まり，その学術的対話に参画してみようとする読者の誕生を期待したいと思う。それこそが，本書を上梓した大きな目的の1つでもある。

　最後になったが，本書の刊行にあたっては，日中の研究者の皆様，とりわけ編集の労をとられた高峡先生と南部広孝先生に御礼を申し上げたい。また，編集の実務においては，項純さん（中国教育科学研究院）と森本洋介君（京都大学大学院教育学研究科，教育実践コラボレーション・センター）に大変にお

世話になった。さらには，本書の企画に賛同し，編集上の貴重なアドバイスをいただいた京都大学学術出版会にも深く感謝申し上げたい。

2011年8月

教育実践コラボレーション
センター長　田中　耕治

索　引

人名索引

天野（郁夫）　141
井上毅　294
王（暁燕）　224〜226
小渕（恵三）　39
温家宝　18, 20
喜多明人　299, 300
姜英敏　311
桑原敏明　197
小泉（純一郎）　39, 40
項（純）　103
江沢民　131
胡錦濤　18, 22
小柴（昌俊）　126
呉忠魁　240
近藤勲　238
坂元昂　245
佐藤学　200
塩谷立　111, 112
ジェルピ（Gelpi, E.）　183

尚（大鵬）　305
スタヴリアーノス（Stavrianos, L. S.）　244
孫誠　179〜184
田中（耕治）　106
田渕五十生　311
田輝　57, 58, 65〜69, 71
遠山敦子　80
友定保博　300
中村敬宇　318
西周　318
福沢諭吉　318
福田康夫　137
フレイレ（Freire, P.）　183
町村信孝　199
山西潤一　237
横地清　246
ラングラン（Lengrand, P.）　190
李協京　339
渡邊（洋子）　184

事項索引

あ　行

愛国主義教育　68
愛国心　46, 67, 68, 113
IEA　88
ICT　249, 250, 253, 255, 256, 260, 266, 267
　——革命　237
　——活用　249〜253, 255, 257, 259
　——教育　250
　——支援員　256
会津大学　64
愛知教育大学　202
IT
　——基本戦略　249, 266

　——基本法　231, 233
　——新改革戦略　231, 238, 267
　——人材育成強化事業　264
　——スキル標準　263, 264, 268
　——立国戦略　229, 230, 233, 240
新しい学力　76, 77, 104, 115
生きる力　37, 38, 75, 77〜84, 86, 96, 98, 108, 271
いじめ　61, 96, 112, 115, 199, 256
e-Japan 戦略　231, 234, 267
E スクエア・プロジェクト　233
一流大学　9, 134
異文化理解能力　313
因材施教　28, 91

ALT　320, 336, 337
英会話活動　333〜335, 341
英語
　——が使える日本人　320, 324, 328, 335
　——活動　320
　——教育　62, 309, 331〜337, 339, 340
　——ノート　333, 335, 337, 339
栄養教諭　269, 276〜280, 301〜303
NGO　179, 180, 183, 190, 191
NPM　123, 223
NPO　168, 179, 180, 188, 190, 191
　——法　184
エリザベト音楽大学　64
遠隔教育　167
OECD　37, 48, 52, 59, 88
応試教育　10, 102, 103, 115
大阪大学　133, 135

か　行

海外帰国子女学級　323
海外子女教育　311
改革開放　5, 18, 19, 26, 96
外国語
　——活動　90, 318, 320, 321, 330, 332, 333, 335〜337, 339〜341
　——教育　90, 309, 311〜313, 318〜321, 330〜332, 334, 339
　——指導助手　320, 336
外国大学日本校　153
開発教育　311
開放型　197
開放制　225, 227
科学技術基本計画　160
科学技術創造立国　271
科教興国　5, 6, 19
科挙　102
格差　24, 25, 35, 40, 45, 47, 54, 61, 72, 90, 95, 96, 109, 111, 116, 135, 171, 181, 185, 195, 253, 340, 341
学識ある専門職　217, 218, 219
学士力　148
学習
　——環境　49, 57, 68, 78, 170
　——権宣言　183, 191
　——指導要領　2, 3, 35, 36, 52, 57〜59, 78, 80, 82, 83, 87, 88, 103〜111, 113, 115, 116, 239, 250〜254, 257, 260, 261, 265, 285〜287, 290, 298, 301〜304, 307, 316〜322, 324, 331, 332, 334, 335, 338, 340
　——社会　51, 78, 163, 164, 206
　——障害（LD）　199
　——する専門職　218, 219
　——成果　148, 149, 150, 156, 170, 171, 175, 181
　——ニーズ　167, 183, 191
　——稀縁者　181
学生教育研究災害傷害保険　283
学生傷害事故処理規則　284
学力　81, 87, 88
　——向上　81, 88
　——調査　83, 86〜88, 93, 99, 100, 109
　——低下　77, 80, 86, 103, 105, 108
　——評価　77, 86〜88, 110
学問中心主義　75, 101, 103
学問の自由　67, 123, 124, 197
学歴社会　163
学校
　——安全　269, 299, 303, 304
　——医　278, 294, 296, 297, 306
　——運営協議会　59, 61, 64, 109
　——衛生　290, 292〜298, 303
　——衛生活動条例　280
　——栄養士　276
　——環境衛生基準　299, 300
　——看護婦　297
　——給食　277〜280, 296, 297, 301, 303, 305
　——給食法　298, 301, 303
　——教育　2, 10, 37, 38, 44, 58, 71, 72, 78, 98, 153, 162, 165, 172, 181, 183, 190, 240, 243〜246, 283, 286, 290, 293, 294, 298, 305, 324
　——教育法　44, 66, 68, 89, 117, 127, 129, 148, 162, 288, 291, 297, 299, 301
　——教育法施行規則　60, 64, 153
　——荒廃　199
　——歯科医　278, 296, 297
　——選択　25, 59〜61, 64, 95, 109
　——評議員　58, 59, 61, 64
　——保健　290〜292, 297, 299〜301, 303, 305
　——保健安全法　290〜292, 298, 300, 303, 304

索引

——保健法 269, 290, 291, 298〜300
——を基盤とした管理 71
課程 77, 79〜81, 83, 86〜88, 90〜95, 97, 98, 102
家庭教育 3, 10, 44, 163, 166, 168, 170, 172, 181
課程標準 14, 89, 94, 100, 102, 115, 325, 327, 332, 341
カリキュラム 23, 31, 32, 62, 77, 149, 151, 201, 209, 221, 222, 246, 262, 264, 268
カリキュラム論 217
機会均等 41, 44, 47, 50, 69, 163, 191
帰国子女教育 322
基礎学力 38, 57, 83, 88
基礎教育 5, 19, 31, 37, 41, 52, 72, 73, 76, 77, 79〜81, 84, 86, 88, 89, 90, 92, 93, 95, 97, 98, 100, 212, 236, 238, 309, 325, 327
岐阜大学 126
義務教育 2, 3, 7, 8, 12, 13, 15, 19, 21, 22, 24, 25, 32, 37, 39〜42, 44, 47, 48, 58, 59, 68, 69, 71, 75, 76, 81, 86, 88, 94, 96, 98, 101, 108, 109, 115, 116, 160, 211, 306, 319, 332, 341
——機関 162
——費国庫負担金 69, 169
——費国庫負担制度 3, 40, 69
キャリア教育 50, 75, 84, 85, 86, 97
キャンパス・アジア構想 152, 156
九州大学 133
985 計画 9, 131, 134, 135
985 プロジェクト 9
教育
——委員会 58, 60, 61, 111, 165, 166, 172, 198, 205, 209, 222, 234, 265, 321, 337
——改革国民会議 38, 207
——課程 13, 75, 101, 103〜105, 107〜113, 115, 116, 147, 153, 162, 202
——基本法 3, 35, 36, 38, 40, 41, 43〜48, 51, 52, 57, 58, 65〜71, 89, 113, 166, 171, 180, 290, 297, 315
——計画要綱 18〜20, 27〜29, 31〜33
——研究評議会 123, 124, 143
——公務員特例法 205, 206
——再生会議 204, 207
——(の)情報化 21, 38, 229〜234, 237〜246, 250, 254, 255
——職員免許法 59
——職員養成審議会 201, 203, 220

——振興基本計画 3, 35, 36, 38, 41, 48, 50, 51, 54, 55, 65, 69, 70, 98, 109, 148, 165, 315
——体制の改革に関する決定 19, 127
——ニーズ 30, 162
——の現代化 103, 104
——の質 24, 26, 32, 41, 42, 47, 48, 53, 70, 81, 86, 87, 91, 98, 108, 119, 127〜129, 148〜150, 241
教育部学位・大学院教育発展センター 129
教育部高等教育教学評価センター 128, 129
教員
——研修 196, 205, 206, 209, 213, 214, 234
——研修制度 58
——資格 76, 201, 210, 211, 214, 224
——(の)専門性基準 209〜211
——の業績評価 211
——の質 40, 41
——評価 196, 207〜209
——免許(状) 41, 58, 196, 198, 199, 202, 204, 209, 217, 221, 222, 266
——免許(状)更新制 3, 204, 214, 221, 222
——養成 2, 3, 8, 14, 58, 195, 196, 197, 202, 203, 209, 211, 212, 216, 217, 220, 223, 225, 227, 312, 337
——養成カリキュラム 218
——養成カリキュラム・モデル 220, 221
——養成スタンダード 221〜224
教学大綱 14, 100, 102, 282
教師
——教育 5, 195〜202, 204, 208〜213, 216〜221, 223, 225, 226
——教育の大学化 197, 198, 212
——の質 195, 336
——の自律的な力量形成 224
——の力量形成 195, 216, 222, 223, 225, 226
教職大学院 3, 203, 212, 221, 222
行政刷新会議 152
京都大学 4, 135, 192
グローバル30 152, 156
グローバルCOEプログラム 130〜132
グローバル化 24, 36, 38, 46, 53, 54, 67, 76, 92, 136, 151, 156, 245, 312, 315, 324, 328
——時代 327
——社会 309
グローバル教育 311, 312

365

訓練主義　288
経営協議会　123, 124, 143
計画経済　7, 11, 18, 53
経験主義　101, 103, 104, 106
経済協力開発機構（OECD）　3, 37
KJ法　111
系統学習　103, 104
系統主義　101, 104, 106
ケースメソッド　111
現職研修　195
コアSSH　62
公益性　30
後期中等教育　2, 8, 21, 59
公共性　40, 53, 89, 111, 115, 179, 182, 184
公共の精神　43～45, 66, 68
校校通　247
　　――プロジェクト　232, 235
公正性　29
公設民営学校　62
高等教育　2, 3, 5～10, 12, 14, 15, 21, 25, 29, 38, 41, 42, 44, 48, 51, 119～121, 127～130, 136～138, 141, 148, 150, 154～156, 170, 212, 224, 225, 250, 327
　　――機関　2, 8, 9, 14, 15, 19, 25, 27, 42, 119, 127～133, 139, 140, 148, 197, 261, 262, 264, 327
　　――段階　49
　　――独学試験制度　7, 15, 192
校内暴力　199
広播電視大学　15
公平　46
公平性　40, 45, 47, 50, 53, 54, 75, 90, 95, 115, 116, 129, 304
国際化　31, 38, 48, 76, 90, 121, 136, 137, 139, 141, 150, 152～154, 156, 157, 184, 271, 309, 313, 314, 319, 324, 328
国際教育　312
国際交流　31, 132, 145, 152, 168, 169, 313, 315, 319, 320, 325, 327, 340
国際社会に生きる日本人　309, 311
国際理解　309～311, 313, 314, 316, 317, 319, 321, 324, 325, 327, 331～336, 340
　　――教育　5, 163, 309, 310～313, 315～319, 321～325, 327, 330, 332～336, 339, 340
国立大学
　　――の再編・統合　121

　　――法人　122, 124, 126, 142～145, 150, 154, 169
　　――法人化　3, 40, 42, 58, 59, 120～123, 125, 141, 149, 154
　　――法人法　123, 124, 142
心の教育　96
心のノート　58
個性　39, 75～79, 92, 93, 95, 199, 201, 208, 295
国家大豆行動計画　282
国家中長期教育改革・発展計画要綱　5～7, 11, 18, 20, 35, 53～55, 90, 98, 168, 210, 232
　　→教育計画要綱も参照のこと
子ども中心主義　75, 101
コミュニケーション　114, 190, 266, 333, 335, 338
　　――・スキル　148
　　――能力　85, 117, 199, 286, 312, 321, 325, 326, 339, 340
　　――の学習　254
コミュニティ　184, 188, 219
　　――・スクール　61, 109

さ　行

在職研修　91, 209, 213, 214, 224, 226
CIO　256, 267
COEプログラム　131～135
思考力　37, 79, 105, 115, 251
自己決定能力　85, 117
資質能力　200, 201, 203, 208, 210, 220, 221, 223, 226
自主性　141, 213
市場経済　7, 53
市場原理　7, 224～226
自尊意識　114, 115, 117
実践能力　10, 23, 89, 211
質（の）保証　26, 81, 147～151, 153, 155, 156, 174, 181, 191, 195, 221
シティズンシップ　191
指導力不足教員　58, 207
品徳　97
自発性　213, 295
島根大学　202
市民社会　191
市民大学　185
社会教育　2, 10, 44, 80, 161～163, 165～169,

172, 179〜184, 191, 313, 324
　　──機関　175
　　──法　162, 163, 168, 171, 179, 180, 183
社会主義
　　──現代化　11, 19, 23
　　──市場経済　7, 18, 19, 28
就学前教育　7, 10, 11, 14, 49, 201
就学率　2
修身　113, 116, 293
終身（生涯）教育　179, 181
重点学校　96
受益者負担　8, 181
授業研究　108
主体性　27, 58, 83, 206
上越教育大学　202
生涯学習　3, 38, 44〜46, 49, 52, 68, 73, 76, 99,
　　159〜161, 163〜177, 179, 180, 182, 183, 185,
　　187, 190, 191, 208, 213, 314
　　──社会　2, 160, 162, 164〜168, 171, 174〜
　　　177, 181, 182, 184
　　──審議会　164, 166
　　──振興法　46, 163, 166, 171, 180, 183
　　──体系　46
　　──力　148
生涯教育　5, 32, 38, 46, 54, 161〜166, 168,
　　171〜177, 180〜182, 190, 214
傷害事故　282〜284, 287, 304
少子化　270
少子高齢化社会　271
少人数学級編成　59, 64
情報運用能力　85, 117
情報化　25, 36, 76, 111, 230, 233〜236, 245, 271
　　──社会　257
情報活用能力　253, 257, 258, 260〜262
情報技術　239, 242
　　──科目　232, 236
　　──教育　5, 229, 232, 237
情報教育　229, 236, 249〜253, 255, 258〜262,
　　265〜268
　　──科目　237
情報社会　236, 239
情報モラル　251, 253, 254, 256, 257, 262
情報リテラシー　148, 231, 256, 260, 262, 266
情報倫理　238, 239
昭和女子大学　64
食育　269, 275, 277〜279, 290, 301, 303

　　──基本法　302
職業教育　13, 21, 25, 28, 31, 32, 84, 86, 183, 192,
　　217, 264
食の教育　276
所属意識　114, 115, 117
初等中等教育　3, 8, 10, 14, 50, 196, 210, 250
　　──機関　261
　　──段階　48
初等教育　6〜8, 11, 15, 59, 331
私立学校　3, 44, 63
人格形成　41, 85
進学率　2, 121
新学力観　78〜81
人権　310
　　──意識　114, 115, 117
新自由主義　52, 109, 182
人生設計能力　85, 117
身体検査　293, 296, 297, 306
人的資源強国　26, 53, 54, 98, 173
新保守主義　52
進路指導　84
数量的スキル　148
スクールカウンセラー　50, 58
スーパー・イングリッシュ・ランゲージ・ハイ
　　スクール　62, 63
スーパー・サイエンス・ハイスクール　62, 63
スーパー・ハイスクール　59, 62, 64
スポーツ振興基本計画　272
清華大学　9, 131, 132, 135
生活習慣病　271, 278, 287, 290, 302
成城大学　64
成人教育　7, 10, 12, 15, 190
成人高等教育　191, 192
生徒飲用牛乳計画　282
生徒の学習到達度調査　3, 37
　　→ PISA も参照のこと
世界一流大学　41, 131〜133
世界大学ランキング　134, 135
世界の中の日本人　311
前期中等教育　59
全国学力・学習状況調査　3, 109, 110
全国学力調査　88
全国教育工作会議　10, 18, 19, 22
専門職　216〜219, 223, 226, 227
　　──学位　42
　　──大学院　157, 203, 221

367

早期入学　64
総合的な学習の時間　52, 75, 78〜80, 83, 94, 104, 108, 251, 254, 257, 259, 260, 316〜321, 323〜325, 331, 334, 339, 341
創造
　——型人材　23, 28, 32, 236
　——性　43, 44, 46, 78, 81, 95, 213, 235, 241
　——力　23, 42, 199
　——的資質　88
　——的精神　10, 89
　——的能力　213
想像力　82
素質教育　9〜11, 19, 28, 32, 54, 89, 98, 102, 103, 115, 325

た　行

体育　10, 269, 270, 275, 282〜288, 291, 294〜296, 301, 303, 304
　——科　272
大学
　——改革　42
　——基準協会　129, 147, 148
　——審議会　127, 147
　——設置基準　127, 137, 147, 149, 153
　——の自治　123, 124
　——の世界展開力強化事業　152, 153
　——評価　3, 127, 129, 130, 141, 147, 148, 155
　——評価・学位授与機構　123, 127, 142〜145, 147, 148, 170
第三者評価　58, 59, 119, 121, 127〜130, 147〜149, 154
体力・運動能力調査　270
武道　286, 302
確かな学力　37, 77, 80〜82, 83, 88, 98, 105, 107, 110, 115
多文化教育　311, 312
WTO　154, 325
男女共同参画社会基本法　184
鍛錬主義　288
地域社会　27, 35, 50, 61, 80, 83, 97, 98, 166, 278, 301
知行合一　23, 28
知識基盤社会　141, 192
知識経済　36, 42, 120
　——時代　5, 172, 196, 213, 224

　——社会　198, 213
知識社会　82, 243
千葉大学　64
地方分権　65, 70, 72
注意欠陥/多動性障害（ADHD）　199
中央教育審議会　36, 41, 42, 58, 63, 65, 71, 77, 81, 82, 86, 91, 105, 108, 109, 116, 127, 148, 164, 165, 203, 204, 207, 221, 226, 255, 256, 272, 276, 286, 298, 303, 311〜315, 319, 324
中国
　——栄養改善行動計画　280
　——教育改革・発展要綱　19, 129
　——教育科学研究院　4, 192
詰め込み（式）教育　77, 78, 93, 102, 104
TIMSS　88, 93
党委員会の指導のもとでの学長責任制　29
東京工業大学　135
東京大学　126, 134, 135
道徳　5, 28, 45, 46, 58, 75, 78, 85, 96, 97, 112, 114, 116, 210, 211, 251, 318, 335
　——教育　46, 75, 96, 101, 111〜117, 238
　——教育推進教師　112
遠野まごころネット　188
特殊教育　7
特定非営利活動促進法　184
特別支援学級　297
特別支援学校　297
特別支援教育　68
徳目主義　114
独立行政法人日本スポーツ振興センター法　283, 304
独立行政法人法　122
飛び入学　64
中華人民共和国
　——義務教育法　6, 13
　——教育法　6, 10, 129
　——教師法　6
　——高等教育法　6, 9
　——職業教育法　6
　——民営教育促進法　6, 8
中等教育　7〜9, 13, 15, 19, 62, 63, 331
　——学校　63

な　行

名古屋大学　133

索　引

南京大学　132
21世紀COEプログラム　121, 125, 130～132
21世紀教育新生プラン　35, 36, 38, 41, 51, 57, 64, 199
21世紀懇談会　39
21世紀をめざす教育振興行動計画　6, 131
211工程　9
211プロジェクト　9
日本技術者教育認定機構　149, 157
日本体育・学校健康センター法　283
ニューカマー　311
認証評価　3, 148, 150, 153, 155, 157
ネットワーク　86, 173, 184, 188, 189, 232, 233, 235, 241, 243, 245, 251, 252, 254, 262
農民工子弟　54

は　行

パフォーマンス評価　110, 118
阪神・淡路大震災　183
判断力　37, 105, 115, 251
美育　10
非営利団体　168
東日本大震災　159, 185, 186, 188, 249, 256
PDCA　49
PISA　37, 38, 52, 71, 88, 93, 105, 250, 266
　→生徒の学習到達度調査も参照のこと
一人っ子　97
　──政策　6, 8, 116, 275
100校プロジェクト　233, 240
表現力　37, 82, 105, 115, 251
兵庫教育大学　202
品格　75, 96, 97, 101
　──教育　97, 116
不登校　199
振り子現象　37, 52, 75, 94, 101～105, 107, 115
文化振興基本計画　161
平和　46, 67, 309, 310, 313, 317
北京教育学院　327
北京大学　9, 131～133, 135
法人化　→国立大学法人化を見よ
放送大学　15, 167, 267
保健
　──管理　291, 292, 297
　──教育　291, 292, 301
　──体育　287, 290, 291, 302, 304
　──体育審議会　286
粗就学率　212
ボランティア　183, 184, 188, 189, 191
　──活動　170
本科課程教学水準評価　130
学びのすすめ　80
学ぶ意欲　79

ま　行

ミレニアム・プロジェクト　231
民営学校　7, 8, 14, 30
民営教育　30
民営公助　8
名城大学　64
目標に準拠した評価　110
モデル・コア・カリキュラム　202, 220
モラル　111, 113, 114
　──教育　238, 239
問題解決（能）力　148, 260, 312

や　行

役員会　123, 124, 143, 146
ゆとり教育　71, 77～80, 83, 86, 88, 102, 104, 105, 108, 115, 268
ユニバーサル段階　121
ユネスコ　182, 183, 191, 309～312, 323, 324, 339
　──・スクール　311, 312, 322, 323, 325, 328
養護
　──学級　296, 298
　──学校　296
　──教諭　295, 299, 301
幼児教育　44
幼稚園　11, 12, 14, 21, 200
4つの現代化　5

ら　行

リカレント教育　176, 177, 181
留学生　119, 136, 137, 138, 150～152, 154, 168, 169, 312, 313, 327
　──10万人計画　150
　──30万人（受入）計画　50, 137, 150, 156, 328

369

臨教審　161, 166, 180, 183
臨時教育審議会　39, 46, 161, 313, 314, 319, 324, 334
倫理道徳　236
ルーブリック作り　111
留守児童　54
レインボープラン　41, 57, 59, 73

労働技術教育　10
論理的思考力　148

わ 行

和諧社会　54
早稲田大学　133

執筆者紹介（日本側）　執筆順

辻本　雅史（つじもと　まさし）**監修　序1**
京都大学大学院教育学研究科・研究科長，教授
『近世教育思想史の研究―日本における「公教育」思想の源流―』（思文閣出版，1990年），『「学び」の復権』（角川書店，1999年），『知の伝達メディアの歴史研究―教育史像の再構築―』（編著，思文閣出版，2010年），『思想と教育のメディア史―近世日本の知の伝達―』（ぺりかん社，2011年）

南部　広孝（なんぶ　ひろたか）**編者　第1章　第8章　年表［中国］　翻訳〈序2　第3章　第5章　第7章　第9章　第11章　第13章　第15章〉**
京都大学大学院教育学研究科・准教授
『中国高等教育独学試験制度の展開』（東信堂，2009年），『現代教育改革論―世界の動向と日本のゆくえ―』（江原武一と共編著，（財）放送大学教育振興会，2011年），「東アジア諸国における高大接続―大学入学者選抜方法の改革に焦点をあてて―」（『高等教育研究』14，2011年），「香港におけるトランスナショナル高等教育の展開」（『比較教育学研究』43，2011年）

鄭　谷心（Zheng Guxin）翻訳〈第2章〉
京都大学大学院教育学研究科・大学院生
「用語解説」（田中耕治編著『パフォーマンス評価―思考力・判断力・表現力を育む授業づくり―』ぎょうせい，2011年），「大正期の随意選題論に関する一考察」（『関西教育学会年報』35，2011年）

高見　茂（たかみ　しげる）　第4章
京都大学大学院教育学研究科・教授
「学校と大学のガバナンス改革」（日本教育行政学会研究推進委員会編『地方財政危機とリスク管理』教育開発研究所，2009年），『教育法規スタートアップ ver. 2.0』（開沼太郎・宮村裕子との共編著，昭和堂，2012年）

杉本　均（すぎもと　ひとし）第4章
京都大学大学院教育学研究科・教授
『マレーシアにおける国際教育関係―教育へのグローバル・インパクト―』（東信堂，2005年），「トランスナショナル高等教育―新たな留学概念の登場―」（『比較教育学研究』43，2011年）

田中　耕治（たなか　こうじ）第6章　あとがき
京都大学大学院教育学研究科・教授
『時代を拓いた教師たち』Ⅰ・Ⅱ（編著，日本標準，2005年・2009年），『教育評価』（岩波書店，2008年。2011年，中国語版（高峡・田輝・項純訳，北京師範大学出版社）刊行）

西岡　加名恵（にしおか　かなえ）第6章
京都大学大学院教育学研究科・准教授
『教科と総合に活かすポートフォリオ評価法―新たな評価基準の創出に向けて―』（図書文化，2003年），『「逆向き設計」で確かな学力を保障する』（編著，明治図書，2008年）

赤沢　真世（あかざわ　まさよ）第6章
立命館大学スポーツ健康科学部・准教授
「英語科の学力と実践的コミュニケーション能力―表現の能力に注目して―」（田中耕治編著『新しい学力テストを読み解く』日本標準，2008年），「外国語活動　子どもの実態を踏まえ，伝え合うコミュニケーション場面を設定する」（田中耕治編著『小学校新指導要録改訂のポイント』日本標準，2010年）

渡邊　洋子（わたなべ　ようこ）第10章
京都大学大学院教育学研究科・准教授
『近代日本女子社会教育成立史―処女会の全国組織化と指導思想―』（明石書店，1997年），『生涯学習時代の成人教育学―学習者支援へのアドヴォカシー―』（明石書店，2002年）

吉田　正純（よしだ　まさずみ）第10章
京都大学大学院教育学研究科・助教

『生涯学習支援の理論と実践―教えることの現在―』(P. ジャーヴィス編著，渡邊洋子と監訳，明石書店，2011年)，「多文化共生と『ローカル・ノレッジ』―京都における在日コリアン地域活動を事例に―」(『〈ローカルな知〉の可能性』，東洋館出版社，2008年)

八田　幸恵(はった　さちえ)　第12章
福井大学教育地域科学部・講師
「カリキュラム研究と教師教育―アメリカにおけるPCK研究の展開―」(岩田康之・三石初雄編著『現代の教育改革と教師―これからの教師教育研究のために―』東京学芸大学出版会，2011年)，「リー・ショーマンにおける教師の知識と学習過程に関する理論の展開」(『教育方法学研究』35，2010年)

中池　竜一(なかいけ　りゅういち)　第14章
京都大学大学院教育学研究科・助教
「理科における『本質的な問い』とパフォーマンス課題」(『指導と評価』58-3 (No. 687)，2012年)，「認知科学の入門的授業に供するWeb-based プロダクションシステムの開発」(三輪和久らと共著，『人工知能学会論文誌』26，2011年)

楠見　孝(くすみ　たかし)　第14章
京都大学大学院教育学研究科・教授
『批判的思考力を育む―学士力と社会人基礎力の基盤形成―』(子安増生・道田泰司と共編著，有斐閣，2011年)，『実践知―エキスパートの知性―』(金井壽宏と共編著，有斐閣，2012年)

森(柴本)　枝美(もり(しばもと)　えみ)　第16章
奈良教育大学・准教授
「庄司和晃と仮説実験授業―科学教育における討論の可能性」(田中耕治編著『時代を拓いた教師たち』日本標準，2005年)，「理科の学力と科学的リテラシー―遺伝にかかわる問題に注目して―」(田中耕治編著『新しい学力テストを読み解く』日本標準，2008年)

楠山　研（くすやま　けん）　第18章　翻訳〈第17章〉
長崎大学大学院教育学研究科・准教授
『現代中国初中等教育の多様化と制度改革』（東信堂，2010年），「中国（北京）―新しい観点による教育実践を率先―」（橋本健夫・鶴岡義彦・川上昭吾編著『現代理科教育改革の特色とその具現化』東洋館出版社，2010年）

ベー・シュウキー（べー　しゅうきー）　第18章
長崎大学大学教育機能開発センター等・非常勤講師
「日方視点：以英語教育為中心」（楠山研と共著，田慧生・田中耕治主編『21世紀的日本教育改革―中日学者的視点―』教育科学出版社，2009年），「台湾における小学校英語教員の養成―その現状と課題―」（『京都大学大学院教育学研究科紀要』53，2007年）

森本　洋介（もりもと　ようすけ）　年表［日本］
京都大学大学院教育学研究科・研究員
"Creating Media Literacy in Japan: Initiatives for New Citizenship"（Drotner, K., Jensen, H. S. and Schroder, K. C (eds.), *Informal Learning and Digital Media*, Cambridge Scholars Publishing, 2008年），「メディア・リテラシー教育を通じた『批判的』な思考力育成に関する考察―トロント地区X高校における授業観察から―」（『カナダ教育研究』8，2010年）

執筆者紹介（中国側）　執筆順

袁　振国（Yuan Zhenguo）**監修　序2　第2章**
中国教育科学研究院・院長，教授
『教育政策学』（江蘇教育出版社，1996年。2010年に台湾高等教育出版社より刊行），『縮小差距―中国教育政策重大命題―』（人民教育出版社，2006年），『教育新理論』（改訂版）（教育科学出版社，2009年），『当代教育学』（第4版）（主編，教育科学出版社，2010年）

田　輝（Tian Hui）　第3章
中国教育科学研究院国際比較教育研究中心・副研究員
「日本"全納教育"政策的確立―従"特殊教育"走向"特別支援教育"」（『中国民族教育』

2011-6，2011 年），「終身学習背景下的 literacy」（『中国成人教育』2009-5，2009 年）

高　峡（Gao Xia）**編者**　第 5 章
中国教育科学研究院課程教学研究中心・研究員
『活動課程的理論与実践』（康健・叢立新・高洪源と共著，上海科技教育出版社，1997 年），『新課程新教学的探索』（主編，北京師範大学出版社，2003 年），『小学社会課研究与実験』（北京師範大学，2004 年），『〈品徳与社会〉教学基本概念解読』（主編，教育科学出版社，2007 年）

項　純（Xiang Chun）　第 5 章
中国教育科学研究院課程教学研究中心・助理研究員
「『素質教育』をめざす中国の教育評価改革―政府公文書の検討を通して―」（『教育目標・評価学会紀要』16，2006 年），「中国における素質教育をめざす基礎教育改革をめぐる論争」（『京都大学大学院教育学研究科紀要』56，2010 年）

方　勇（Fang Yong）　第 7 章
中国教育科学研究院国際比較教育研究中心・副研究員
『科学計量学的方法論研究』（西南師範大学出版社，2006 年），"Lattices in citation networks: An investigation into the structure of citation graphs"（*Scientometrics*, Vol. 50, No. 2, 2001）

張　偉（Zhang Wei）　第 7 章
国家教育発展研究中心・助理研究員
「我国高等教育中間組織発展現状与趨勢」（『北京教育』2007-9，2007 年），「日本的国立大学法人化」（国家教育発展研究中心編著『2006 年中国教育緑皮書』教育科学出版社，2006 年）

李　尚波（Li Shangbo）　第 7 章
桜美林大学法学・政治学系・准教授
『女子大学生の就職意識と行動』（御茶の水書房，2006 年），「雇用均等時代と大卒女性の雇用に関する研究」（独立行政法人労働政策・研修機構『日本労働研究雑誌』NO. 615，2011

年)

孫　　誠（Sun Cheng）　第 9 章
中国教育科学研究院高等教育研究中心・研究員
『人力資源与西部開発』（経済科学出版社，2007 年），「関注職成学校在農村労働力轉移培訓中的作用」（『教育与職業』2007-6, 2007 年）

王　暁燕（Wang Xiaoyan）　第 11 章
国家教育発展研究中心・副研究員
『市場化の中の教師達』（櫂歌書房，2008 年），「中国における改革開放以降の教師教育改革について―ここ 30 年の変革と今後―」（望田研吾編『21 世紀の教育改革と教育交流』東信堂，2010 年）

張　傑夫（Zhang Jiefu）　第 13 章
中国教育科学研究院基礎教育研究中心・副研究員
「『買君鵬事件』透射出網絡時代教育的使命」（『中国徳育』2009-12, 2009 年）「以信息化促進西部義務教育薄弱校跨越式発展」『中国徳育』(2010-11, 2010 年)

尚　大鵬（Shang Dapeng）　第 15 章
中国教育科学研究院体育衛生芸術教育研究中心・副研究員
「清朝末期における体操科教員養成機関の成立―日本体育会体操学校卒業生鄧顯詩の役割―」（『アジア教育史研究』11, 2002 年），「明治後期における中国人留学生に対する軍事教育」（広島東洋史学会研究会『広島東洋史学報』7, 2002 年）

李　協京（Li Xiejing）　第 17 章
中国教育科学研究院国際比較教育研究中心・副研究員
「新自由主義和新保守主義路線指導下的日本教育改革」（『教育研究』2005-8, 2005 年），「明治初期的『学制』与日本的近代義務教育」（『教育史研究』2009-6, 2009 年）

東アジア新時代の日本の教育
　　── 中国との対話
　　© Masashi Tsujimoto, Yuan Zhenguo, Hirotaka Nanbu & Gao Xia 2012

2012 年 3 月 30 日　初版第一刷発行

監修	辻本雅史	
	袁振国	
編者	南部広孝	
	高峡	
発行人	檜山爲次郎	
発行所	京都大学学術出版会	

京都市左京区吉田近衛町69番地
京都大学吉田南構内（〒606-8315）
電話（075）761-6182
FAX（075）761-6190
Home page http://www.kyoto-up.or.jp
振替 01000-8-64677

ISBN 978-4-87698-211-0　　　印刷・製本　㈱クイックス
Printed in Japan　　　　　　　定価はカバーに表示してあります

本書のコピー，スキャン，デジタル化等の無断複製は著作権法上での例外を除き禁じられています。本書を代行業者等の第三者に依頼してスキャンやデジタル化することは，たとえ個人や家庭内での利用でも著作権法違反です。